新时代全面从严治党战略研究

自我革命是中国共产党的政治基因

汤俊峰
著

中国出版集团有限公司
研究出版社

图书在版编目（CIP）数据

新时代全面从严治党战略研究 / 汤俊峰著. -- 北京：研究出版社，2025.4

ISBN 978-7-5199-1677-0

Ⅰ. ①新… Ⅱ. ①汤… Ⅲ. ①中国共产党 – 党的建设 – 研究 Ⅳ. ①G4②D26

中国国家版本馆CIP数据核字（2024）第088975号

出 品 人：陈建军
出版统筹：丁　波
责任编辑：寇颖丹

新时代全面从严治党战略研究

XINSHIDAI QUANMIAN CONGYAN ZHIDANG ZHANLÜE YANJIU

汤俊峰　著

研究出版社 出版发行

（100006　北京市东城区灯市口大街100号华腾商务楼）

北京云浩印刷有限责任公司印刷　新华书店经销

2025年4月第1版　2025年4月第1次印刷

开本：710毫米×1000毫米　1/16　印张：24.5

字数：427千字

ISBN 978-7-5199-1677-0　定价：79.00元

电话（010）64217619　64217652（发行部）

PREFACE | 序言

革命精神是马克思主义政党在斗争实践中磨砺出来的政治品格，是共产党人的精神本色。革命性包含着斗争性，斗争性就意味着风险、凶险甚至牺牲。革命，可能取得成功，也可能遭遇失败。革命精神的可贵在于，明知荆棘在途、困难重重，仍然一往无前、毫无畏惧，为了崇高目标敢于舍生取义、杀身成仁。用马克思主义的立场观点加强党的自身建设，以自强不息的勇气和决心推进全面从严治党，是一种充满革命精神的自我革命。

自我革命，就是把自己置之绝地而后生，明知山有虎偏向虎山行，敢于刀锋向己、破茧重生，甘担风险、不惧凶险、不怕牺牲。习近平指出："勇于自我革命，从严管党治党，是我们党最鲜明的品格。"①这一重要论述，深刻阐明了马克思主义政党的先进性和崇高追求，深刻揭示了中国共产党兴旺发达的内在规律，是对加强党的自身建设经验的科学总结。对于新形势下坚定不移推进全面从严治党，克服各种艰难险阻，增强自我净化、自我完善、自我革新、自我提高能力，具有重要意义。

自我革命是中国共产党的政治基因

马克思主义政党，从第一个政党组织共产主义者同盟开始，是在同正义者同盟的批判斗争过程中改组形成的。自我否定、自我批判，贯穿着马克思主义政党产生、发展、挫折、成长、成熟的全部历史过程。马克思说过，无

① 习近平：《决胜全面建成小康社会　夺取新时代中国特色社会主义伟大胜利——在中国共产党第十九次全国代表大会上的报告》，《人民日报》2017年10月28日。

产阶级革命与其他任何革命不同的地方，就在于它“经常自己批判自己”[①]。自己批判自己，是为了从过去的错误和缺点中吸取教训，以改正错误、纠正缺点，为将来的胜利做准备。

共产党人以实现人的自由而全面发展和解放全人类为己任，这种为绝大多数人谋利益的高远志向和鲜明政治担当，决定了马克思主义政党除了人民利益丝毫不怕失去什么，因而不仅勇于推进改造客观世界的革命，也勇于推进改造主体自身的自我革命。毛泽东说：“因为我们是为人民服务的，所以，我们如果有缺点，就不怕别人批评指出。不管是什么人，谁向我们指出都行。只要你说得对，我们就改正。你说的办法对人民有好处，我们就照你的办。”[②]“只要我们为人民的利益坚持好的，为人民的利益改正错的，我们这个队伍就一定会兴旺起来。”[③]可见主动改正缺点、勇于自我革命是马克思主义政党的政治基因。

习近平指出：“我们党之所以有自我革命的勇气，是因为我们党除了国家、民族、人民的利益，没有任何自己的特殊利益。不谋私利才能谋根本、谋大利，才能从党的性质和根本宗旨出发，从人民根本利益出发，检视自己；才能不掩饰缺点、不回避问题、不文过饰非，有缺点克服缺点，有问题解决问题，有错误承认并纠正错误。”[④]中国共产党正是因为不谋私利,才能谋根本、谋大利，才能为了党和人民的事业以最长远的战略眼光有效解决发展中的矛盾问题，以最无私无畏的胸襟攻克自身存在的弱点问题，以最勇于担当的精神境界承载人民赋予的历史使命，使勇于自我革命成为自己最鲜明的品格和最大的优势。

勇于自我革命是中国共产党保持长盛不衰的重要原因，“是中国共产党区别于其他政党的显著标志”，“是党永葆青春活力的强大支撑”[⑤]，“是党百年奋斗培育的鲜明品格”[⑥]，“经过不懈努力，党找到了自我革命这一跳出

① 《马克思恩格斯列宁斯大林论巴黎公社》，人民出版社1961年版，第388页。

② 《毛泽东选集》第三卷，人民出版社1991年版，第1004页。

③ 《毛泽东选集》第三卷，人民出版社1991年版，第1004—1005页。

④ 《习近平在省部级主要领导干部学习贯彻十八届六中全会精神专题研讨班开班式上发表重要讲话强调　以解决突出问题为突破口和主抓手推动党的十八届六中全会精神落到实处》，《人民日报》2017年2月14日。

⑤ 《中共中央关于党的百年奋斗重大成就和历史经验的决议》，人民出版社2021年版，第70页。

⑥ 《习近平在中共中央政治局第四是从集体学习时强调　提高　体推进“三不腐”能力和水平　全面打赢腐败斗争攻坚战持久战》，《人民日报》2022年6月19日。

治乱兴衰历史周期率的第二个答案”[①]回顾党的历史，我们党之所以能在近代以来的各种政治力量的反复较量中脱颖而出，之所以能一次次战胜右倾机会主义、“左”倾冒险主义，反思和纠正“文化大革命”等错误，一次次转危为安，之所以能够始终走在时代前列，成为中国人民和中华民族的主心骨，就在于我们党形成了勇于开展批评和自我批评，坚持真理、修正错误的自我革命传统和良性发展机制，能够从党的性质宗旨和人民的根本利益出发，使党和国家事业以及党的自身建设沿着正确轨道向前发展。

全面从严治党是自我革命的伟大实践

建党与治党是一对既有区别又有联系的概念。其区别在于，党的建设，重在要素的形成、结构的完善、功能的生成，是一种从无到有、从少到多、从单到全的积累过程；党的治理，重在要素的升级、结构的调理、肌体的康复，是一种由乱及顺、由偏至正、由弱到强的质的提升过程。其联系在于，治党是党的建设行为，属于党的建设范畴，是党的建设处于比较稳定和趋于成熟阶段的政治行为。

党的建设在成长期特别是革命时期，更多偏重建设的成分，更加重视和需要建设思维。党的建设在相对稳定和趋于成熟阶段，特别是党执政时期，更多偏重治理的成分，更加重视和需要治理思维，需要对建党过程中偏离正常轨道的行为进行纠正，对执行党内法规乏力的现象进行克服，对导致政治疾患的“病原体”进行诊疗，对滋生的政治“异质微生物”进行剔除。

建党与治党，尽管重心不同、方式各异，但目标相同、方向一致。建党是通过加强党的自身建设，具备相应的要素、结构和功能，发挥领导核心作用，从而担当起党的历史使命、实现战略目标。治党是通过对党的自身治理，强身健体、治病疗伤，做到“打铁还需自身硬”，更好地发挥领导核心作用，担起党在新时代的历史使命、实现战略目标。

全面从严治党，要解决的是“怎样才能管好党、治好党”的重大问题，这是对“执政党应该是一个什么样的党、执政党的党员应该怎样才合格、党怎样才叫善于领导”“建设什么样的党、如何建设党”等重大问题在新的时

① 习近平：《高举中国特色社会主义伟大旗帜　为全面建设社会主义现代化国家而团结奋斗》，人民出版社2022年版，第14页。

代条件下的实践回应。全面从严治党是党的十八大以来我们党的建设的鲜明时代主题，是党的建设的重要组成部分，是新的历史条件下加强和改进党的建设的必然要求。

全面从严治党是面对“四大考验”“四种危险”的时代考题时，主动进行的一场刀刃向己、壮士断腕的自我革命，是一次深层发力纠风治弊、铁腕高压惩腐肃贪的攻坚战役，是一个充满爱党、忧党、为党、兴党深切情怀的伟大壮举，是新时代自我革命的伟大实践。党的十八大以来，党中央以猛药去病、重典治乱的决心，以刮骨疗毒、壮士断腕的勇气向党内顽瘴痼疾开刀，以一系列踏石留印、抓铁有痕的举措彰显了我们党鲜明的自我革命精神。全面从严治党，遏制了腐败蔓延的势头，清理了骄奢萎靡之气，扫除了对党怀疑否定的阴霾，重构了强党兴党的新风，使全党进一步认清了自身的病症所在，受到了教育、吸取了教训，使党的肌体更加健康，战斗力凝聚力创造力进一步增强。因此，习近平强调，全面从严治党是党永葆生机活力、走好新的赶考之路的必由之路。①

全面从严治党战略形成了相对体系化的内在逻辑

毛泽东曾在《中国革命战争的战略问题》一文中指出：“不论做什么事，不懂得那件事的情形，它的性质，它和它以外的事情的关联，就不知道那件事的规律，就不知道如何去做，就不能做好那件事。”②

全面从严治党，是以习近平同志为核心的党中央，基于不忘初心使命、厚植执政基础、巩固执政地位、完成执政大业所作出的战略抉择。党的十八大以来，全面从严治党的丰富实践，集聚了新时期管党治党的新智慧，创造了新阶段正风反腐的新经验，探索了新时代巩固执政根基的新思路，形成了相对体系化的战略逻辑。只有深入研究挖掘其中的逻辑脉络，才能不断深化对全面从严治党的理论认知和规律把握。

就治国理政而言，全面从严治党是“四个全面”战略布局的一个重要战略举措，是治国理政的重要内容和根本保证。就全面从严治党战略本身而

---

① 习近平：《高举中国特色社会主义伟大旗帜 为全面建设社会主义现代化国家而团结奋斗——在中国共产党第二十次全国代表大会上的报告》，人民出版社2022年版，第70页。

② 《毛泽东选集》第一卷，人民出版社1991年版，第171页。

言，其构成了由战略目标、战略环境、战略指向、战略布局、战略重心、战略抓手、战略主体、战略保障等组成的相对完整配套的战略体系。

全面从严治党的战略目标是，锻造坚强领导核心。战略目标是战略的核心所在，决定整个战略的发展方向和战略指向。全面从严治党的战略目标来源于党的建设总目标。习近平强调，“打铁还需自身硬。我们的责任，就是同全党同志一道，坚持党要管党、从严治党，切实解决自身存在的突出问题，切实改进工作作风，密切联系群众，使我们党始终成为中国特色社会主义事业的坚强领导核心。”①锻造坚强领导核心这个战略目标，在全面从严治党中起着方向引领作用、力量聚合作用和标准判定作用。这与党的自我革命以跳出历史周期率为战略目标并不矛盾。从理论内涵看，党的自我革命包含全面从严治党，跳出历史周期率包含把我们党锻造成坚强领导核心这个内容。只有把党锻造成坚持领导核心，才能有力跳出历史周期率，使党的自我革命取得最终成功。

全面从严治党的战略环境，是伟大斗争、伟大工程、伟大事业、伟大梦想。战略环境是制定战略的客观基础和前提条件。确立和推进全面从严治党战略，最重要的是要把握世情、国情、党情和民情。习近平强调：“我们党正在团结带领全国各族人民推进中国特色社会主义伟大事业，实现‘两个一百年’奋斗目标、实现中华民族伟大复兴的中国梦，进行具有许多新的历史特点的伟大斗争，这就需要坚持以改革创新精神全面推进党的建设新的伟大工程。”②这段重要论述中，习近平明确提出了全面从严治党面临的伟大事业、伟大斗争、伟大工程的战略环境。2017年在“7·26”重要讲话中，习近平把伟大梦想与前面“三个伟大”并列提出，形成新的理论概括。在党的十九大报告中，习近平指出：“推进伟大工程，要结合伟大斗争、伟大事业、伟大梦想的实践来进行。”③2024年7月，《中共中央关于进一步全面深化改革、推进中国式现代化的决定》中关于全面深化改革的指导思想进一步强调：“协调推进‘四个全面’战略布局”。伟大斗争决定了全面从严治党

① 《人民对美好生活的向往，就是我们的奋斗目标》（2012年11月15日），《十八大以来重要文献选编》（上），中央文献出版社2014年版，第70页。

② 《在十八届中央政治局第三十三次集体学习时的讲话》（2016年6月28日），《习近平关于全面从严治党论述摘编》，中央文献出版社2016年版，第38页。

③ 习近平：《决胜全面建成小康社会 夺取新时代中国特色社会主义伟大胜利——在中国共产党第十九次全国代表大会上的报告》，《人民日报》2017年10月28日。

的艰巨性、复杂性、挑战性，伟大工程对全面从严治党提出了新要求、新使命、新担当，伟大事业决定了全面从严治党的主轴和方向，伟大梦想为全面从严治党提供了目标动力。

全面从严治党的战略指向，是赢得优势、赢得主动、赢得未来。战略指向，是制定重大战略所遵循的前进方向，是战略所依据方针原则的综合运用。习近平指出，“我们要赢得优势、赢得主动、赢得未来，就必须把党建设得更加坚强有力，使我们党能够团结带领人民有力应对重大挑战、抵御重大风险、克服重大阻力、解决重大矛盾”[①]。这一重要论述中，习近平明确了全面从严治党的战略指向，就是要赢得优势、赢得主动、赢得未来。赢得优势，就是要通过全面从严治党使我们的优势得到保持、拓展和强化，使我们党更加生机勃勃、富有战斗力；赢得主动，就是通过全面从严治党主动自我革命、主动治病疗伤、掌握发展主动权，做到“打铁还需自身硬”；赢得未来，就是通过全面从严治党给我们党未来执政提供好的理论、制度、文化等支撑，使我们党永远立于不败之地。

全面从严治党的战略布局是，严政治、严思想、严组织、严作风、严纪律、严制度、严反腐。战略布局是对战略全局的总体设计和通盘筹划是按照战略目标的要求对战略全局发展所必需的各个部分、各个方面所作的一个统筹安排。政治建设、思想建设、组织建设、作风建设、纪律建设、制度建设、反腐败斗争“五加二”或者“七位一体”是党的建设的总体布局，具有全局和长远指导意义。全面从严治党，是十八大以来党的建设的鲜明主题，是执政党建设的时代课题。严政治、严思想、严组织、严作风、严纪律、严制度、严反腐构成了全面从严治党的战略布局，这既是对党的建设“五加二”总体布局的接续推进和最新发展，又是新的时代条件下管党治党的战略安排和治理框架。

全面从严治党的战略重心是，突破治权瓶颈、提升监督机能和治理政治生态。战略重心是能对战略全局造成决定性影响的要地或要害，但它不是唯一的、不变的，应根据形势的发展变化进行动态调整。在执政条件下管党治党，其核心问题是治权，权力管住了、管好了，其他问题就可以迎刃而解，

---

① 《在党的十八届六中全会第二次全体会议上的讲话》（2016年10月27日），《习近平关于全面从严治党论述摘编》，中央文献出版社2016年版，第19页。

因此，突破治权瓶颈是全面从严治党的第一位战略重心。全面从严治党主要依靠我们党自身，怎样突破自己监督自己的难题，实际上成为管党治党的关键所在。因此，提升监督机能是全面从严治党的第二位战略重心。作风顽症、腐败问题等都来自不良政治生态，治理党内政治生态是解决作风、腐败等突出问题的根本之举。因此，治理政治生态，是全面从严治党的第三位战略重心。

全面从严治党的战略抓手是，政治建设、坚定理想、肃正作风、惩治腐败、从严治吏、严明纪律。战略抓手是为了达到战略目标和完成战略任务而采取的重大标志性举措，主要解决战略实施的切入点和突破口问题。战略抓手针对的是战略全局中的关注焦点、薄弱点和疑难点。政治上的先进丧失了，党的先进性和纯洁性就无从谈起，理想信念动摇是新形势下党内各种严重问题的深层根源，不良作风是割裂党与群众血肉联系的最突出症结，惩治腐败是一场输不起也绝不能输的斗争，吏治腐败是最大的腐败，必然导致用权腐败，严明纪律是全面从严治党的治本之策、基本方式，这六个方面是全面从严治党的战略抓手。

全面从严治党的战略主体是各级党组织及负责人。战略是主体对客体的一种主动谋划、策略抉择和长远经营。全面从严治党由谁来管？谁来治？习近平强调，党要管党，才能管好党；从严治党，才能治好党。管党治党只能依靠我们党自己，没有任何其他力量可担此重任。同时鲜明强调“各级党组织及其负责人都是责任主体”①。这就规定了全面从严治党的战略主体是各级党组织及其负责人，抓好党的组织体系建设，夯实党的组织基础，是新时代全面从严治党的重要内容。

全面从严治党的战略保障是构建完善制度体系。制度带有根本性、全局性、稳定性和长期性，制度建设是党的“五加二”之一。习近平强调，构建全面从严治党的制度体系，“要把制度建设摆在党的建设的重要位置，以制度建设巩固思想建设、组织建设、作风建设、反腐倡廉建设成果，加强制度执行力建设，为党的长治久安提供坚强制度保障”②。全面从严治党的战略

---

① 习近平：《在第十八届中央纪律检查委员会第六次全体会议上的讲话》（2016年1月12日），《人民日报》2016年5月3日。

② 《在中共十八届五中全会第二次全体会议上的讲话》（2015年10月29日），《习近平关于严明党的纪律和规矩论述摘编》，中央文献出版社、中国方正出版社2016年版，第127—128页。

保障，就是要构建起成熟完备、系统配套的制度体系。党的二十大报告提出“健全全面从严治党体系”的战略任务，明确了新时代新征程体系化推进制度建设的新要求。

全面从严治党是一个“长波段”的战略安排

战略是一个“长波段”的目标安排，不是一时之兴。把全面从严治党纳入“四个全面”战略布局有利于从更长历史周期来规划全面从严治党，对党的长期执政具有战略意义。

一方面，把全面从严治党提升为国家战略，有利于从国家全局层面统筹管党治党的资源，形成合力优势。把管党治党与全面建设社会主义现代化国家、全面深化改革、全面依法治国并列，使管党治党能够在治国理政的大格局下推进，站在国家治理高度统筹国家资源、协调改革步调、推进一体化制度建设，形成管党治党的合力，避免像过去那样把管党治党仅仅作为党建工作，“关起门来搞建设”，与国家改革发展大系统不协调的许多弊端。实际上，管党治党中存在的许多问题是在国家改革建设过程中形成的，解决管党治党存在的突出问题也需要在国家治理的大盘子、大系统中来进行，这样才能做到党内党外有效联动，形成解决各种矛盾问题的整体合力。

另一方面，把全面从严治党与国家战略同步推进，有利于实现管党治党的长期性和长效化。全面从严治党将贯穿于党长期执政的历史过程，在更长时期内我们党仍会面临权力与责任、强自身与强事业等问题的严峻考验。因此，全面从严治党需要有长远的战略规划。毛泽东当年把党的建设称为伟大工程，是着眼于将党建设成为全国性的大党、长期执政的大党，是一个长期战略考量。邓小平强调，加强党的建设，不仅是当代人的使命，而且是下一代、再下一代的问题，着眼的也是一个长期性战略安排。习近平指出：“党和人民事业发展到什么阶段，全面从严治党就要跟进到什么阶段”①，并于2018年1月提出“新时代党的建设新的伟大工程”②，这着眼的也是一个长期

① 《在党的十八届六中全会第一次全体会议上关于中央政治局工作的报告》（2016年10月24日），《习近平关于全面从严治党论述摘编》，中央文献出版社2016年版，第13页。

② 《中共中央关于党的百年奋斗重大成就和历史经验的决议》辅导读本，人民出版社2021年版，第457页。

性战略工程。

马克思主义具有与时俱进的卓越品质，马克思主义政党的自身建设和管党治党也将根据党的建设实际状况，不断改革内容、调整形式和创新方法。“中国共产党发现它必须处在一个永恒的循环中：改革—调整—再改革—再调整……对于中国共产党来说，最重要的是保持调适性和灵活性。”①

党的十八大以来的全面从严治党实践，是在党的建设面临复杂考验中推进的，是新的时代条件下管党治党的伟大探索，对于深化和拓展对党的执政规律特别是全面从严治党规律的认识具有重要意义。十几年来，党中央在管党治党上采取的许多重大措施和有效做法，是在党的群众路线教育实践活动、“三严三实”“两学一做”“不忘初心、牢记使命”及党史学习教育等活动中充分运用的，是在整治作风、惩腐肃贪、严纪立规的生动实践中得到检验的，既具有阶段性管党治党的鲜明特色，也蕴含了新形势下管党治党的一般规律。对这些宝贵的探索和实践中形成的经验，我们不能仅仅将其作为党的教育活动的“过去式”、治党绩效的“完成式”，匆匆放进历史的“陈列馆”，而应该从总结、揭示新形势下全面从严治党一般规律的高度，下一番去粗取精、去伪存真的真功夫，从中淘洗和提炼出管党治党的“真金白银”，萃取出精干的、简明的、系统的理论成果和经验成果，使之进入新时代全面从严治党的“理论创新库”和“政策工具箱”。

党章党规、领导人的讲话和理论上的论述，只是党的建设和治理“应然”的方面，更重要的是党的建设和治理实际操作的“实然”方面，必须下大力推动“应然”向“实然”方面转化，转化得越早越好，对党的建设和管党治党越有力、越有效。苏共是因理论和实际的脱节直接导致垮台的失败典型。②我们应从中吸取教训，下大力气促进党的政策、理论由从“应然”状态向“实然”状态转化，不能停留和满足于对党提出的好思想好思路的欣赏和满足上。毛泽东曾很形象地把理论比作一把好箭，批评有些同志仅是把箭拿在手里搓来搓去，连连赞道：“好箭！好箭！”却老是不愿意放出去，这样的好箭再好也没有用。党的理论的生命力在于运用，“理论一经掌握群众，

① ［美］沈大伟：《中国共产党：收缩与调适》，中央编译出版社2011年版，第5页。

② 张荣臣：《马克思主义党的学说史》，中共中央党校出版社2016年版，第13页。

也会变成物质力量”[①]，只有切切实实推动从理论向实践的转化，使“应然”转化为“实然”，理论才能变成物质力量。只有把全面从严治党的一系列战略、思想、举措变成管党治党的实际成效，理论才完成了它的使命。

① ［德］马克思：《〈黑格尔法哲学批判〉导言》，《马克思恩格斯选集》（第一卷），人民出版社2012年版，第9页。

CONTENTS | 目录

第八篇 战略抓手之一：政治建设

第九篇 战略抓手之二：坚定理想

第十篇 战略抓手之三：肃正作风

第十一篇 战略抓手之四：惩治腐败

第十二篇 战略抓手之五：从严治吏

第一篇

战略目标：锻造坚强领导核心

战略目标，是一个较长时期内关于发展全局的奋斗目标，是战略系统的中心要素。战略目标是战略的核心所在，它决定制定战略的出发点、归宿点，决定整个战略的发展方向和战略指向。毛泽东指出：“领导我们事业的核心力量是中国共产党。”①锻造一个能够担当党的伟大事业的坚强领导核心，是历代中国共产党人持续奋斗的宏伟战略目标。党的光辉历程，既是党的事业蓬勃发展的前进凯歌，也是党的建设波澜壮阔的奋斗史诗。党的十八大以来，以习近平同志为核心的党中央，接过历史的接力棒，着眼锻造中国特色社会主义事业的坚强领导核心，在党的历史上首次提出全面从严治党的战略思想，并立足治国理政的宏大视野，把全面从严治党纳入“四个全面”战略布局，带领全党和全国人民抒写新时代“打铁必须自身硬”、更好担当党的宏伟事业的新篇章。

事在四方，要在中央

“事在四方，要在中央”出自《韩非子·扬权》，意思是说，国内的政事要由地方各级官员来做，而重要的权柄则集中在中央政府。如果借用这句话来描述中国共产党和党所领导的伟大事业，则是说明全国各族人民在党的领导下正在进行改革开放和社会主义现代化建设的壮丽事业，而这项壮丽事业取得成功的关键和要害，在于党中央的正确领导，在于中国共产党发挥好核心领导作用。

① 《毛泽东文集》第六卷，人民出版社1999年版，第350页。

社会主义国家应由无产阶级政党作为执政党，这是马克思主义政党学说的基本原理。列宁曾多次强调：“党是无产阶级的直接执政的先锋队，是领导者。”①“只有工人阶级的先进部分，只有工人阶级的先锋队，才能领导自己的国家。”②“党的使命是把无产阶级一切群众组织的工作毫无例外地统一起来，并把他们的行动引向一个目标，引向无产阶级解放的目标。”③

怎样才能发挥好党的核心领导作用呢？毛泽东曾用“重心”“核心”“中心”“核心力量”等，表达党的领导核心思想。④邓小平则形象地称之为一个“好的党”。邓小平讲“好的党”主要是指两个党，第一个是列宁建设的苏联共产党，他说关于党的学说，“马克思、恩格斯讲得不多，列宁有个完整的建党的学说。正是因为列宁建立了那么一个好的党，才能取得十月革命的胜利，建立了第一个社会主义国家”⑤。第二个是指毛泽东建设的中国共产党，他说“把列宁的建党学说发展得最完备的是毛泽东同志”。“正是因为毛泽东同志在延安整风中建立了完整的建党学说，并且用这个学说来教育我们全党、全军和人民，使我们建立了这么一个好的党，所以才取得抗日战争、解放战争的彻底胜利。”⑥他认为我们党有五好：“有好的指导思想，有好的中央，有大批好的骨干，有好的传统，有好的信赖党的人民。”⑦可以说，建设一个“好的党”，是以毛泽东、邓小平等为代表的党和国家历代领导人孜孜以求和全力以赴的一项重要工程。

历史走到今天，建设一个“好的党”，仍是摆在中国共产党人面前的一个重大历史性课题。党的十八大以来，以习近平同志为核心的党中央继承我们党的建设的一系列优良传统，围绕建设一个什么样的长期执政的马克思主义政党、怎样建设长期执政的马克思主义政党等重大时代课题，深刻总结党的建设历史经验，深刻分析新形势下我们党面临的各种风险挑战，强调办好中国的事情，关键在党；党要管党，才能管好党；从严治党，才能治好党；全面从严治党，核心是加强党的领导。习近平从多个角度论述把我们党锻造

① 《马克思恩格斯列宁斯大林论科学社会主义》（第三卷），中国人民大学出版社1988年版，第287页。

② 《列宁全集》（第三十卷），人民出版社1957年版，第160页。

③ 《马克思恩格斯列宁斯大林论科学社会主义》（第三卷），中国人民大学出版社1988年版，第295页。

④ 《毛泽东建党学说论》（上），人民出版社2003年版，第366页。

⑤ 《邓小平文选》第二卷，人民出版社1994年版，第44页。

⑥ 《邓小平文选》第二卷，人民出版社1994年版，第44页。

⑦ 《邓小平在扩大的中央工作会议上的讲话》（1962年2月6日），《马克思主义党的建设著作选读》，解放军出版社1991年版，第356页。

成党的事业坚强领导核心的重大政治意义、历史意义和现实意义。

一是从党肩负的宏伟使命的角度，强调把党建设成为中国特色社会主义事业的坚强领导核心是义不容辞的政治责任。

全面从严治党、锻造坚强领导核心是一种历史责任。2012年11月15日，习近平在十八届中央政治局常委同中外记者见面时指出，“使我们党始终成为中国特色社会主义事业的坚强领导核心”[①]是我们的责任。

加强党的自身建设、全面从严治党是时代赋予的紧迫课题。2012年11月17日，习近平在十八届中央政治局第一次集体学习时强调，我们党要在“三个历史进程”中始终成为坚强的领导核心，即“使我们党在世界形势深刻变化的历史进程中始终走在时代前列，在应对国内外各种风险和考验的历史进程中始终成为全国人民的主心骨，在坚持和发展中国特色社会主义的历史进程中始终成为坚强的领导核心”[②]。2022年10月16日，习近平在党的二十大报告中强调：“全面从严治党永远在路上，党的自我革命永远在路上，决不能有松劲歇脚、疲劳厌战的情绪，必须持之以恒推进全面从严治党，深入推进新时代党的建设新的伟大工程，以党的自我革命引领社会革命。”[③]

党要管党、从严治党、拒腐防变是全党要牢记的重要政治警示。2013年12月26日，习近平在纪念毛泽东同志诞辰一百二十周年座谈会上强调：“全党要牢记毛泽东同志提出的‘我们决不当李自成’的深刻警示，牢记‘两个务必’，牢记‘生于忧患，死于安乐’的古训，着力解决好‘其兴也勃焉，其亡也忽焉’的历史性课题，增强党要管党、从严治党的自觉，提高党的执政能力和领导水平，增强党自我净化、自我完善、自我革新、自我提高能力。”[④]

勇于自我革命、解决好自身存在的问题是党的建设的政治要求。2016年7月2日，习近平在庆祝中国共产党成立95周年大会上强调指出：“我们加强党

---

① 习近平：《人民对美好生活的向往就是我们的奋斗目标》（2012年11月15日），《十八大以来重要文献选编》（上），中央文献出版社2014年版，第70页。

② 习近平：《紧紧围绕坚持和发展中国特色社会主义　学习宣传贯彻党的十八大精神》（2012年11月17日），《十八大以来重要文献选编》（上），中央文献出版社2014年版，第80页。

③ 习近平：《高举中国特色社会主义伟大旗帜　为全面建设社会主义现代化国家而团结奋斗——在中国共产党第二十次全国代表大会上的报告》，人民出版社2022年版，第64页。

④ 习近平：《在纪念毛泽东同志诞辰一百二十周年座谈会上的讲话》（2012年11月17日），《十八大以来重要文献选编》（上），中央文献出版社2014年版，第701页。

的建设，就是要同一切弱化先进性、损害纯洁性的问题做斗争，祛病疗伤，激浊扬清。全党要以自我革命的政治勇气，着力解决党自身存在的突出问题，不断增强党自我净化、自我完善、自我革新、自我提高能力，经受‘四大考验’，克服‘四种危险’，确保党始终成为中国特色社会主义事业的坚强领导核心。”2021年7月1日，在庆祝中国共产党成立100周年大会上，习近平进一步指出：“坚决清除一切损害党的先进性和纯洁性的因素，清除一切侵蚀党的健康肌体的病毒，确保党不变质、不变色、不变味，确保党在新时代坚持和发展中国特色社会主义的历史进程中始终成为坚强领导核心！”①

二是从党担当的伟大事业的角度，强调把党建设成为中国特色社会主义事业的坚强领导核心是党的十九大和党的二十大赋予的政治任务，是党的事业一脉相承、永续发展的现实需要。

在新的历史条件下，党中央为什么要大力推进全面从严治党、坚定不移把党建设好？2013年1月22日，习近平在十八届中央纪委二次全会上作出深刻论述，他强调：“实现党的十八大确定的各项目标任务，实现‘两个一百年’目标，实现中华民族伟大复兴的中国梦，必须把我们党建设好。”②实现党的十八大确定的目标任务是我们党面临的紧迫课题，实现“两个一百年”目标是重要的阶段性战略安排，实现中国梦是党和人民的宏伟夙愿，“三个实现”都对加强党的建设、推进全面从严治党提出了新的要求，这是我们加强党的建设的重要逻辑起点。

2012年11月17日，习近平总书记在谈到紧紧围绕坚持和发展中国特色社会主义，学习宣传贯彻党的十八大精神时指出：“党的十八大强调，我们党担负着团结带领人民全面建成小康社会、推进社会主义现代化、实现中华民族伟大复兴的重任。党坚强有力，党同人民保持血肉联系，国家就繁荣稳定，人民就幸福安康。形势的发展、事业的开拓、人民的期待，都要求我们以改革创新精神全面推进党的建设新的伟大工程，全面提高党的建设科学化

---

① 习近平：《在庆祝中国共产党成立100周年大会上的讲话》，人民出版社2021年版，第19—20页。

② 《在第十八届中央纪律检查委员会第二次全体会议上的讲话》（2013年1月22日），《习近平关于全面从严治党论述摘编》，中央文献出版社2016年版，第4页。

水平。治国必先治党，治党务必从严。”[①]这段重要论述深刻指出了我们党肩负的“三大历史使命”对加强自身建设提出的重大政治要求，揭示了党坚强有力、党的作风优良，对贯彻落实党的十八大精神、确保国家繁荣稳定、确保人民幸福安康的重大意义。

2017年10月18日，习近平在党的十九大报告中指出：“中国特色社会主义进入新时代，我们党一定要有新气象新作为。打铁必须自身硬。党要团结带领人民进行伟大斗争、推进伟大事业、实现伟大梦想，必须毫不动摇坚持和完善党的领导，毫不动摇把党建设得更加坚强有力。”[②]这段重要论述提出的“两个毫不动摇”思想，表明了我们党一如既往推进党的建设、强化党的领导的坚强决心，为新时代党的建设明确了基本遵循和努力方向。

2022年10月16日，习近平在党的二十大报告中指出：“我们要落实新时代党的建设总要求，健全全面从严治党体系，全面推进党的自我净化、自我完善、自我革新、自我提高，使我们党坚守初心使命、始终成为中国特色社会主义事业的坚强领导核心。”这段重要论述再次表明把我们党建设成坚强领导核心的坚定决心。[③]

三是从党在事业全局中重要地位的角度，强调把党建设成为中国特色社会主义事业的坚强领导核心是中国发展崛起的前提条件。

发挥党的核心领导作用、建设高素质干部队伍，是党的事业取得成功的关键。2013年6月28日，习近平在全国组织工作会议上强调：“进行具有许多新的历史特点的伟大斗争，实现党的十八大确定的各项目标任务，关键在党，关键在人。关键在党，就要确保党在发展中国特色社会主义历史进程中始终成为坚强领导核心。关键在人，就要建设一支宏大的高素质干部队伍。”[④]

形成党的领导的坚强核心，是当代中国发展的根本利益所在。2014年1月

① 习近平：《紧紧围绕坚持和发展中国特色社会主义　学习宣传贯彻党的十八大精神》（2012年11月17日），《十八大以来重要文献选编》（上），中央文献出版社2014年版，第79—80页。

② 习近平：《决胜全面建成小康社会　夺取新时代中国特色社会主义伟大胜利——在中国共产党第十九次全国代表大会上的报告》，《人民日报》2017年10月28日。

③ 习近平：《高举中国特色社会主义伟大旗帜　为全面建设社会主义现代化国家而团结奋斗——在中国共产党第二十次全国代表大会上的报告》，人民出版社2022年版，第64页。

④ 习近平：《在全国组织工作会议上的讲话》（2013年6月28日），《十八大以来重要文献选编》（上），中央文献出版社2014年版，第336页。

14日，习近平在十八届中央纪委三次全会上指出："党是我们各项事业的领导核心，古人讲的'六合同风，九州共贯'，在当代中国，没有党的领导，这个是做不到的。中央委员会，中央政治局，中央政治局常委会，这是党的领导决策核心。"①

党的领导是中国特色社会主义的本质特征和最大优势，关系党和国家的前途命运及人民的福祉。2016年7月1日，习近平在庆祝中国共产党成立95周年大会上强调："办好中国的事情，关键在党。中国特色社会主义最本质的特征是中国共产党领导，中国特色社会主义制度的最大优势是中国共产党领导。坚持和完善党的领导，是党和国家的根本所在、命脉所在，是全国各族人民的利益所在、幸福所在。"②2021年7月1日，习近平在庆祝中国共产党成立100周年大会上进一步强调："中国共产党领导是中国特色社会主义最本质的特征，是中国特色社会主义制度的最大优势，是党和国家的根本所在、命脉所在，是全国各族人民的利益所系、命运所系"③，这里将"利益所在、幸福所在"改成了"利益所系、命运所系"，更加彰显了党的领导对全国各族人民前途命运的关键作用，党的十九届六中全会也继续坚持这样的论述。

管党治党，关系党、国家和民族的前途命运。2017年1月6日，习近平在十八届中央纪委七次全会上指出："管党治党不仅关系党的前途命运，而且关系国家和民族的前途命运，必须以更大的决心、更大的气力、更大的勇气抓紧抓好。"④

四是从全面从严治党丰富实践的角度，强调把党建设成为中国特色社会主义事业的坚强领导核心是新的时代条件下的历史担当。

2016年10月，习近平在党的十八届六中全会上强调，党中央坚定不移推进全面从严治党，体现了共产党人的历史担当和全党的共同心声。他指出："党中央决定党的十八届六中全会专题研究全面从严治党问题并制定修订相关文件，充分体现了党中央坚定不移推进全面从严治党的坚强决心和历史担

---

① 习近平：《严明党的组织纪律，增强组织纪律性》（2014年1月14日），《十八大以来重要文献选编》（上），中央文献出版社2014年版，第772页。

② 习近平：《在庆祝中国共产党成立95周年大会上的讲话》，《人民日报》2016年7月2日。

③ 习近平：《在庆祝中国共产党成立100周年大会上的讲话》，人民出版社2021年版，第11页。

④ 《习近平在十八届中央纪委七次全会上发表重要讲话强调　全面贯彻落实党的十八届六中全会精神　增强全面从严治党系统性创造性实效性》，《人民日报》2017年1月7日。

当，体现了全党的共同心声，对解决党内存在的突出矛盾和问题、确保党始终成为中国特色社会主义事业的坚强领导核心具有十分重要的意义。”①

2016年10月27日，习近平在党的十八届六中全会第二次全体会议上强调，党的十八大以来全面从严治党取得的突出成效，充分说明全面从严治党战略正确、深得党心民心。他指出：“经过几年努力，全面从严治党取得重要阶段性成果，党内正气在上升，党风在好转，社会风气在上扬。这些变化，是全面深刻的变化、影响深远的变化、鼓舞人心的变化，为党和国家事业发展积聚了强大正能量。这充分表明，党中央作出全面从严治党的战略抉择是完全正确的，是深得党心民心的。”②他还指出，“全党必须认识到，如果管党不力、治党不严，人民群众反映强烈的突出矛盾和问题得不到及时解决，我们党执政的基础就会动摇和瓦解；同样，如果我们让已经初步解决的问题反弹回潮、故态复发，那就会失信于民，我们党就会面临更大的危险。……全党一定要保持战略定力，坚持严字当头、真管真严、敢管敢严、长管长严，把严的要求贯彻到管党治党全过程、落实到党的建设各方面。”③2021年2月20日，在党史学习教育动员大会上，习近平强调：“继续发扬彻底的革命精神，坚持全面从严治党永远在路上，保持‘赶考’的清醒，以新时代党的自我革命引领新的伟大社会革命。”④

从习近平重要论述可以看出，建设一个马克思主义先进政党、推进全面从严治党、把我们党锻造成坚强的领导核心，是历史赋予的重大使命，是时代提出的政治要求，是自身建设的紧迫课题，是全党要牢记的重要政治警示，是中国发展崛起的前提条件，是当代中国发展的根本所在，也是实践反映的民意所向。“三个历史进程”⑤为锻造坚强领导核心标定了历史方位，

---

① 习近平：《关于〈关于新形势下党内政治生活的若干准则〉和〈中国共产党党内监督条例〉的说明》（2016年10月24日），《人民日报》2016年11月3日。

② 《在党的十八届六中全会第二次全体会议上的讲话》（2016年10月27日），《习近平关于全面从严治党论述摘编》，中央文献出版社2016年版，第17　18页。

③ 《在党的十八届六中全会第二次全体会议上的讲话》（2016年10月27日），《习近平关于全面从严治党论述摘编》，中央文献出版社2016年版，第18页。

④ 《习近平关于全面从严治党论述摘编》（2021年版），中央文献出版社2021年版，第48页。

⑤ 习近平：《紧紧围绕坚持和发展中国特色社会主义　学习宣传贯彻党的十八大精神》（2012年11月17日），《十八大以来重要文献选编》（上），中央文献出版社2014年版，第80页。

“三个实现”[①]为锻造坚强领导核心确定了逻辑起点，“三大历史使命”[②]为锻造坚强领导核心赋予了政治要求。

锻造一个什么样的坚强领导核心

核心就是一个事物的主要部分、关键要素、要害所在。“一个国家的革命，核心问题是党。有了一个好党才能引导革命走向胜利。革命胜利后，搞社会主义也要靠一个好党，否则胜利就靠不住。”[③]中国共产党成为中国特色社会主义事业的领导核心，是历史和人民的选择。而如何使我们党始终具备领导核心应有的优秀品质和卓越能力，当之无愧地成为坚强领导核心，则是一代又一代中国共产党人在不断加强自身建设的实践中自觉探索、主动革命、持续更新的一个重要问题。

中华人民共和国成立后，中国共产党由革命党成为一个执政党。在这种情况下，应该把党建设成为一个什么样的领导力量？需要克服哪些新的情况和问题？需要做哪些政治上、思想上的准备？对此，毛泽东作了深入思考。在1949年3月党的七届二中全会报告中，他强调：“务必使同志们继续地保持谦虚、谨慎、不骄、不躁的作风，务必使同志们继续地保持艰苦奋斗的作风。”[④]他认为，执政党的地位，在党员手中掌握着权力的情况下，容易使党内一些不坚定分子染上脱离实际、脱离群众的官僚主义习气，利用职权谋取私利和特权。克服的办法，就是要继续保持艰苦奋斗、密切联系群众的作风。并在实践中进行整党整风和反贪污、反浪费、反官僚主义的斗争。[⑤]

在改革开放新时期，邓小平明确提出“执政党应该是一个什么样的党、执政党的党员应该怎样才合格、党怎样才叫善于领导”[⑥]的重大问题。强调要紧紧围绕党的基本路线，着眼建设一个能够担负时代赋予的领导重任的执政党，提出党的建设“两个成为”的总目标，即“把我们党建设成为有战斗力

① 《在第十八届中央纪律检查委员会第二次全体会议上的讲话》（2013年1月22日），《习近平关于全面从严治党论述摘编》，中央文献出版社2016年版，第4页。

② 习近平：《紧紧围绕坚持和发展中国特色社会主义 学习宣传贯彻党的十八大精神》（2012年11月17日），《十八大以来重要文献选编》（上），中央文献出版社2014年版，第80页。

③ 《邓小平文选》第一卷，人民出版社1994年版，第348页。

④ 《毛泽东选集》第四卷，人民出版社1991年版，第1438、1439页。

⑤ 张荣臣：《马克思主义党的学说史》，中共中央党校出版社2016年版，第169页。

⑥ 《邓小平文选》第二卷，人民出版社1994年版，第276页。

的马克思主义政党，成为领导全国人民进行社会主义物质文明和精神文明建设的坚强核心”①。这个目标的确立，使我们党从强调“同阶级敌人进行战斗的先锋队组织”的“左”的指导思想束缚下解脱出来，对党的建设赋予了新的内容和时代活力。

1980年1月，面对改革开放和社会主义现代化建设的历史任务，邓小平在深入分析当前国内形势和部署工作任务时，突出强调了党的核心作用。他指出：中国一向被称为一盘散沙，但是自从我们党成为执政党，成为全国团结的核心力量，四分五裂、各霸一方的局面就结束了。只要我们党的领导是正确的，那就不仅能够把全党的力量，而且能够把全国的力量集合起来，干出轰轰烈烈的事业。②他还强调指出：中国问题的关键在于共产党要有一个好的政治局，特别是好的政治局常委会。只要这个环节不发生问题，中国就稳如泰山。③他特别强调：最关紧要的是有一个团结的领导核心。这样保持五十年、六十年，社会主义中国将是不可战胜的。④

邓小平在论述四项基本原则时强调：这四个坚持的核心，是坚持党的领导。他指出：我们这个党是马列主义、毛泽东思想的党，是领导社会主义事业、领导无产阶级专政的核心力量，是无产阶级的、有社会主义和共产主义觉悟的、有革命纪律的先进队伍。我们党同广大群众的联系，对中国社会主义事业的领导，是六十年的斗争历史形成的。没有党的领导，就没有一条正确的政治路线；没有党的领导，就没有安定团结的政治局面；没有党的领导，艰苦创业的精神就提倡不起来；没有党的领导，真正又红又专，特别是有专业知识和专业能力的队伍也建立不起来。这样，社会主义四个现代化建设、祖国的统一、反霸权主义的斗争，也就没有一个力量能够领导进行。⑤

此后，党的十四届四中全会提出推进党的建设“新的伟大工程”的总目标和要求。党的十五大报告对这个总目标和要求作出更加全面的概括，“把党建设成为用邓小平理论武装起来、全心全意为人民服务、思想上政治上组织上完全巩固、能够经受住各种风险、始终走在时代前列、领导全国人民建设有中国特色社会主义的马克思主义政党”。党的十五大还强调，要着力解

① 《邓小平论党的建设》，人民出版社1990年版，第217页。
② 《邓小平文选》第二卷，人民出版社1994年版，第267页。
③ 《邓小平文选》第三卷，人民出版社1993年版，第365页。
④ 《邓小平文选》第三卷，人民出版社1993年版，第365页。
⑤ 《邓小平文选》第二卷，人民出版社1994年版，第266页。

决提高领导水平和执政水平、提高拒腐防变和抵御风险能力两大历史性课题。党的十六大提出加强党的执政能力建设的战略任务。党的十七大提出加强党的先进性建设的战略任务。党的十八大进一步对党的建设总目标进行完善和丰富。

党的十八大以来，以习近平同志为核心的党中央继续深入探索新形势下加强执政党建设的基本规律。习近平围绕把我们党锻造成一个什么样的坚强领导核心、用什么样的战略目标统领和推进全面从严治党作了许多重要论述，从使命传承、事业发展、现实问题、实践要求等不同角度论述了全面从严治党战略目标的基本内涵及要求。

一是从中国特色社会主义的本质特征看，坚强领导核心的基本内涵及要求体现为“四个越来越”。

2014年6月30日，习近平在十八届中央政治局第十六次集体学习时指出：“中国特色社会主义最本质的特征就是坚持中国共产党的领导，中国的事情要办好首先中国共产党的事情要办好。实现‘两个一百年’奋斗目标，我们不知还要爬多少坡、过多少坎、经历多少风风雨雨、克服多少艰难险阻。……应对和战胜前进道路上的各种风险和挑战，关键在党。我们要聚精会神抓好党的建设，使我们党越来越成熟、越来越强大、越来越有战斗力。这是全党的政治责任，首先是中央政治局的政治责任。”在这段论述中，习近平明确指出新形势下聚精会神加强党的建设，就是要“使我们党越来越成熟、越来越强大、越来越有战斗力”。他还强调，实现这个目标是全党的政治责任，首先是中央政治局的政治责任。在纪念中国人民抗日战争暨世界反法西斯战争胜利七十五周年座谈会上，习近平强调了“四个越来越”，“我们要聚精会神抓好党的建设，使我们党越来越成熟、越来越纯洁、越来越强大、越来越有战斗力”。[①]那么，怎样做到“四个越来越”呢？习近平就如何体现核心力量、如何推进全面从严治党等作出进一步论述。

2014年1月14日，习近平在十八届中央纪委三次全会上指出：“领导我们事业的核心力量是中国共产党。什么叫核心力量？一些同志没有搞得很清楚，或者说知道这个道理，但一到实际工作中就搞不清楚了。党的领导，体

① 《习近平关于全面从严治党论述摘编》（2021年版），中央文献出版社2021年版，第84页。

现在党的科学理论和正确路线方针政策上，体现在党的执政能力和执政水平上，同时也体现在党的严密组织体系和强大组织能力上。”[①]在这段论述中，习近平指出，核心力量主要体现在三个方面：一是党的科学理论和正确路线方针政策，二是党的执政能力和执政水平，三是党的严密组织体系和强大组织能力。

2016年10月24日，在党的十八届六中全会上，习近平指出：“新的历史条件下，我们要更好进行具有许多新的历史特点的伟大斗争、推进中国特色社会主义伟大事业，就必须以更大力度推进党的建设新的伟大工程，坚定不移推进全面从严治党，切实把党建设好、管理好，保持党的先进性和纯洁性，增强党的创造力凝聚力战斗力，提高党的领导水平和执政水平，确保党始终成为中国特色社会主义事业的坚强领导核心。”[②]在这段论述中，习近平指出全面从严治党、推进党的建设新的伟大工程的基本内涵及要求，是保持“两种性质”：保持党的先进性和纯洁性；增强“三种能力”：增强党的创造力凝聚力战斗力；提高“两个水平”：提高党的领导水平和执政水平；成为“一个核心”：确保党始终成为中国特色社会主义事业的坚强领导核心。

二是从党的十九大以来的政治实践要求看，坚强领导核心的基本要求是锻造走在时代前列的马克思主义政党。

2012年11月17日，习近平在十八届中央政治局第一次集体学习时指出：“这些年来，我们全面推进党的建设新的伟大工程，党的执政能力得到新的提高，党的先进性和纯洁性得到保持和发展，党的领导得到加强和改善。”这段重要论述，阐述了近年来全面推进党的建设新的伟大工程取得的重要成果，同时也表明党的建设新的伟大工程其基本内涵也包括三个方面内容，一是要使党的执政能力得到新的提高，二是要使党的先进性和纯洁性得到保持和发展，三是要使党的领导得到加强和改善。这与党的十四大把党的建设确立为党的建设新的伟大工程以来提出的要求一脉相承。

---

① 习近平：《严明党的组织纪律，增强组织纪律性》（2014年1月14日），《十八大以来重要文献选编》（上），中央文献出版社2014年版，第766页。

② 《关于新形势下党内政治生活的若干准则　中国共产党党内监督条例》，人民出版社2016年版，第71—72页。

党的十九大报告提出新时代党的建设总要求，强调："把我们党建设成为始终走在时代前列、人民衷心拥护、勇于自我革命、经得起各种风浪考验、朝气蓬勃的马克思执政党。"[①]这是对党的十八大以来党的建设目标要求的新概括新提升。2021年7月1日，习近平在庆祝中国共产党成立100周年大会上指出："新的征程上，我们必须坚持党的全面领导，不断完善党的领导，增强'四个意识'、坚定'四个自信'、做到'两个维护'，牢记'国之大者'，不断提高党科学执政、民主执政、依法执政水平，充分发挥党总揽全局、协调各方的领导核心作用！"[②]党的十九届六中全会通过的《中共中央关于党的百年奋斗重大成就和历史经验的决议》（以下简称《决议》）提出，"全党必须自觉在思想上政治上行动上同党中央保持高度一致，提高科学执政、民主执政、依法执政水平，提高把方向、谋大局、定政策、促改革的能力，确保充分发挥党总揽全局、协调各方的领导核心作用"，"党的百年奋斗锻造了走在时代前列的中国共产党"[③]，从这些论述可以看出，"三个水平""四种能力"特别是总揽全局、协调各方，是坚强领导核心的时代内涵所在，"锻造走在时代前列的中国共产党"既是中国共产党百年奋斗的重要历史意义，也是中国共产党百年奋斗孜孜以求的目标所在。

三是从新时代党的建设发展的实践进程看，坚强领导核心最深层的内核是确立习近平同志为党中央的核心、全党的核心。

核心是表示事物的中心与整体关系的一个概念，论述事物的整体大小范围不同，所体现的核心内容和范围也不相同。相对于中国特色社会主义的伟大事业来说，中国共产党是领导核心；相对于中国共产党来说，党中央特别是关键领导人是核心，即"关键少数"中的"关键少数"[④]。注重确立党的核心，依靠核心凝聚全党力量、推进党的事业，是马克思主义政党学说的基本原则，是来自国际共产主义运动史的经验教训，同时也是中国共产党优良传统的深刻总结。

党的六届六中全会，最终确立了毛泽东在党内的核心地位。党的十一届

① 《习近平关于全面从严治党论述摘编》（2021年版），中央文献出版社2021年版，第27页。
② 习近平：《在庆祝中国共产党成立100周年大会上的讲话》，人民出版社2021年版，第11页。
③ 《中共中央关于党的百年奋斗重大成就和历史经验的决议》，人民出版社2021年版，第27、28、64页。
④ 习近平：《在第十八届中央纪律检查委员会第六次全体会议上的讲话》（2016年1月12日），《人民日报》2016年5月3日。

三中全会，确立了邓小平在党内的核心地位。党的十三届四中全会，确立了江泽民在党内的核心地位。历史和实践证明，有没有领导核心直接关系到党的事业的兴衰成败；越是事业发展的关键时期，越是需要核心。党的十八届六中全会，确立习近平为党中央的核心、全党的核心，既是对中国共产党优良传统的深刻总结，同时也是党的十八大以来党的事业和党的建设实践发展的必然结果。

习近平同志的核心地位，建立在长期工作实践特别是治国理政实践的重大成就基础上，不是天生的；是全党的集体选择，不是自封的；是人民的自觉选择，不是强加的。确立核心绝不仅仅是一个职务或称号，更主要的是一种责任和担当，能够凝聚全党全国各族人民的集体智慧和力量，能够带领全党牢牢巩固党的执政地位，使党始终成为中国特色社会主义伟大事业的坚强领导核心。因此，党的十八届六中全会公报指出，“坚持党的领导，首先是坚持党中央的集中统一领导。一个国家、一个政党，领导核心至关重要。全党必须自觉在思想上政治上行动上同党中央保持高度一致”。

要把我们党建设成为坚强领导核心，一个重要前提就是，党内首先要以高度的政治责任意识和科学理性的核心意识维护习近平同志在党内的核心地位，在维护核心问题上立场鲜明、态度坚决、行动自觉。为此，党的十八届六中全会号召“全党同志紧密团结在以习近平同志为核心的党中央周围，全面深入贯彻本次全会精神，牢固树立政治意识、大局意识、核心意识、看齐意识，坚定不移维护党中央权威和党中央集中统一领导，继续推进全面从严治党，共同营造风清气正的政治生态，确保党团结带领人民不断开创中国特色社会主义事业新局面”。党的十九届六中全会提出“两个确立”的重大意义，明确强调：“党确立习近平同志党中央的核心、全党的核心地位，确立习近平新时代中国特色社会主义思想的指导地位，反映了全党全军全国各族人民共同心愿，对新时代党和国家事业发展、对推进中华民族伟大复兴历史进程具有决定性意义。”[①]这个决定性意义就在于，坚决维护习近平总书记党中央的核心、全党的核心地位，决定道路方向，决定事业成败，决定党的兴衰，决定国家和民族的前途命运。

---

① 《中共中央关于党的百年奋斗重大成就和历史经验的决议》，人民出版社2021年版，第26页。

四是从党的建设面临的矛盾和突出问题看，坚强领导核心的基本内涵及要求，主要是解决“三个差距”问题和落实“一个繁重紧迫任务”。

2012年11月17日，习近平在十八届中央政治局第一次集体学习时指出，与国内外形势发展变化相比，与党所承担的历史任务相比，党的领导水平和执政水平，党组织建设状况和党员干部素质、能力、作风都还有不小差距。特别是新形势下加强和改进党的建设面临“四大考验”“四种危险”，落实党要管党、从严治党的任务比以往任何时候都更为繁重更为紧迫。[①]对“三个差距”和“一个繁重紧迫任务”，习近平在不同场合又进一步作出论述。

2012年12月4日，习近平在首都各界纪念现行宪法公布施行30周年大会上强调，改进党的领导方式和执政方式要做到“三个善于”，即“坚持党总揽全局、协调各方的领导核心作用，坚持依法治国基本方略和依法执政基本方式，善于使党的主张通过法定程序成为国家意志，善于使党组织推荐的人选成为国家政权机关的领导人员，善于通过国家政权机关实施党对国家和社会的领导，支持国家权力机关、行政机关、审判机关、检察机关依照宪法和法律独立负责、协调一致地开展工作”[②]。

2013年6月28日，习近平在全国组织工作会议上指出：“党要管党，才能管好党；从严治党，才能治好党。如果管党不力、治党不严，人民群众反映强烈的党内突出问题得不到解决，那我们党迟早会失去执政资格，不可避免被历史淘汰。这绝不是危言耸听。”在这里，习近平运用底线思维，作出“两个假设”，深刻指出管党治党这个“繁重紧迫任务”解决不好将带来的严重后果，阐明了管党治党要严要紧要实、毫无退路可走的现实紧迫性。

2014年6月30日，习近平在十八届中央政治局第十六次集体学习时指出，当前党建工作面临“四个难题”：一是社会多样化发展使人们思想多元化、复杂性的特征越来越明显，增加党内统一思想的难度。二是尽管每个党员都编入一个党组织进行管理，也有严明的组织纪律规定，但就全党来说，一些党组织软弱涣散，一些党员、干部难以受到监督，队伍管理缺位、不到位情

---

① 习近平：《紧紧围绕坚持和发展中国特色社会主义 学习宣传贯彻党的十八大精神》（2012年11月17日），《十八大以来重要文献选编》（上），中央文献出版社2014年版，第80页。

② 习近平：《在首都各界纪念现行宪法公布施行30周年大会上的讲话》（2012年12月4日），新华网2012年12月4日。

况不是个别。三是党内存在大量思想问题和利益矛盾，某些矛盾涉及党员、干部多，同其他社会矛盾错综交织，协调处理难度很大。四是党内生活政治性、原则性在下降，自由主义、好人主义有所滋长，制度执行不严情况大量存在，很多制度只是摆设。这“四个难题”是实现全面从严治党战略目标必须着力解决的时代性课题。①

2015年10月8日，习近平在十八届中央政治局常委会第一百一十九次会议审议中国共产党廉政准则、党纪处分条例修订稿时强调：“全面从严治党，核心是加强党的领导。我们当前主要的挑战还是党的领导弱化和组织涣散、纪律松弛。不改变这种局面，就会削弱党的执政能力，动摇党的执政基础，甚至会断送我们党和人民的美好未来。”②这里习近平指出影响党的领导的“三个主要挑战”：一是党的领导弱化，二是组织涣散，三是纪律松弛，这是把我们党锻造成坚强领导核心需要有力应对的重要问题。

2016年1月12日，习近平在十八届中央纪委六次全会上指出，当前通过巡视发现在加强党的领导上存在“四个方面”薄弱环节，削弱了党的创造力、凝聚力、战斗力。一是有的党组织和领导干部党的观念淡薄，把经济建设和党的领导割裂开来，对管党治党心不在焉；二是有的只顾抓权力，不去抓监督，任命干部时当仁不让，平时对干部却放任自流，出了事就撂挑子给纪委；三是有的原则性不强，对歪风邪气不抵制不斗争，一味遮丑护短，甚至为违纪违法者说情开脱；四是有的地方党委不抓总、不统筹，党的建设部门化，“铁路警察、各管一段”，等等。③这四个方面的问题表明，党的观念淡薄问题仍然比较突出，对干部监督仍然落实不够，原则性、战斗性还比较欠缺，抓党的建设力量分散化的问题仍然存在，这为加强党的领导进一步指明了努力方向。

2021年11月11日通过的党的十九届六中全会《决议》，强调了党的建设上存在管党不力、治党不严问题，“由于一度出现管党不力、治党不严问

---

① 《在十八届中央政治局第十六次集体学习时的讲话》（2014年6月30日），《习近平关于全面从严治党论述摘编》，中央文献出版社2016年版，第7页。

② 《在十八届中央政治局常委会第一百一十九次会议关于审议中国共产党廉政准则、党纪处分条例修订稿时的讲话》（2015年10月8日），《习近平关于全面从严治党论述摘编》，中央文献出版社2016年版，第9—10页。

③ 习近平：《在第十八届中央纪律检查委员会第六次全体会议上的讲话》（2016年1月12日），《人民日报》2016年5月3日。

题，有些党员、干部政治信仰出现严重危机，一些地方和部门选人用人风气不正，形式主义、官僚主义、享乐主义和奢靡之风盛行，特权思想和特权现象较为普遍存在”①。这是新时代建设坚强领导核心所要着力攻克解决的突出问题。

五是从全面从严治党的经验总结看，坚强领导核心的基本内涵及要求，有“四个方面”内容。

2016年10月24日，习近平在党的十八届六中全会上总结了四年来管党治党的实践经验，对全面从严治党要实现的战略目标及具体要求作了深刻阐述，他指出：“我们要更好进行具有许多新的历史特点的伟大斗争、推进中国特色社会主义伟大事业，就必须以更大力度推进党的建设新的伟大工程，坚定不移推进全面从严治党，切实把党建设好、管理好，保持党的先进性和纯洁性，增强党的创造力凝聚力战斗力，提高党的领导水平和执政水平，确保党始终成为中国特色社会主义事业的坚强领导核心。”②这段重要论述强调了“确保党始终成为中国特色社会主义事业的坚强领导核心”这一全面从严治党的战略目标，及实现战略目标的“四个方面”要求：一是切实把党建设好、管理好；二是保持党的先进性和纯洁性；三是增强党的创造力、凝聚力、战斗力；四是提高党的领导水平和执政水平。

2014年10月8日，习近平在党的群众路线教育实践活动总结大会上提出，从严治党的一切努力都要实现“两个集中到”的目标，“要注重把继承传统和改革创新结合起来，把总结自身经验和借鉴世界其他政党经验结合起来，增强从严治党的系统性、预见性、创造性、实效性，使从严治党的一切努力都集中到增强党自我净化、自我完善、自我革新、自我提高能力上来，集中到提高党的领导能力和执政能力、保持和发展党的先进性和纯洁性上来”③。这“两个集中到”与党的十八大以来我们党提出的全面从严治党目标要求是保持一致和内在贯通的。

2016年2月，习近平在中央政治局常委会审议“两学一做”学习教育方

---

① 《中共中央关于党的百年奋斗重大成就和历史经验的决议》，人民出版社2021年版，第29页。

② 习近平：《关于〈关于新形势下党内政治生活的若干准则〉和〈中国共产党党内监督条例〉的说明》（2016年10月24日），《人民日报》2016年11月3日。

③ 习近平：《在党的群众路线教育实践活动总结大会上的讲话》（2014年10月8日），《十八大以来重要文献选编》（中），中央文献出版社2016年版，第102页。

案时强调指出，“我们党要搞好自身建设，真正成为世界上最强大的一个政党”①。这一重要论述明确了加强党的自身建设的目标追求和远大志向，为全面从严治党明确了努力方向和责任。

2016年10月24日，习近平在党的十八届六中全会第一次全体会议上指出：“党和人民事业发展到什么阶段，全面从严治党就要跟进到什么阶段，坚持严字当头，把严的要求贯穿管党治党全过程，以自我革命的政治勇气着力解决党内存在的突出问题，做到管党有方、治党有力、建党有效。”②这里的“管党有方、治党有力、建党有效”，明确了全面从严治党的衡量标准和检验尺度，使全面从严治党的战略目标内涵及要求更加丰富。

2017年7月26日，习近平在省部级主要领导干部“学习习近平总书记重要讲话精神，迎接党的十九大”专题研讨班开班式上强调：“只有进一步把党建设好，确保我们党永葆旺盛生命力和强大战斗力，我们党才能带领人民成功应对重大挑战、抵御重大风险、克服重大阻力、解决重大矛盾，不断从胜利走向新的胜利。”永葆旺盛生命力和强大战斗力，为全面从严治党要达到的目标提出了明确要求和鲜明指向。

2017年10月18日，习近平在党的十九大报告中指出：“确保党在世界形势深刻变化的历史进程中始终走在时代前列，在应对国内外各种风险和考验的历史进程中始终成为全国人民的主心骨，在坚持和发展中国特色社会主义的历史进程中始终成为坚强领导核心。”③这三句话明确了新时代党的建设的目标指向和使命要求。

2021年11月11日通过的党的十九届六中全会《决议》总结了党的百年奋斗的历史经验，提出“勇于自我革命是中国共产党区别于其他政党的显著标志。自我革命精神是党永葆青春活力的强大支撑。先进的马克思主义政党不是天生的，而是在不断自我革命中淬炼而成的”④。这一重要历史经验，凸显了自我革命精神对于锻造坚强领导核心的重要意义。

---

① 何毅亭：《努力建设世界上最强大的政党》，《学习时报》2017年7月10日。

② 《习近平在省部级主要领导干部“学习习近平总书记重要讲话精神，迎接党的十九大”专题研讨班开班式上发表重要讲话强调　高举中国特色社会主义伟大旗帜　为决胜全面小康社会实现中国梦而奋斗》，《人民日报》2017年7月28日。

③ 习近平：《决胜全面建成小康社会　夺取新时代中国特色社会主义伟大胜利——在中国共产党第十九次全国代表大会上的报告》，《人民日报》2017年10月28日。

④ 《中共中央关于党的百年奋斗重大成就和历史经验的决议》，人民出版社2021年版，第70页。

毫不动摇坚持和加强党的全面领导

我们党是马克思主义政党，重视党对革命和建设事业的领导权，是由党的根本性质和使命担当所决定的。马克思主义认为，共产党作为无产阶级的政党，要完成自己肩负的历史使命，必须加强对工人运动和工人群众组织的领导。毛泽东强调，中国共产党必须在国家政权中处于领导地位，“整个革命历史证明，没有工人阶级的领导，革命就要失败，有了工人阶级的领导，革命就胜利了”①。邓小平认为：“一个国家的革命，核心问题是党。有了一个好党才能引导革命走向胜利。革命胜利后，搞社会主义也要靠一个好党，否则胜利就靠不住。”②习近平多次强调，办好中国的事情，关键在党，“我们要赢得优势、赢得主动、赢得未来，就必须把党建设得更加坚强有力，使我们党能够团结带领人民有力应对重大挑战、抵御重大风险、克服重大阻力、解决重大矛盾”③，并围绕如何加强党的全面领导作出许多重要论述，创新发展了马克思主义关于党的领导理论。毫不动摇坚持和加强党的全面领导，是新时代锻造马克思主义先进政党的重要出发点和立足点。

从党在中国特色社会主义事业发展全局的领导地位看，党的全面领导表现为以下“四个是”。

党的十九届六中全会《决议》强调，“党的领导是党和国家的根本所在、命脉所在，是全国各族人民的利益所系、命运所系”，“党的领导是全面的、系统的、整体的，保证党的团结统一是党的生命”。④这些重要思想是对党的十八大以来习近平关于党的全面领导思想的集中概括。在管党治党的丰富实践中，习近平多次论述党的全面领导问题，立足中华民族伟大复兴和中国特色社会主义事业全局强调，“中国共产党是中国特色社会主义事业的领导核心，所以必须加强和改善党的领导，充分发挥总揽全局、协调各方的领导核心作用”⑤，“中国特色社会主义有很多特点和特征，但最本质的

① 《毛泽东选集》第四卷，人民出版社1991年版，第1479页。

② 《邓小平文选》第一卷，人民出版社1994年版，第348页。

③ 《习近平关于全面从严治党论述摘编》，中央文献出版社2016年版，第19页。

④ 《中共中央关于党的百年奋斗重大成就和历史经验的决议》，人民出版社2021年版，第27—28页。

⑤ 《习近平关于全面从严治党论述摘编》（2021年版），中央文献出版社2021年版，第53页。

特征是坚持中国共产党领导”[①]，“党是我们各项事业的领导核心，古人讲的‘六合同风，九州同贯’，在当代中国，没有党的领导，这个是做不到的。中央委员会，中央政治局，中央政治局常委会，这是党的领导决策核心”[②]，“中国最大的国情就是中国共产党的领导。什么是中国特色？这就是中国特色”[③]，“坚持中国共产党这一坚强领导核心，是中华民族的命运所系”[④]，“坚持党的全面领导，是国家和民族兴旺发达的根本所在，是全国各族人民幸福安康的根本所在”[⑤]。习近平还突出强调，党是最高政治领导力量，坚持党对一切工作的领导，党政军民学，东西南北中，党是领导一切的。从历史发展必然性的高度，习近平强调，坚持党的全面领导是坚持和发展中国特色社会主义的必由之路。[⑥]

从党的领导与全面从严治党关系看，全面从严治党，核心是加强党的全面领导。习近平指出，全面从严治党，核心是加强党的领导。如果管党不严、治党不力，党迟早会失去执政资格，不可避免地被历史淘汰。强调“全面从严治党，必须坚持和加强党的全面领导。坚持和加强党的全面领导，关系党和国家前途命运，我们的全部事业都建立在这个基础之上，都根植于这个最本质特征和最大优势。在这个问题上犯错误往往是灾难性的、颠覆性的”[⑦]。党的十八大以来，在全面从严治党的实践中，习近平把党的领导首先界定为党对管党治党的领导，并把其重要性提到前所未有的高度，这是对党的领导理论的重大贡献。

从党的领导所覆盖的各领域、各对象及重大工作看，总揽全局、协调各方是重要的领导要求。习近平就党的领导的领域、对象、重点等作了充分论述，强调在领导领域上要做到全覆盖，涵盖改革发展稳定、内政外交国防、治党治国治军各领域各方面各环节。如“加强党对经济工作的领导，全面提高党领导经济工作水平”，“坚持中国特色社会主义法治道路，最根本的是坚持中国共产党的领导”，“人民军队必须牢牢坚持党对军队的绝对领导，

---

① 《习近平关于全面从严治党论述摘编》（2021年版），中央文献出版社2021年版，第53页。
② 《习近平关于全面从严治党论述摘编》（2021年版），中央文献出版社2021年版，第54页。
③ 《习近平关于全面从严治党论述摘编》（2021年版），中央文献出版社2021年版，第55页。
④ 《习近平关于全面从严治党论述摘编》（2021年版），中央文献出版社2021年版，第56页。
⑤ 《习近平关于全面从严治党论述摘编》（2021年版），中央文献出版社2021年版，第84页。
⑥ 习近平：《高举中国特色社会主义伟大旗帜　为全面建设社会主义现代化国家而团结奋斗——在中国共产党第二十次全国代表大会上的报告》，人民出版社2022年版，第70页。
⑦ 《习近平关于全面从严治党论述摘编》（2021年版），中央文献出版社2021年版，第67页。

把这一条当作人民军队永远不能变的军魂、永远不能丢的命根子”。“党管宣传、党管意识形态、党管媒体是坚持党的领导的重要方面。”“中国共产党的领导是民族工作成功的根本保证，也是各民族大团结的根本保证”，“处理我国宗教关系，必须牢牢把握坚持党的领导、巩固党的执政地位、强化党的执政基础这个根本”[①]等。强调在领导对象上要做到全覆盖，党在同级各种组织中发挥领导核心作用，人大、政府、政协、监察机关、审判机关、检察机关、武装力量、人民团体、企事业单位、基层群众自治组织、社会组织等都要接受党的领导，在党的统一领导下协调行动。并强调“党的领导是人民当家作主和依法治国的根本保证”，“我国宪法确认了中国共产党的执政地位，确认了党在国家政权结构中总揽全局、协调各方的核心地位”，“坚持党的领导是社会主义法治的根本要求，是全面依法治国题中应有之义。……任何人以任何借口否定中国共产党领导和我国社会主义制度，都是错误的、有害的，都是绝对不能接受的，也是从根本上违反宪法的”。[②]

从党和国家的制度体系看，党的领导制度是根本领导制度。习近平从治国理政的战略高度强调，“党的领导是我们的最大制度优势”[③]“我们治国理政的本根，就是中国共产党的领导和我国社会主义制度”[④]，“中国特色社会主义制度是一个严密完整的科学制度体系，起四梁八柱作用的是根本制度、基本制度、重要制度，其中具有统领地位的是党的领导制度。党的领导制度是我国的根本领导制度”[⑤]。党的十九大后，党中央健全完善党的领导制度体系进入快车道。2018年启动的党和国家机构改革，就是围绕加强党的全面领导开展的，习近平强调“深化党和国家机构改革，是坚持和加强党的全面领导、加强党的长期执政能力建设的必然要求”。“坚持和加强党的全面领导，既是深化党和国家机构改革的内在要求，也是深化党和国家机构改革的重要任务，是贯穿改革全过程的政治主题。”“在我国，党的坚强有力领导是政府发挥作用的根本保证。”[⑥]习近平多次强调，我们党是通过“四个善

---

① 《习近平关于全面从严治党论述摘编》（2021年版），中央文献出版社2021年版，第53、58、65、62、57、63页。

② 《习近平关于全面从严治党论述摘编》（2021年版），中央文献出版社2021年版，第66、68、69页。

③ 《习近平关于全面从严治党论述摘编》（2021年版），中央文献出版社2021年版，第71页。

④ 《习近平关于全面从严治党论述摘编》（2021年版），中央文献出版社2021年版，第73页。

⑤ 《习近平关于全面从严治党论述摘编》（2021年版），中央文献出版社2021年版，第82页。

⑥ 《习近平关于全面从严治党论述摘编》（2021年版），中央文献出版社2021年版，第71、72、55页。

于”实现对国家各方面领导的，“善于使党的主张通过法定程序成为国家意志，善于使党组织推荐的人选通过法定程序成为国家政权机关的领导人员，善于通过国家政权机关实施党对国家和社会的领导，善于运用民主集中制原则维护党和国家权威、维护全党全国团结统一”[①]。这些重要论述深刻表明党对国家各方面的全面领导日益科学化、系统性和法治化。

保持“愈大愈惧、愈强愈恐”的政治警觉

如果历史只是机械地重复过去，以往的任何转变都不可能发生。每个伟大成就在成为现实之前都是一种远见。[②]世界政治是非常复杂的，要对前途作出科学的预断是非常困难的。

战略家们就是要把危机把握得透透的，甚至把困难估计得比实际多一些、过一点，这样才有利于为战略进取提供更大的施展空间、争取更大的战略主动权、发挥更大的战略潜力。在当今中国，坚定不移推进全面从严治党，面临的风险、面对的压力、面临的困难也是前所未有的。在这场史无前例的伟大斗争中，我们党要保持“乱云飞渡仍从容”的战略定力，最重要的是保持战略清醒，强化战略定力。习近平深刻指出，“‘其作始也简，其将毕也必巨。’世界上最可怕的敌人从来是自己。我们党取得了举世瞩目的成就，现在更需要‘愈大愈惧，愈强愈恐’的态度，切不可在管党治党上有丝毫松懈”[③]。

之所以要保持“愈大愈惧，愈强愈恐”的态度，是因为建设坚强领导核心的历史使命“永远在路上”。

1945年7月初，黄炎培等5位国民参政会参政员访问延安时，提出政权“历史周期率”问题，他说：“我生六十余年，耳闻的不说，亲眼看到的，真所谓‘其兴也勃焉，其亡也忽焉’，一人，一家，一团体，一地方，乃至一国，不少都没能跳出这周期率的支配力。”接管北平时，傅作义先生也向

---

① 《习近平关于全面从严治党论述摘编》（2021年版），中央文献出版社2021年版，第56页。

② ［美］亨利·基辛格：《论中国》，中信出版社2012年版，第518页。

③ 《切实把从严治党落到实处》（2014年11月2日），《习近平关于全面从严治党论述摘编》，中央文献出版社2016年版，第8页。

我们提出过：国民党取得政权后20年就腐化了，结果被人民打倒了，共产党执政后，30年、40年以后是不是也会腐化？①

对这个“世纪之问”，毛泽东等党和国家领导人始终保持着政治警惕。1949年3月23日在离开西柏坡前往北平时，毛泽东兴致勃勃地说：“今天是进京的日子，不睡觉也高兴啊。今天是进京‘赶考’嘛。进京‘赶考’去，精神不好怎么行呀！”周恩来也笑着说：“我们应当都能考试及格，不要退回来。”毛泽东说：“退回来就失败了。我们决不当李自成，我们都希望考个好成绩。”②

“进京赶考”是个历史考验，既要考党的事业，也要考党的自身建设。怎样把党建设成为我们事业的坚强领导核心，是历代共产党人始终在探索和解决的重大历史性课题。1965年，邓小平指出：“建立一个什么样的党的问题，这不仅是我们这一代的问题，也是下一代、再下一代的问题。”③他还指出，“我们党是执政的党，威信很高。我们大量的干部居于领导地位。在中国来说，谁有资格犯大错误？就是中国共产党。犯了错误影响也最大。”④

中国共产党已经成为中国特色社会主义事业的坚强领导核心，这是被党的伟大实践所证明了的。

之所以要保持“愈大愈惧，愈强愈恐”的态度，是因为目标越是宏伟辉煌越要面对艰苦卓绝的考验。

带领14亿多人民摆脱贫困、走向富裕，实现中华民族伟大复兴的中国梦，这将是人类发展史上的壮举和奇迹。能够建设成担负起这样伟大事业的坚强领导核心，同样是人类政治史上的壮举和奇迹。

一切壮举和奇迹的实现，都注定是艰难曲折甚至充满险境的。社会主义大国、发展中大国、世界人口大国、世界第一大党等许多特征相互叠加，更加凸显了我们党“打铁必须自身硬”过程的挑战性、复杂性和风险性。

党的十九届六中全会《决议》强调：“全党必须铭记生于忧患、死于安乐，常怀远虑、居安思危，继续推进新时代党的建设新的伟大工程，坚持全

---

① 薄一波：《若干重大决策与事件的回顾》（上卷），中共中央党校出版社1991年版，第154—155页。
② 薄一波：《若干重大决策与事件的回顾》（上卷），中共中央党校出版社1991年版，第155页。
③ 《邓小平文选》第一卷，人民出版社1994年版，第348页。
④ 《邓小平文选》第一卷，人民出版社1994年版，第270页。

面从严治党，坚定不移推进党风廉政建设和反腐败斗争，勇敢面对党面临的长期执政考验、改革开放考验、市场经济考验、外部环境考验，坚决战胜精神懈怠的危险、能力不足的危险、脱离群众的危险、消极腐败的危险。”①党的二十大报告强调：“我们党作为世界上最大的马克思主义执政党，要始终赢得人民拥护，巩固长期执政地位，必须时刻保持解决大党独有难题的清醒和坚定。”②我们决不能安于现状、盲目乐观，不能囿于眼前、轻视长远，不能掩盖矛盾、回避问题，不能对自身的问题采取避重就轻、得过且过的态度，不能粉饰太平、自我陶醉。因此，事业愈是宏伟、成绩愈是巨大，越需要我们保持强烈的忧患意识、底线意识、危机意识、敬畏意识。

之所以要保持“愈大愈惧，愈强愈恐”的态度，是因为随着时代发展，党面临的作风积弊、利益集团、权力腐败等导致的治理难度更大、代价更大和风险更大。

我们党的党员人数，已经由1921年的50多名发展到今天的9900多万名，这是一个超大规模的政党组织。这在人类组织的发展史上是一个奇迹。数量庞大具有无可比拟的巨大优势，但同时也具有世界性超级大党治理所无法回避的无数难题。特别是经过70多年的执政、40多年的改革开放之后，由各方面因素积累影响形成的作风积弊、形形色色的利益集团、各种各样的权力腐败等，是横亘在全党面前的“拦路虎”“绊脚石”。

如果不以壮士断腕的决心、刮骨疗毒的勇气治病疗伤、清除积弊，必将积重难返，再现“霸王别姬”。而拿起“手术刀”、举起“利剑”后，已经面对和将要面对的必然是一场生死攸关的伟大斗争，对各种阻力、压力、弹力决不能轻视和麻痹，否则，很可能前功尽弃。因此，进入新时代以来，我们党“坚持无禁区、全覆盖、零容忍，坚持重遏制、强高压、长震慑，坚持受贿行贿一起查，坚持有案必查、有腐必惩，以猛药去疴、重典治乱的决心，以刮骨疗毒、壮士断腕的勇气，坚定不移‘打虎’‘拍蝇’‘猎狐’”③，在党的二十大报告中，习近平强调：“坚决查处政治问题和经济问

---

① 《中共中央关于党的百年奋斗重大成就和历史经验的决议》，人民出版社2021年版，第73—74页。

② 习近平：《高举中国特色社会主义伟大旗帜　为全面建设社会主义现代化国家而团结奋斗——在中国共产党第二十次全国代表大会上的报告》，人民出版社2022年版，第63页。

③ 《中共中央关于党的百年奋斗重大成就和历史经验的决议》，人民出版社2021年版，第33页。

题交织的腐败，坚决防止领导干部成为利益集团和权势团体的代言人、代理人，坚决治理政商勾连破坏政治生态和经济发展环境问题，决不姑息。”[1]这“三个坚决”彰显了我们党对向纵深推进反腐惩恶的坚定决心和战略清醒。这是我们党在新时代的革命性锻造中更加坚强的重要原因。

习近平多次强调：“党的建设必须常抓不懈，全面从严治党必须真管真严、敢管敢严、长管长严。”[2]“从严治党要贯穿于改革开放和现代化建设全过程，贯穿于党的建设和党内生活各方面，真正做到要求严、措施严，对上严、对下严，对事严、对人严。”[3]这是有强烈的现实针对性和深远历史意义的。

之所以要保持“愈大愈惧，愈强愈恐”的态度，是因为事业越宏伟艰巨、成就越是巨大，凝聚党心形成合力显得越重要也越有难度。

建党以来第一份以增强党性为主题的文件《中共中央关于增强党性的决定》就强调：“没有这样坚强统一的、集中的党，便不能应付革命过程中长期残酷复杂的斗争，便不能实现我们所担负的伟大历史任务。”

邓小平指出：“中国现代化建设需要我们的党，中国在国际反霸权主义斗争和争取人类进步事业中的重要地位，需要我们党。我们一定要坚持党的领导，改善党的领导，加强党的纪律和战斗力，使我们能够胜任对于整个国家和各族人民的巨大领导责任。”[4]坚强统一的、集中的党是党的事业取得成功的根本保证。

习近平强调：“我们这么大一个党、一个国家，没有集中统一，没有党中央坚强领导，没有强有力的中央权威，是不行的、不可想象的。”[5]我们党要带领人民实现“两个一百年”奋斗目标、实现中华民族伟大复兴的中国梦，必然要面对许许多多可以预料或难以预料的矛盾困难，全党能不能团结

---

② 习近平：《高举中国特色社会主义伟大旗帜　为全面建设社会主义现代化国家而团结奋斗——在中国共产党第二十次全国代表大会上的报告》，人民出版社2022年版，第69页。

② 习近平：《在学习〈胡锦涛文选〉报告会上的讲话》（2016年9月29日），人民出版社单行本，第16页。

③ 《从严治党必须从严管理干部》（2014年12月14日），《习近平关于全面从严治党论述摘编》，中央文献出版社2016年版，第8—9页。

④ 邓小平：《目前的形势和任务》（1957年4月8日），《马克思主义党的建设著作选读》，解放军出版社1991年版，第463页。

⑤ 《在中央政治局“三严三实”专题民主生活会上的讲话》（2015年12月28日、29日），《习近平关于全面从严治党论述摘编》，中央文献出版社2016年版，第84页。

一心、形成合力，集中力量攻坚克难、完成使命任务，这直接关系事业的最终成败。

2017年7月26日，习近平在省部级主要领导干部“学习习近平总书记重要讲话精神，迎接党的十九大”专题研讨班开班式上强调：“全面从严治党永远在路上。一个政党，一个政权，其前途命运取决于人心向背。对党的十八大以来全面从严治党取得的成果，人民群众给予了很高评价，成绩值得充分肯定，经验值得深入总结。但是，我们决不能因此而沾沾自喜、盲目乐观。全面从严治党依然任重道远。全党要坚持问题导向，保持战略定力，推动全面从严治党向纵深发展，把全面从严治党的思路举措搞得更加科学、更加严密、更加有效，确保党始终同人民想在一起、干在一起，引领承载着中国人民伟大梦想的航船破浪前进，胜利驶向光辉的彼岸。”①

2017年10月18日，习近平在党的十九大报告中指出，全面从严治党永远在路上。全党要清醒认识到，我们党面临的执政环境是复杂的，影响党的先进性、弱化党的纯洁性的因素也是复杂的，党内存在的思想不纯、组织不纯、作风不纯等突出问题尚未得到根本解决。要深刻认识“四大考验”的长期性和复杂性、“四种危险”的尖锐性和严峻性。要坚持问题导向，保持战略定力，推动全面从严治党向纵深发展。②

党的十九届六中全会《决议》强调，我们要从伟大胜利中激发奋进力量，从弯路挫折中吸取历史教训，以咬定青山不放松的执着奋力实现既定目标。党的二十大报告提出“必须时刻保持解决大党独有难题的清醒和坚定”的重大命题，习近平在二十届中央纪委二次全会提出要研究解决“六个如何始终”的难题。这是对新征程中继续推进新时代党的建设新的伟大工程的宣誓和动员。

党的组织规模越大，管理、治理的幅度越大，管理的链条越长，大组织病、信息传递缩减、目标责任分散等问题越难以回避，确保全党团结统一、维护党的核心就会面临不少客观条件上的制约。

应然状态、政治要求决不等于实然状态、实际行为，中间需要通过细

---

① 《习近平在省部级主要领导干部“学习习近平总书记重要讲话精神，迎接党的十九大”专题研讨班开班式上发表重要讲话强调　高举中国特色社会主义伟大旗帜　为决胜全面小康社会实现中国梦而奋斗》，《人民日报》2017年7月28日。

② 习近平：《决胜全面建成小康社会　夺取新时代中国特色社会主义伟大胜利——在中国共产党第十九次全国代表大会上的报告》，《人民日报》2017年10月28日。

密、扎实、长期的工作过程来实现。因此，党的事业越前进、党的组织越发展，意味着增进党的团结统一、维护党的纪律难度越大，新情况越多，而不会使党的团结自动增进，党的纪律自动增强。因此，保持“愈大愈惧，愈强愈恐”的态度，是推进全面从严治党、建设坚强领导核心的重要前提和思想保证。

第二篇

战略环境：伟大斗争、伟大工程、伟大事业、伟大梦想

战略环境是制定发展战略的客观基础和前提条件。确立和推进全面从严治党战略，最重要的是要把握中国国情、党情、民情和世界政治文明发展大势。习近平强调："我们党正在团结带领全国各族人民推进中国特色社会主义伟大事业，实现'两个一百年'奋斗目标、实现中华民族伟大复兴的中国梦，进行具有许多新的历史特点的伟大斗争，这就需要坚持以改革创新精神全面推进党的建设新的伟大工程。"①在新的时代条件下，我们要进行伟大斗争、建设伟大工程、推进伟大事业、实现伟大梦想。②中国特色社会主义进入新时代，我们党一定要有新气象新作为。③习近平这些重要论述，鲜明提出了伟大斗争、（新的）伟大工程、伟大事业、伟大梦想的概念范畴，清晰揭示了全面从严治党面临的"四个伟大"的历史方位和战略环境。伟大斗争决定了全面从严治党的艰巨性、复杂性、挑战性，伟大工程对全面从严治党赋予了新要求、新使命、新担当，伟大事业决定了全面从严治党的主轴和方向，伟大梦想赋予了全面从严治党的目标追求和动力支撑。

---

① 《在十八届中央政治局第三十三次集体学习时的讲话》（2016年6月28日），《习近平关于全面从严治党论述摘编》，中央文献出版社2016年版，第38页。

② 《习近平在省部级主要领导干部"学习习近平总书记重要讲话精神，迎接党的十九大"专题研讨班开班式上发表重要讲话强调　高举中国特色社会主义伟大旗帜　为决胜全面小康社会实现中国梦而奋斗》，《人民日报》2017年7月28日。

③ 习近平：《决胜全面建成小康社会　夺取新时代中国特色社会主义伟大胜利——在中国共产党第十九次全国代表大会上的报告》，《人民日报》2017年10月28日。

伟大斗争：永远为了真理而斗争，永远为了理想而斗争

斗争，从哲学意义上讲，一方面，是指对立面的相互排斥构成了推动事物运动发展的动力，它决定事物矛盾的根本属性；另一方面，是指主体对客体的一种能动活动或紧张关系，比如说与大自然做斗争，就是主体的人向客体的自然界进行的能动活动。所谓利害冲突，反映的是主客体之间的对立和紧张关系，政治斗争、战争就是这种斗争形式。从某种意义上说，只要有利益关系或利害关系存在，斗争的发生就难以避免。

马克思主义政党的阶级性和革命性，本身蕴含着斗争性，这是由工人阶级与资产阶级的对抗性矛盾决定的，由工人阶级要完成推翻资产阶级、消灭私有制、掌握自己历史命运的历史使命决定的，也是由当时社会存在的主要矛盾带来的利益关系决定的。社会主义与资本主义的对抗和较量是长期的、复杂的，人类两大制度竞争的对抗性矛盾决定了这种斗争是一个历史性的延续过程。从杜勒斯的“和平演变”，到近些年西方炮制的“颜色革命”，再到所谓“互联网革命”、运用“巧实力”，虽然斗争的形式和内容不同，但对抗性矛盾的实质没有变，这种斗争至今仍在各条战线上进行着。

党的十九大报告指出“实现伟大梦想，必须进行伟大斗争。社会是在矛盾运动中前进的，有矛盾就会有斗争。我们党要团结带领人民有效应对重大挑战、抵御重大风险、克服重大阻力、解决重大矛盾，必须进行具有许多新的历史特点的伟大斗争，任何贪图享受、消极懈怠、回避矛盾的思想和行为都是错误的”①。党的二十大报告强调：“坚持发扬斗争精神。增强全党全国各族人民的志气、骨气、底气，不信邪、不怕鬼、不怕压，知难而进，迎难而上，统筹发展和安全，全力战胜前进道路上各种困难和挑战，依靠顽强斗争打开事业发展新天地。”②进行伟大斗争是党的十八大以来党中央一直强调的重要思想。习近平早在主持十八届中央政治局第一次集体学习时就强调：“我们必须进行具有许多新的历史特点的伟大斗争”，并在多个重要场合讲话中强调伟大斗争问题。党的十八大以来，我们党提出的伟大斗争，既包括

---

① 习近平：《决胜全面建成小康社会　夺取新时代中国特色社会主义伟大胜利——在中国共产党第十九次全国代表大会上的报告》，《人民日报》2017年10月28日。

② 习近平：《高举中国特色社会主义伟大旗帜　为全面建设社会主义现代化国家而团结奋斗——在中国共产党第二十次全国代表大会上的报告》，人民出版社2022年版，第27页。

马克思主义所具有的阶级性、革命性和斗争性，又包括推进党的伟大事业所具有的艰巨性、复杂性和挑战性，同时还包括党的自身建设所呈现的新特点、新矛盾、新问题。仅从我们党在全面从严治党方面所面临的困难和挑战而言，习近平论述伟大斗争，至少有“六个方面”。

第一，伟大斗争，是由我们党治国理政所面临的多重考验决定的，需要锻造一支铁的先锋队组织。

习近平多次强调，在全面建成小康社会决胜阶段，治国理政对党的建设提出了许多新的时代要求。他指出：“现在，我们进入了全面建成小康社会的决胜阶段，我们党正在进行具有许多新的历史特点的伟大斗争，形势环境变化之快、改革发展稳定任务之重、矛盾风险挑战之多、对我们党治国理政考验之大都是前所未有的。我们党要团结带领全国各族人民抓住机遇、战胜挑战，把‘四个全面’战略布局落到实处，把创新、协调、绿色、开放、共享的发展理念落到实处，实现第一个百年奋斗目标、全面建成小康社会，进而实现第二个百年奋斗目标、实现中华民族伟大复兴的中国梦，关键在于培养造就一支具有铁一般信仰、铁一般信念、铁一般纪律、铁一般担当的干部队伍。”①“新的征程上，我们必须增强忧患意识、始终居安思危，贯彻总体国家安全观，统筹发展和安全，统筹中华民族伟大复兴战略全局和世界百年未有之大变局，深刻认识我国社会主要矛盾变化带来的新特征新要求，深刻认识错综复杂的国际环境带来的新矛盾新挑战，敢于斗争，善于斗争，逢山开道、遇水架桥，勇于战胜一切风险挑战！”②他强调指出：“全面从严治党，是我们党在新形势下进行具有许多新的历史特点的伟大斗争的根本保证。”③

第二，伟大斗争，是由执政的历史周期率危险决定的，需要我们党不断作出理论回答和实践探索。

习近平多次论述毛泽东当年提出的跳出历史周期率问题。他强调：“我

① 习近平：《在全国党校工作会议上的讲话》（2015年12月11日），人民出版社单行本，第4—5页。
② 习近平：《在庆祝中国共产党成立100周年大会上的讲话》，人民出版社2021年版，第17—18页。
③ 《在参加十二届全国人大三次会议上海代表团审议时的讲话》（2015年3月5日），《习近平关于全面从严治党论述摘编》，中央文献出版社2016年版，第9页。

常常提及毛泽东同志和黄炎培先生在延安的‘窑洞对’。当年‘窑洞对’的问题已经彻底解决了吗？恐怕还没有。”[①]“今天，我们正在进行具有许多新的历史特点的伟大斗争。全党要牢记毛泽东同志提出的‘我们决不当李自成’的深刻警示，牢记‘两个务必’，牢记‘生于忧患，死于安乐’的古训，着力解决好‘其兴也勃焉，其亡也忽焉’的历史性课题。”[②]“全面从严治党是一场自我革命，必须探索出一条党长期执政条件下实现自我净化的有效路径，这关乎党和国家事业成败，关乎我们能不能跳出历史周期率。”能否跳出历史周期率，这是关系中国共产党生死存亡的重大问题，新形势下党执政面临的考验更多、“考题”难度更大，这样的“世纪大考”是伟大斗争的一个重要内容。

不仅如此，跳出历史周期率是我们党需要长期不懈努力和不断回答的重大问题。在十九届中央纪委第四次全会上，习近平强调：“党的十八大以来，我们以前所未有的勇气和定力推进全面从严治党，极大增强党自我净化、自我完善、自我革新、自我提高能力，探索出一条长期执政条件下解决自身问题、跳出历史周期率的成功道路，构建起一套行之有效的权力监督制度和执纪执法体系。这条道路、这套制度必须长期坚持并不断巩固发展。”在党的十九届六中全会第二次会议上，习近平提醒全党：“在建党百年之际，我们要居安思危，时刻警惕我们这个百年大党会不会变得老态龙钟、疾病缠身。对党的历史上走过的弯路、经历的曲折不能健忘失忆，对中外政治史上那些安于现状、死于安乐的深刻教训不能健忘失忆；对自身存在的问题不能反应迟钝，处理动作慢腾腾、软绵绵，最终人亡政息！要以伟大自我革命引领伟大社会革命，以伟大社会革命促进伟大自我革命。”[③]在党的二十大报告中，习近平指出：“经过不懈努力，党找到了自我革命这一跳出治乱兴衰历史周期率的第二个答案。”[④]这第二个答案不是结果式答案，而是路径式答案，需要用实践和行动去书写。这条跳出历史周期率的成功道路需要在实

---

① 《在中央统战工作会议上的讲话》（2015年5月18日），《习近平关于全面从严治党论述摘编》，中央文献出版社2016年版，第204页。

② 《在纪念毛泽东同志诞辰一百二十周年座谈会上的讲话》（2013年12月26日），《十八大以来重要文献选编》（上），中央文献出版社2014年版，第701页。

③ 习近平：《以史为鉴、开创未来　埋头苦干、勇毅前行》，《求是》2022年第1期，第15页。

④ 习近平：《高举中国特色社会主义伟大旗帜　为全面建设社会主义现代化国家而团结奋斗——在中国共产党第二十次全国代表大会上的报告》，人民出版社2022年版，第14页。

践中不断坚持和创新，并确保其生命力和执行力，因而这是我们党面临的一个伟大斗争。

第三，伟大斗争，是由实现理想信念的艰巨性决定的，需要我们党风雨如磐不动摇。

理想信念的实现是一个长期艰苦的伟大过程。毛泽东同志曾指出："掌握思想教育，是团结全党进行伟大政治斗争的中心环节。"①习近平指出："在新的长征路上，我们一定要保持理想信念坚定，不论时代如何变化，不论条件如何变化，都风雨如磐不动摇，自觉做共产主义远大理想和中国特色社会主义共同理想的坚定信仰者、忠实实践者，永远为了真理而斗争，永远为了理想而斗争。"②他指出："党内政治生活出现这样那样的问题，根子还是一些党员、干部理想信念这个'压舱石'发生了动摇，世界观、人生观、价值观这个'总开关'出现了松动。"③理想信念动摇是最根本的动摇，理想信念瓦解是最彻底的崩溃。在新的考验面前，能不能守住理想信念的阵地，打好意识形态的主动仗，在复杂的社会思潮面前站稳脚跟，这是伟大斗争的一道重要考题。

第四，伟大斗争，是由党内政治隐患决定的，需要从讲政治高度消弭隐患、杜绝后患。

习近平从事关党的执政基础高度看待党内存在的违反政治纪律方面的问题，他强调："全面从严治党、严明党的纪律，决不能回避政治问题，对政治隐患就要从政治高度认识。党内存在野心家、阴谋家，从内部侵蚀党的执政基础，我们不能投鼠忌器，王顾左右而言他，采取鸵鸟政策，这个必须说清楚。全党必须讲政治，把政治纪律摆在首位，消弭隐患、杜绝后患。"④

针对一段时间以来，党内存在的结党营私、拉帮结派，搞非组织活动、

---

① 《毛泽东选集》第三卷，人民出版社1991年版，第1094页。

② 习近平：《在纪念红军长征胜利八十周年大会上的讲话》（2016年10月21日），人民出版社单行本，第12页。

③ 《在党的十八届六中全会第二次全体会议上的讲话》（2016年10月27日），《习近平关于全面从严治党论述摘编》，中央文献出版社2016年版，第73页。

④ 习近平：《在第十八届中央纪律检查委员会第六次全体会议上的讲话》（2016年1月12日），《人民日报》2016年5月3日。

存有政治野心、搞小山头、拉小圈子，对党中央决策部署阳奉阴违等违反政治纪律和政治规矩的问题，习近平指出："这些问题是关系党和国家政治安全的大问题，难道还不是政治吗？还用得着闪烁其词、讳莫如深吗？……如果不除恶务尽，一有风吹草动就会死灰复燃、卷土重来，不仅恶化政治生态，更会严重损害党心民心。有人说，如果这一次还是出现反弹、出现回潮，那人民就失望了。所以，军令状不是随便立的，我们说到就要做到。"① 党的十九届六中全会《决议》进一步指出"七个有之"问题：一段时间以来，"搞任人唯亲、排斥异己的有之，搞团团伙伙、拉帮结派的有之，搞匿名诬告、制造谣言的有之，搞收买人心、拉动选票的有之，搞封官许愿、弹冠相庆的有之，搞自行其是、阳奉阴违的有之，搞尾大不掉、妄议中央的也有之，政治问题和经济问题相互交织，贪腐程度触目惊心"②。这"七个有之"严重影响党的形象和威信，严重损害党群干群关系。③

解决好党内违反政治纪律和政治规矩问题，是关系党的坚强领导、党内团结统一和党中央权威的重大问题，历史上有过深刻教训，因此，旗帜鲜明讲政治，坚决维护中央权威，消弭隐患、杜绝后患，是伟大斗争必须解决好的重大政治问题。

第五，伟大斗争，是由党内腐败问题和不正之风的严峻态势决定的，需要以坚决的意志祛病疗伤。

随着改革开放和市场经济的深入发展，以及执政环境的深刻改变，商品交换、利益至上等原则给党内生活带来许多消极影响。对此，习近平作了深刻分析和论述，他指出："不可否认的是，在发展社会主义市场经济条件下，商品交换原则必然会渗透到党内生活中来，这是不以人的意志为转移的。社会上各种各样的诱惑缠绕着党员、干部，'温水煮青蛙'现象就会产生，一些人不知不觉就被人家请君入瓮了。"④

---

① 习近平：《在第十八届中央纪律检查委员会第六次全体会议上的讲话》（2016年1月12日），《人民日报》2016年5月3日。

② 《中共中央关于党的百年奋斗重大成就和历史经验的决议》，人民出版社2021年版，第29页。

③ 习近平：《在第十八届中央纪律检查委员会第六次全体会议上的讲话》（2016年1月12日），《人民日报》2016年5月3日。

④ 《在党的群众路线教育实践活动总结大会上的讲话》（2014年10月8日），《习近平关于党风廉政建设和反腐败斗争论述摘编》，中央文献出版社、中国方正出版社2015年版，第22页。

习近平把党内存在的不良风气和问题形象比喻为“亚健康”，他指出：“毋庸讳言，由于党内外、国内外种种复杂因素的影响，党的健康肌体也感染了不少病菌，一些党员、干部在理想信念、思想政治素质、工作能力、作风状况上都处于亚健康状态，人民群众还有不少意见。党的十八大以来，我们加大党风廉政建设和反腐败斗争力度，很多‘四风’问题被曝光，一批领导干部因违纪违法问题相继被查处。这一方面反映了我们解决党内问题的决心和信心，另一方面也反映了党内存在问题的严重程度。”①

对党内腐败问题的严峻形势和严重危害，习近平多次作出深刻分析和论述，强调：“党面临的最大风险和挑战是来自党内的腐败和不正之风。权力寻租，体制外和体制内挂钩，形成利益集团，挑战党的领导。”②党的健康肌体感染病菌、存在“四风”问题、领导干部违纪违法，特别是权力寻租、利益集团挑战党的领导等，都是伟大斗争中我们党必须解决好的重大疾患。

第六，伟大斗争，是由新形势下党脱离群众所带来的危险决定的，需要以雷厉风行的作风纠偏正向、固本培元。

习近平提醒全党要看到党脱离群众的危险性比过去大大增加，他指出：“在改革开放和发展社会主义市场经济的条件下，我们党脱离群众的危险比过去大大增加，这就是党的十八大强调全党要经受住‘四大考验’、防止‘四种危险’的目的所在。党的十八大之后，党中央决定雷厉风行抓作风建设，出发点和落脚点就在这里。生于忧患，死于安乐。没有危机感和紧迫感，看不到问题和症结所在，那危险就不远了。”③

习近平强调，贯彻群众路线、纠正“四风”必须做长期斗争准备，“群众路线教育实践活动告一段落，对顶风作案的要严肃查处，典型曝光，通报全国。古人讲‘以戒为固，以怠为败’。狭路相逢勇者胜，纠正‘四风’是

---

①　《在十八届中央政治局第十六次集体学习时的讲话》（2014年6月30日），《习近平关于党风廉政建设和反腐败斗争论述摘编》，中央文献出版社、中国方正出版社2015年版，第22页。

②　《在中央政治局常委会听取中央巡视工作领导小组关于二〇一四年中央巡视组第二轮巡视情况汇报时的讲话》（2014年10月16日），《习近平关于党风廉政建设和反腐败斗争论述摘编》，中央文献出版社、中国方正出版社2015年版，第101页。

③　《在河南省兰考县委常委扩大会议上的讲话》（2014年3月18日），《习近平关于党风廉政建设和反腐败斗争论述摘编》，中央文献出版社、中国方正出版社2015年版，第8页。

长期的、艰巨的任务，我们必须打赢这场斗争”[①]。

要保持党的先进性、纯洁性，保持党与人民群众的血肉联系，必须增强战斗性。先进在战胜落后之后才能显现，纯洁在战胜腐败之后才能保持。没有战斗性就没有先进性、纯洁性。密切联系群众是我们党的力量来源。新形势下，能不能纠正“四风”，保持党的先进性纯洁性，把党的根脉深深扎到群众中去，是新时代伟大斗争必须有效回答的一个重要考题。

伟大工程：腐败问题与政治问题往往是相伴而生的

伟大工程，就是雄伟宏大的、超出寻常的工程。把党的建设比喻为伟大工程这一说法始于毛泽东。随着抗日战争进入战略相持阶段，日军逐渐将其主要兵力用于打击在敌后战场的八路军和新四军，党不仅要领导根据地军民坚持抗战，还要动员群众克服投降危险、分裂危险和倒退危险。随着党的队伍的扩大，一些异己分子、投机分子也混入党内，党在抗日战争中所面临的形势和任务要比土地革命战争时期更复杂、更艰巨。1939年10月，毛泽东指出，现在是我们党发展成为全国性的大党的时期。在《〈共产党人〉发刊词》中，毛泽东总结中国共产党十八年革命斗争的历史经验时强调，“统一战线，武装斗争，党的建设，是中国共产党在中国革命中战胜敌人的三大法宝”[②]。他把建设思想上政治上组织上完全巩固的马克思主义政党，视为“伟大的工程”[③]，他还提出要使党铁一样巩固起来。[④]

党的十一届三中全会以后，邓小平着眼推进党的建设伟大工程，明确提出把我们党建设成为有战斗力的马克思主义政党，成为领导全国人民进行社会主义物质文明和精神文明建设的坚强核心。[⑤]

随着中国特色社会主义事业的不断推进，以江泽民同志为主要代表的中国共产党人从加强党的建设新的伟大工程高度，提出把我们党建设成为用邓

---

① 《在中央政治局常委会听取中央巡视工作领导小组关于二〇一四年中央巡视组第二轮巡视情况汇报时的讲话》（2014年10月16日），《习近平关于党风廉政建设和反腐败斗争论述摘编》，中央文献出版社、中国方正出版社2015年版，第23—24页。

② 《毛泽东选集》第二卷，人民出版社1991年第2版，第606页。

③ 《毛泽东选集》第二卷，人民出版社1991年第2版，第602页。

④ 《毛泽东选集》第二卷，人民出版社1991年第2版，第614页。

⑤ 《邓小平论党的建设》，人民出版社1990年版，第217页。

小平理论武装起来、全心全意为人民服务、思想上政治上组织上完全巩固、能够经受住各种风险、始终走在时代前列、领导全国人民建设有中国特色社会主义的马克思主义政党。[①]以胡锦涛同志为主要代表的中国共产党人立足新的历史起点，着力提高党的建设科学化水平，明确强调使我们党始终成为立党为公、执政为民，求真务实、改革创新，艰苦奋斗、清正廉洁，富有活力、团结和谐的马克思主义执政党。[②]

1994年9月，党的十四届四中全会集中讨论党的建设问题，作出了《中共中央关于加强党的建设几个重大问题的决定》，提出新的历史时期推进党的建设是“新的伟大工程”。

1997年9月，党的十五大第一次把“党的建设新的伟大工程”写进报告，并且全面总结了党的建设新的伟大工程的理论和实践，为继续推进这个伟大工程指明了方向。

2002年11月，党的十六大报告第一次提出要“全面推进党的建设新的伟大工程”，并阐明了以改革的精神推进“新的伟大工程”的总目标和总要求。

2007年10月，党的十七大报告进一步提出要“以改革创新精神全面推进党的建设新的伟大工程”，全面系统论述了这个新的伟大工程的科学内涵、基本要求、主要任务和奋斗目标等重要内容。

2012年11月，党的十八大报告强调我们党担负着团结带领人民全面建成小康社会、推进社会主义现代化、实现中华民族伟大复兴“三项重大使命”。强调“形势的发展、事业的开拓、人民的期待，都要求我们以改革创新精神全面推进党的建设新的伟大工程，全面提高党的建设科学化水平”[③]。并围绕全面提高党的建设科学化水平，从八个方面作出一系列重要部署。

2017年10月18日，习近平在党的十九大报告中指出：“新时代党的建设总要求是：坚持和加强党的全面领导，坚持党要管党、全面从严治党，以加强党的长期执政能力建设、先进性和纯洁性建设为主线，以党的政治建设为统领，以坚定理想信念宗旨为根基，以调动全党积极性、主动性、创造性为着力点，全面推进党的政治建设、思想建设、组织建设、作风建设、纪律建

① 《江泽民文选》第二卷，人民出版社2006年版，第43页。
② 《十七大以来重要文献选编》（上），中央文献出版社2009年版，第249页。
③ 《十八大以来重要文献选编》（上），中央文献出版社2014年版，第38页。

设，把制度建设贯穿其中，深入推进反腐败斗争，不断提高党的建设质量，把党建设成为始终走在时代前列、人民衷心拥护、勇于自我革命、经得起各种风浪考验、朝气蓬勃的马克思主义执政党。”①这段重要论述全面阐述了新时代党的建设的原则要求、建设思路、总体布局和目标任务。2018年1月，习近平提出“新时代党的建设新的伟大工程”②。

2021年7月1日，习近平在庆祝中国共产党成立100周年大会上强调：“以史为鉴、开创未来，必须不断推进党的建设新的伟大工程”③，并对新征程上我们党要勇于自我革命、坚定不移推进全面从严治党作出重要部署，提出明确要求。

以习近平同志为核心的党中央围绕推进党的建设新的伟大工程的重要使命，结合新的形势任务，创造性提出全面从严治党战略思想，将其纳入“四个全面”战略布局，在党要管党、从严治党中不断提高党的建设科学化水平。习近平在治党治国实践中，就全面从严治党、推进党的建设新的伟大工程作了许多重要论述，集中反映在以下“六个方面”。

一是强调伟大斗争、伟大事业、伟大梦想对伟大工程的现实要求，强调了伟大工程具有艰巨性、复杂性。

习近平指出：“我们党正在团结带领全国各族人民推进中国特色社会主义伟大事业，实现‘两个一百年’奋斗目标、实现中华民族伟大复兴的中国梦，进行具有许多新的历史特点的伟大斗争，这就需要坚持以改革创新精神全面推进党的建设新的伟大工程。”④“现在，我们进入了全面建成小康社会的决胜阶段，我们党正在进行具有许多新的历史特点的伟大斗争，形势环境变化之快、改革发展稳定任务之重、矛盾风险挑战之多，对我们党治国理政考验之大都是前所未有的。”⑤“伟大斗争，伟大工程，伟大事业，伟大梦想，紧密联系、相互贯通、相互作用，其中起决定性作用的是党的建设新的

① 习近平：《决胜全面建成小康社会　夺取新时代中国特色社会主义伟大胜利——在中国共产党第十九次全国代表大会上的报告》，《人民日报》2017年10月28日。

② 《中共中央关于党的百年奋斗重大成就和历史经验的决议》辅导读本，人民出版社2021年版，第457页。

③ 习近平：《在庆祝中国共产党成立100周年大会上的讲话》，人民出版社2021年版，第19页。

④ 《在十八届中央政治局第三十三次集体学习时的讲话》（2016年6月28日），《习近平关于全面从严治党论述摘编》，中央文献出版社2016年版，第38页。

⑤ 习近平：《在全国党校工作会议上的讲话》（2015年12月11日），人民出版社单行本，第4—5页。

伟大工程。”[①]

伟大事业是伟大工程的出发点和归宿，是伟大工程的依托和载体。伟大工程必须符合伟大事业的发展要求，在推进伟大事业的实践中不断加强和改进。伟大工程的艰巨性、复杂性，是由伟大事业的战略性、攻坚性，伟大梦想的宏伟性、艰辛性，以及伟大斗争的时代性、挑战性决定的。把握住了伟大事业、伟大梦想、伟大斗争的特点规律，就能确保伟大工程方向正确、用力准确、落点坚实。

二是强调伟大工程的“两大建设”主线原则，分析指出当前存在的困难和差距。

党的十八大报告强调，伟大工程要“牢牢把握加强党的执政能力建设、先进性和纯洁性建设这条主线”。习近平指出：“这些年来，我们全面推进党的建设新的伟大工程，党的执政能力得到新的提高，党的先进性和纯洁性得到保持和发展，党的领导得到加强和改善。”[②]这个论述揭示了党的执政能力建设和党的先进性纯洁性的保持及发展既是伟大工程的主线，也是加强党的建设的重要目的。在党的十九届六中全会《决议》中再次确认了这一主线，并在执政能力建设前加上“长期”二字，凸显了执政能力建设的长期性和艰巨性。在庆祝中国共产党成立100周年大会上，习近平强调：“以党的政治建设为统领，继续推进新时代党的建设新的伟大工程，不断严密党的组织体系，着力建设德才兼备的高素质干部队伍，坚定不移推进党风廉政建设和反腐败斗争”[③]，这段重要论述提出推进伟大工程需要把握政治建设这个统领、组织体系构建和干部队伍建设等重点，为新形势下党的建设指明了基本方向。

习近平还强调了党面临的“三个复杂”情况，即党面临的执政环境是复杂的，党员队伍构成是复杂的，影响党的先进性、弱化党的纯洁性的因素也是复杂的。指出了需要引起重视的“四个问题”，即党内存在的一些深层次

---

① 习近平：《决胜全面建成小康社会　夺取新时代中国特色社会主义伟大胜利——在中国共产党第十九次全国代表大会上的报告》，《人民日报》2017年10月28日。

② 《紧紧围绕坚持和发展中国特色社会主义学习宣传贯彻党的十八大精神》（2012年11月17日），《十八大以来重要文献选编》（上），中央文献出版社2014年版，第80页。

③ 习近平：《在庆祝中国共产党成立100周年大会上的讲话》，人民出版社2021年版，第19页。

问题并没有得到根本解决，一些老问题反弹回潮的因素依然存在，还出现了一些新情况新问题，一些党员、干部对全面从严治党认识上不到位、思想上不适应、行动上不自觉。①这些论述为推进伟大工程明确了努力方向。

三是强调严肃党内政治生活、净化党内政治生态是伟大工程的重要内容，丰富了伟大工程的内涵。

习近平指出："严肃党内政治生活、净化党内政治生态是伟大斗争、伟大工程的题中应有之义，是我们党坚持党的性质和宗旨的重要法宝，是我们党实现自我净化、自我完善、自我革新、自我提高的重要途径。抓住了这个点，我们党就能更好凝心聚魂、强身健体。"②严肃党内政治生活、净化党内政治生态，是新形势下全面从严治党需要着力解决的重要问题，体现了新形势下党的建设的新要求。

习近平强调严肃党内政治生活要从中央高层做起，"在高级干部中，中央委员会、中央政治局、中央政治局常委会组成人员首当其责"③。

为此，他对中央委员会的领导干部提出"十个必须"要求："必须保持理想信念的坚定执着，必须坚决捍卫和全面贯彻党的基本路线，必须坚决听从党中央号令、维护党中央权威，必须加强道德修养、模范践行社会主义核心价值观，必须严守党的政治纪律和政治规矩，必须带头尊法学法守法用法，必须持之以恒反对'四风'，必须坚决同特权思想、特权现象做斗争，必须注重家风建设、教育管理好亲属和身边工作人员，必须诚恳接受各方面监督。"④

把严肃党内政治生活、净化党内政治生态作为党的建设伟大工程的重要内容，表明我们党对伟大工程的认识有了进一步深化，标志着党的建设步入了全面治理的新阶段。

---

① 《在党的十八届六中全会第二次全体会议上的讲话》（2016年10月27日），《习近平关于全面从严治党论述摘编》，中央文献出版社2016年版，第18页。

② 《在十八届中央政治局第三十三次集体学习时的讲话》（2016年6月28日），《习近平关于全面从严治党论述摘编》，中央文献出版社2016年版，第38页。

③ 《在党的十八届六中全会第二次全体会议上的讲话》（2016年10月27日），《习近平关于全面从严治党论述摘编》，中央文献出版社2016年版，第52—53页。

④ 《在党的十八届六中全会第二次全体会议上的讲话》（2016年10月27日），《习近平关于全面从严治党论述摘编》，中央文献出版社2016年版，第52—53页。

四是强调推进伟大工程必须强化管党治党责任，有助于推动党的建设责任真正落实。

习近平指出："新形势下推进党的建设新的伟大工程，必须强化管党治党责任，深刻认识增强党的自我净化、自我完善、自我革新、自我提高能力的重要性和紧迫性，把加强和改进党的建设作为重大政治责任。"①"必须铭记生于忧患、死于安乐，常怀远虑、居安思危，继续推进新时代党的建设新的伟大工程。"②

习近平还提出"四种假设"，告诫全党管党不力、治党不严造成的严重后果。他指出："如果管党不力、治党不严，纪律松弛、组织涣散，正气上不来、邪气压不住，人民群众反映强烈的党内突出问题得不到及时有效解决，那么我们党迟早会出大问题。"③落实压实建党治党的责任，既是从实践中得到的经验教训，也是对新形势下推进伟大工程的一种担当。

五是强调推进伟大工程必须把腐败问题与政治问题联系起来，把严肃政治纪律放在重要位置。

习近平指出：这些年，在干部监督上，相当一部分党组织习惯于把防线只设置在反对腐败上，认为只要干部没有腐败问题，其他问题就都可忽略不计，没有必要追究，也不愿意追究。有的干部也认为，自己没有腐败问题就行了，其他问题都不在话下，没有什么可怕的。在这种观念的支配下，一些人无视党的政治纪律和政治规矩，为了自己的所谓仕途，为了自己的所谓影响力，出现了"七个有之"④的严重问题。

习近平还强调，腐败问题与政治问题往往是相伴而生的。搞拉帮结派这些事，搞收买人心这些事，需要去搞歪门邪道找钱。反过来，如果有腐败行

---

① 《在党的十八届四中全会第一次全体会议上关于中央政治局工作的报告》（2014年10月20日），《习近平关于全面从严治党论述摘编》，中央文献出版社2016年版，第227页。

② 《中共中央关于党的百年奋斗重大成就和历史经验的决议》，人民出版社2021年版，第90页。

③ 《在十八届中央政治局第七次集体学习时的讲话》（2013年6月25日），《习近平关于党风廉政建设和反腐败斗争论述摘编》，中央文献出版社、中国方正出版社2015年版，第34页。

④ 即"搞任人唯亲、排斥异己的有之，搞团团伙伙、拉帮结派的有之，搞匿名诬告、制造谣言的有之，搞收买人心、拉动选票的有之，搞封官许愿、弹冠相庆的有之，搞自行其是、阳奉阴违的有之，搞尾大不掉、妄议中央的也有之"。《当前工作中需要注意的几个问题》（2014年10月23日），《习近平关于全面从严治党论述摘编》，中央文献出版社2016年版，第105—106页。

为，那就会想着如何给自己找一条安全通道，找保护伞，就会去搞团团伙伙，甚至想为一己私利影响组织上对领导班子配备的决定。①

政治纪律不严是影响党的团结统一的重要破坏性因素，推进伟大工程需要严厉惩治腐败，更要着力解决腐败背后的政治纪律问题。

六是强调推进伟大工程必须维护中央权威，确保全党高度集中统一。

习近平指出，“自觉同党中央保持高度一致是关键。我们党是高度集中统一的马克思主义政党，思想上的统一、政治上的团结、行动上的一致是党的事业不断发展壮大的根本所在。”②民族复兴梦想越接近，改革开放任务越繁重，越要加强党的建设。习近平强调：“安不忘危，才是生存发展之道。我们党面临的‘四大考验’‘四种危险’是长期的、复杂的、严峻的。要坚持党中央集中统一领导，在各级党组织和广大党员、干部中强化政治意识、大局意识、核心意识、看齐意识，确保在思想上政治上行动上始终同党中央保持高度一致。”③

“四个意识”最终落脚点是看齐，习近平强调：“增强政治意识、大局意识、核心意识、看齐意识，最终要落脚在看齐上。党的高级干部要自觉经常同党中央对表，校准自己的思想和行动。各级领导干部要自觉站在党和国家大局上想问题、办事情，把党中央大政方针不折不扣落实到位。”④“维护党中央权威，决不是一般问题和个人的事，而是方向性、原则性问题，是党性，是大局，关系党、民族、国家前途命运。”⑤

坚持党的领导，首先是坚持党中央集中统一领导；维护党的权威，首先是维护党中央权威。增强“四个意识”，是新形势下推动全党思想上统一、政治上团结、行动上一致的重要保证。

---

① 《当前工作中需要注意的几个问题》（2014年10月23日），《习近平关于全面从严治党论述摘编》，中央文献出版社2016年版，第106页。

② 习近平：《在全国党校工作会议上的讲话》（2015年12月11日），人民出版社单行本，第9—10页。

③ 习近平：《在纪念红军长征胜利八十周年大会上的讲话》（2016年10月21日），人民出版社单行本，第20页。

④ 《习近平在十八届中央纪委七次全会上发表重要讲话强调　全面贯彻落实党的十八届六中全会精神　增强全面从严治党系统性创造性实效性》，《人民日报》2017年1月7日。

⑤ 《在中央政治局“三严三实”专题民主生活会上的讲话》（2015年12月28日、29日），《习近平关于全面从严治党论述摘编》，中央文献出版社2016年版，第84页。

伟大事业：把我们党正在经受和将要经受各种考验的“考试”考好

党的建设、党的治理，从根本上说是由党的事业所决定的。党的伟大事业是一个持续奋斗的历史过程。

毛泽东时代，党的伟大事业就是在民族独立、民族解放后，建设社会主义国家，通过自力更生、艰苦奋斗，赶上世界最强大的国家，“（中国）会赶上世界上最强大的资本主义国家，就是美国。美国只有一亿七千万人口，我国人口比它多几倍，资源也丰富，气候条件跟它差不多，赶上是可能的。应不应该赶上呢？完全应该”。“假如我们再有五十年、六十年，就完全应该赶过它。”①

邓小平时代，党的伟大事业就是要成为比资本主义更强大的社会主义大国，“我们进行社会主义现代化建设，是要在经济上赶上发达的资本主义国家，在政治上创造比资本主义国家民主更切实的民主，并且造就比这些国家更多更优秀的人才。达到上述三个要求，时间有的可以短些，有的要长些，但是作为一个社会主义大国，我们能够也必须达到”②。

党的十一届三中全会以来，中国共产党人着眼伟大事业不断开拓中国特色社会主义，邓小平同志为它确定了基本思路和基本原则，以江泽民同志和胡锦涛同志为主要代表的中国共产党人在这篇大文章上都写下了精彩的篇章。

以习近平同志为核心的党中央着眼世情、国情、党情新变化，提出推进中国特色社会主义伟大事业，实现“两个一百年”奋斗目标、实现中华民族伟大复兴的中国梦的宏伟目标，继续把这篇大文章写下去，“继续为实现中华民族伟大复兴而努力奋斗，使中华民族更加坚强有力地自立于世界民族之林，为人类作出新的更大的贡献”③，使党的伟大事业处在一个新的历史起点上。

围绕伟大事业、围绕党的中心任务推进党的建设、加强从严治党，是中

① 《毛泽东文集》第七卷，人民出版社1999年版，第89页。

② 《邓小平文选》第二卷，人民出版社1994年版，第322—323页。

③ 习近平：《人民对美好生活的向往，就是我们的奋斗目标》，《十八大以来重要文献选编》（上），中央文献出版社2016年版，第69—70页。

国共产党在长期革命、建设、改革实践中形成的重要经验。

毛泽东认为，党的纲领和政治路线决定着党的行动总方向，决定着党的建设，只有在正确地执行党的纲领和路线中建党，党才能得到巩固和发展。同时，党的纲领、路线的制定和贯彻执行，也有赖于党的建设的加强，也就是要依靠党思想上的成熟、组织上的巩固和党风的端正，依靠党的思想工作和组织上的工作，依靠全体党员、党的干部和党的各级组织为执行和捍卫党的政治路线而奋斗。他认为，党的失败和胜利、党的后退和前进、党的缩小和扩大、党的发展和巩固，都同党的政治路线密切联系着；同党对于统一战线问题、武装斗争之正确处理与否密切地联系着。[①]

邓小平围绕在改革开放和现代化建设条件下建设一个什么样的党、怎样建设这个党的问题，进行探索和思考，提出了党在新的历史时期的政治路线，制定了建设有中国特色社会主义的基本路线，并围绕正确的政治路线提出了新时期党的建设的总目标，即“把我们党建设成为有战斗力的马克思主义政党，成为领导全国人民进行社会主义物质文明和精神文明建设的坚强领导核心”[②]，使党的建设方向更加明确，解决了新时期党的建设、巩固和发展的大问题。

改革开放以来，社会主义中国不断深化了“什么是社会主义、怎样建设社会主义”的认识，成功开创和发展了中国特色社会主义伟大事业，取得了举世瞩目、令人惊叹的伟大历史性成就。

党的十八大之后，以习近平同志为核心的党中央，紧紧围绕推进党的伟大事业加强党的建设、推进全面从严治党。随着党的事业不断发展，各种各样的“拦路虎”“绊脚石”增多，对党的领导水平和执政能力、对管党治党能力提出更高要求。习近平在党的十八届六中全会第二次全体会议上指出：“当今世界，国际力量对比发生新的变化，世界经济进入深度调整，我国发展面临的国际环境更加复杂严峻。我们前进的道路上有各种各样的‘拦路虎’‘绊脚石’。”对这些我们党正在经受和将要经受的各种考验和“拦路虎”“绊脚石”，习近平多次作出重要论述，主要有四个方面：

① 张荣臣：《马克思主义党的学说史》，中共中央党校出版社2016年版，第131页。
② 《邓小平论党的建设》，人民出版社1990年版，第217页。

一是要面对方向性的考验，决不走老路、邪路。

方向问题实质就是道路问题。道路问题是关系党的事业兴衰成败第一位的问题，道路就是党的生命。[①]习近平指出："坚持和发展中国特色社会主义是一篇大文章，邓小平同志为它确定了基本思路和基本原则，以江泽民同志为核心的党的第三代领导集体、以胡锦涛同志为总书记的党中央在这篇大文章上都写下了精彩的篇章。现在，我们这一代共产党人的任务，就是继续把这篇大文章写下去。"[②]续写这篇大文章需要与时俱进，中国特色社会主义也必须随着形势和条件的变化不断向前发展，"我们愿意借鉴人类一切文明成果，但不会照抄照搬任何国家的发展模式。"[③]"既不走封闭僵化的老路，也不走改旗易帜的邪路。"[④]"正确对待党在前进道路上经历的失误和曲折，从成功中吸取经验，从失误中吸取教训，不断开辟走向胜利的道路。"[⑤]

因此，党的十八大以来，我们党所做的一切工作，就是团结带领全党全国各族人民坚持党的十一届三中全会以来的理论和方针政策，把我们党包括历届党中央领导集体所开创和发展的伟大事业坚持好、发展好。面对意识形态领域的激烈较量，面对各种主义十分活跃的现实状况，坚持正确方向不动摇，是确保我们党不犯颠覆性重大错误的重要前提。

二是要面对长期性的考验，要长期坚持、永不动摇。

中国特色社会主义是科学社会主义，需要一代又一代中国共产党人的艰辛探索和接力奋斗。科学社会主义绝不是也不可能一次性完成，社会主义时期是一个很长的历史时期，其成熟阶段现在还不能预见。[⑥]

习近平强调："全党同志必须牢记，道路决定命运，找到一条正确的道路多么不容易，我们必须坚定不移走下去。展望未来，全党同志必须牢记，要把蓝图变为现实，还有很长的路要走，需要我们付出长期艰苦的努力。"[⑦]在庆祝中国共产党成立95周年大会上，习近平再次旗帜鲜明地指出："中国

---

① 《习近平谈治国理政》，外文出版社2014年版，第21页。
② 《习近平谈治国理政》，外文出版社2014年版，第23页。
③ 《习近平在接受金砖国家媒体联合采访时的答问》，《人民日报》2013年3月20日。
④ 习近平：《在庆祝中国共产党成立95周年大会上的讲话》，《人民日报》2016年7月2日。
⑤ 《中共中央关于党的百年奋斗重大成就和历史经验的决议》，人民出版社2021年版，第79页。
⑥ 《胡乔木书信集》，人民出版社2015年版，第667页。
⑦ 习近平：《在参观〈复兴之路〉展览时的讲话》（2012年11月29日），《人民日报》2012年11月30日。

共产党领导中国人民开辟的中国特色社会主义道路是正确的，必须长期坚持、永不动摇。”“坚持不忘初心、继续前进，就要坚持中国特色社会主义道路自信、理论自信、制度自信、文化自信，坚持党的基本路线不动摇，不断把中国特色社会主义伟大事业推向前进。”①在庆祝中国共产党成立100周年大会上，习近平强调：“走自己的路，是党的全部理论和实践立足点，更是党百年奋斗得出的历史结论。中国特色社会主义是党和人民历经千辛万苦、付出巨大代价取得的根本成就，是实现中华民族伟大复兴的正确道路。”②在党的二十大报告中，习近平强调：“务必不忘初心、牢记使命，务必谦虚谨慎、艰苦奋斗，务必敢于斗争、善于斗争”③，“中国特色社会主义是实现中华民族伟大复兴的必由之路。”④

在两种社会制度、两种发展道路的长期竞争中，只有“咬定青山不放松”，不断增强政治定力、战略定力，才能做到“千磨万击还坚劲，任尔东西南北风”。

三是要面对攻坚性的考验，要弘扬首创精神、善于啃硬骨头。

中国特色社会主义是新的万里长征，事业越是宏伟，攻坚使命越是艰巨；形势越是有利，风险越是紧迫。习近平强调：“当前，我国已进入全面建成小康社会决胜阶段，中华民族正处于走向伟大复兴的关键时期。改革进入深水区，经济发展进入新常态，各种矛盾叠加，风险隐患集聚。当今世界，国际力量对比发生新的变化，世界经济进入深度调整，我国发展面临的国际环境更加复杂严峻。”⑤

“可以说，容易的、皆大欢喜的改革已经完成了，好吃的肉都吃掉了，剩下的都是难啃的硬骨头。这就要求我们胆子要大、步子要稳，敢于涉险滩。”⑥习近平特别指出：“改革哪有不触动现有职能、权限、利益的？需要

① 习近平：《在庆祝中国共产党成立95周年大会上的讲话》，《人民日报》2016年7月2日。

② 习近平：《在庆祝中国共产党成立100周年大会上的讲话》，人民出版社2021年版，第13页。

③ 习近平：《高举中国特色社会主义伟大旗帜　为全面建设社会主义现代化国家而团结奋斗——在中国共产党第二十次全国代表大会上的报告》，人民出版社2022年版，第1页。

④ 习近平：《高举中国特色社会主义伟大旗帜　为全面建设社会主义现代化国家而团结奋斗——在中国共产党第二十次全国代表大会上的报告》，人民出版社2022年版，第70页。

⑤ 《在党的十八届六中全会第二次全体会议上的讲话》（2016年10月27日），《习近平关于全面从严治党论述摘编》，中央文献出版社2016年版，第18—19页。

⑥ 《改革再难也要向前推进》，《习近平谈治国理政》，外文出版社2014年版，第101页。

触动的就要敢于触动，各方面都要服从大局。”①

面对改革攻坚、发展升级的各种困难挑战，只有发扬首创精神、革命精神，才能突破障碍险阻、架起跨河桥梁，带领人民克服困难、推进事业不断向前发展。

四是要面对复杂性的考验，要继续艰苦努力、永不懈怠。

“两个一百年”的历史交汇期、中华民族伟大复兴的关键期、全面深化改革的攻坚期等特殊历史时段的多重叠加，决定了中国特色社会主义伟大事业必然呈现出前所未有的复杂性。

习近平就伟大事业的复杂性，突出强调中国共产党人面临着各种新的考试，“我们面临的挑战和问题依然严峻复杂，应该说，党面临的‘赶考’远未结束，我们党要带领人民实现全面建成小康社会的奋斗目标，不断坚持和发展中国特色社会主义，就是这场考试的继续。所有领导干部和全体党员要继续把人民对我们党的‘考试’、把我们党正在经受和将要经受各种考验的‘考试’考好，努力交出优异的答卷”②。

他突出强调中国特殊国情带来的复杂性，“中国仍然是世界上最大的发展中国家，创造十三亿人的幸福美好生活绝非易事。中国在发展道路上仍然面临不少困难和挑战。实现中华民族伟大复兴的中国梦，还需要付出长期艰苦的努力”③。

他还突出强调改革发展稳定任务带来的复杂性，“改革发展稳定任务越繁重，我们越要加强和改善党的领导，越要保持党同人民群众的血肉联系，善于通过提出和贯彻正确的路线方针政策带领人民前进，善于从人民的实践创造和发展要求中完善政策主张”④。

伟大的事业充满艰难险阻，也提供伟大的历史机遇。“协调推进‘四个全面’战略布局，是党的十八大以来党中央从实现‘两个一百年’奋斗目

---

① 习近平：《加快建设社会主义法治国家》（2014年10月23日），《十八大以来重要文献选编》（中），中央文献出版社2016年版，第192页。

② 《在河北调研指导党的群众路线教育实践活动时的讲话》2013年7月11日至12日，《习近平关于实现中华民族伟大复兴的中国梦论述摘编》，中央文献出版社2013年版，第85页。

③ 习近平：《促进共同发展 共创美好未来——在墨西哥参议院的演讲》2013年6月5日，《人民日报》2013年6月7日。

④ 《在十八届中央政治局第二次集体学习时的讲话》（2012年12月31日），《习近平关于全面深化改革论述摘编》，中央文献出版社2014年版，第138页。

标、实现中华民族伟大复兴的中国梦的战略高度，统筹国内国际两个大局，把握我国发展新特征确定的治国理政新方略，是新的时代条件下推进改革开放和社会主义现代化建设、坚持和发展中国特色社会主义的战略抉择。”①

党中央把全面从严治党纳入“四个全面”战略布局，并在继党的十八届三中、四中、五中全会之后，作为“四个全面”战略布局的整体设计，在党的十八届六中全会上专题研究，体现了党中央高瞻远瞩的战略智慧，也体现了对党的执政规律认识的深化。这对于从战略层面谋划全面从严治党，使其与治国理政同步推进，使伟大事业、伟大工程协调发展，具有重大历史意义。

伟大梦想：离梦想越接近越要加强党的建设

梦想反映的是一种理想、一种追求。只有创造过辉煌的民族，才懂得梦想复兴的意义；只有历经过苦难的民族，才对理想追求有深切的渴望。

中华民族的历史就是一部不断寻梦、追梦、圆梦的壮阔历史。近代以来，孙中山提出“振兴中华”的历史使命。他在《兴中会章程》中指出：“是会之设，专为振兴中华，维持国体起见。盖我中华受外国欺凌，已非一日。皆由内外隔绝，上下之情罔通，国体抑损而不知，子民受制而无告。若厄日深，国害何极！兹特联络中外华人，创兴是会，以申民志而扶国宗。”②实现祖国独立和统一，实现中国现代化，振兴中华民族，是孙中山一生为之奋斗的宏伟目标。

毛泽东领导新民主主义革命取得成功，建立中华人民共和国，中国人民从此“站起来”。毛泽东把实现工业化作为中国独立、富强的重要目标，他指出：“中国工人阶级的任务，不但是为着建立新民主主义的国家而斗争，而且是为着中国的工业化和农业现代化而斗争。”③提出“在新民主主义的政治条件获得之后，中国人民及其政府必须采取切实的步骤，在若干年

① 习近平：《关于〈关于新形势下党内政治生活的若干准则〉和〈中国共产党党内监督条例〉的说明》（2016年10月24日），《人民日报》2016年11月3日。

② 孙中山：《檀香山兴中会章程》，《孙中山全集》第1卷，第19页。

③ 《毛泽东选集》第三卷，人民出版社1991年版，第1081页。

内逐步地建立重工业和轻工业，使中国由农业国变为工业国”①。他认为，建设强大的社会主义经济，“在中国，五十年不行，会要一百年，或者更多的时间”②。

邓小平领导开创了改革开放新时期，中国人民从此“富起来”。邓小平把如何实现中国的现代化作为中华民族复兴的重大历史性课题，进行了认真思考和艰辛探索。他把我国传统文化中的“小康”概念与现代化概念融合在一起，指出：“我们要实现的四个现代化，是中国式的现代化。……到本世纪末，中国的四个现代化即使达到了某种目标，我们的国民生产总值人均水平也还是很低的。要达到第三世界中比较富裕一点的国家的水平，比如国民生产总值人均一千美元，也还得付出很大的努力。就算达到那样的水平，同西方来比，也还是落后的。所以，我只能说，中国到那时还是一个小康的状态。”③1987年，邓小平进一步明确提出了“三步走”的战略目标，“我们原定的目标是，第一步在八十年代翻一番。……第二步是到本世纪末，再翻一番，人均达到一千美元。实现这个目标意味着我们进入小康社会，把贫困的中国变成小康的中国。……我们制定的目标更重要的还是第三步，在下世纪用三十年到五十年再翻一番，大体上达到人均四千美元。做到这一步，中国就达到中等发达的水平。这是我们的雄心壮志”④。

在推进民族复兴的历史征程中，一代又一代中国共产党人同中国人民接续奋斗。“以毛泽东同志、邓小平同志、江泽民同志为核心的党的三代中央领导集体，以胡锦涛同志为总书记的党中央，团结带领全党全国各族人民，战胜了一个个难以想象的困难和挑战，使中华民族迎来了实现伟大复兴的光明前景。”⑤

党的十八大以来，以习近平同志为核心的党中央明确提出实现中华民族伟大复兴的中国梦。2012年11月29日，习近平在参观《复兴之路》展览时指出：“现在大家都在讨论中国梦，我以为，实现中华民族伟大复兴，就是中华民族近代以来最伟大的梦想。这个梦想，凝聚了几代中国人的夙愿，体现

---

① 《毛泽东选集》第三卷，人民出版社1991年版，第1081页。
② 《毛泽东文集》第八卷，人民出版社1999年版，第301页。
③ 《邓小平文选》第二卷，人民出版社1994年版，第237页。
④ 《邓小平文选》第三卷，人民出版社1993年版，第226页。
⑤ 习近平：《在庆祝中国共产党成立95周年大会上的讲话》，《人民日报》2016年7月2日。

了中华民族和中国人民的整体利益，是每一个中华儿女的共同期盼。”[①]中华民族伟大复兴的中国梦一经提出，就释放出强大的号召力和感染力，成为中国走向未来的鲜明指引。2017年7月26日，习近平在省部级主要领导干部“学习习近平总书记重要讲话精神，迎接党的十九大”专题研讨班上强调：“在新的时代条件下，我们要进行伟大斗争、建设伟大工程、推进伟大事业、实现伟大梦想。”习近平这段重要论述，把原先提出的伟大斗争、伟大工程、伟大事业这“三个伟大”同实现伟大梦想联为一体，形成新的认识成果和理论概括。这段重要论述，与党的十八大以来习近平关于中国梦与全面从严治党重要关系的论述相贯通，实现伟大梦想对推进中国特色社会主义新发展阶段上的全面从严治党提出了新的要求。

第一，强调实现伟大梦想，必须把党建设得更加坚强有力。

习近平指出：“实现党的十八大确定的各项目标任务，实现‘两个一百年’目标，实现中华民族伟大复兴的中国梦，必须把我们党建设好。”[②]“党要团结带领人民进行伟大斗争、推进伟大事业、实现伟大梦想，必须毫不动摇坚持和完善党的领导，毫不动摇推进党的建设新的伟大工程，把党建设得更加坚强有力。”[③]

第二，强调伟大梦想越接近，越要加强党的建设。

习近平指出：“民族复兴梦想越接近，改革开放任务越繁重，越要加强党的建设。安不忘危，才是生存发展之道。我们党面临的‘四大考验’‘四种危险’是长期的、复杂的、严峻的。要坚持党中央集中统一领导，在各级党组织和广大党员、干部中强化政治意识、大局意识、核心意识、看齐意识，确保在思想上政治上行动上始终同党中央保持高度一致。”[④]在党的二十大报告中，习近平告诫全党，党面临的“四大考验”、“四种危险”将

① 《习近平总书记重要讲话文章选编》，中央文献出版社2016年版，第19页。

② 《在第十八届中央纪律检查委员会第二次全体会议上的讲话》（2013年1月22日），《习近平关于全面从严治党论述摘编》，中央文献出版社2016年版，第4页。

③ 《习近平在省部级主要领导干部“学习习近平总书记重要讲话精神，迎接党的十九大”专题研讨班开班式上发表重要讲话强调　高举中国特色社会主义伟大旗帜　为决胜全面小康社会实现中国梦而奋斗》，《人民日报》2017年7月28日。

④ 《在纪念红军长征胜利八十周年大会上的讲话》（2016年10月21日），人民出版社单行本，第20页，《习近平关于全面从严治党论述摘编》，中央文献出版社2016年版，第90—91页。

长期存在。

第三，强调管党治党直接关系伟大梦想的实现。

习近平指出："只有进一步把党建设好，确保我们党永葆旺盛生命力和强大战斗力，我们党才能带领人民成功应对重大挑战、抵御重大风险、克服重大阻力、解决重大矛盾，不断从胜利走向新的胜利。实践使我们越来越深刻地认识到，管党治党不仅关系党的前途命运，而且关系国家和民族的前途命运，必须以更大的决心、更大的勇气、更大的气力抓紧抓好。"①

第四，强调推进伟大事业、伟大梦想、伟大斗争需要抓好伟大工程。

习近平指出："当前，我们党正在团结带领全国各族人民推进中国特色社会主义伟大事业，实现'两个一百年'奋斗目标、实现中华民族伟大复兴的中国梦，进行具有许多新的历史特点的伟大斗争，这就需要坚持以改革创新精神全面推进党的建设新的伟大工程。"②

第五，强调实现伟大梦想，要建设一支过硬的干部队伍。

习近平指出："我们党要团结带领全国各族人民抓住机遇、战胜挑战，把'四个全面'战略布局落到实处，把创新、协调、绿色、开放、共享的发展理念落到实处，实现第一个百年奋斗目标、全面建成小康社会，进而实现第二个百年奋斗目标、实现中华民族伟大复兴的中国梦，关键在于培养造就一支具有铁一般信仰、铁一般信念、铁一般纪律、铁一般担当的干部队伍。"③"全党同志特别是各级领导干部，都要有本领不够的危机感，都要努力增强本领，都要一刻不停地增强本领。只有全党本领不断增强了，'两个一百年'的奋斗目标才能实现，中华民族伟大复兴的中国梦才能

---

① 《习近平在省部级主要领导干部"学习习近平总书记重要讲话精神，迎接党的十九大"专题研讨班开班式上发表重要讲话强调　高举中国特色社会主义伟大旗帜　为决胜全面小康社会实现中国梦而奋斗》，《人民日报》2017年7月28日。

② 《在十八届中央政治局第三十三次集体学习时的讲话》（2016年6月28日），《习近平关于全面从严治党论述摘编》，中央文献出版社2016年版，第38页。

③ 《在全国党校工作会议上的讲话》（2015年12月11日），人民出版社单行本，第4—5页，《习近平关于全面从严治党论述摘编》，中央文献出版社2016年版，第139—140页。

梦想成真。”① “全面建设社会主义现代化国家，必须有一支政治过硬、适应新时代要求，具备领导现代化建设能力的干部队伍。”②

第六，强调要以毫不懈怠的精神状态为伟大梦想接力奋斗。

习近平指出：“面对浩浩荡荡的时代潮流，面对人民群众过上更好生活的殷切期待，我们不能有丝毫自满，不能有丝毫懈怠，必须再接再厉、一往无前，继续把中国特色社会主义事业推向前进，继续为实现中华民族伟大复兴的中国梦而努力奋斗。”③

伟大梦想对党的建设特别是从严治党提出新要求，离伟大梦想越接近越要加强党的建设，管党治党直接关系伟大梦想的实现，推进伟大工程是其他“三个伟大”的必然要求，实现伟大梦想需要一支过硬的党员干部队伍，要以毫不懈怠的精神状态为伟大梦想奋斗。这六个方面从不同角度阐释了伟大梦想对党的建设特别是全面从严治党的时代要求，揭示了全面从严治党与实现伟大梦想的内在联系，使全面从严治党所肩负的战略使命更加明确和清晰。

---

① 《在中央党校建校八十周年庆祝大会暨二〇一三年春季学期开学典礼上的讲话》（2013年3月1日），《人民日报》2013年3月3日。

② 习近平：《高举中国特色社会主义伟大旗帜　为全面建设社会主义现代化国家而团结奋斗——在中国共产党第二十次全国代表大会上的报告》，人民出版社2022年版，第66页。

③ 《在第十二届全国人民代表大会第一次会议上的讲话》（2013年3月17日），《人民日报》2013年3月18日。《习近平在省部级主要领导干部“学习习近平总书记重要讲话精神，迎接党的十九大”专题研讨班开班式上发表重要讲话强调　高举中国特色社会主义伟大旗帜　为决胜全面小康社会实现中国梦而奋斗》，《人民日报》2017年7月28日。

第三篇

战略指向：赢得优势、赢得主动、赢得未来

战略指向，就是制定重大战略所遵循的前进方向，是战略原则、战略方针的综合运用，对重大战略的成败具有重要导向作用。习近平在党的十八届六中全会第二次全体会议上深刻分析当前国内外战略形势后指出，“在这样的国内外形势下，我们要赢得优势、赢得主动、赢得未来，就必须把党建设得更加坚强有力，使我们党能够团结带领人民有力应对重大挑战、抵御重大风险、克服重大阻力、解决重大矛盾”①。在这一重要论述中，习近平明确了全面从严治党的战略指向，即“赢得优势、赢得主动、赢得未来”。这个战略指向包含三个方面内容：赢得优势，就是要通过全面从严治党使我们的优势得到保持、拓展和强化，使我们党更加生机勃勃、富有战斗力；赢得主动，就是通过全面从严治党主动自我革命、主动治病疗伤、掌握发展主动权，做到“打铁还需自身硬”；赢得未来，就是通过全面从严治党给我们党未来执政提供好的理论、制度、文化等支撑，永远立于不败之地。

赢得优势，在激流勇进中更加有力、彰显活力

优势，通常指能压倒对方的有利形势，或指超过同类事物中其他情况的形势。我们党是一个具有显著优势的马克思主义政党，在领导中国革命和建设的实践中这种优势不断得到拓展和彰显。保持和发展这种优势是我们的生存之道，是我们的执政资本，是我们的取胜利器。全面从严治党，就是要通

① 《在党的十八届六中全会第二次全体会议上的讲话》（2016年10月27日），《习近平关于全面从严治党论述摘编》，中央文献出版社2016年版，第19页。

过党要管党、从严治党，进一步保持传统优势、扩大已有优势、创造新的优势，使党的执政能力进一步增强。习近平强调全面从严治党所要赢得的优势，至少包括政治优势、组织优势、纪律优势和群众优势。

一是政治优势——巩固中国特色社会主义制度的最大优势。

党领导人民完成的革命事业、党的执政地位以及在党的领导下建立的中国特色社会主义，是我们党最重要的政治优势。习近平强调，中国共产党的政治优势是在中国独特的历史中形成、得到了中国最广大人民支持和拥护，中国没有一种政治势力能够取代中国共产党。①

中国特色社会主义之所以显现出巨大优越性，从根本上说来自党的优势。习近平强调中国特色社会主义与党的领导之间的关系表现为“两个最”和“四个所在”，即“中国共产党领导是中国特色社会主义最本质的特征，是中国特色社会主义制度的最大优势，是党和国家的根本所在、命脉所在，是全国各族人民的利益所系、命运所系”②。

习近平既充分肯定我们党长期执政所具有的巨大政治优势，又从面临的严峻挑战上强调“必须依靠党的各级组织和人民的力量，不断加强和改进党的建设、管理、监督”③。他多次告诫全党，巩固既有的优势必须抓好全面从严治党特别是党的作风建设，“我们党的执政基础很牢固，但如果作风问题解决不好，也有可能出现‘霸王别姬’这样的时刻”④。

二是组织优势——组织严密是党不断胜利的重要保证。

习近平指出，党的力量来自组织，组织能使力量倍增。我们党是按照马克思主义建党原则组织起来的政党，以民主集中制为根本组织制度和领导制度，组织严密是党的光荣传统和独特优势。90多年来，我们党栉风沐雨、历经坎坷，不断从胜利走向胜利，发展成为世界第一大执政党，组织严密是重

① 《在河北调研指导党的群众路线教育实践活动时的讲话》（2013年7月11—12日），《习近平关于党风廉政建设和反腐败斗争论述摘编》，中央文献出版社、中国方正出版社2015年版，第7页。

② 习近平：《在庆祝中国共产党成立100周年大会上的讲话》，人民出版社2021年版，第11页。

③ 《在十八届中央政治局第二十四次集体学习时的讲话》（2015年6月26日），《习近平关于全面从严治党论述摘编》，中央文献出版社2016年版，第187页。

④ 《在河北调研指导党的群众路线教育实践活动时的讲话》（2013年7月11—12日），《习近平关于党风廉政建设和反腐败斗争论述摘编》，中央文献出版社、中国方正出版社2015年版，第7页。

要保证。[①]

习近平强调要把坚持民主集中制作为保证团结统一的法宝坚持和贯彻好，“我们党有什么法宝可以保证党的创造力、凝聚力、战斗力，保证党的团结统一？……我认为，坚持民主集中制，开展批评和自我批评，严格党内生活，加强党的团结统一，是其中很重要的法宝”[②]。

习近平强调党的组织优势来自党中央的权威和领导干部的表率作用，“中央委员会，中央政治局，中央政治局常委会，这是党的领导决策核心”[③]，“全党看着中央政治局，要求全党做到的，中央政治局首先要做到”[④]。

习近平指出，党的组织优势体现为严明的组织纪律，“如何在新形势下加强全党的组织纪律性，是需要我们认真思考和回答的重大课题”[⑤]。“我们这么大的党、这么多党组织和党员，如果都各行其是、自作主张，想干什么就干什么，想不干什么就不干什么，那是要散掉的。”[⑥]习近平指出党的组织优势要依靠各级组织发挥作用，特别是发挥好基层党组织的战斗堡垒作用，“基层是党的执政之基、力量之源。只有基层党组织坚强有力，党员发挥应有作用，党的根基才能牢固，党才能有战斗力”[⑦]。“党中央作出的决策部署，党的组织、宣传、统战、政法等部门要贯彻落实，人大、政府、政协、法院、检察院的党组织要贯彻落实，事业单位、人民团体等的党组织也要贯彻落实，党组织要发挥作用。”[⑧]“党的工作最坚实的力量支撑在基层，经济社会发展和民生最突出的矛盾和问题也在基层，必须把抓基层打基础作为长

① 习近平：《严明党的组织纪律，增强组织纪律性》（2014年1月14日），《十八大以来重要文献选编》（上），中央文献出版社2014年版，第765页。

② 《提高党的战斗力的法宝》（2013年9月23—25日），《习近平关于全面从严治党论述摘编》，中央文献出版社2016年版，第24页。

③ 习近平：《严明党的组织纪律，增强组织纪律性》（2014年1月14日），《十八大以来重要文献选编》（上），中央文献出版社2014年版，第772页。

④ 《在第十八届中央纪律检查委员会第三次全体会议上的讲话》（2014年1月14日），《习近平关于党风廉政建设和反腐败斗争论述摘编》，中央文献出版社、中国方正出版社2015年版，第78页。

⑤ 习近平：《严明党的组织纪律，增强组织纪律性》（2014年1月14日），《十八大以来重要文献选编》（上），中央文献出版社2014年版，第765、766页。

⑥ 习近平：《严明党的组织纪律，增强组织纪律性》（2014年1月14日），《十八大以来重要文献选编》（上），中央文献出版社2014年版，第767页。

⑦ 《习近平对开展“两学一做”学习教育作出重要指示强调　突出问题导向　确保取得实际成效　把全面从严治党落实到每一个支部》，《人民日报》2016年4月7日。

⑧ 习近平：《严明党的组织纪律，增强组织纪律性》（2014年1月14日），《十八大以来重要文献选编》（上），中央文献出版社2014年版，第772页。

远之计和固本之策，丝毫不能放松。”①

三是纪律优势——铁纪才能成大事。

从三大纪律八项注意开始，到最新版的《中国共产党纪律处分条例》，纪律严明成为党成长发展的一个决定性因素和重要优势。习近平着眼弘扬党的优良作风和传统优势强调，“我们党是靠革命理想和铁的纪律组织起来的马克思主义政党，纪律严明是党的光荣传统和独特优势。革命战争年代，我们党团结带领人民打败穷凶极恶的敌人，夺取中国革命胜利，靠的是铁的纪律保证”②。

习近平指出纪律对马克思主义政党特别是中国共产党这样一个大党的极端重要性，“在一个幅员辽阔、人口众多的发展中大国执政，如果不严明党的纪律，党的凝聚力和战斗力就会大大削弱，党的领导能力和执政能力就会大大削弱”③。他把组织严密与纪律严明联系起来看，强调“组织严密、纪律严明是党的优良传统和政治优势，也是我们的力量所在”。因此，他强调“加强纪律建设是全面从严治党的治本之策”。④增强党的纪律优势，就是在增强党的整体力量，就是在提升党的创造力凝聚力战斗力。

四是群众优势——扎牢党的力量根系。

人民群众的拥护支持是党的事业成功的根本保证。我们党是靠宣传群众、组织群众、依靠群众起家并不断走向胜利的。

毛泽东指出：“共产党员是一种特别的人，他们完全不谋私利，而只为民族与人民求福利。他们生根于人民之中，他们是人民的儿子，又是人民的教师，他们每时每刻地总是警戒着不要脱离群众，他们不论遇着何事，总是以群众的利益为考虑问题的出发点，因此他们就能获得广大人民群众的衷心

---

① 《习近平在贵州调研时强调　看清形势适应趋势发挥优势　善于运用辩证思维谋划发展》（2015年6月16—18日），《人民日报》2015年6月19日。

② 习近平：《严明政治纪律，自觉维护党的团结统一》（2013年1月22日），《十八大以来重要文献选编》（上），中央文献出版社2014年版，第131页。

③ 习近平：《严明政治纪律，自觉维护党的团结统一》（2013年1月22日），《十八大以来重要文献选编》（上），中央文献出版社2014年版，第131页。

④ 《在十八届中央政治局常委会第一百一十九次会议关于审议中国共产党廉政准则、党纪处分条例修订稿时的讲话》（2015年10月8日），《习近平关于全面从严治党论述摘编》，中央文献出版社2016年版，第111页。

拥护，这就是他们事业必然获得胜利的根据。”[①]

习近平从党的事业长远发展的高度强调：“崇高信仰是我们党的强大精神支柱，人民群众始终是我们党的坚实执政基础。只要我们永不动摇信仰、永不脱离群众，我们就能无往而不胜。”[②]在2021年7月1日庆祝建党100周年大会上，习近平强调：“江山就是人民、人民就是江山，打江山、守江山，守的是人民的心。中国共产党根基在人民、血脉在人民、力量在人民。”[③]“我们要坚持党要管党、从严治党，增强党自我净化、自我完善、自我革新、自我提高能力，永不动摇信仰，永不脱离群众。”[④]

习近平多次指出，要站在保持党同人民群众血肉联系的政治高度看群众路线问题，“要与人民心心相印、与人民同甘共苦、与人民团结奋斗。现在我们谈不上说一块苦，但一定要一块过、一块干，保持和发扬党的光荣传统和优良作风，保持党同人民群众的血肉联系，切实把工作做好”[⑤]。“人民是我们党的工作的最高裁决者和最终评判者。如果自诩高明，脱离了人民，或者凌驾于人民之上，就必将被人民所抛弃。”[⑥]

全面从严治党就要着眼于巩固群众优势、保持党和人民群众的血肉联系，坚持有腐必反、有贪必肃，下最大气力解决腐败问题，努力营造风清气正的党风政风和社会风气，不断以反腐倡廉的新成效取信于民。[⑦]

赢得主动，靠自我革命激浊扬清、升级重塑

主动，是指不靠外力而自我掌控，能够由自己把握局势的一种积极有为状态。赢得主动，就是在面对纷繁复杂的形势时，科学判断局势，以领先一步的行动掌握先机、把握主动权。习近平强调“要兴党强党，就必须以勇于

① 《毛泽东文集》第三卷，人民出版社1996年版，第47页。
② 习近平：《全面贯彻落实党的十八大精神　要突出抓好六个方面工作》，《求是》2013年第1期，第7页。
③ 习近平：《在庆祝中国共产党成立100周年大会上的讲话》，人民出版社2021年版，第11页。
④ 习近平：《在庆祝中华人民共和国成立六十五周年招待会上的讲话》（2014年9月30日），《人民日报》2014年10月1日。
⑤ 《在中央政治局会议上关于改进工作作风、密切联系群众的讲话》（2012年12月4日），《论群众路线——重要论述摘编》，人民出版社2013年版，第125页。
⑥ 习近平：《在纪念毛泽东同志诞辰一百二十周年座谈会上的讲话》（2013年12月26日），《十八大以来重要文献选编》（上），中央文献出版社2014年版，第698页。
⑦ 习近平：《在庆祝全国人民代表大会成立六十周年大会上的讲话》（2014年9月5日），《人民日报》2014年9月6日。

自我革命精神打造和锤炼自己”①。在全面从严治党上，赢得主动，就是要对党的作风建设存在的突出问题主动担起管党治党责任，把党建好、管好、治好；对出现的问题隐患苗头和不良倾向，做到未雨绸缪、治之于萌芽；对问题已经造成危害的，严厉惩治、严格追责、亡羊补牢；对问题比较严重、负面影响较大的，果断遏制、防止蔓延；对制度性、政策性原因导致的问题，主动完善制度、改进政策，防止问题积累、矛盾集聚，以清醒、主动、坚定的管党治党行动巩固党的执政地位。

清醒压责任，赢得管党治党的主动。

赢得主动，首先是对自身肩负责任的清醒把握和主动担当。习近平从事关党和国家前途命运的高度，强调我们党要义不容辞地担起管党治党的责任，“要有忧患意识，坚持党要管党、从严治党，保持高压态势，坚决遏制腐败现象蔓延势头”“既然党和国家的前途命运交给了我们，就要担当起这个责任”②。“我们共产党人的忧患意识，就是忧党、忧国、忧民意识，这是一种责任，更是一种担当。”③

习近平在总结党的群众路线教育实践活动经验时强调，要从管党治党规律的高度看待责任担当问题，“从严治党，必须增强管党治党意识、落实管党治党责任。历史和现实特别是这次活动都告诉我们，不明确责任，不落实责任，不追究责任，从严治党是做不到的”④。

从党的作风方面存在的严重问题出发，习近平强调要动真格、打硬仗，履行管党治党责任刻不容缓，“一个时期以来，作风问题在党内确实相当严重，已经到了非抓不可的时候，不抓不行了。抓和不抓大不一样，小抓大抓也大不一样，只有动真格打硬仗，才能扫除顽瘴痼疾，取得人民满意的

---

① 《习近平在省部级主要领导干部学习贯彻十八届六中全会精神专题研讨班开班式上发表重要讲话强调　以解决突出问题为突破口和主抓手　推动党的十八届六中全会精神落到实处》，《人民日报》2017年2月14日。

② 《在中央政治局常委会听取中央巡视工作领导小组二〇一四年中央巡视组首轮巡视情况汇报时的讲话》（2014年6月26日），《习近平关于党风廉政建设和反腐败斗争论述摘编》，中央文献出版社、中国方正出版社2015年版，第99、100页。

③ 《在十八届中央政治局第十六次集体学习时的讲话》（2014年6月30日），《习近平关于全面从严治党论述摘编》，中央文献出版社2016年版，第5页。

④ 习近平：《在党的群众路线教育实践活动总结大会上的讲话》（2014年10月8日），《十八大以来重要文献选编》（中），中央文献出版社2016年版，第93页。

实效”①。

习近平强调：“新形势下推进党的建设新的伟大工程，必须强化管党治党责任，深刻认识增强党的自我净化、自我完善、自我革新、自我提高能力的重要性和紧迫性，把加强和改进党的建设作为重大政治责任，坚持聚精会神抓党的建设、抓措施配套、抓重点突破、抓制度完善，把从严治党的各项措施落到实处。”②

在党的二十大报告中，习近平提出“必须时刻保持解决大党独有难题的清醒和坚定”的重大命题。在二十届中央纪委二次全会上，习近平进一步向全党提出“六个如何”的具体难题，即如何始终不忘初心、牢记使命；如何始终统一思想、统一意志、统一行动；如何始终具备强大的执政能力和领导水平；如何始终保持干事创业精神状态；如何始终能够及时发现和解决自身存在的问题；如何始终保持风清气正的政治生态。解决这些独有难题，是实现新时代新征程党的使命任务必须迈过的一道坎，是全面从严治党适应新形势新要求必须啃下的硬骨头。

鲜明讲政治，赢得巩固党的领导的主动。

打铁还需自身硬。伟大事业、伟大斗争要取得最终胜利，关键取决于我们党自身要过硬。习近平旗帜鲜明地指出，共产党员要讲政治，就是要用政治纪律和政治规矩这个“纲”把我们党自身建设搞坚强。

在十八届中央政治局常委会第一百一十九次会议审议中国共产党廉政准则、党纪处分条例修订稿时，习近平强调：“这次修订的条例将纪律整合为政治纪律、组织纪律、廉洁纪律、群众纪律、工作纪律和生活纪律，其中政治纪律是打头、管总的。实际上你违反哪方面的纪律，最终都会侵蚀党的执政基础，说到底都是破坏党的政治纪律。因此，讲政治、遵守政治纪律和政治规矩永远排在首要位置。要抓住这个纲，把严肃其他纪律带起来。”③

---

① 《在十八届中央政治局第十六次集体学习时的讲话》（2014年6月30日），《习近平关于党风廉政建设和反腐败斗争论述摘编》，中央文献出版社、中国方正出版社2015年版，第21页。

② 《在党的十八届四中全会第一次全体会议上关于中央政治局工作的报告》（2014年10月20日），《习近平关于全面从严治党论述摘编》，中央文献出版社2016年版，第227页。

③ 《在十八届中央政治局常委会第一百一十九次会议关于审议中国共产党廉政准则、党纪处分条例修订稿时的讲话》（2015年10月8日），《习近平关于严明党的纪律和规矩论述摘编》，中央文献出版社、中国方正出版社2016年版，第30页。

习近平多次强调讲政治，其中一个重要出发点就是要解决党内违反政治纪律的现象和问题，特别是要坚决纠正一些党员、干部在重大原则问题上立场摇摆、阳奉阴违，甚至搞非组织活动，对违反政治纪律的错误言行不在意、不报告、不抵制、不斗争，甚至妄议中央等涣散党心、破坏党纪、危害党的领导的问题。①他强调：“政治敏锐性是对意识形态领域最基本的要求，决不能在这方面犯错误。对顶风违反政治纪律、政治规矩的问题，必须严厉查处。”②

同时，党中央把讲政治放在首位，也是要防止形形色色的政治利益集团，特别是党内同党外相互勾结、权钱交易的政治利益集团的滋生和存在。习近平强调：“党中央坚定不移反对腐败，就是要防范和清除这种非法利益关系对党内政治生活的影响，恢复党的良好政治生态，而这项工作做得越早、越坚决、越彻底就越好。”③越早、越坚决、越彻底，就意味着我们党越有主动权、越有主导权、越有决胜权。

铁腕治腐败，赢得民心拥护的主动。

腐败问题是人民群众最痛恨的问题，也是隔离党和人民群众的墙，是积聚党的执政风险和潜在危机的罪魁祸首。中华人民共和国成立前夕，毛泽东同志就在党的七届二中全会上告诫全党务必保持谦虚谨慎、艰苦奋斗的作风，不要在糖衣炮弹面前打败仗。

习近平把铁腕治腐作为党在新形势下保持本色、赢得民心、赢得执政主动权的攻坚战来对待。他指出“为政清廉才能取信于民，秉公用权才能赢得人心，这个道理我们党早就明确提出来了”④。习近平在总结我们党这些年建设发展的经验时强调：“如果我们党不是一以贯之高度重视党风廉政建设、坚决反对腐败，我国经济社会发展不可能取得这么大的成就，改革发展稳定

① 习近平：《在第十八届中央纪律检查委员会第六次全体会议上的讲话》（2016年1月12日），《人民日报》2016年5月3日。

② 《在听取二○一五年中央第二轮专项巡视情况汇报时的讲话》（2015年10月15日），《习近平关于严明党的纪律和规矩论述摘编》，中央文献出版社、中国方正出版社2016年版，第30页。

③ 《在中共十八届五中全会第二次全体会议上的讲话》（2015年10月29日），《习近平关于严明党的纪律和规矩论述摘编》，中央文献出版社、中国方正出版社2016年版，第31页。

④ 《在第十八届中央纪律检查委员会第二次全体会议上的讲话》（2013年1月22日），《习近平关于党风廉政建设和反腐败斗争论述摘编》，中央文献出版社、中国方正出版社2015年版，第4页。

大局也不可能得到巩固。”[①]

在反腐败的鲜明态度上，他强调：“凡是影响党的创造力、凝聚力、战斗力的问题都要全力克服，凡是损害党的先进性和纯洁性的病症都要彻底医治，凡是滋生在党的健康肌体上的毒瘤都要坚决祛除。”[②]要求大家“牢记‘蠹众而木折，隙大而墙坏’的道理，保持惩治腐败的高压态势，做到有案必查、有腐必惩”[③]。

在反腐败的决心意志上，习近平强调要保持高压态势、铁腕治腐，并把惩治腐败作为红线、底线来看，“通过巡视发现线索，坚决查处，这是兑现我们向全党全国人民的承诺，在党纪国法面前没有例外，红线不能碰、底线不能破！”[④]“我们必须正视问题，不能视而不见，高举轻放，看到问题不处理，就会积重难返，病入膏肓。”[⑤]

正因为党中央科学判断新形势下党内腐败现象的严峻态势，深刻洞察腐败问题造成的严重危害和后果，党的十八大以来党中央坚决打“虎”拍“蝇”、除恶务尽，以扎实的反腐成绩赢得了党心民心军心，也赢得了治党治国治军的主动权、主导权和决胜权。

赢得未来，以目标牵引厘定方向、拓展航道

未来，就是尚未到来，即将到来的光景。战略是一门谋划未来的方略、策略。全面从严治党不是权宜之计，不是新政之火，更不是权力斗争的“纸牌屋”，而是在党长期执政条件下的管党治党新趋势，是新时代肩负新使命的建党新主题，是着眼未来我们党永续执政的强基固本主抓手。赢得未来，

---

① 《在第十八届中央纪律检查委员会第二次全体会议上的讲话》（2013年1月22日），《习近平关于党风廉政建设和反腐败斗争论述摘编》，中央文献出版社、中国方正出版社2015年版，第5页。

② 习近平：《在庆祝中华人民共和国成立六十五周年招待会上的讲话》（2014年9月30日），《人民日报》2014年10月1日。

③ 《在十八届中央政治局第五次集体学习时的讲话》（2013年4月19日），《习近平关于党风廉政建设和反腐败斗争论述摘编》，中央文献出版社、中国方正出版社2015年版，第96页。

④ 《在中央政治局常委会听取中央巡视工作领导小组关于二〇一四年中央巡视组第二轮巡视情况汇报时的讲话》（2014年10月16日），《习近平关于党风廉政建设和反腐败斗争论述摘编》，中央文献出版社、中国方正出版社2015年版，第24页。

⑤ 《在中央政治局常委会听取中央巡视工作领导小组二〇一四年中央巡视组首轮巡视情况汇报时的讲话》（2014年6月26日），《习近平关于党风廉政建设和反腐败斗争论述摘编》，中央文献出版社、中国方正出版社2015年版，第21页。

就是要为我们党在更长历史时期内治党治国提供科学有力的理论指引，提供稳固高效的制度支撑，提供先进发达的文化力量，使我们党在更坚实的执政基础上不断发展，在更强大的执政能力上不断创新，在实现中国梦的历史征程中担当起“三个先锋队”的历史使命。

为未来提供有力的理论指引。

理论决定方向，理论指引未来。我们党在长期革命、建设、改革实践中，在如何建设一个适应革命斗争形势需要的党、如何建设一个适应执政需要的党等问题上，形成了比较系统的理论成果。

习近平强调：“我们党是高度重视理论建设和理论指导的党，强调理论必须同实践相统一。我们坚持和发展中国特色社会主义，必须高度重视理论的作用，增强理论自信和战略定力。在新的时代条件下，我们要进行伟大斗争、建设伟大工程、推进伟大事业、实现伟大梦想，仍然需要保持和发扬马克思主义政党与时俱进的理论品格，勇于推进实践基础上的理论创新。”①

在长期执政的历史条件下，全面从严治党是一个常态化、长期性的过程，如何为未来管党治党探索基本规律、提供理论指引，是党的执政规律的题中应有之义，也是习近平多次强调的重大理论问题。在总结党的群众路线教育实践活动经验时，习近平指出：“一次活动不可能解决全部问题，这次活动就聚焦解决‘四风’问题，而且解决‘四风’问题没有休止符，一直是进行时，没有完成时。这是我们加强党的自身建设的规律，若干年搞一次党性活动，就像一个肌体需要不断修复、康复、治疗、锻炼一样，一间房间需要经常打扫一样，党内政治生活和教育活动也需要经常性、长期性开展。”②

习近平强调：“随着世情、国情、党情的不断变化，影响从严治党的因素更加复杂，提出了很多新课题。我们要深入基层、深入实际，深入研究管党治党实践，通过纵向和横向的比较，进行去伪存真、由表及里的分析，正确把握掩盖在纷繁表面现象后面的事物本质，深化对从严治党规律的

① 《习近平在省部级主要领导干部“学习习近平总书记重要讲话精神，迎接党的十九大”专题研讨班开班式上发表重要讲话强调　高举中国特色社会主义伟大旗帜　为决胜全面小康社会实现中国梦而奋斗》，《人民日报》2017年7月28日。

② 《在河南省兰考县委常委扩大会议上的讲话》（2014年3月18日），《习近平关于党风廉政建设和反腐败斗争论述摘编》，中央文献出版社、中国方正出版社2015年版，第84页。

认识。”①

注重对实践中表现出来的全面从严治党规律进行总结提炼，并及时上升为科学理论，用以指导和验证管党治党实践，是党的十八大以来党中央抓全面从严治党的一个重要经验，也是全面从严治党取得突出成效的重要原因。

“我们要在迅速变化的时代中赢得主动，要在新的伟大斗争中赢得胜利，就要在坚持马克思主义基本原理的基础上，以更宽广的视野、更长远的眼光来思考和把握国家未来发展面临的一系列重大战略问题，在理论上不断拓展新视野、作出新概括。”②

作为一个长期的历史性课题，党的十八大以来探索形成的全面从严治党理论还在继续发展之中，还需要结合新的形势和实践不断作出新概括新提炼，这是对未来党的建设特别是管党治党具有重要指导意义的战略性工程。

为未来提供成熟的制度体系。

制度是最具竞争力的制胜武器。未来不同国家之间的竞争最终是制度的比拼。邓小平在1992年的南方谈话中指出：“恐怕再有三十年的时间，我们才会在各方面形成一整套更加成熟、更加定型的制度。”③

习近平强调：“我们要坚持以实践基础上的理论创新推动制度创新，坚持和完善现有制度，从实际出发，及时制定一些新的制度，构建系统完备、科学规范、运行有效的制度体系，使各方面制度更加成熟更加定型，为夺取中国特色社会主义新胜利提供更加有效的制度保障。”④

习近平把法治作为治党治国的关键，强调：“小智治事，中智治人，大智立法。治理一个国家、一个社会，关键是要立规矩、讲规矩、守规矩。法律是治国理政最大最重要的规矩。推进国家治理体系和治理能力现代化，必须坚持依法治国，为党和国家事业发展提供根本性、全局性、长期性的制度

---

① 习近平：《在党的群众路线教育实践活动总结大会上的讲话》（2014年10月8日），《十八大以来重要文献选编》（中），中央文献出版社2016年版，第102页。

② 《习近平在省部级主要领导干部“学习习近平总书记重要讲话精神，迎接党的十九大”专题研讨班开班式上发表重要讲话强调　高举中国特色社会主义伟大旗帜　为决胜全面小康社会实现中国梦而奋斗》，《人民日报》2017年7月28日。

③ 《邓小平文选》第三卷，人民出版社1993年版，第372页。

④ 《习近平谈治国理政》，外文出版社2014年版，第10页。

保障。”[①]强调：“我们党是执政党，能不能坚持依法执政，能不能正确领导立法、带头守法、保证执法，对全面推进依法治国具有重大作用。”[②]

从作风建设和管党治党实践看，党中央把抓作风、纠“四风”、反腐败作为治标之举，但更大的力气下在治本上，下在探索构建更加成熟、科学、有效的制度体系上。习近平强调：“作风建设是攻坚战，也是持久战。这么多年，作风问题我们一直在抓，但很多问题不仅没有解决反而愈演愈烈，一些不良作风像割韭菜一样，割了一茬长一茬。症结就在于对作风问题的顽固性和反复性估计不足，缺乏常抓的韧劲、严抓的耐心，缺乏管长远、固根本的制度。”[③]

习近平多次强调，“要建立健全相关制度，用制度管权管事管人。要突出重点，重在管用有效，全方位扎紧制度笼子，更多用制度治党、管权、治吏。”[④]习近平对全面从严治党的战略考量，其重心始终放在制度体系的构建上，特别是党的十八届六中全会对全面从严治党做出长远制度性安排和体系构建，党的十九届三中全会明确坚持党的全面领导的改革原则、作出完善坚持党的全面领导的制度的重大部署、从机构职能上解决党对一切工作领导的体制机制问题，党的十九届四中全会提出健全总揽全局、协调各方的党的领导制度体系、就坚持和完善党的领导制度体系作出科学安排、健全六个方面的制度等，党的二十大报告专门提出“完善党的自我革命制度规范体系”的要求，并对“完善党内法规制度体系”“健全监督体系”等作出科学部署。对管党治党具有深远的历史意义。

为未来培育优良的政治文化。

文化自信是更基础、更广泛、更深厚的自信，文化底蕴是更长远、更有力、更根本的力量。

习近平多次强调要增强文化自信、培育优良的政治文化，2016年7月1日

---

① 《在中共十八届四中全会第二次全体会议上的讲话》（2014年10月23日），《习近平关于严明党的纪律和规矩论述摘编》，中央文献出版社、中国方正出版社2016年版，第6页。

② 《在十八届中央政治局第四次集体学习时的讲话》（2013年2月23日），《习近平关于党风廉政建设和反腐败斗争论述摘编》，中央文献出版社、中国方正出版社2015年版，第122—123页。

③ 习近平：《在党的群众路线教育实践活动总结大会上的讲话》（2014年10月8日），《人民日报》2014年10月9日。

④ 《在参加十二届全国人大三次会议上海代表团审议时的讲话》（2015年3月5日），《习近平关于全面从严治党论述摘编》，中央文献出版社2016年版，第110页。

在庆祝中国共产党成立95周年大会上，习近平指出："在5000多年文明发展中孕育的中华优秀传统文化，在党和人民伟大斗争中孕育的革命文化和社会主义先进文化，积淀着中华民族最深层的精神追求，代表着中华民族独特的精神标识。"[①]习近平把文化自信作为坚定理想信念的必要条件来对待，"领导干部要不忘初心、坚守正道，必须坚定文化自信。没有中华优秀传统文化、革命文化、社会主义先进文化的底蕴和滋养，信仰信念就难以深沉而执着"[②]。

我们党要培育什么样的政治文化呢？习近平强调，加强党内政治文化建设，要倡导和弘扬"六种价值观"、抵制和反对"四种庸俗腐朽文化"，即"倡导和弘扬忠诚老实、光明坦荡、公道正派、实事求是、艰苦奋斗、清正廉洁等价值观，旗帜鲜明抵制和反对关系学、厚黑学、官场术、'潜规则'等庸俗腐朽的政治文化"[③]。

习近平还要求"党员、干部要不断提升人文素养和精神境界，去庸俗、远低俗、不媚俗，做到修身慎行、怀德自重、清廉自守，永葆共产党人政治本色"[④]。

如果说，制度规矩形塑政党的"体格"，思想理论成就政党的"质地"，政治文化则造就政党的"强大"。政治文化是思想建党、制度治党的重要目的和实际落点。只有着力培养一种先进、健康的党内政治文化，才能为未来党的建设和管党治党营造良好的思想理论氛围，形成尊重和落实党的各项制度的良好整体环境，从而使党的建设、管党治党始终沿着正确轨道前进。

① 习近平：《在庆祝中国共产党成立95周年大会上的讲话》，《人民日报》2016年7月2日。

② 《习近平在十八届中央纪委七次全会上发表重要讲话强调　全面贯彻落实党的十八届六中全会精神　增强全面从严治党系统性创造性实效性》，《人民日报》2017年1月7日。

③ 《在党的十八届六中全会第二次全体会议上的讲话》（2016年10月27日），《习近平关于全面从严治党论述摘编》，中央文献出版社2016年版，第74页。

④ 《习近平在十八届中央纪委七次全会上发表重要讲话强调　全面贯彻落实党的十八届六中全会精神　增强全面从严治党系统性创造性实效性》，《人民日报》2017年1月7日。

第四篇

战略布局：严政治、严思想、严组织、严作风、严纪律、严制度、严反腐

战略布局是对战略全局的总体设计和通盘筹划，是按照战略目标要求对战略全局发展所必需的各个部分、各个方面作的一个统筹安排。战略布局是战略目标的具体展开，是实现战略目标的格局部署。执政党应该是一个什么样的党、如何加强执政党的建设，是中国共产党执政70多年始终在探索和发展的一个重大历史性课题。政治建设、思想建设、组织建设、作风建设、纪律建设、制度建设、反腐败斗争“七位一体”是党的建设的总体布局。全面从严治党，是党的十八大以来党中央抓党的建设的鲜明主题，是执政党建设思想的一个重要内容，是马克思主义建党学说中国化的最新成果。严政治、严思想、严组织、严作风、严纪律、严制度、严反腐构成了全面从严治党的战略布局，既是对党的建设“七位一体”总体布局的接续推进和最新发展，又是立足新的时代条件管党治党的治理思路和格局安排。

党的建设“七位一体”总体布局具有长远意义

执政党如何加强自身建设，是中国共产党在中华人民共和国成立以后始终在探索的一个重要问题。马克思、恩格斯对领导革命的无产阶级政党作了深刻论述，创立了关于无产阶级政党的学说。列宁在资本主义发展到帝国主义阶段的历史时代，创立了一个完整的建党学说，并围绕加强党的思想作风建设、密切联系群众等形成了执政党建设的思想。但是对如何构筑执政党的理念、原则和方法，特别是党的内部机制和活动方式上，使党由一个领导革

命的党转到执政的党，列宁的执政党建设实践并没有解决。[①]

以毛泽东为代表的中国共产党人，在把马克思主义基本原理与中国革命、建设具体实际相结合的过程中，成功地解决了中国工人阶级政党的建设问题，引导中国革命走向胜利。在中国共产党成为执政党后，敏锐地提出革命只是万里长征的第一步、要做到“两个务必”、通过整风形式解决党内主观主义宗派主义和官僚主义问题、警惕资产阶级侵蚀及资产阶级糖衣炮弹进攻等重要思想，对如何加强执政党建设作了初步探索。

邓小平着眼改革开放和社会主义现代化建设实际，遵循党的建设客观规律，在继承毛泽东建党思想的基础上，提出党的制度建设的新思路、新模式，深刻论述了加强党的领导制度、组织制度和监督制度等方面的重大理论问题，发展了马克思主义关于执政党建设的思想。

在建设中国特色社会主义的丰富实践中，我们党科学判断党的历史方位提出“三个代表”重要思想，进一步回答了改革开放和现代化建设条件下，建设一个什么样的党和怎样建设党的问题。坚持运用科学发展观指导党的建设新的伟大工程，对反腐倡廉的新形势新要求新任务作出深入探索和深刻回答，使反腐倡廉建设成为党的建设的重要内容，执政党建设的内容不断丰富拓展。

2009年9月1日，习近平在中央党校秋季开学典礼上讲话指出，“长期以来，我们说到党的建设，一般都是讲思想建设、组织建设、作风建设这三大建设。改革开放以来，我们党总结历史经验，根据新的实践要求，提出要注重制度建设，丰富了党的建设总体布局的内涵。党的十七大明确提出反腐倡廉建设这个科学概念，把反腐倡廉建设与党的思想建设、组织建设、作风建设、制度建设并列，进一步丰富了党的建设总体布局的内涵”。

党的十八大坚持了党的建设“五位一体”的总体布局，十八大报告强调，“全党要增强紧迫感和责任感，牢牢把握加强党的执政能力建设、先进性和纯洁性建设这条主线，坚持解放思想、改革创新，坚持党要管党、从严治党，全面加强党的思想建设、组织建设、作风建设、反腐倡廉建设、制度建设，增强自我净化、自我完善、自我革新、自我提高能力，建设学习型、服务型、创新型的马克思主义执政党，确保党始终成为中国特色社会主义事

① 张荣臣：《马克思主义党的学说史》，中共中央党校出版社2016年版，第6页。

业的坚强领导核心”。

2017年10月18日，习近平在党的十九大报告中指出：“全面推进党的政治建设、思想建设、组织建设、作风建设、纪律建设，把制度建设贯穿其中，深入推进反腐败斗争。”这一重要论述明确了党的建设“七位一体”总体布局，体现了新时代我们党对党的建设规律的新认识新成果，特别是把政治建设、纪律建设纳入其中，反映了新时代党的建设的新特点新要求。

党的建设“七位一体”总体布局科学回答了“建设什么样的执政党、怎样建设执政党”的重大课题，是我们党在长期执政的具体实践中逐渐探索形成的，是新时代党的建设的重要标志性理论成果，对党的建设具有长远历史意义。

党的十九届六中全会在科学总结党的十八大以来全面从严治党取得历史性成就基础上指出：“党以永远在路上的清醒和坚定，坚持严的主基调，突出抓住‘关键少数’，落实主体责任和监督责任，强化监督执纪问责，把全面从严治党贯穿于党的建设各方面。”[①]这进一步表明了管党治党严的主基调和全面性的基本特征。

全面从严治党是“七位一体”总体布局的从严从实

党的建设是一个相互联系的有机整体，管党治党不能仅仅针对和解决某个局部、某个层次、某个方面的矛盾和问题，管和严必须是全面性的，而且必然是整体推进的全面性、要素齐全的全面性、涵盖对象的全面性等。全面从严治党，其战略视野是全面的，其支撑基础是全面的，其覆盖范围也是全面的。党的建设是“七位一体”的总体布局，全面从严治党就要紧紧围绕“七位一体”坚持求实、贯彻从严，通过对党的各方面调理康复、治理重塑，全面提高党的建设科学化水平。

围绕全面从严治党的整体性、全面性，习近平先后多次专门论述。

2015年10月29日，在党的十八届五中全会第二次全体会议上，习近平强调制度建设与党的全面建设的关系时，指出：“要把制度建设摆在党的建设的重要位置，以制度建设巩固思想建设、组织建设、作风建设、反腐倡廉建

① 《中共中央关于党的百年奋斗重大成就和历史经验的决议》，人民出版社2021年版，第30页。

设成果，加强制度执行力建设，为党的长治久安提供坚强制度保障。”①

2016年1月12日，习近平在十八届中央纪委六次全会讲话中指出：“全面从严治党，核心是加强党的领导，基础在全面，关键在严，要害在治。‘全面’就是管全党、治全党，面向八千七百多万党员、四百三十多万个党组织，覆盖党的建设各个领域、各个方面、各个部门，重点是抓住‘关键少数’。‘严’就是真管真严、敢管敢严、长管长严。‘治’就是从党中央到省市县党委，从中央部委、国家机关部门党组（党委）到基层党支部，都要肩负起主体责任，党委书记要把抓好党建当作分内之事、必须担当的职责；各级纪委要担负起监督责任，敢于瞪眼黑脸，勇于执纪问责。”②

2016年9月29日，习近平在学习《胡锦涛文选》报告会上指出，全面从严治党要把握“一条主线”、推进“五大建设”的思路，他强调，“我们要牢牢把握加强党的执政能力建设和先进性建设这条主线，继续从严从实加强党的思想建设、组织建设、作风建设、反腐倡廉建设、制度建设，坚持问题导向，以自我革命的政治勇气，着力解决党内存在的各种问题”③。

2017年10月18日，习近平在党的十九大报告中指出：“必须以党章为根本遵循，把党的政治建设摆在首位，思想建党和制度治党同向发力，统筹推进党的各项建设，抓住‘关键少数’，坚持‘三严三实’，坚持民主集中制，严肃党内政治生活，严明党的纪律，强化党内监督，发展积极健康的党内政治文化，全面净化党内政治生态，坚决纠正各种不正之风，以零容忍态度惩治腐败，不断增强党自我净化、自我完善、自我革新、自我提高的能力，始终保持党同人民群众的血肉联系。”④

2021年7月1日，习近平在庆祝中国共产党成立100周年大会上指出：“坚定不移推进党风廉政建设和反腐败斗争，坚决清除一切损害党的先进性和纯洁性的因素，清除一切侵蚀党的健康肌体的病毒，确保党不变质、不变色、不变味，确保党在新时代坚持和发展中国特色社会主义的历史进程中始终成

---

① 《在中共十八届五中全会第二次全体会议上的讲话》（2015年10月29日），《习近平关于严明党的纪律和规矩论述摘编》，中央文献出版社、中国方正出版社2016年版，第127—128页。

② 习近平：《在第十八届中央纪律检查委员会第六次全体会议上的讲话》（2016年1月12日），人民出版社单行本，第16—17页。

③ 习近平：《在学习〈胡锦涛文选〉报告会上的讲话》（2016年9月29日），人民出版社单行本，第16—17页。

④ 习近平：《决胜全面建成小康社会　夺取新时代中国特色社会主义伟大胜利——在中国共产党第十九次全国代表大会上的报告》，《人民日报》2017年10月28日。

为坚强领导核心！”①

从习近平重要论述可以看出，全面从严治党的整体性、全面性，始终围绕加强党的执政能力建设和先进性建设这条主线，体现在“七位一体”总体布局上，覆盖了党的建设各个领域、各个方面、各个部门。

“六个从严”“六个坚持”是总体布局指导下的具体治党方略

习近平在党的十八届六中全会第二次全体会议上对党的十八大以来我们党全面从严治党的实践进行了科学总结，提出“六个从严”的管党治党经验和思路。习近平强调：“党的十八大以来，我们把全面从严治党纳入‘四个全面’战略布局，这是新的历史条件下我们党应对世情国情党情变化的必然选择。”②

一是抓思想从严，坚持用马克思主义中国化最新成果武装头脑、凝心聚魂，用理想信念和党性教育固本培元、补钙壮骨，着力教育引导全党坚定理想、坚定信念，增强中国特色社会主义道路自信、理论自信、制度自信、文化自信。

二是抓管党从严，坚持和落实党的领导，引导全党增强政治意识、大局意识、核心意识、看齐意识，着力落实管党治党责任，不断增强各级党组织管党治党意识和能力。

三是抓执纪从严，坚持把纪律挺在前面，严明党的政治纪律和政治规矩，着力推动全党牢记“五个必须”、防止“七个有之”，保证全党团结统一、步调一致。

四是抓治吏从严，坚持正确用人导向，深化干部人事制度改革，破解“四唯”难题，着力整治用人上的不正之风，优化选人用人环境。

五是抓作风从严，坚持以上率下，锲而不舍、扭住不放，着力解决许多过去被认为解决不了的问题，推动党风政风不断好转。

六是抓反腐从严，坚持以零容忍态度惩治腐败，“老虎”“苍蝇”一起

① 习近平：《在庆祝中国共产党成立100周年大会上的讲话》，人民出版社2021年版，第19—20页。

② 《在党的十八届六中全会第二次全体会议上的讲话》（2016年10月27日），《习近平关于全面从严治党论述摘编》，中央文献出版社、中国方正出版社2016年版，第16页。

打，着力扎紧制度的笼子，特别是清除了周永康、薄熙来、郭伯雄、徐才厚、令计划等腐败分子，有效遏制腐败蔓延势头。[①]

党的十九大之后，习近平多次在党的重要会议上总结提炼全面从严治党经验，特别是“六个坚持”集中反映了十年来管党治党的理论创新和实践创新，即“坚持思想建党和制度治党相统一、坚持使命引领和问题导向相统一、坚持抓‘关键少数’和管‘绝大多数’相统一、坚持行使权力与担当责任相统一、坚持严格管理和关心信任相统一、坚持党内监督和群众监督相统一”[②]。

这“六个从严”“六个坚持”与政治建设、思想建设、组织建设、作风建设、纪律建设、制度建设、反腐败斗争“七位一体”总体布局，在内容上是相通的。

“六个从严”“六个坚持”是党中央解决党的建设存在的突出问题的具体治党方略，是对管党治党实践的科学总结，是在“七位一体”总体布局指导下的实践探索和最新发展。

① 《在党的十八届六中全会第二次全体会议上的讲话》（2016年10月27日），《习近平关于全面从严治党论述摘编》，中央文献出版社2016年版，第17页。

② 《习近平关于全面从严治党论述摘编》（2021年版），中央文献出版社2021年版，第32—36页。

第五篇

战略重心之一：突破治权瓶颈

战略重心，就是战略指导上着重关注的要地或要点。[①]毛泽东指出："任何一级的首长，应当把自己注意的重心，放在那些对于他所指挥的全局来说最重要最有决定意义的问题或动作上，而不应当放在其他的问题或动作上。"战略全局是由若干局部构成的，而每个局部在战略中的地位和作用并不相同。有的局部的成败对全局影响不大，有的则对全局具有决定意义。战略重心，就是毛泽东所说的对全局具有最重要最有决定意义的问题或动作。战略是一种系统性存在，各个战略局部之间紧密关联、互为影响。对战略全局造成决定性影响的要地或要害不是唯一的、不变的，因而战略重心也不是固定的，没有唯一性和绝对性，应当根据形势的发展变化进行动态调整。

在长期执政条件下推进管党治党，其核心问题是治权。权力管住了、管好了，其他隐患和问题将迎刃而解。因此，突破治权瓶颈，是全面从严治党的第一位战略重心。150年前，马克思、恩格斯在总结巴黎公社经验教训时，提出了无产阶级取得政权后，要防止由"社会公仆"变为"社会主人"的重要思想。社会公仆以人民为中心，用权为公，为民谋利；社会主人以自己为中心，将以权谋私，为自己和小集团谋利益。社会公仆与社会主人的根本区别在于，站在什么样的立场上对待权力，围绕什么样的目标使用权力。

无产阶级政党成为执政党后，如何对待权力、怎样制约权力，就成为一个重大历史性执政课题。以习近平同志为核心的党中央，推进全面从严治党的一个战略重心，就是要突破长期以来在管党治党上存在的治

① 郑文翰：《军事大辞典》，上海辞书出版社1992年版，第40页。

权瓶颈，在赋予权力、规范权力、使用权力、监督权力、问责权力等方面，探索一套切实管用的思路办法，从体制机制等层面破解防止由“社会公仆”变为“社会主人”的重大难题。

战略定位：权力“绝对律”、政权周期律、反腐“关键律”

全面从严治党要标本兼治才能取得良好效果，但治党的关键和根本究竟在哪里？怎样才能直击治党的要害，使管党治党在更长时期内发挥作用呢？随着党管党治党工作的不断探索和创新，聚焦权力、把治权问题作为关键和根本环节的战略定位更加清晰。从习近平对有关治权的重要论述来看，党中央对治权的战略定位集中体现在对“三个方面规律”认识的不断深化上，即对权力“绝对律”、政权周期律、反腐“关键律”的认识在不断深化。

权力“绝对律”：权力的本质决定“绝对权力导致绝对腐败”。

权力，通常指职责范围内的领导或支配力量。在政治分析中，权力则通常被视为一种关系，即一个人通过并非出自他人选择的方式影响他人行为的能力。[①]马克思主义认为，“政治权力，即国家的权力”。政治权力必须以公共权力的形式君临社会，否则便无法行使阶级统治的职能。[②]阿克顿公爵认为：“在所有使人类腐化堕落和道德败坏的因素中，权力是出现频率最多和最活跃的因素。”[③]

从权力的特性来看，不受监督的权力容易导致腐败，只有制约权力、管好权力才能建设廉洁政治、遏制腐败。习近平强调监督制约权力，首先是从权力的本性出发的，他指出：“‘权力导致腐败，绝对权力导致绝对腐败。’如果权力没有约束，结果必然是这样。各级领导干部都要牢记，任何人都没有法律之外的绝对权力，任何人行使权力都必须为人民服务、对人

① ［英］安德鲁·海伍德：《政治学核心概念》，吴勇译，中国人民大学出版社2014年版，第21页。
② 王沪宁：《政治的逻辑》，上海人民出版社1994年版，第223—224页。
③ ［英］阿克顿：《自由与权力》，侯健、范亚峰译，商务印书馆2001年版，第342页。

民负责并自觉接受人民监督。”[①]“没有监督的权力必然导致腐败，这是一条铁律。”[②]

权力在腐败案例中的现实表现，也印证了不受监督的权力容易导致腐败的规律。习近平强调：“从查处的腐败案件看，权力不论大小，只要不受制约和监督，都可能被滥用。”[③]“腐败的本质是权力出轨、越轨，许多腐败问题都与权力配置不科学、使用不规范、监督不到位有关。”[④]

政权周期律：政权的兴衰取决于对权力的有效监督制约。

政权就是国家权力。历史经验表明，一个国家的政权能不能巩固，受到多种复杂因素影响，但从权力的监督看，权力失控导致腐败泛滥，是政权崩溃的重要原因。按照马克思主义基本观点，在我们社会主义国家，一切权力都是我们党领导全国各族人民经过新民主主义革命和社会主义革命取得和实现的，都是属于人民的；我们党作为执政党是代表工人阶级和全体人民在全国执掌政权，共产党和领导干部手中的权力都是人民赋予的；我们所有党员和领导干部手中的权力，只能用来为人民谋利益，而绝不允许搞任何形式的以权谋私。[⑤]归结为两句话就是：权为民所赋，权为民所用。

只有权力受到良好监督，做到秉公用权、用权为民，政权才能得到人民拥护。习近平多次强调历史周期率问题，就是从我们党长期执政的历史背景出发，着眼破解权力受监督、权力为人民这个重大历史性课题。他指出：“我们的权力是党和人民赋予的，是为党和人民做事用的，姓公不姓私，只能用来为党分忧、为国干事、为民谋利。”[⑥]习近平指出，马克思主义历来主张加强对权力的监督，“马克思、恩格斯说过：一切公职人员必须‘在公众监督之下进行工作’，这样‘能可靠地防止人们去追求升官发财’和‘追求

---

① 习近平：《依纪依法严惩腐败，着力解决群众反映强烈的突出问题》（2013年1月22日），《十八大以来重要文献选编》（上），中央文献出版社2014年版，第136页。

② 习近平：《在全国组织工作会议上的讲话》（2013年6月28日），《十八大以来重要文献选编》（上），中央文献出版社2014年版，第342页。

③ 《在第十八届中央纪律检查委员会第三次全体会议上的讲话》（2014年1月14日），《习近平关于全面从严治党论述摘编》，中央文献出版社2016年版，第201页。

④ 《在十八届中央政治局第二十四次集体学习时的讲话》（2015年6月26日），《习近平关于全面从严治党论述摘编》，中央文献出版社2016年版，第189页。

⑤ 《习近平党校十九讲》，中共中央党校出版社2014年版，第210—211页。

⑥ 习近平：《做焦裕禄式的县委书记》（2015年1月12日），《十八大以来重要文献选编》（中），中央文献出版社2016年版，第325页。

自己的特殊利益’”[①]。

习近平把自觉接受党和人民对权力的监督，作为领导干部的起码素质来看待，“领导干部手中的权力都是党和人民赋予的，领导干部使用权力，使用得对不对，使用得好不好，当然要接受党和人民监督。不想接受监督的人，不能自觉接受监督的人，觉得接受党和人民监督很不舒服的人，就不具备当领导干部的起码素质”[②]。“公款姓公，一分一厘都不能乱花；公权为民，一丝一毫都不能私用。领导干部必须时刻清楚这一点，做到公私分明、克己奉公、严格自律。”[③]他强调，从实践看，“大量案例表明，权力越大，越容易出现‘灯下黑’”[④]，因此要加强对权力运行的制约和监督，“把权力关进制度的笼子里，形成不敢腐的惩戒机制、不能腐的防范机制、不易腐的保障机制”[⑤]。

反腐“关键律”：反腐倡廉的关键是监督制约权力。

腐败的本质是权力出轨、越轨，反腐倡廉的关键是要监督和制约权力，这是习近平监督制约权力的一个重要思想。他指出：“反腐倡廉法规制度建设，关键是制约和监督权力。”[⑥]“我们的先人们早就认识到，反腐倡廉的核心是制约和监督权力。我国古代很早就有监察、御史、弹劾、谏官等方面的制度。这些制度有不少在历代反腐倡廉中发挥了重要作用，对我们推进反腐倡廉制度建设具有借鉴意义。”[⑦]

习近平把制约和监督权力作为反腐倡廉的治本之策，他强调：“反腐倡廉的工作中，我们一直强调标本兼治。治标，对腐败分子能够起到惩治、震

---

① 《在参加河南省兰考县委常委班子专题民主生活会时的讲话》（2014年5月9日），《习近平关于党风廉政建设和反腐败斗争论述摘编》，中央文献出版社、中国方正出版社2015年版，第128页。

② 习近平：《依纪依法严惩腐败，着力解决群众反映强烈的突出问题》（2013年1月22日），《十八大以来重要文献选编》（上），中央文献出版社2014年版，第136页。

③ 《在第十八届中央纪律检查委员会第三次全体会议上的讲话》（2014年1月14日），《习近平关于党风廉政建设和反腐败斗争论述摘编》，中央文献出版社、中国方正出版社2015年版，第80页。

④ 习近平：《在第十八届中央纪律检查委员会第六次全体会议上的讲话》（2016年1月12日），《人民日报》2016年5月3日。

⑤ 习近平：《依纪依法严惩腐败，着力解决群众反映强烈的突出问题》（2013年1月22日），《十八大以来重要文献选编》（上），中央文献出版社2014年版，第136页。

⑥ 《在十八届中央政治局第二十四次集体学习时的讲话》（2015年6月26日），《习近平关于全面从严治党论述摘编》，中央文献出版社2016年版，第189页。

⑦ 《在十八届中央政治局第五次集体学习时的讲话》（2013年4月19日），《习近平关于党风廉政建设和反腐败斗争论述摘编》，中央文献出版社、中国方正出版社2015年版，第124页。

慑、遏制作用，突出‘惩’的功能。治本，对权力进行制约和监督，对腐败现象能够起到预防、阻拦作用，重在‘防’的功能。”

从实践看，对权力监督不力尤其对一把手监督乏力，是反腐倡廉一个亟待解决的紧迫问题，“我们查处的腐败分子中，方方面面的一把手比例不低。这说明，对一把手的监督仍然是一个薄弱环节”①。他强调，“有规定就要执行，否则就会成为稻草人。小到生活规定，大到政治纪律，如果认为可以随心所欲，可以不执行，那我们就没有纪律可言了。规定被逐步突破，那最后公权私用就不知道会泛滥到何等程度。所以，把严一点可以防微杜渐，针眼大的窟窿透过斗大的风”②。习近平还明确指出权力不受监督，就会存在权力寻租问题，“权力寻租，体制外和体制内挂钩，形成利益集团，挑战党的领导”③。

面临问题

权力不受监督和制约的直接后果就是腐败现象严重。在深入调查研究的基础上，习近平就腐败现象和问题作出深刻分析，严肃指出党内存在的权力膨胀、权力失控、权力寻租等问题的表现及危害。仅就“权力”这个关键词而言，习近平论述党内权力不受监督和制约存在的问题，至少有“八种表现”：

一是崇拜权力至上。“官僚主义实质是封建残余思想作祟，根源是官本位思想严重、权力观扭曲，做官当老爷，高高在上，脱离群众，脱离实际。”④

二是热衷钻营权力。“党的十八大以来，党中央反复强调领导干部要严守政治纪律和政治规矩，但有的置若罔闻，搞结党营私、拉帮结派、团团伙

---

① 习近平：《依纪依法严惩腐败，着力解决群众反映强烈的突出问题》（2013年1月22日），《十八大以来重要文献选编》（上），中央文献出版社2014年版，第136页。

② 《在河南省兰考县委常委扩大会议上的讲话》（2014年3月18日），《做焦裕禄式的县委书记》，中央文献出版社2015年版，第41—42页。

③ 《在中央政治局常委会听取中央巡视工作领导小组关于二〇一四年中央巡视组第二轮巡视情况汇报时的讲话》（2014年10月16日），《习近平关于党风廉政建设和反腐败斗争论述摘编》，中央文献出版社、中国方正出版社2015年版，第101页。

④ 《在河北调研指导党的群众路线教育实践活动时的讲话》（2013年7月11日、12日），《习近平关于全面从严治党论述摘编》，中央文献出版社2016年版，第153—154页。

伙，一门心思钻营权力。”①

三是构建权力领地。“有的人只要是他工作过的地方，都利用手中的权力‘正正规规’地搞团团伙伙，全要搞成他自己的领地，到处插手人事安排，关照自己小圈子里的人，结果他们就成了一根绳上的蚂蚱。”②

四是争夺个人权力。“有的领导干部个人主义、本位主义思想严重，只讲民主不讲集中，班子讨论问题时没有采纳自己的意见就很不高兴，或者脑袋长在屁股上，为了自己的那点权力争得不可开交。”③

五是利用权力获利。“吏治腐败是最大的腐败，用人腐败必然导致用权腐败。花钱跑官买官，一定在当权后用权力把钱千方百计捞回来。”④

六是随意滥用权力。“有的滥用职权，搞权力寻租、利益输送、借权营生；有的执法不公，搞选择性执法、随意性执法，办关系案、人情案、金钱案；等等。”⑤

七是只抓权不监督。“有的只顾抓权力，不去抓监督，任命干部时当仁不让，平时对干部却放任自流，出了事就撂挑子给纪委。”⑥

八是权力监督乏力。“有的人就反省说，省委领导对地市一把手多是给政策，多是鼓励，而少有严格要求，少有监督；同级和下级根本不敢监督一把手，这就造成一把手权力失控。一把手位高权重，一旦出问题，最容易带坏班子、搞乱风纪。一把手权力集中，受到的监督很少，遵章守纪基本上靠自觉，这样能不犯错误、不出问题吗？”⑦

习近平重要论述列举的权力不受监督和制约“八种表现”，既有领导干

① 习近平：《在第十八届中央纪律检查委员会第六次全体会议上的讲话》（2016年1月12日），《人民日报》2016年5月3日。

② 《在第十八届中央纪律检查委员会第五次全体会议上的讲话》（2015年1月13日），《习近平关于严明党的纪律和规矩论述摘编》，中央文献出版社、中国方正出版社2016年版，第26页。

③ 《在参加河北省委常委班子专题民主生活会时的讲话》（2013年9月23—25日），《习近平关于党风廉政建设和反腐败斗争论述摘编》，中央文献出版社、中国方正出版社2015年版，第35页。

④ 《在中央政治局常委会听取中央巡视工作领导小组关于二〇一四年中央巡视组第二轮巡视情况汇报时的讲话》（2014年10月16日），《习近平关于党风廉政建设和反腐败斗争论述摘编》，中央文献出版社、中国方正出版社2015年版，第102页。

⑤ 《在党的群众路线教育实践活动第一批总结暨第二批部署会议上的讲话》（2014年1月20日），《习近平关于党风廉政建设和反腐败斗争论述摘编》，中央文献出版社、中国方正出版社2015年版，第19页。

⑥ 习近平：《在第十八届中央纪律检查委员会第六次全体会议上的讲话》（2016年1月12日），《人民日报》2016年5月3日。

⑦ 《在第十八届中央纪律检查委员会第五次全体会议上的讲话》（2015年1月13日），《习近平关于严明党的纪律和规矩论述摘编》，中央文献出版社、中国方正出版社2016年版，第100页。

部个人世界观、人生观、价值观、权力观上的问题，比如崇拜权力至上、热衷钻营权力、构建权力领地等；也有党组织监督责任不落实，造成少数领导干部权力膨胀的问题，比如，只抓权不监督、权力监督乏力、领导干部争夺个人权力等。还有体制机制上存在薄弱环节的原因，使权力使用过程中自由度大、容易失控等；比如，利用权力获利、随意滥用权力等。这些问题是长期管党治党中监督制约权力的薄弱点、问题点，也是体制机制的改革发力点、创新增长点。

治权要点：正心、赋责、配置、控制、规治、制衡、监督、追责

以习近平同志为核心的党中央，在全面从严治党的实践中就治权问题形成了比较清晰和相对完善的思路办法，集中体现在端正理念、权责共担、优化配置、运行控制、规则治理、权力制衡、强化监督、追责惩戒八个方面。

在权力理念上，运用价值引领。

思想理念从深层次决定一个人对权力的获取、使用，以及对权力使用的认识、评价和衡量的价值标准。从权力观价值观抓起，确立正确的权力理念，是治权的首要环节。习近平监督制约权力，特别注重从世界观、人生观、价值观抓起，他多次强调："要牢固树立马克思主义的世界观、人生观、价值观和正确的权力观、地位观、利益观，时刻警惕权力、金钱、美色的诱惑。"①

习近平强调权力法定的理念，"要正确行使权力，依法用权、秉公用权、廉洁用权，做到法定职权必须为，法无授权不可为，保持如临深渊、如履薄冰的谨慎，做到心有所畏、言有所戒、行有所止，处理好公和私、情和法、利和法的关系"②。

习近平强调敬畏权力的理念，即权力的党性原则，"我一直讲，领导干

① 《在党的十八届五中全会第二次全体会议上的讲话》（2015年10月29日），《习近平关于全面从严治党论述摘编》，中央文献出版社2016年版，第65页。
② 习近平：《做焦裕禄式的县委书记》（2015年1月12日），《十八大以来重要文献选编》（中），中央文献出版社2016年版，第325页。

部必须心存敬畏、手握戒尺。心存敬畏，就是要心存对信仰的敬畏、对组织的敬畏、对法纪的敬畏、对群众的敬畏、对责任的敬畏，做到能够知止，始终保持权力光环、地位光环下的清醒。手握戒尺，就是要手握法律的戒尺、纪律的戒尺、制度的戒尺、规矩的戒尺、道德的戒尺，做到克己奉公。我们的内心要始终装着一把党性的尺子，衡量人生得失，把握行为尺度”①。“要坚持以严的标准要求干部、以严的措施管理干部、以严的纪律约束干部，使干部心有所畏、言有所戒、行有所止。”②

习近平强调政治生命的理念，即把用好权力作为政治生命的保证，“党的干部必须敬畏权力、管好权力、慎用权力，守住自己的政治生命，保持拒腐蚀、永不沾的政治本色”③。

习近平强调当官发财两条道的理念，“我经常讲，鱼和熊掌不可兼得，当官发财两条道，当官就不要发财，发财就不要当官。要始终严格要求自己，把好权力关、金钱关、美色关，做到清清白白做人、干干净净做事、坦坦荡荡为官。要加强对亲属和身边工作人员的教育和约束，要求他们守德、守纪、守法”④。

习近平强调廉洁底线的理念，“廉洁自律是共产党人为官从政的底线”⑤，“所有领导干部都必须把反腐倡廉当作政治必修课来认真对待，决不能把权力变成谋取个人或少数人私利的工具，永葆共产党人政治本色”⑥。

习近平强调干部应受更多约束的理念，“要坚持从严教育、从严管理、从严监督，让每一个干部都深刻懂得，当干部就必须付出更多辛劳、接受更严格的约束。没有这样的思想准备和觉悟，就不要进入干部队伍”⑦。“对领

① 《在中央政治局“三严三实”专题民主生活会上的讲话》（2015年12月28日、29日），《习近平关于全面从严治党论述摘编》，中央文献出版社2016年版，第113页。

② 习近平：《在党的群众路线教育实践活动总结大会上的讲话》（2014年10月8日），《十八大以来重要文献选编》（中），中央文献出版社2016年版，第97—98页。

③ 习近平：《在全国组织工作会议上的讲话》（2013年6月28日），《十八大以来重要文献选编》（上），中央文献出版社2014年版，第338页。

④ 习近平：《做焦裕禄式的县委书记》（2015年1月12日），《十八大以来重要文献选编》（中），中央文献出版社2016年版，第326页。

⑤ 习近平：《做焦裕禄式的县委书记》（2015年1月12日），《十八大以来重要文献选编》（中），中央文献出版社2016年版，第326页。

⑥ 习近平：《依纪依法严惩腐败，着力解决群众反映强烈的突出问题》（2013年1月22日），《十八大以来重要文献选编》（上），中央文献出版社2014年版，第138页。

⑦ 习近平：《在全国组织工作会议上的讲话》（2013年6月28日），《十八大以来重要文献选编》（上），中央文献出版社2014年版，第350页。

导干部，要求就是要严一些，正所谓‘其身正，不令而行；其身不正，虽令不从’。”①

在权力赋予上，强调权责共担。

坚持权利和义务相统一，是马克思主义的基本观点。治权从权力授予抓起，就是坚持权力和责任同步赋予，用责任的砝码平衡权力。这是习近平监督制约权力的一个重要思想，是对权力制约思想的丰富发展。习近平强调：“要完善党内权力运行和监督机制，实行权责对应，坚决反对特权，防止滥用职权。”②

习近平强调党的干部要牢记为人民服务的责任，“作为共产党员，作为党的干部，只有一心为公，事事出于公心，才能有正确的是非观、义利观、权力观、事业观，才能把群众装在心里，才能坦荡做人、谨慎用权，才能光明正大、堂堂正正”③。“领导干部责任越重大、岗位越重要，就越要加强监督。”④“严以用权，就是要坚持用权为民，按规则、按制度行使权力，把权力关进制度的笼子里，任何时候都不搞特权、不以权谋私。”⑤“始终做到心中有党、心中有民、心中有责、心中有戒，努力成为党和人民信赖的好干部。”⑥

在权力配置上，适当限权分权。

权力越大，诱惑越多，导致腐败的危险也越大。在权力的配置上，强调合理分解权力、限制制衡权力，这是习近平总书记关于权力制约论述的重要内容。他强调：“要强化制约，合理分解权力，科学配置权力，不同性质的

---

① 《在参加十二届全国人大三次会议上海代表团审议时的讲话》（2015年3月5日），《习近平关于严明党的纪律和规矩论述摘编》，中央文献出版社、中国方正出版社2016年版，第103页。

② 《在参加河南省兰考县委常委班子专题民主生活会时的讲话》（2014年5月9日），《习近平关于严明党的纪律和规矩论述摘编》，中央文献出版社、中国方正出版社2016年版，第54—55页。

③ 《在参加河北省委常委班子专题民主生活会时的讲话》（2013年9月23—25日），《习近平关于全面从严治党论述摘编》，中央文献出版社2016年版，第155页。

④ 习近平：《在第十八届中央纪律检查委员会第六次全体会议上的讲话》（2016年1月12日），《人民日报》2016年5月3日。

⑤ 《深入推进作风建设》（2014年3月9日），《习近平关于全面从严治党论述摘编》，中央文献出版社2016年版，第158页。

⑥ 《在会见全国优秀县委书记时的讲话》（2015年6月30日），《做焦裕禄式的县委书记》，中央文献出版社2015年版，第67页。

权力由不同部门、单位、个人行使，形成科学的权力结构和运行机制。”①

针对一些领导干部权力过大，甚至干预执法司法问题，习近平指出：“做到严格执法、公正司法，还要着力解决领导机关和领导干部违法违规干预问题。这是导致执法不公、司法腐败的一个顽瘴痼疾。”特别要解决好三种情形：“一些党政领导干部出于个人利益，打招呼、批条子、递材料，或者以其他明示、暗示方式插手干预个案，甚至让执法司法机关做违反法定职责的事。”他强调，“在中国共产党领导的社会主义国家里，这是绝对不允许的！”②习近平指出，要健全政法部门分工负责、互相配合、互相制约机制，就要“通过完善的监督管理机制、有效的权力制衡机制、严肃的责任追究机制，加强对执法司法权的监督制约，最大限度减少权力出轨、个人寻租的机会”③。

在权力运行上，实行清单控制。

怎样实现对既有权力的有效管控，习近平强调实行权力清单制度。他指出：“执政党对资源的支配权力很大，应该有一个权力清单，什么权能用、什么权不能用，什么是公权、什么是私权，要分开，不能公权私用。”④“要强化公开，推行地方各级政府及其工作部门权力清单制度，依法公开权力运行流程，让权力在阳光下运行，让广大干部群众在公开中监督，保证权力正确行使。”⑤“反腐倡廉法规制度建设要围绕授权、用权、制权等环节，合理确定权力归属，划清权力边界，厘清权力清单，明确什么权能用、什么权不能用，强化权力流程控制，压缩自由裁量空间，杜绝各种暗箱操作。”⑥“要以建设法治政府为目标，建立行政机关内部重大决策合法性审查机制，积极

---

① 《在第十八届中央纪律检查委员会第三次全体会议上的讲话》（2014年1月14日），《习近平关于全面从严治党论述摘编》，中央文献出版社2016年版，第201页。

② 习近平：《严格执法，公正司法》（2014年1月7日），《十八大以来重要文献选编》（上），中央文献出版社2014年版，第720—721页。

③ 《在中央政法工作会议上的讲话》（2014年1月7日），《习近平关于党风廉政建设和反腐败斗争论述摘编》，中央文献出版社、中国方正出版社2015年版，第127页。

④ 《在参加河南省兰考县委常委班子专题民主生活会时的讲话》（2014年5月9日），《习近平关于严明党的纪律和规矩论述摘编》，中央文献出版社、中国方正出版社2016年版，第55页。

⑤ 《在第十八届中央纪律检查委员会第三次全体会议上的讲话》（2014年1月14日），《习近平关于全面从严治党论述摘编》，中央文献出版社2016年版，第202页。

⑥ 《在十八届中央政治局第二十四次集体学习时的讲话》（2015年6月26日），《习近平关于全面从严治党论述摘编》，中央文献出版社2016年版，第189页。

推行政府法律顾问制度，推进机构、职能、权限、程序、责任法定化，推进各级政府事权规范化、法律化。要全面推进政务公开，强化对行政权力的制约和监督，建立权责统一、权威高效的依法行政体制。”①

实行权力清单，重要的是要把权力晒在阳光下，“阳光是最好的防腐剂。权力运行不见阳光，或有选择地见阳光，公信力就无法树立。执法司法越公开，就越有权威和公信力”。“要增强主动公开、主动接受监督的意识，完善机制、创新方式、畅通渠道，依法及时公开执法司法依据、程序、流程、结果和裁判文书。对公众关注的案件，要提高透明度，让暗箱操作没有空间，让司法腐败无法藏身。”②“只有让人民监督权力、让权力在阳光下运行，做到依法行政，才能更好把政府职能转变过来。”③

在权力规制上，坚持制度治权。

权力是由人掌控的，但人具有巨大可变性和不确定性。制度的最大优点是具有稳定性、规范性和公平性，是增强人的确定性、减少人的可变性的有效“硬件”。习近平在治权上特别强调发挥制度的法治功能，他指出：“没有健全的制度，权力没有关进制度的笼子里，腐败现象就控制不住。”④“如果法治的堤坝被冲破了，权力的滥用就会像洪水一样成灾。”⑤

制度治权，要善于运用法治思维和法治方式，“要善于用法治思维和法治方式反对腐败，加强反腐败国家立法，加强反腐倡廉党内法规制度建设，让法律制度刚性运行”⑥。“要督促掌握公权力的部门、组织、个人强化法治思维，严格在宪法法律范围内活动，严格依照法定权限和程序行使权力，决

---

① 《在中共十八届四中全会第二次全体会议上的讲话》（2014年10月23日），《习近平关于党风廉政建设和反腐败斗争论述摘编》，中央文献出版社、中国方正出版社2015年版，第133页。

② 习近平：《严格执法，公正司法》（2014年1月7日），《十八大以来重要文献选编》（上），中央文献出版社2014年版，第720页。

③ 《在中共十八届二中全会第二次全体会议上的讲话》（2013年2月28日），《习近平关于党风廉政建设和反腐败斗争论述摘编》，中央文献出版社、中国方正出版社2015年版，第123页。

④ 《在河北调研指导党的群众路线教育实践活动时的讲话》（2013年7月11日、12日），《习近平关于党风廉政建设和反腐败斗争论述摘编》，中央文献出版社、中国方正出版社2015年版，第125页。

⑤ 《在省部级主要领导干部学习贯彻党的十八届四中全会精神全面推进依法治国专题研讨班上的讲话》（2015年2月2日），《习近平关于全面从严治党论述摘编》，中央文献出版社2016年版，第110页。

⑥ 习近平：《依纪依法严惩腐败，着力解决群众反映强烈的突出问题》（2013年1月22日），《十八大以来重要文献选编》（上），中央文献出版社2014年版，第135—136页。

不允许任何组织或者个人有超越法律的特权。”①“要加强对权力运行的制约和监督，把权力关进制度的笼子里，形成不敢腐的惩戒机制、不能腐的防范机制、不易腐的保障机制。”②

制度治权，要突出法治的治本作用，“要把厉行法治作为治本之策，把权力运行的规矩立起来、讲起来、守起来，真正做到谁把法律当儿戏，谁就必然要受到法律的惩罚”③。要着眼从源头减少制度障碍和漏洞，“加强对典型案例的剖析，从中找出规律性的东西，深化腐败问题多发领域和环节的改革，最大限度减少体制障碍和制度漏洞”，“加快推进机构、职能、权限、程序、责任法定化”。④

制度治权，关键要全方位规制权力，习近平强调：“我们说要把权力关进制度的笼子里，就是要依法设定权力、规范权力、制约权力、监督权力。”⑤具体说，就是上下左右有界受控，习近平指出：“各级党政组织、各级领导干部手中的权力是党和人民赋予的，是上下左右有界受控的，不是可以为所欲为、随心所欲的。”⑥“要健全权力运行制约和监督体系，让人民监督权力，让权力在阳光下运行，确保国家机关按照法定权限和程序行使权力。”⑦“要盯紧公权力运行各个环节，完善及时发现问题的防范机制、精准纠正偏差的矫正机制，管好关键人、管到关键处、管住关键事、管在关键时，特别是要把一把手管住管好。”⑧

制度治权，要注重制度的贯穿性和严密性，“只有建好制度、立好规矩，把法规制度建设贯穿到反腐倡廉各个领域、落实到制约和监督权力各个方面，发挥法规制度的激励约束作用，才能筑起遏制腐败现象滋生蔓延的

---

① 《习近平关于全面从严治党论述摘编》（2021年版），中央文献出版社2021年版，第417页。

② 习近平：《依纪依法严惩腐败，着力解决群众反映强烈的突出问题》（2013年1月22日），《十八大以来重要文献选编》（上），中央文献出版社2014年版，第136页。

③ 《在省部级主要领导干部学习贯彻党的十八届四中全会精神全面推进依法治国专题研讨班上的讲话》（2015年2月2日），《习近平关于全面从严治党论述摘编》，中央文献出版社2016年版，第110页。

④ 《习近平关于全面从严治党论述摘编》（2021年版），中央文献出版社2021年版，第418页。

⑤ 《在省部级主要领导干部学习贯彻党的十八届四中全会精神全面推进依法治国专题研讨班上的讲话》（2015年2月2日），《习近平关于全面从严治党论述摘编》，中央文献出版社2016年版，第110页。

⑥ 《在省部级主要领导干部学习贯彻党的十八届四中全会精神全面推进依法治国专题研讨班上的讲话》（2015年2月2日），《习近平关于全面从严治党论述摘编》，中央文献出版社2016年版，第110页。

⑦ 习近平：《依纪依法严惩腐败，着力解决群众反映强烈的突出问题》（2013年1月22日），《十八大以来重要文献选编》（上），中央文献出版社2014年版，第135页。

⑧ 《习近平关于全面从严治党论述摘编》（2021年版），中央文献出版社2021年版，第418页。

'堤坝'，才能推动形成不敢腐、不能腐、不想腐的有效机制。"[①]"建章立制非常重要，要把笼子扎紧一点，牛栏关猫是关不住的，空隙太大，猫可以来去自如。"[②]"要把制度的笼子扎得更紧更牢，完善任职回避、定期轮岗、离任审计等制度。对腐败多发领域要有针对性地完善制度机制，筑牢制度防火墙。"[③]

在权力制衡上，强化组织管控。

上级管下级是组织内部权力体系的基本规则。上级越软，下级越散；组织越弱，个体越乱。习近平监督制约权力，强调要发挥组织的管控作用，"要加强对干部经常性的管理监督，形成对干部的严格约束。没有监督的权力必然导致腐败，这是一条铁律。组织上培养干部不容易，要管理好、监督好，让他们始终有如履薄冰、如临深渊的警觉"[④]，"要认真执行民主集中制，完善'三重一大'决策监督机制，用好批评和自我批评的锐利武器，把上级对下级、同级之间以及下级对上级的监督充分调动起来，增强监督实效"。[⑤]

习近平强调组织上要注重建好笼子，"把权力关进制度的笼子里，首先要建好笼子。笼子太松了，或者笼子很好但门没关住，进出自由，那是起不了什么作用的。我们所采取的一系列措施，包括发挥纪检监察派驻机构的监督作用，加强和改进巡视工作，建立领导干部谈话制度，畅通人民群众举报和监督渠道，发挥舆论监督包括互联网监督作用，一个重要导向就在于建好笼子、强化监督"[⑥]。

习近平强调，强化权力的制约监督是党委的主体责任之一，"党委的主体责任是什么？主要是加强领导，选好用好干部，防止出现选人用人上的不

---

① 《在十八届中央政治局第二十四次集体学习时的讲话》（2015年6月26日），《习近平关于全面从严治党论述摘编》，中央文献出版社2016年版，第187—188页。

② 《在河北调研指导党的群众路线教育实践活动时的讲话》（2013年7月11、12日），《习近平关于党风廉政建设和反腐败斗争论述摘编》，中央文献出版社、中国方正出版社2015年版，第125页。

③ 《习近平关于全面从严治党论述摘编》（2021年版），中央文献出版社2021年版，第423页。

④ 《在全国组织工作会议上的讲话》（2013年6月28日），《十八大以来重要文献选编》（上），中央文献出版社2014年版，第342页。

⑤ 《习近平关于全面从严治党论述摘编》（2021年版），中央文献出版社2021年版，第418页。

⑥ 《在第十八届中央纪律检查委员会第三次全体会议上的讲话》（2014年1月14日），《习近平关于全面从严治党论述摘编》，中央文献出版社2016年版，第200页。

正之风和腐败问题；坚决纠正损害群众利益的行为；强化对权力运行的制约和监督，从源头上防治腐败；领导和支持执纪执法机关查处违纪违法问题……，种好自己的责任田”①。

习近平强调组织要担起管理责任，“无论哪一层级、哪一领域的党组织，都应该严肃认真对待党赋予的职责，按要求进行严格的组织管理。只要所有党组织都这样做了，从严治党就有可靠保障”②。“要认真履行管党治党责任，在加强和规范党内政治生活、加强党内监督各个环节敢抓敢管，做到职责范围内的问题能及时发现，发现的问题能及时有效解决。”③

在权力监督上，强化监督力量。

权力监督需要科学化、专业化。习近平在监督制约权力问题上，强调要注重发挥党内监督专责部门的职能。在谈到贯彻党的十八届三中全会改革部署时，他指出：“增强权力制约和监督效果，必须保证各级纪委监督权的相对独立性和权威性。这次三中全会提出，推动党的纪律检查工作双重领导体制具体化、程序化、制度化，强化上级纪委对下级纪委的领导；明确规定查办腐败案件以上级纪委领导为主，各级纪委书记、副书记的提名和考察以上级纪委会同组织部门为主。这既坚持了党对反腐败工作的领导，坚持了党管干部原则，又保证了纪委监督权的行使，有利于加大反腐败工作力度。”④

权力监督是反腐倡廉的一个难题，需要发挥多方面的合力作用。就党内监督而言，他强调，“要强化监督，着力改进对领导干部特别是一把手行使权力的监督，加强领导班子内部监督，加强行政监察、审计监督、巡视监督。纪委派驻监督要对党和国家机关全覆盖，巡视监督要对地方、部门、企事业单位全覆盖”⑤。习近平还强调要把党内监督与党外监督结合起来，把多

---

① 《在第十八届中央纪律检查委员会第三次全体会议上的讲话》（2014年1月14日），《习近平关于全面从严治党论述摘编》，中央文献出版社2016年版，第221—222页。

② 《注重发挥各级党组织在管党治党中的作用》（2015年1月21日），《习近平关于全面从严治党论述摘编》，中央文献出版社2016年版，第230页。

③ 《在党的十八届六中全会第二次全体会议上的讲话》（2016年10月27日），《习近平关于全面从严治党论述摘编》，中央文献出版社2016年版，第51页。

④ 《在第十八届中央纪律检查委员会第三次全体会议上的讲话》（2014年1月14日），《习近平关于全面从严治党论述摘编》，中央文献出版社2016年版，第201页。

⑤ 《在第十八届中央纪律检查委员会第三次全体会议上的讲话》（2014年1月14日），《习近平关于全面从严治党论述摘编》，中央文献出版社2016年版，第202页。

种监督手段运用起来，“强化党内监督是为了保证党立党为公、执政为民，强化国家监察是为了保证国家机器依法履职、秉公用权，强化群众监督是为了保证权力来自人民、服务人民。要把党内监督同国家监察、群众监督结合起来，同法律监督、民主监督、审计监督、司法监督、舆论监督等协调起来，形成监督合力，推进国家治理体系和治理能力现代化”[①]。

在权力追责上，强化问责惩治。

权力使用之后有没有责任追究机制，是决定权力使用导向的重要风向标和制约因素。习近平强调，治权要从赋权到用权追责构成一个闭路结构，“我们要健全权力运行制约和监督体系，有权必有责，用权受监督，失职要问责，违法要追究，保证人民赋予的权力始终用来为人民谋利益”[②]。

对权力运行效果的评估，最关键的一个指标是看腐败状况，权力追责首先要从腐败问题追起，“如果一个地区和部门接二连三发生重大腐败案件，出现系统性腐败问题，对腐败案件遮掩姑息，致使腐败现象滋长蔓延势头长期得不到有效遏制，党委书记、党组书记难道不是失职吗？那就必须问责了”[③]。

权力追责，关键要形成制度、做到常态化，要“建立健全责任追究典型问题通报制度，把问责同其他监督方式结合起来，以问责常态化促进履职到位，促进党的纪律执行到位”[④]。“要坚持有责必问、问责必严，把监督检查、目标考核、责任追究有机结合起来，形成法规制度执行强大推动力。”[⑤]

权力追责，既要追责乱用滥用权力的问题，也要追责不用弃用权力的问题。“权力监督的目的是保证公权力正确行使，更好促进干部履职尽责、干事创业。一方面要管住乱用滥用权力的渎职行为，另一方面要管住不用弃用

① 习近平：《在第十八届中央纪律检查委员会第六次全体会议上的讲话》（2016年1月12日），《人民日报》2016年5月3日。

② 习近平：《在首都各界纪念现行宪法公布施行三十周年大会上的讲话》（2012年12月4日），《十八大以来重要文献选编》（上），中央文献出版社2014年版，第92页。

③ 《当前工作中需要注意的几个问题》（2014年10月23日），《习近平关于全面从严治党论述摘编》，中央文献出版社2016年版，第227页。

④ 习近平：《在第十八届中央纪律检查委员会第六次全体会议上的讲话》（2016年1月12日），《人民日报》2016年5月3日。

⑤ 《在十八届中央政治局第二十四次集体学习时的讲话》（2015年6月26日），《习近平关于全面从严治党论述摘编》，中央文献出版社2016年版，第231页。

权力的失职行为，整治不担当、不作为、慢作为、假作为，注意保护那些敢于负责、敢于担当作为的干部，对那些受到诬告陷害的干部要及时予以澄清，形成激浊扬清、干事创业的良好政治生态。”①

实践思考

政治，从最广泛的意义上讲，是人们为制定、维持和修改社会一般规则而进行的活动。②从政治是关于权力的观点看，政治就是对公权力进行赋予、分配、使用和制约的活动，执政执的是公权力。

从权力的特性看，权力具有阶级性，权力是人类产生阶级后才有的现象，是阶级统治的工具；权力具有支配性，权力一旦行使必然要支配权利范围内的各种资源；权力具有强制性，权力以强力手段做保证和威胁，使他人难以对抗；权力具有排他性，权力不能容忍同样的权势的存在，要求绝对的自主权；权力具有扩展性或贪婪性，权力将不断追求扩大支配力、影响力，追求把权力发挥到极致，包括追逐金钱、资本等利益；权力具有历史性，同一定经济社会发展的历史阶段相联系。

权力是一把“双刃剑”，具有两面性。一方面，权力的规范行使、正向运用，可以推动经济发展，统筹社会资源，解决矛盾问题，造福人民、造福社会，实现人类社会美好理想。这也是党领导人民进行革命，实现翻身解放的一个重要初衷。另一方面，权力的出轨越轨、以权谋私，又会造成奢靡腐败，造成权钱交易，形成权贵阶层，产生以权力为核心的利益集团；造成社会资源的扭曲配置，使社会贫富差距加大；造成社会矛盾激化，败坏党风，离间民心；造成政治性灾难，党、国家和人民就会遭殃。

如果只看到权力的积极作用，一味拓展权力、集中权力、滥用权力，而不监督制约权力，权力的负面效应就会显现并放大，最终养痈遗患。如果只看到权力的消极作用，一味防范、一味限制，就会相互掣肘、形成内耗，权力的积极作用就发挥不出来，什么大事也干不成，越是党、国家和人民需要的事越是干不成。因为在制衡机制中，好思想好主意没有市场，有市场受欢迎的往往是说不上好也说不上坏的折中的产物，是一种双方出于妥协的备选

① 《习近平关于全面从严治党论述摘编》（2021年版），中央文献出版社2021年版，第419页。
② ［英］安德鲁·海伍德：《政治学核心概念》，吴勇译，中国人民大学出版社2014年版，第20页。

方案。

当前西方国家最突出的权力制约思想是分权制衡。就是把权力分开变小，并设计制衡机制互相牵制。孟德斯鸠根据洛克的分权理论，提出立法权、行政权、司法权，“三权”相互独立制衡。但分权制衡存在的最大问题就是力量内耗、难以发挥权力的正向作用，表现在政治上就是难以达成共识、难以形成力量最大化，造成政府停摆等问题，使真正关系国计民生的重大问题长期得不到解决。比如，以美国为代表的西方国家出于权力之间互相制衡、制约的考虑，每一个权力机构都不允许其他权力机构的触角进入自己的法定权力范围内。但是这一机制本身就存在一个严重的缺陷：200多年前美国的制宪家精心设计的体制使得政府在决策过程中虽不至于出差错，但也无法更容易地做好事情。①

如何监督制约权力，是人类政治发展史上的一个核心命题。从原始社会进入奴隶社会的古代雅典城邦国家，设置公民大会、500人议事会、执政官、陪审法庭、长老院等相互制约的权力机构开始，到中国秦汉实行以皇权为核心，由丞相、太尉、御史大夫构成的“三公”制度，再到巴黎公社采取普选权、罢免权、监督权以及工资待遇制来制约权力，再到美国等西方国家按照立法、行政、司法“三权分立”原则立国，怎样更好地制约监督权力始终在探索过程之中。

我们党历来强调对权力的监督制约。改革开放初期，邓小平曾痛陈我们党内部存在的严重官僚主义等不良作风，指出权力过于集中的表现及严重危害，强调从制度入手解决问题。从党的十三大开始，历次党的代表大会都提出加强权力制约的相关问题。党的十六大把加强对权力的制约和监督正式写入党的代表大会报告。党的十八大提出“严格规范权力行使，加强对领导干部特别是主要领导干部行使权力的监督”②。

党的十八届三中全会形成的决定，把“强化权力运行和监督体系”作为一章突出出来，从形成科学有效的权力制约和协调机制、加强反腐败体制机制创新和制度保障、健全改进作风常态化制度三个方面，破解权力监督制约难题。围绕认真贯彻习近平关于权力监督制约的重要思想，我们党着眼全面

---

① 胡鞍钢：《中国集体领导体制》，中国人民大学出版社2013年版，第161—162页。

② 《十八大以来重要文献选编》（上），中央文献出版社2014年版，第43页。

从严治党的新情况新考验新实践，充分吸收借鉴古今中外监督制约权力的有益经验，总结党长期在权力管理和监督上的经验教训，在权力监督制约上形成了比较完善的思路办法，提出了许多创新举措。

从权力主体上，我们党从帮助领导干部形成对权力的正确认知，确立正确的权力观、价值观入手，深入进行以理想信念、“三严三实”、党性道德等内容的思想教育，力求从权力主体的头脑革命开始，建立规范约束权力的防线。

从权力赋予上，我们党强调权责共担，明确和强化党委主体责任、纪委监督责任，建立“一岗双责”，制定《中国共产党问责条例》，把责任与权力同时赋予权力主体，加大以责任约束权力的力度，做到有多大权力担多大责任，官当得越大权力越大、担的责任风险也越大。

从权力配置上，我们实行了适当限权分权，理顺政府与市场的关系，实行简政放权，把管理变为服务；坚持按事分权，把一把手权力分解到班子成员，努力改变个人说了算的问题。对党委的决策权、执行权、监督权实行“三权”分开，对一把手的权力进行适当分解，着力减少集权带来的腐败风险。健全管采分离、管办分离等制度，对军队改革实行战区主战、军种主建的全新格局等。

从权力运行上，实行了清单控制，如新出台的《中国共产党党内监督条例》，对党内监督的主要内容、重点对象，对中央组织、党委（党组）、纪委、基层组织和党员等各类对象的监督职责任务、监督形式方法等都作了明确规定，使党内监督晒在阳光下。比如，新修订的《中国共产党巡视工作条例》，对巡视机构和人员的条件、职责，巡视范围和内容，工作方式和权限，等等，都一一进行规范，使巡视工作有规则可遵循、有清单可操作。

从权力规制上，坚持制度治权。截至2019年底，全党共有4929部党内法规，其中中央党内法规231部、部委党内法规283部、地方党内法规4415部，形成了比较完备的党内法规体系，使权力监督制约的体系更加完善。

在权力制衡上，强化组织管控。一段时间以来，腐败问题突出，与一些单位党组织不履行责任，特别上级组织管党不力有直接关系。党的十八大后，党中央强调把责任压下去，首先是把党委的主体责任压下去，通过巡视监督激活各级党委的管党治党责任。同时，通过强化上级组织对下级组织的监督，实行以权制权，解决长期以来存在的党委管党治党“肌无力”

问题。

从权力监督上，强化监督力量，加强专责监督机关建设。党的十八大以来，我们党推动党的纪律检查工作双重领导体制具体化、程序化、制度化，实行“两个为主”：明确规定查办腐败案件以上级纪委领导为主，各级纪委书记、副书记的提名和考察以上级纪委会同组织部门为主。实行“两个覆盖”：派驻全覆盖、巡视全覆盖。通过这些措施，有效发挥了党内监督专责机关的作用。

在权力追责上，强化问责惩治。党的十八大以来，我们党严格按照问责制对失职、渎职问题进行惩治，发挥党纪政纪处分、降职处理、依法审判等形式的惩戒作用，使权力的行使回归正常轨道。突出强调终身问责，这相当于对权力运行的后果设置了一道追缴令，如果滥用权力、权力腐败，即使退休、调离也仍要承担追责的风险，进一步做实了问责机制。通过这些举措，形成了用价值观引领，用责任约束，用制度限制，以专管机关监管，用分权制衡，用阳光和民主监督的相对周密的权力制约思路和体系。

全面从严治党，从表面看是治风，实质是治官，从根本说是治权，是要解决把权力管住管好的难题，走出权力腐败的怪圈。历史表明，在社会转型期、市场经济完善期、国家经济快速增长期，权力容易失控，容易带来权力异化和权力腐败。当前，我国正处于这三期叠加的特殊时期，管好权力、管住权力是一个长期过程。

尽管我们党对监督制约权力的探索成绩斐然，但理论不等于现实，从政策措施到实际成效之间还有很长的路要走。权力监督制约有许多难点问题需要从更深层次破解，一些新的矛盾和问题还只是刚刚破题，一些深层隐患的解除还只是初见成效，一些长期形成的思维怪圈、行为惯性需要下更大力气去克服。

比如，对我们党的权力配置理论、权责对等理论、权力制约理论等都需要更深层次的理论支撑和学术研究；对我们党的各级代表大会、党的各级委员会、各级常委会之间的权力授予与权力监督的内在逻辑以及遇到的实践难题等，还需要理论上更系统地研究；对坚持党的统一领导下的分权制衡问题等，需要更有力的理论支撑和更精确的实践探索；等等。

一是处理好治权与限权的关系，增强治权的科学性、规范性。

如前所述，权力本身就趋于集中，具有扩展性。具体表现在三个方面：其一是在横向权力关系上，权力容易集中于党委领导机关；其二是在纵向关系上，下级的权力容易集中于上级机关；其三是在个人与组织的关系上，个人权力会集中形成组织的权力，组织权力又会进一步集中到个别领导手上。① 邓小平指出："权力过分集中于个人或少数人手里，多数办事的人无权决定，少数有权的人负担过重，必然造成官僚主义，必然要犯各种错误，必然要损害各级党和政府的民主生活、集体领导、民主集中制、个人分工负责制等。"②

在治权问题上，经常出现的一种现象就是，一抓就死、一放就乱。从上下级的权力范围来说，双方处于一个确定的权力边界之内，一方的权力收缩和限制，就意味着另一方的权力集中和扩展。在权力治理实践中，治权往往成为限权的代名词，结果是权力授予者不断把权力收紧集中，权力主体的权力越来越小。最后，权力授予者权力过大，决策范围扩展，负担过重，带来官僚主义、命令主义等问题。同时，大权独揽后就容易凌驾于组织之上，唯我独尊，不受监督就容易出现腐败隐患。而被削弱的权力主体，因为决断权、决策权减少，积极性和履职能力下降，造成消极怠工或不作为。

一旦影响到工作秩序的运转、影响到相应职能的发挥，就会出现新一轮的放权。这样，治权就会进入下一轮的"放权—治权—限权—再放权"的循环之中。这实质是一种脱离法治轨道而进入人治轨道的治权怪圈。治权的过程，需要限权，但要按照法定程序、按照党内规矩来，按照权力清单来，是哪一层的权力就由哪一层行使，是哪一级的责任就由哪一级承担，不能凭主观意志、感情冲动和个人好恶办事。

实际上，从党的历史看，正确处理集权与分权的关系，善于通过分权特别是授权，发挥好部属和群众的工作积极性、能动性、创造性，是我们党的革命和建设事业取得成功的重要经验。毛泽东特别善于发挥干部的主观能动性和创造性，他强调，"让他们放手工作，使他们敢于负责；同时，又适时

---

① 杨英杰等：《中共反腐为什么能》，中共中央党校出版社2015年版，第296—297页。

② 邓小平：《党和国家领导制度的改革》（1980年8月18日），《马克思主义党的建设著作选读》，解放军出版社1991年版，第475页。

地给以指示，使他们能在党的政治路线下发挥其创造性”[①]。特别在战争年代，实行任务委托式、授权式的指挥和工作模式，是历次大的战役取得胜利的重要法宝。

有限度、有艺术的授权，有规范、有激励的委托，其实体现的是对权力主体的信任，体现的是对层级管理原则的尊重，体现的是权利与责任的统一。治权与限权的平衡点在于，按党章党规办事，按党内规矩办事，按规则办事，使各级能最大限度地按制度规则履行职责、行使权力，减少主观随意性，减少长官意识，减少人治色彩。因此，要正确理解治权，充分尊重权力主体的职权，防止一边分散权力一边集中权力，造成“上级权大、下级无权”的机制弊端，造成“上级积极、下级消极”的被动局面，从而增强治权的科学性和规范性。

二是注重构建正确的用权导向，增强权力主体干事创业的积极性。

我们党是执政党，各级领导干部都拥有大大小小的权力，这是完成党的事业、造福人民的本钱和基本条件，没有权力必定一事无成。治权，是要引导权力正确行使，更好使权力为党和人民的事业奋斗，为人民造福。

既不能以权力为中心、搞权力崇拜，也不能谈权色变、视权力如异端。在治权过程中，要防止对权力只谈消极限制，不谈正确合理运用；只谈权力的负面影响，不谈正确运用权力的积极意义。否则，会造成权力的主体只能承担无限责任而不能理直气壮规范行使权力，只有压力没有动力，就会出现不作为或少作为等问题。

权力具有对社会价值进行权威性分配的功能，权力总是要由人来行使的，无产阶级国家的权力是一定要用来为人民服务的。不能正确大胆地行使权力，党的事业必然受到影响。权力分解最终搞成权力分立、互不协调，将会影响到工作职能的履行。

治权就是要形成一种正确的导向，即正确地、规范地使用权力干事创业，就要受到激励、鼓励、奖励，使大家在难题面前敢于开拓，在矛盾面前敢抓敢管，在风险面前敢担责任，推动党的事业不断有新成绩新创造；而滥用、私用、错用权力，就要受到严厉批评、惩治、法治，使权力始终在为人

---

① 《毛泽东选集》第二卷，人民出版社1991年第2版，第527页。

民服务的正确轨道上。

通过针对权力运行的“关节点”、权力管理的薄弱点、用权问题易发的“风险点”，完善相关防控措施和制度规范，加强对权力运行的风险监控，把权力的专制和滥用倾向降低到最低限度。这样，治权就能不违初衷、不忘本来，越是加强权力治理，党的事业越有活力，党员干部干事创业的劲头越大，越能做到治权与激励的内在统一。

三是始终突出权力监督的重点，增强监督的群众性和有效性。

监督，一般是指权力上位主体对权力下位主体的监督。在监督与被监督这对矛盾中，监督者往往是盲区，常常处于笼子之外，其中最典型的是各级领导干部。领导干部担负着监督班子和本级组织的第一责任，同时也受组织和班子成员的监督。

对领导干部的监督，从理论上说，其监督体系是完全的。但从党的十八大以来查处的问题看，这些监督形式都有低效和失效的可能。上级监督时隐时现，或出于亲疏关系放松监督，或碍于情面不愿监督，或为确保选票不敢监督，或怕受牵连回避监督；同级监督往往受到行政权威的影响，显得软弱无力，有的互保平安，有的维持一团和气，有的则捆绑在一起；监督部门受到双重领导，职位升迁、物质待遇以及奖惩等都受到被监督部门牵制，无法保证自身独立性，监督主体受制于监督客体，监督职能难以发挥；下级监督有时形同虚设，有些人为了取悦上级而放弃原则，有些人明知不对也因怕招非议和报复而保持沉默、避而远之。①

还应当看到，由于信息不对称，同级班子成员对领导干部的监督，限于了解情况不多而难以发挥作用；纪委的监督，往往是在事发后或发现突出问题时才发挥作用；上级党委的监督，在依赖途径上多数是通过工作检查、思想汇报、考察班子等有限手段发挥作用，对情况往往掌握不够细致和及时。

党的十八大以来，党中央着力强化党委、纪委的党内监督功能，通过做实纪委权力，发挥专职力量的专业性、规范性、权威性强的优势，起到了主导性作用，解决了纪委监督偏软的问题。特别是把巡视作为利剑，发挥了关键一招的作用。同时，也强调发挥各方面监督作用，形成监督合力。

---

① 陈平：《当前我国权力监督的困境：党政权力“吸纳”监督权》，《天津行政学院学报》2016年第1期。

实践证明，强化领导干部监督，需要把党委、纪委的监督，巡视的监督，班子成员的监督，党员干部和群众的监督等每一股监督力量都做实，构成立体的、灵敏的监督网络，以便在权力运行一出现倾斜、梗阻、滥用、越轨、私化等用权反常现象时，监督机制就能迅速发现，快速作出反应，发出信号，或给予警告或矫正。这其中，特别是要把党员干部和群众监督的力量充分发挥出来，以解决其他监督力量在时间上延后、在信息上缺失、在灵敏度上迟钝的问题。

1945年，毛泽东同志在回答黄炎培提出的中国共产党如何跳出历史周期率时说，“这条新路就是民主；只有让人民来监督政府，政府才不敢松懈，只有人人起来负责，才不会人亡政息”[①]。

与广大人民群众相比，领导干部、领导机关都是沧海一粟，如果能调动起人民群众对权力的监督，那么任何腐败行为都将无藏身之地。加强对被监督者特别是领导干部的监督，也要充分发挥党员干部和群众的监督作用，使人人都参与到监督中来，使领导干部都处于被监督之中，这样的监督才能真正持久并发挥威力。

① 《十六大以来重要文献选编》（上），中央文献出版社2005年版，第144页。

第六篇

战略重心之二：提升监督机能

党内监督，犹如党的肌体免疫系统，具有纠错正偏、预防惩戒、约束制衡、指引促进等功能，能形成强大的免疫力，使党的肌体远离疾病、保持健康。[①]一个政党不可能不犯一点错误，拥有9900多万党员的大党不可能没有一点问题，问题的关键在于党的监督机能是否能及时发现问题、找出痛点、发出预警，使我们党有效进行约束惩戒、纠错正偏，保持党的肌体健康和生命活力。作为执政党，如何为自身构建起这种防错纠错机制，显得尤为关键和紧要。

全面从严治党，突破治权瓶颈，是要靠我们党自身来实现的，具有主体和客体的同一性。因此，怎样突破自己监督自己的管党难题，实际上成为全面从严治党能否取得最终成功的关键所在。因此，提升党内监督机能，是全面从严治党的第二位重心。通过强化监督自我解决问题，是管党治党进入新阶段的显著标志。党的十八大以来，以习近平同志为核心的党中央，在推进全面从严治党的丰富实践中，把提升党的监督机能作为战略重心，通过一系列创新举措，强化了党的自我监督功能，使全面从严治党有了更加坚强有力的免疫系统和防护堤坝。

战略定位：历史课题、重要课题、第一监督、重要保障

监督，从字面上说，就是一种察看和督促、一种他律，是从外部对人们的思想与行为进行的规范和约束。“监督是治理的内在要素，在管党治党、

① 《全面从严治党面对面》，学习出版社、人民出版社2017年版，第35页。

治国理政中居于重要地位。”[①]党要管党、从严治党，“管”和“治”都包含监督。党的十八大以来党中央为什么这么重视党内监督？党内监督对全面从严治党究竟有什么样的重要地位和作用呢？从习近平关于党内监督的重要论述可以看出，党内监督对全面从严治党而言，是一个尚未解决好的重大历史课题，是党的建设的一个重要课题，是党的监督体系中的第一监督，是管党治党的重要保障。

历史课题：尚未彻底解决的“世纪之问”。

如何对权力进行有效监督，避免历史周期率的发生，这是我们党的“世纪之问”。习近平在管党治党实践中，以深厚的历史责任感，着眼破解这个“世纪之问”，他指出，“我常常提及毛泽东同志和黄炎培先生在延安的‘窑洞对’。当年‘窑洞对’的问题已经彻底解决了吗？恐怕还没有。一些领导干部怕监督、不愿意被监督，觉得老是有人监督不自在、干事不方便。古人说：‘距谏者塞，专己者孤。’如果把监督当成挑刺儿，或者当成摆设，就听不到真话、看不到真相，有了失误、犯了错误也浑然不知，那是十分危险的。”他强调：“自我监督是世界性难题，是国家治理的哥德巴赫猜想。我们要通过行动回答‘窑洞之问’，练就中国共产党人自我净化的‘绝世武功’。”[②]

习近平强调，解决“世纪之问”关键在于领导干部，领导干部接受党的教育和监督是“由党和人民赋予权力”所决定的，“任何人都没有法律之外的绝对权力，任何人行使权力都必须为人民服务、对人民负责并自觉接受人民监督”。[③]强调领导干部接受党的监督是由其特殊地位、特殊职责决定的，“加强和规范党内政治生活，加强党内监督，必须从领导干部特别是高级干部做起。这是由领导干部特别是高级干部执掌重要权力的特殊地位所决定的，也是由领导干部特别是高级干部发挥示范作用的特殊职责所要求的”[④]。强调“每个党员、干部，无论党龄长短、职务高低，都必须接受党组织教育

① 《习近平关于全面从严治党论述摘编》（2021年版），中央文献出版社2021年版，第423页。

② 《习近平关于全面从严治党论述摘编》（2021年版），中央文献出版社2021年版，第412页。

③ 习近平：《依纪依法严惩腐败，着力解决群众反映强烈的突出问题》（2013年1月22日），《十八大以来重要文献选编》（上），中央文献出版社2014年版，第136页。

④ 《在党的十八届六中全会第二次全体会议上的讲话》（2016年10月27日），《习近平关于全面从严治党论述摘编》，中央文献出版社2016年版，第51页。

和监督。越是党龄长、职务高、成绩大，越要谦虚谨慎、戒骄戒躁，而不能居功自傲，更不能把成绩和贡献当作向组织讨价还价的资本”。①

重要课题：新形势下加强党的建设是十分重要的课题。

加强党内监督是国家治理体系和治理能力现代化的重要一环，是新时代治国理政的必然要求。党的十九大对健全党和国家监督体系作出部署。在中央纪委十九届四次全会上，习近平强调：“完善党和国家监督体系，总要求是党统一领导、全面覆盖、权威高效，着力点是增强监督严肃性、协同性、有效性。”②在中央纪委十九届五次全会上，习近平强调：“完善党和国家监督体系，使监督融入‘十四五’建设之中。党的十九届五中全会审议通过的《中共中央关于制定国民经济和社会发展第十四个五年规划和二〇三五年远景目标的建议》（以下简称《建议》）和‘十四五’规划是统筹经济社会发展全局的总施工图。要把监督贯穿于党领导经济社会发展全过程，把完善权力运行和监督制约机制作为实施规划的基础性建设，构建全覆盖的责任制度和监督制度。”③在党长期执政的时代条件下，加强党内监督也是新形势下党的建设的重大课题。习近平强调，“加强和规范党内政治生活、加强党内监督，都是新形势下加强党的建设十分重要的课题，也是我们推进全面从严治党的重要抓手”④。“能不能正确对待、自觉接受党和人民监督，是衡量领导干部党性修养水平的一个重要尺度。”“我们党有严密的组织性和纪律性，党的根本宗旨是全心全意为人民服务，那么，接受组织和人民监督就天经地义。”⑤

习近平强调党内监督是新形势下我们党要主动解决好的重大问题，“我们党通过坚持民主集中制、严明党的纪律、开展批评和自我批评等来发现和解决自身存在的矛盾和问题，是最主动、最有效的。如果我们党不能自己解决自身的矛盾和问题，长期积累下去，那就要发生我说过的霸王别姬的问题

---

① 习近平：《严明党的组织纪律，增强组织纪律性》（2014年1月14日），《十八大以来重要文献选编》（上），中央文献出版社2014年版，第769页。

② 《习近平关于全面从严治党论述摘编》（2021年版），中央文献出版社2021年版，第423—424页。

③ 《习近平关于全面从严治党论述摘编》（2021年版），中央文献出版社2021年版，第425页。

④ 习近平：《关于〈关于新形势下党内政治生活的若干准则〉和〈中国共产党党内监督条例〉的说明》（2016年10月24日），《人民日报》2016年11月3日。

⑤ 习近平：《党员、干部都要按照“三严三实”要求鞭策自己》（2015年9月11日），《十八大以来重要文献选编》（中），中央文献出版社2016年版，第678—679页。

了，那就不是一般的被动，而是为时已晚了”[①]。强调在执政条件下，对党的监督必然是全面的，“我们党的执政是全面执政，从立法、执法到司法，从中央部委到地方、基层，都在党的统一领导之下。我国公务员队伍中党员比例超过百分之八十，县处级以上领导干部中党员比例超过百分之九十五。因此，监督国家公务员正确用权、廉洁用权是党内监督的题中应有之义”[②]。

第一监督：党内监督是最基本的、第一位的监督。

我们党作为执政党，“对资源的支配权力很大”[③]，对党的监督，从根本上说取决于党内监督的效果。习近平明确指出党内监督是最基本、第一位的监督，“党的执政地位，决定了党内监督在党和国家各种监督形式中是最基本的、第一位的。只有以党内监督带动其他监督、完善监督体系，才能为全面从严治党提供有力制度保障”[④]。“对我们党来说，外部监督是必要的，但从根本上讲，还在于强化自身监督。我们要总结经验教训，创新管理制度，切实强化党内监督。”[⑤]

党内监督是管党治党的重要内容，习近平强调，“党要管党、从严治党，‘管’和‘治’都包含监督。党委监督是全方位的监督，包括对党员的批评教育、组织处理、纪律处分等工作，党委要任命干部，更要监督干部。纪委监督重点是履行监督执纪问责的职责。党内监督是全党的任务，第一位的是党委监督，不能一谈到监督就只想到纪委或推给纪委”[⑥]。“为什么我们定了纪委书记、副书记提名和考察要以上级纪委会同组织部门为主？就是要做实纪委的监督权力，有了权力就要履责。”[⑦]

---

① 《在听取兰考县和河南省党的群众路线教育实践活动情况汇报时的讲话》（2014年8月27日），《做焦裕禄式的县委书记》，中央文献出版社2015年版，第63页。

② 习近平：《在第十八届中央纪律检查委员会第六次全体会议上的讲话》（2016年1月12日），《人民日报》2016年5月3日。

③ 《在参加河南省兰考县委常委班子专题民主生活会时的讲话》（2014年5月9日），《习近平关于严明党的纪律和规矩论述摘编》，中央文献出版社、中国方正出版社2016年版，第55页。

④ 《在党的十八届六中全会第二次全体会议上的讲话》（2016年10月27日），《习近平关于全面从严治党论述摘编》，中央文献出版社2016年版，第213页。

⑤ 习近平：《在第十八届中央纪律检查委员会第六次全体会议上的讲话》（2016年1月12日），《人民日报》2016年5月3日。

⑥ 习近平：《在第十八届中央纪律检查委员会第六次全体会议上的讲话》（2016年1月12日），《人民日报》2016年5月3日。

⑦ 《在参加河南省兰考县委常委班子专题民主生活会时的讲话》（2014年5月9日），《习近平关于严明党的纪律和规矩论述摘编》，中央文献出版社、中国方正出版社2016年版，第82页。

制度保障：强化党内监督是全面从严治党的重要保障。

全面从严治党，要通过严格的党内监督发现和纠正问题，通过有效的党内监督预防和减少问题。因此，党内监督是全面从严治党的重要保障。习近平强调："党内监督是党的建设的重要内容，也是全面从严治党的重要保障。"①"全面从严治党，必须从根本上解决主体责任缺失、监督责任缺位、管党治党宽松软的问题，把强化党内监督作为党的建设重要基础性工程，使监督的制度优势充分释放出来。"②

从腐败产生的源头看，监督缺失是一个重要客观原因，加强党内监督对全面从严治党具有紧迫的现实意义，习近平指出："从查处的腐败案件看，权力不论大小，只要不受制约和监督，都可能被滥用。"③"产生腐败问题的一个重要原因，是一些体制机制存在漏洞，必须坚持以改革思路推进工作，加强制度创新。"④"各级领导班子一把手是'关键少数'中的'关键少数'。一把手违纪违法最易产生催化、连锁反应，甚至造成区域性、系统性、塌方式腐败。许多违纪违法的一把手之所以从'好干部'沦为'阶下囚'，有理想信念动摇、外部'围猎'的原因，更有日常管理监督不力的原因。领导干部责任越重大、岗位越重要，就越要加强监督。"⑤"全面从严治党，既需要全方位用劲，也需要重点发力。加强和规范党内政治生活、加强党内监督就是重点发力的抓手。"⑥

从保持党的肌体健康角度看，习近平强调，党内监督是永葆党的肌体健康的重要手段，"党内监督缺位，必然导致党的领导弱化、党的建设缺失、全面从严治党不力。全党要深刻认识到，党内监督是永葆党的肌体健康的生

---

① 习近平：《关于〈关于新形势下党内政治生活的若干准则〉和〈中国共产党党内监督条例〉的说明》（2016年10月24日），《人民日报》2016年11月3日。

② 习近平：《关于〈关于新形势下党内政治生活的若干准则〉和〈中国共产党党内监督条例〉的说明》（2016年10月24日），《人民日报》2016年11月3日。

③ 《在第十八届中央纪律检查委员会第三次全体会议上的讲话》（2014年1月14日），《习近平关于全面从严治党论述摘编》，中央文献出版社2016年版，第201页。

④ 《在第十八届中央纪律检查委员会第五次全体会议上的讲话》（2015年1月13日），《习近平关于全面从严治党论述摘编》，中央文献出版社2016年版，第202页。

⑤ 习近平：《在第十八届中央纪律检查委员会第六次全体会议上的讲话》（2016年1月12日），《人民日报》2016年5月3日。

⑥ 《在党的十八届六中全会第二次全体会议上的讲话》（2016年10月27日），《习近平关于全面从严治党论述摘编》，中央文献出版社2016年版，第47页。

命之源，要不断增强向体内病灶开刀的自觉性，使积极开展监督、主动接受监督成为全党的自觉行动”[①]。

从全面从严治党的利器角度看，习近平特别强调，巡视是党内监督的重要手段，是党内监督的战略性制度安排、国之利器、党之利器，“巡视是党内监督的战略性制度安排。明代以后有八府巡按，走到哪里，捧着尚方宝剑，八面威风。我们的巡视不是八府巡按，但必须有权威性，成为国之利器、党之利器”[②]。强调巡视是管党治党的有效抓手，“实践证明，巡视制度可以有效、管用，关键是要用好。巡视成为党风廉政建设和反腐败斗争的重要平台，是党内监督与群众监督结合的重要方式，是上级党组织对下级党组织监督的重要抓手，为全面从严治党提供了有力支撑”[③]。“一个人的腐化变质、违法，都是从小的生活问题、吃喝问题、违反八项规定开始的。通过加强巡视工作，严明党的纪律，使纪律不流于形式，防止纪律变成一个很松、很软的东西，真正强化刚性约束。”[④]

问题分析

党内监督不力有多种表现，有的是监督主体缺位，监督职责没有履行好；有的是监督制度不健全，存有监督盲区；有的是监督方式落后，不适应形势任务需要。习近平对党内监督不力的论述和分析，主要有以下四个方面。

第一，从党内监督的认识和氛围看，存在忽视监督和回避监督等问题。习近平强调：“长期以来，党内存在的一个突出问题，就是不愿监督、不敢监督、抵制监督等现象不同程度存在，监督下级怕丢‘选票’，监督同级怕伤‘和气’，监督上级怕穿‘小鞋’。在不少地方和部门，党内监督被高高举起、轻轻放下，成了一句口号。党内监督缺位，必然导致党的领导弱化、

① 《在党的十八届六中全会第二次全体会议上的讲话》（2016年10月27日），《习近平关于全面从严治党论述摘编》，中央文献出版社2016年版，第214—215页。

② 习近平：《在第十八届中央纪律检查委员会第六次全体会议上的讲话》（2016年1月12日），《人民日报》2016年5月3日。

③ 《在中央政治局会议审议巡视工作条例修订稿时的讲话》（2015年6月26日），《习近平关于全面从严治党论述摘编》，中央文献出版社2016年版，第204页。

④ 《在中央政治局会议审议巡视工作条例修订稿时的讲话》（2015年6月26日），《习近平关于严明党的纪律和规矩论述摘编》，中央文献出版社、中国方正出版社2016年版，第87页。

党的建设缺失、全面从严治党不力。”①“有的人就反省说，省委领导对地市一把手多是给政策，多是鼓励，而少有严格要求，少有监督；同级和下级根本不敢监督一把手，这就造成一把手权力失控。”②

第二，从党内监督法规的执行看，力量分散、责任不清、落实不力等问题突出。习近平指出，过去党内监督条例存在的主要问题是“三个方面”：“监督主体比较分散，监督责任不够明晰，监督制度操作性和实效性不强。”③“现在的一大问题是选人的人不管人、不监督人，有的党委不管监督，干部一出事就把挑子撂给纪委。”④

第三，从党内监督存在的矛盾问题看，存在领导弱化、个人松懈、执行不力等问题，“主要是一些地方和部门党的领导弱化、党的建设缺失、全面从严治党不力，一些党员、干部党的观念淡漠、组织涣散、纪律松弛，一些党组织和党员、干部不严格执行党章，漠视政治纪律、无视组织原则。一个时期以来党内发生的种种问题，与管党治党宽松软有密切关系”⑤。习近平强调：日常管理监督不力是一些领导干部违纪违法的重要原因。

第四，从党内监督缺失的主要表现看，在坚持民主集中制上存在“党内集中不够和民主不够”两个方面。习近平强调：“坚持民主集中制是强化党内监督的核心。当前，党内集中不够和民主不够的问题同时存在。有的软弱涣散，我行我素、各行其是，党的路线方针政策落实不到位；有的独断专行，搞家长制、‘一言堂’，个人凌驾于组织之上，党内民主得不到充分保障，领导干部特别是一把手的权力受不到有效制约。”⑥“有的领导干部不敢抓不敢管，抱着‘鸵鸟心态’，唯恐得罪人、丢选票。”⑦强调有的在干部

---

①　《在党的十八届六中全会第二次全体会议上的讲话》（2016年10月27日），《习近平关于全面从严治党论述摘编》，中央文献出版社2016年版，第214—215页。

②　《在第十八届中央纪律检查委员会第五次全体会议上的讲话》（2015年1月13日），《习近平关于严明党的纪律和规矩论述摘编》，中央文献出版社、中国方正出版社2016年版，第100页。

③　习近平：《在第十八届中央纪律检查委员会第六次全体会议上的讲话》（2016年1月12日），《人民日报》2016年5月3日。

④　《在第十八届中央纪律检查委员会第五次全体会议上的讲话》（2015年1月13日），《习近平关于严明党的纪律和规矩论述摘编》，中央文献出版社、中国方正出版社2016年版，第123页。

⑤　习近平：《关于〈关于新形势下党内政治生活的若干准则〉和〈中国共产党党内监督条例〉的说明》（2016年10月24日），《人民日报》2016年11月3日。

⑥　习近平：《在第十八届中央纪律检查委员会第六次全体会议上的讲话》（2016年1月12日），《人民日报》2016年5月3日。

⑦　《在第十八届中央纪律检查委员会第五次全体会议上的讲话》（2015年1月13日），《习近平关于全面从严治党论述摘编》，中央文献出版社2016年版，第229页。

监督上只关注腐败问题，忽略政治纪律等其他问题。“这些年，在干部监督上，相当一部分党组织习惯于把防线只设置在反对腐败上，认为只要干部没有腐败问题，其他问题就都可忽略不计，没有必要加以追究，也不愿意加以追究。”①

改进思路：顶层设计、把握原则、突出重点、盯准对象、运用利器、区分责任、改革创新、构建合力

提升党的监督机能，涉及党的建设的各个方面，需要多种措施和办法相互配合。党的十八大以来，习近平在管党治党实践中，对强化党的监督作了许多重要论述，主要思路和办法包括顶层设计、把握原则、突出重点、盯准对象、运用利器、区分责任、改革创新、构建合力等方面。

党的监督的顶层设计

党的监督对象多样、内容丰富、环节复杂，做好顶层设计是确保监督实效的首要保证。习近平强调，党内监督要从加强顶层设计入手，要“完善监督制度，做好监督体系顶层设计”②。“构建党统一指挥、全面覆盖、权威高效的监督体系。”③这体现了我们党对党内监督规律认识的不断深化。

从顶层设计涉及的内容看，要做到党内党外兼顾、党内各方面兼顾，“做好监督体系顶层设计，既加强党的自我监督，又加强对国家机器的监督。”④“党委监督是全方位的监督，包括对党员的批评教育、组织处理、纪律处分等工作，党委要任命干部，更要监督干部。”⑤

从党内监督面临的突出问题看，顶层设计要重点解决“三个问题”，即

① 《当前工作中需要注意的几个问题》（2014年10月23日），《习近平关于全面从严治党论述摘编》，中央文献出版社2016年版，第105页。

② 习近平：《在第十八届中央纪律检查委员会第六次全体会议上的讲话》（2016年1月12日），《人民日报》2016年5月3日。

③ 习近平：《决胜全面建成小康社会　夺取新时代中国特色社会主义伟大胜利——在中国共产党第十九次全国代表大会上的报告》，《人民日报》2017年10月28日。

④ 习近平：《在第十八届中央纪律检查委员会第六次全体会议上的讲话》（2016年1月12日），《人民日报》2016年5月3日。

⑤ 习近平：《在第十八届中央纪律检查委员会第六次全体会议上的讲话》（2016年1月12日），《人民日报》2016年5月3日。

“从根本上解决主体责任缺失、监督责任缺位、管党治党宽松软的问题，把强化党内监督作为党的建设重要基础性工程，使监督的制度优势充分释放出来”①。

从责任、制度、体系的内在逻辑看，顶层设计要做到“两个围绕”，即围绕责任设计制度，围绕制度构建体系；做到“一个强化”，即强化上级党组织对下级党组织和党员、领导干部的监督；做到“四个方面”，即做到责任清晰、主体明确、制度管用、行之有效；实现“一个衔接”，即加强同党内其他法规的衔接，把制度框架确立起来。②

从权力监督的纵向流程看，顶层设计要把握住有权、用权、失职、违法“四个环节”，即“健全权力运行制约和监督体系，有权必有责，用权受监督，失职要问责，违法要追究，保证人民赋予的权力始终用来为人民谋利益”③。

党内监督的原则方法

党内监督具有很强的政治性、科学性、原则性，必须坚持正确的指导原则和工作方法，习近平多次强调要注意党内监督的原则方法问题。

在党内监督的传承创新上，习近平强调：“新形势下开展严肃认真的党内政治生活，加强党内监督，既要继承和发扬我们党在长期实践中形成的优良传统和基本规范，又要结合新的形势和任务，在党内政治生活和党内监督的内容范畴、方向目标、原则要求、方法途径等方面与时俱进，推动党内政治生活和党内监督制度化、规范化、程序化。”④

在党内监督的基本原则上，习近平强调：“党内监督要坚持惩前毖后、治病救人，立足于小、立足于早，开展批评和自我批评，及时进行约谈函

---

① 习近平：《关于〈关于新形势下党内政治生活的若干准则〉和〈中国共产党党内监督条例〉的说明》（2016年10月24日），《人民日报》2016年11月3日。

② 习近平：《在第十八届中央纪律检查委员会第六次全体会议上的讲话》（2016年1月12日），《人民日报》2016年5月3日。

③ 习近平：《在首都各界纪念现行宪法公布施行三十周年大会上的讲话》（2012年12月4日），《十八大以来重要文献选编》（上），中央文献出版社2014年版，第92页。

④ 习近平：《关于〈关于新形势下党内政治生活的若干准则〉和〈中国共产党党内监督条例〉的说明》（2016年10月24日），《人民日报》2016年11月3日。

询、诫勉谈话，及时发现问题、纠正偏差。”[①]

在党内监督的具体方法上，习近平强调，“一个最管用、最有效”，即上级对下级尤其是上级一把手对下级一把手的监督最管用、最有效。做到“三个置身于”，即党组织要多设置一些监督一把手的“探头”，使一把手置身于党组织、党员、群众监督之下。上级党组织要做到“三个多注意了解”，即多了解下级一把手日常的思想、工作、生活状况，多注意干部群众对下级一把手问题的反映，多听取下级领导班子成员对一把手的意见。“一个监督”，党员、干部可在党的会议上和干部提拔、领导干部述职述廉等环节对一把手实施监督。[②]“一个覆盖”，要把党内监督体现在时时处处事事上，敦促党员、干部按本色做人、按角色办事。养成“一个习惯”，全党同志要习惯于在同志间相互提醒和督促中修正错误、共同进步。[③]

在党内监督的基本方式上，习近平强调：“党员民主监督是党内监督的基本方式。”他指出了党员民主监督的“三个定位”，即“党员的民主监督不仅是权利，更是不容推卸的义务，是对党应尽的责任”。对基层党组织的监督责任，强调：“要加强对党的领导干部的监督，督促其正常参加组织生活、履行党员义务。”对党员的监督责任，强调“在党的会议上，党员要勇于对违反党章党规的行为提出意见，有根据地批评党的任何组织和任何党员，负责地向党反映党的任何组织和党员违纪违法的事实”。对党员在监督中的基本权利，强调“各级党组织要保障党员知情权和监督权，鼓励和支持党员在党内监督中发挥积极作用，对干扰妨碍监督、打击报复监督的人要依纪严肃处理”[④]。

在党内监督的日常督察上，习近平强调监督的作用是传递压力、推动落实，“抓好法规制度落实，必须落实监督制度，加强日常督察和专项检查。要用监督传递压力，用压力推动落实”。强调对违纪破规的严肃查处，“对违规违纪、破坏法规制度踩‘红线’、越‘底线’、闯‘雷区’的，要坚决

① 《在党的十八届六中全会第二次全体会议上的讲话》（2016年10月27日），《习近平关于全面从严治党论述摘编》，中央文献出版社2016年版，第215页。

② 习近平：《在第十八届中央纪律检查委员会第六次全体会议上的讲话》（2016年1月12日），《人民日报》2016年5月3日。

③ 《在党的十八届六中全会第二次全体会议上的讲话》（2016年10月27日），《习近平关于全面从严治党论述摘编》，中央文献出版社2016年版，第215页。

④ 《在党的十八届六中全会第二次全体会议上的讲话》（2016年10月27日），《习近平关于全面从严治党论述摘编》，中央文献出版社2016年版，第216—217页。

严肃查处”。做到“三个不以”：“不以权势大而破规，不以问题小而姑息，不以违者众而放任。”“两个不”“一个防止”：不留“暗门”、不开“天窗”，坚决防止“破窗效应”。[①]强调党内监督贵在有恒，“强化党内监督，重在日常、贵在有恒。党的各级组织要敢于较真碰硬，见物见人见细节，从点滴抓起，从具体问题管起，及时发现问题、纠正偏差”。“党的各级组织要拿出滴水穿石的劲头、铁杵磨针的功夫，在坚持不懈、持之以恒中见常态、见长效。”[②]

党内监督的重点内容

党内监督既要全面监督，又要始终突出重点，盯住重点内容。习近平强调，党内监督的核心是坚持民主集中制。从强化党内监督的角度，他强调，坚持民主集中制重点要做到“三个方面”：一是必须坚持、完善、落实民主集中制；二是把民主基础上的集中和集中指导下的民主有机结合起来；三是把上级对下级、同级之间以及下级对上级的监督充分调动起来，确保党内监督落到实处、见到实效。强调“破解同级监督难题，关键在常委会。班子成员间日常接触最多，最了解情况，要用好批评和自我批评武器，增强主动监督、相互监督的自觉”[③]。针对不同类别、性质单位的党委如何坚持好民主集中制、加强党内监督，习近平分别提出要求。比如，在完善国有企业监管制度方面，强调“六条要求”：一是加强党对国有企业的领导；二是把“两个责任”落实到位；三是发挥国有企业纪委监督作用；四是加强对国企领导班子的监督；五是搞好对国企的巡视；六是加大审计监督力度。对企业党委提出：要切实履行领导职责，不断让企业干部受警醒、明底线、知敬畏。[④]

在党内监督的权力制约上，强调突出“三个重点”：一是科学配置，在权力结构上科学配置。重点是“分、配、制”，即合理分解权力，科学配置权力，不同性质的权力由不同部门、单位、个人行使，形成科学的权力结

---

① 《在十八届中央政治局第二十四次集体学习时的讲话》（2015年6月26日），《习近平关于全面从严治党论述摘编》，中央文献出版社2016年版，第205页。

② 《习近平在十八届中央纪委七次全会上发表重要讲话强调　全面贯彻落实党的十八届六中全会精神　增强全面从严治党系统性创造性实效性》，《人民日报》2017年1月7日。

③ 《习近平关于全面从严治党论述摘编》（2021年版），中央文献出版社2021年版，第423页。

④ 《在第十八届中央纪律检查委员会第五次全体会议上的讲话》（2015年1月13日），《习近平关于全面从严治党论述摘编》，中央文献出版社2016年版，第203页。

构和运行机制。二是强化监督，在权力运行中覆盖受控。重点是“抓一把手”，即对领导干部特别是一把手行使权力的监督。“抓班子”，即着力改进加强领导班子内部监督。强化“三项监督”，即加强行政监察、审计监督、巡视监督。“两个全覆盖”，即纪委派驻监督要对党和国家机关全覆盖，巡视监督要对地方、部门、企事业单位全覆盖。三是加强公开，在权力流程上依法公开。重点是“抓清单、抓流程”，即推行地方各级政府及其工作部门权力清单制度，依法公开权力运行流程。做到“两让”，即让权力在阳光下运行，让广大干部群众在公开中监督，保证权力正确行使。①

党内监督的重点对象

党内监督必须抓住重点，习近平强调党内监督的重点对象是领导干部这个“关键少数”，“关键少数”中的重点是一把手和高级干部。习近平强调：“领导干部手中的权力都是党和人民赋予的，领导干部使用权力，使用得对不对，使用得好不好，当然要接受党和人民监督。”②“能不能正确对待、自觉接受党和人民监督，是衡量领导干部党性修养水平的一个重要尺度。”③“要敢于‘曝光’，把自己的思想、工作状况晾出来。心底无私、襟怀坦白，就没有见不得人的事情。有的同志把自己裹得严严实实，唯恐见光，这是要不得的。”④

对高级干部的监督，习近平强调：“加强和规范党内政治生活，加强党内监督，必须从领导干部特别是高级干部做起。”⑤高层领导干部要清醒认识高级干部岗位对党和国家的特殊重要性，做到“四个越要”，即“职位越高，越要夙兴夜寐工作，越要毫无私心把自己的一切奉献给党和人民，越要按规则正确用权、谨慎用权、干净用权，越要像珍惜生命一样珍惜名节和操

---

① 《在第十八届中央纪律检查委员会第三次全体会议上的讲话》（2014年1月14日），《习近平关于全面从严治党论述摘编》，中央文献出版社2016年版，第201—202页。

② 习近平：《依纪依法严惩腐败，着力解决群众反映强烈的突出问题》（2013年1月22日），《十八大以来重要文献选编》（上），中央文献出版社2014年版，第136页。

③ 《党员、干部都要按照“三严三实”要求鞭策自己》（2015年9月11日），《十八大以来重要文献选编》（中），中央文献出版社2016年版，第678页。

④ 习近平：《党员、干部都要按照“三严三实”要求鞭策自己》（2015年9月11日），《十八大以来重要文献选编》（中），中央文献出版社2016年版，第679页。

⑤ 《在党的十八届六中全会第二次全体会议上的讲话》（2016年10月27日），《习近平关于全面从严治党论述摘编》，中央文献出版社2016年版，第51页。

守，扎扎实实改造主观世界，诚心诚意接受监督帮助，努力使自己成为一名党和人民信赖的好干部”①。

在党的十八届六中全会上，习近平指出：“准则稿、条例稿都强调以高级干部为重点，主要考虑是加强党的建设必须抓好领导干部特别是高级干部，而抓好中央委员会、中央政治局、中央政治局常委会的组成人员是关键。把这部分人抓好了，能够在全党作出表率，很多事情就好办了。”②他还指出：“全会通过的准则、条例都突出了高级干部这个重点，对高级干部提出了更高的标准、更严的要求。可以说，这是两部党内法规的鲜明特色。”③习近平强调中央和国家机关的监督容易成为“灯下黑”，“权力越大，越容易出现‘灯下黑’。强化党内监督，首先要把中央和国家机关管好。派驻机构监督是党和国家监督体系的重要内容，我们实行单独派驻和综合派驻相结合，实现对中央一级党和国家机关全面派驻。各派驻机构强化监督执纪问责，‘派’的权威和‘驻’的优势明显增强”④。

对领导干部特别是一把手的监督，习近平强调：“我们党有严密的组织性和纪律性，党的根本宗旨是全心全意为人民服务，那么，接受组织和人民监督就天经地义。”⑤习近平强调：要“抓住‘关键少数’，破解一把手监督难题。各级领导班子一把手是‘关键少数’中的‘关键少数’”⑥。强调加强对一把手的监督，主要是“三个方面”：“认真执行民主集中制，健全施政行为公开制度，保证领导干部做到位高不擅权、权重不谋私。”强调对各级一把手来说，“党组织自上而下监督最有效”，“上级一把手必须抓好下级一把手”⑦。纪委监督一把手，主要是“上级重点纳入、同级定期报告、掌

① 《在党的十八届五中全会第二次全体会议上的讲话》（2015年10月29日），《习近平关于全面从严治党论述摘编》，中央文献出版社2016年版，第34页。

② 习近平：《关于〈关于新形势下党内政治生活的若干准则〉和〈中国共产党党内监督条例〉的说明》（2016年10月24日），《人民日报》2016年11月3日。

③ 《在党的十八届六中全会第二次全体会议上的讲话》（2016年10月27日），《习近平关于全面从严治党论述摘编》，中央文献出版社2016年版，第51页。

④ 习近平：《在第十八届中央纪律检查委员会第六次全体会议上的讲话》（2016年1月12日），《人民日报》2016年5月3日。

⑤ 习近平：《党员、干部都要按照“三严三实”要求鞭策自己》（2015年9月11日），《十八大以来重要文献选编》（中），中央文献出版社2016年版，第679页。

⑥ 习近平：《在第十八届中央纪律检查委员会第六次全体会议上的讲话》（2016年1月12日），《人民日报》2016年5月3日。

⑦ 《习近平关于全面从严治党论述摘编》（2021年版），中央文献出版社2021年版，第422—423页。

握下级情况”，即上级纪委要把下级一把手纳入监督重点，发现问题线索及时处置。同级纪委要定期将同级领导班子成员特别是一把手落实主体责任、执行民主集中制、廉洁自律等情况向上级纪委报告；平时掌握了对下级一把手的反映，就要及时报告同级党委书记。同时，强调“要健全对一把手的监督制度，完善领导班子议事制度，对集体讨论事项，每个班子成员必须亮明态度并记录在案”①。

党内监督的利器运用

巡视是党章赋予的重要职责，是党内监督的利器。习近平对巡视地位作用的论述是“四个重要”“一个作用”“一个制度安排”“利剑”：“巡视是党章赋予的重要职责，是加强党的建设的重要举措，是从严治党、维护党纪的重要手段，是加强党内监督的重要形式”②，“从严治党利器作用”③，“巡视作为党内监督的战略性制度安排，不是权宜之计”④。“所谓的‘不想腐’，就靠提高觉悟，而‘不敢腐’‘不能腐’，巡视是立竿见影的。”⑤“要用好巡视这把反腐‘利剑’。现在的巡视有点‘八府巡按’的意思了，群众说‘包老爷来了’，有‘青天’之感，有问题的干部害怕了。”⑥

从巡视的工作方法上，习近平强调，推动巡视向纵深发展，要把握“一个根本”，即根本在于贯彻中央巡视工作方针。要突出“三项重点”，一是重点检查被巡视党组织是否维护党章权威、贯彻从严治党方针、执行党的路线方针政策和决议；二是重点检查被巡视党组织是否存在党的领导弱化、主

① 习近平：《在第十八届中央纪律检查委员会第六次全体会议上的讲话》（2016年1月12日），《人民日报》2016年5月3日。

② 《在中央政治局常委会审议〈关于中央巡视工作领导小组第一次会议研究部署巡视工作情况的报告〉时的讲话》（2013年4月25日），《习近平关于党风廉政建设和反腐败斗争论述摘编》，中央文献出版社、中国方正出版社2015年版，第107页。

③ 习近平：《在第十八届中央纪律检查委员会第六次全体会议上的讲话》（2016年1月12日），《人民日报》2016年5月3日。

④ 《在中央政治局常委会听取中央巡视工作领导小组二〇一四年中央巡视组首轮巡视情况汇报时的讲话》（2014年6月26日），《习近平关于党风廉政建设和反腐败斗争论述摘编》，中央文献出版社、中国方正出版社2015年版，第113—114页。

⑤ 《在中央政治局会议审议巡视工作条例修订稿时的讲话》（2015年6月26日），《习近平关于严明党的纪律和规矩论述摘编》，中央文献出版社、中国方正出版社2016年版，第88页。

⑥ 《在中央政治局常委会听取中央巡视工作领导小组二〇一四年中央巡视组首轮巡视情况汇报时的讲话》（2014年6月26日），《习近平关于党风廉政建设和反腐败斗争论述摘编》，中央文献出版社、中国方正出版社2015年版，第114页。

体责任缺失、从严治党不力等问题，督促其担负起管党治党责任；三是重点检查被巡视党组织政治纪律执行情况，着力发现腐败、纪律、作风和选人用人方面的突出问题，更好发挥震慑遏制治本作用。要实现“制度化、规范化”，即要以贯彻执行巡视工作条例为契机，提高依规依纪巡视能力，推动巡视工作制度化、规范化。[①]要实现巡视巡察联动，“要在一届任期内实现巡视全覆盖的基础上，推进中央单位巡视和市县巡察工作，建立上下联动的监督网”[②]。

从巡视的工作指导上，习近平强调巡视要抓住“一个中心”，即“工作没有重点就抓不出成绩。巡视工作要明确职责定位，巡视内容不要太宽泛，要围绕党风廉政建设和反腐败斗争这个中心进行”。强化“一个领导”，即“中央巡视工作领导小组要切实加强对巡视工作的领导。中央巡视组是中央直接派的，要当好‘钦差大臣’，善于发现问题，发挥震慑力”。增强“三种意识”，即“要增强对党负责的政治意识、发现问题的责任意识、敢于提出问题的党性意识。切实加强对党组织领导班子及其成员特别是主要负责人的监督。无论是谁，都在巡视监督的范围之内”。[③]当好“千里眼”，即“巡视组要当好中央的‘千里眼’，找出‘老虎’‘苍蝇’，抓住违纪违法问题线索。要落实监督责任，敢于碰硬，真正做到早发现、早报告，促进问题解决，遏制腐败现象蔓延的势头”[④]。

习近平强调派驻机构要“全覆盖、聚主业、强化三种责任”，即“实现对中央一级党和国家机关派驻纪检机构全覆盖，使党内监督不留死角、没有空白。所有派驻机构都要聚焦党风廉政建设和反腐败主业，强化监督执纪问责，瞪大眼睛，发现问题”。强调纪检组长要“一心一意”，即一心一意履行监督职责。做到“两防”，即防失职，对党风廉政方面的问题，该发现没

① 习近平：《在第十八届中央纪律检查委员会第六次全体会议上的讲话》（2016年1月12日），《人民日报》2016年5月3日。

② 《习近平关于全面从严治党论述摘编》（2021年版），中央文献出版社2021年版，第412、413页。

③ 《在中央政治局常委会审议〈关于中央巡视工作领导小组第一次会议研究部署巡视工作情况的报告〉时的讲话》（2013年4月25日），《习近平关于党风廉政建设和反腐败斗争论述摘编》，中央文献出版社、中国方正出版社2015年版，第107页。

④ 《在中央政治局常委会审议〈关于中央巡视工作领导小组第一次会议研究部署巡视工作情况的报告〉时的讲话》（2013年4月25日），《习近平关于党风廉政建设和反腐败斗争论述摘编》，中央文献出版社、中国方正出版社2015年版，第108页。

有发现就是失职；防“渎职”，发现问题不报告、不处理就是渎职。[①]强调改进巡视工作的“首条要求”是“落实全面从严治党的要求，做到有规在先、抓早抓小，不搞不教而诛，使党内监督不留死角、没有空白”[②]。

关于巡视的工作重点，习近平先后有多次专门论述。第一次，是在中央政治局常委会审议《关于中央巡视工作领导小组第一次会议研究部署巡视工作情况的报告》时，强调“四个着力”，一是着力发现是否存在形式主义、官僚主义、享乐主义和奢靡之风等违反中央八项规定的问题；二是着力发现领导干部是否存在权钱交易、以权谋私、贪污贿赂、腐化堕落等违纪违法问题；三是着力发现领导干部是否公开发表违背中央决定的言论、散布违背党的理论和路线方针政策的意见、搞“上有政策、下有对策”等违反政治纪律的问题；四是着力发现是否存在买官卖官、拉票贿选、突击提拔干部等选人用人上的不正之风和腐败行为。[③]第二次，是在十八届中央纪委三次全会讲话时强调“巡视组要剑指党风廉政方面存在的问题，重点是‘四个着力’”，一是着力发现是否存在违反党的政治纪律问题；二是着力发现领导干部是否存在权钱交易、以权谋私、贪污贿赂、腐化堕落等违纪违法问题；三是着力发现是否存在形式主义、官僚主义、享乐主义和奢靡之风等问题；四是着力发现是否存在选人用人上的不正之风和腐败问题。[④]对领导干部的巡视，习近平特别强调有“三种情况”要重点查处，一是对群众反映强烈的党员领导干部，二是党的十八大以后不收手，为所欲为、自鸣得意的，三是现在重要岗位、可能进一步提拔重用的年轻干部等干部问题线索。第三次，强调要突出政治巡视这个重点，“要深化政治巡视，在政治高度上突出党的全面领导，在政治要求上抓住党的建设，在政治定位上聚焦全面从严治党，重点加强对贯彻党章和党的十九大精神情况的监督检查”[⑤]。

---

① 《在第十八届中央纪律检查委员会第五次全体会议上的讲话》（2015年1月13日），《习近平关于全面从严治党论述摘编》，中央文献出版社2016年版，第203页。

② 《在中央政治局会议审议巡视工作条例修订稿时的讲话》（2015年6月26日），《习近平关于全面从严治党论述摘编》，中央文献出版社2016年版，第205页。

③ 《在中央政治局常委会审议〈关于中央巡视工作领导小组第一次会议研究部署巡视工作情况的报告〉时的讲话》（2013年4月25日），《习近平关于党风廉政建设和反腐败斗争论述摘编》，中央文献出版社、中国方正出版社2015年版，第107—108页。

④ 《在第十八届中央纪律检查委员会第三次全体会议上的讲话》（2014年1月14日），《习近平关于全面从严治党论述摘编》，中央文献出版社2016年版，第200—201页。

⑤ 《习近平关于全面从严治党论述摘编》（2021年版），中央文献出版社2021年版，第412页。

在巡视结果的处理上，习近平强调要分类处理、件件落实，“该查处的坚决查处。没有限额，不设指标”①。“不能看人看地方下‘菜碟’，对领导同志工作过的地方，不能投鼠忌器，要全部扫描。”②“向被巡视地区、单位反馈时，要直指问题，一五一十把问题抖搂出来，根本不要搞任何遮掩，责成其认真整改。这样巡视才能有权威、有威力，才能有这么多举报信息。”③“涉及一般性问题的，要通过反馈、谈话、教育、警示、诫勉，咬咬耳朵，扯扯袖子，抓早抓小；对一些反映不实的，给予澄清、解脱，要保护干部”④。“对选人用人方面的问题，中央组织部要查找原因、提出措施，匡正用人风气。”“对中央和国家机关各部门存在的问题，要报给中央和国务院有关负责同志，使他们了解分管领域存在的问题。”⑤“对矿产资源、土地出让、房地产开发等重点领域的腐败问题，要集中惩治，坚决遏制这些领域腐败现象的蔓延势头。”⑥

在巡视成果的运用上，强调“要切实运用好巡视成果。更好发挥巡视在党内监督中的重要作用，就是要对巡视成果善加运用。巡视监督具有催化剂作用、强化作用。对制度框架是否有效运转、对一把手是否认真履责、对纪检机构是否有效工作，都能起到点睛作用”⑦。“巡视发现问题要深挖线索、

---

① 《在中央政治局常委会听取中央巡视工作领导小组二〇一四年中央巡视组首轮巡视情况汇报时的讲话》（2014年6月26日），《习近平关于党风廉政建设和反腐败斗争论述摘编》，中央文献出版社、中国方正出版社2015年版，第114页。

② 《在中央政治局常委会听取中央巡视工作领导小组二〇一四年中央巡视组首轮巡视情况汇报时的讲话》（2014年6月26日），《习近平关于党风廉政建设和反腐败斗争论述摘编》，中央文献出版社、中国方正出版社2015年版，第114页。

③ 《在中央政治局常委会听取中央巡视工作领导小组二〇一四年中央巡视组首轮巡视情况汇报时的讲话》（2014年6月26日），《习近平关于党风廉政建设和反腐败斗争论述摘编》，中央文献出版社、中国方正出版社2015年版，第114页。

④ 《在中央政治局常委会听取二〇一三年下半年中央巡视组巡视情况汇报时的讲话》（2014年1月23日），《习近平关于党风廉政建设和反腐败斗争论述摘编》，中央文献出版社、中国方正出版社2015年版，第112页。

⑤ 《在中央政治局常委会听取中央巡视工作领导小组二〇一四年中央巡视组首轮巡视情况汇报时的讲话》（2014年6月26日），《习近平关于党风廉政建设和反腐败斗争论述摘编》，中央文献出版社、中国方正出版社2015年版，第114页。

⑥ 《在中央政治局常委会听取二〇一三年下半年中央巡视组巡视情况汇报时的讲话》（2014年1月23日），《习近平关于党风廉政建设和反腐败斗争论述摘编》，中央文献出版社、中国方正出版社2015年版，第112页。

⑦ 《在中央政治局常委会审议〈关于二〇一三年上半年中央巡视组巡视情况的综合报告〉时的讲话》（2013年9月26日），《习近平关于党风廉政建设和反腐败斗争论述摘编》，中央文献出版社、中国方正出版社2015年版，第109页。

顺藤摸瓜，既要叫板，也要较真。发现了问题，查处要到位，如果迂回而过，发现了跟没发现问题一样，或者发现了解决不了，还不如不巡视。人们常说，‘人在做、天在看’。‘天’是什么？‘天’就是党和人民。党内监督和人民群众的监督起作用了，制度不是稻草人，效果就出来了。”[①]强调要把整改压力传递到被巡视单位党委，“把解决问题的担子压给被巡视地区部门单位党委（党组），明确责任，限期整改，加强督察督办，推动解决问题”“被巡视地区部门单位党委（党组）要高度重视巡视反馈的意见，强化党风廉政建设主体责任，对巡视组移交的领导干部问题线索要分类处置，严厉查处违纪违法行为”“因巡视成果运用不到位又发生重大问题的，必须严肃追究责任，确保巡视成果落到实处”，“抓住典型，严肃问责，强化震慑遏制治本作用”。[②]

在巡视的战略战术上，习近平强调，战略上坚持常规巡视与专项巡视相结合、中央巡视与省区市巡视相结合，战术上坚持定点清除、精准打击、杀好“回马枪”。他指出：“中央巡视工作在深入推进常规巡视的基础上，开展了两轮专项巡视试点，效果很好。现在对全国面上的常规巡视已完成一遍，下一阶段的重点要转向专项巡视，更加机动灵活，根据动静随时就去，让人摸不着规律。把握专项特点，抓住专项重点。可以针对某个省区市、部门或单位的突出问题，也可以针对某个干部的突出问题下去巡视。要与各有关方面加强协作，掌握问题线索，定点清除、精准打击。”[③]强调杀好“回马枪”，“要加强‘回头看’。巡视过的三十一个省区市，不是一巡视了就完事，要出其不意，杀个‘回马枪’，让心存侥幸的感到震慑常在。通过‘回头看’，一方面切实督促落实整改责任；另一方面对新的问题线索深入了解，可以形成更大威慑力。要带着问题去，盯着线索查，使有问题的人无处藏身”。强调创新方式方法，“深入开展‘回头看’，推进‘机动式’巡视，发挥‘游动哨’的威慑力，当好‘守更人’”[④]。

---

① 《在中央政治局会议审议巡视工作条例修订稿时的讲话》（2015年6月26日），《习近平关于严明党的纪律和规矩论述摘编》，中央文献出版社、中国方正出版社2016年版，第88页。

② 《习近平关于全面从严治党论述摘编》（2021年版），中央文献出版社2021年版，第413页。

③ 《在中央政治局常委会听取中央巡视工作领导小组关于二〇一四年中央巡视组第二轮巡视情况汇报时的讲话》（2014年10月16日），《习近平关于党风廉政建设和反腐败斗争论述摘编》，中央文献出版社、中国方正出版社2015年版，第116页。

④ 《习近平关于全面从严治党论述摘编》（2021年版），中央文献出版社2021年版，第413页。

习近平强调要以中央巡视带动省区市巡视，层层传导压力，“深入推进省区市巡视工作。党章规定中央和省区市两级开展巡视。党的十八大以来，中央率先改进巡视工作，发挥了示范作用，下一步要加强对省区市巡视工作的领导，层层传导压力，层层落实责任，发挥省级巡视的基础作用。抓早抓小，基础在下面，要上下联动，把问题化解在地市和县一级，有效防止‘带病提拔’。省区市党委必须坚决贯彻中央巡视方针，深化聚焦转型，做到横向全覆盖、纵向全链接、全国一盘棋，上下联动遏制腐败现象蔓延势头。现在还有一个现象，干部异地提拔，把自己的乡亲、亲属、利益链都带过去，所以反腐要全国联动、全国一盘棋”①。对专项巡视，强调做到“全、快、广”，就是全面开展，加快节奏频率，扩大范围。专项巡视的策略是“多、敏、奇、察、返”，即“每年可多搞几轮，闻风而动、出其不意，哪里有反映就奔向哪里。对巡视过的地区和部门可以随时杀个回马枪、来个‘回头看’”②。

对巡视的工作作风，习近平强调严明“三种纪律”，“要不断改进工作作风、密切联系群众，坚决贯彻落实中央八项规定，严明政治纪律、廉政纪律、保密纪律，提高履职能力”。强调完善巡视组长库和回避制度，“巡视组组长作为‘钦差大臣’，也不是‘铁帽子’，建立组长库的办法很好，组长库人选有刚离开工作岗位的，也有现职的，一次一授权，谁参加巡视不固定，巡视什么地区和单位也不固定，这次到省（区、市）巡视，下次到企业金融单位巡视，这个办法还可以继续探索，也要完善回避制度”③。

党内监督的责任区分

党内监督是全党的任务，在监督责任上各有侧重。对党委和领导干部的责任，习近平强调：“党委（党组）负主体责任，书记是第一责任人，党委常委会委员（党组成员）和党委委员在职责范围内履行监督职责。党的各级

---

①《在中央政治局常委会听取中央巡视工作领导小组关于二〇一四年中央巡视组第二轮巡视情况汇报时的讲话》（2014年10月16日），《习近平关于党风廉政建设和反腐败斗争论述摘编》，中央文献出版社、中国方正出版社2015年版，第116—117页。

②《在第十八届中央纪律检查委员会第五次全体会议上的讲话》（2015年1月13日），《习近平关于全面从严治党论述摘编》，中央文献出版社2016年版，第202—203页。

③《在中央政治局常委会审议〈关于中央巡视工作领导小组第一次会议研究部署巡视工作情况的报告〉时的讲话》（2013年4月25日），《习近平关于党风廉政建设和反腐败斗争论述摘编》，中央文献出版社、中国方正出版社2015年版，第108、109页。

领导干部一定要把责任扛在肩上，做到知责、尽责、负责，敢抓敢管，勇于监督。”[①]对纪委专责机关的责任，习近平强调：“各级纪委是党内监督专责机关，履行监督执纪问责职责”，主要责任是“要把维护政治纪律和政治规矩放在首位，加强对所辖范围内遵守党章党规党纪情况的监督，检查党的路线方针政策和决议的执行情况”。[②]对党的工作部门的责任，习近平强调：“党的工作部门是党委（党组）主体责任在不同领域的载体和抓手，也要做好职责范围内的党内监督工作，既加强对本机关本单位的内部监督，又强化对本系统的日常监督。”[③]

为保证纪委监督权的相对独立性和权威性，习近平强调实行“两个为主”：一是推动党的纪律检查工作双重领导体制具体化、程序化、制度化，强化上级纪委对下级纪委的领导；二是明确规定查办腐败案件以上级纪委领导为主，各级纪委书记、副书记的提名和考察以上级纪委会同组织部门为主。“这既坚持了党对反腐败工作的领导，坚持了党管干部原则，又保证了纪委监督权的行使，有利于加大反腐败工作力度。”[④]强调要“加强对派驻纪检组工作的领导，督促被监督单位党组织和派驻纪检组落实管党治党责任”[⑤]。指出“纪检机关就是党内的‘纪律部队’，干的就是监督的活、得罪人的活，必须有对党绝对忠诚的高度自觉和责任担当。要做到政治强、站位高，谋大局、抓具体，坚守职责定位，强化监督、铁面执纪、严肃问责”[⑥]。要求纪检监察干部做到“三个敢于”，即广大纪检监察干部敢于担当、敢于监督、敢于负责。“一个树立”，即牢固树立忠诚于党、忠诚于纪检监察事业的政治信念。达到“三个要求”，即成为一支忠诚、干净、担当的纪检监察队伍。强调监督者要接受监督的问题，“纪检监察机关肩负着党和人民重托，必须牢记打铁必须自身硬的政治要求。……纪检监察机关要马克思主义

---

① 《在党的十八届六中全会第二次全体会议上的讲话》（2016年10月27日），《习近平关于全面从严治党论述摘编》，中央文献出版社2016年版，第215页。

② 《在党的十八届六中全会第二次全体会议上的讲话》（2016年10月27日），《习近平关于全面从严治党论述摘编》，中央文献出版社2016年版，第216页。

③ 《在党的十八届六中全会第二次全体会议上的讲话》（2016年10月27日），《习近平关于全面从严治党论述摘编》，中央文献出版社2016年版，第216页。

④ 《在第十八届中央纪律检查委员会第三次全体会议上的讲话》（2014年1月14日），《习近平关于全面从严治党论述摘编》，中央文献出版社2016年版，第201页。

⑤ 《在党的十八届六中全会第二次全体会议上的讲话》（2016年10月27日），《习近平关于全面从严治党论述摘编》，中央文献出版社2016年版，第216页。

⑥ 《习近平关于全面从严治党论述摘编》（2021年版），中央文献出版社2021年版，第413—414页。

手电筒既照别人更照自己，不能只照他人、不照自己。在这里，我要再次提醒，纪检监察机关不是天然的保险箱，监察权是把双刃剑，也要关进制度的笼子，自觉接受党和人民监督，行使权力必须十分谨慎，严格依纪依法”①。树起“一个标杆”，即建设一支让党放心、人民信赖的纪检干部队伍，为全党全社会树起严格自律的标杆。②

党内监督的改革创新

党内监督应随着党的工作任务、面临环境的改变而与时俱进。在党内监督的工作创新上，习近平突出强调了巡视工作、监察制度、纪检制度等的创新。

在巡视工作上，强调“抓好工作创新，在总结经验的基础上，适应形势发展，推动巡视内容、方式方法、制度建设等方面与时俱进，完善工作机制，增强巡视工作的针对性、实效性”。强调“要通过组织制度创新，增强巡视的机动性和灵活性，落实全覆盖要求，形成更大震慑力。要以问题为导向，派出‘侦察兵’，哪里反映声音大、问题多，就派到哪里去侦察，就像公安系统的110、路面巡警制度，要在创新机制上下功夫”。③

在监督制度的改革上，强调行政监察法要体现党中央关于中央纪委、监察部合署办公，中央纪委履行党的纪律检查和政府行政监察两项职能，对党中央全面负责的精神。强调国家监察体系构建有“五条要求”：加强领导、扩大范围、整合力量、健全架构、形成体系。强调监察对象“一个涵盖”：要涵盖所有公务员。强调加强“统一领导”、形成“监察体系”：要坚持党对党风廉政建设和反腐败工作的统一领导，扩大监察范围，整合监察力量，健全国家监察组织架构，形成全面覆盖国家机关及其公务员的国家监察体系；建立党统一领导的反腐败工作机构，构建集中统一、权威高效的监察体系④；建立集中统一、权威高效的中国特色社会主义监察体系⑤。这三种体

① 《习近平关于全面从严治党论述摘编》（2021年版），中央文献出版社2021年版，第421—422页。

② 《习近平在十八届中央纪委七次全会上发表重要讲话强调　全面贯彻落实党的十八届六中全会精神　增强全面从严治党系统性创造性实效性》，《人民日报》2017年1月7日。

③ 《在中央政治局常委会听取二〇一三年下半年中央巡视组巡视情况汇报时的讲话》（2014年1月23日），《习近平关于党风廉政建设和反腐败斗争论述摘编》，中央文献出版社、中国方正出版社2015年版，第113页。

④ 《习近平关于全面从严治党论述摘编》（2021年版），中央文献出版社2021年版，第413页。

⑤ 《习近平关于全面从严治党论述摘编》（2021年版），中央文献出版社2021年版，第414页。

系的论述，虽角度各有不同，内在却高度统一。强调深化“一个改革”：深化国家监察体制改革，将试点工作在全国推开，组建国家、省、市、县监察委员会，同党的纪律检查机关合署办公，实现对所有行使公权力的公职人员监察全覆盖。制定国家监察法，依法赋予监察委员会职责权限和调查手段，用留置取代“两规”措施。强调监察机关要强化党的领导，“各级监察机关一定要在党的领导下，以宪法为根本准则，履行好对行使公权力的公职人员监察全覆盖的法定职责”[①]。习近平深刻论述国家监察委员会的地位作用，“国家监察委员会就是中国特色的国家反腐败机构。国家监察委员会同中央纪委合署办公，履行纪检、监察两项职责，实行一套工作机构、两个机关名称”，“这项改革是事关全局的重大政治体制改革，具有鲜明的中国特色，展现了我们党自我革命的勇气和担当，意义重大而深远”。深入总结国家监察体制改革取得的成效，“有利于党对反腐败工作的集中统一领导、有利于对公权力监督的全覆盖，有利于坚持标本兼治、巩固扩大反腐败斗争成果”[②]。

在纪委改革上，强调推动纪委双重领导体制落到实处，“强化上级纪委对下级党委和纪委的监督，对下级纪委不向上级纪委报告问题线索和案件查处情况的，必须严肃问责，推动纪委双重领导体制落到实处”[③]。在构建权力笼子、加强监督上，强调把权力关进制度的笼子里，要“防松、防不关门”。从“五个方面”编筐织篓，即发挥纪检监察派驻机构的监督作用，加强和改进巡视工作，建立领导干部谈话制度，畅通人民群众举报和监督渠道，发挥舆论监督包括互联网监督作用。强调统筹推进党的纪律检查体制改革、国家监察体系改革、纪检监察机构改革，在更高水平上深化转职能、转方式、转作风，推动纪检监察工作高质量发展。[④]强调要在贯通各类监督上主动作为，完善执纪执法贯通、有效衔接司法的制度，健全信息沟通、线索移交、成果共享机制，做实监督全覆盖、增强监督有效性。[⑤]

---

① 《习近平关于全面从严治党论述摘编》（2021年版），中央文献出版社2021年版，第414页。

② 习近平：《决胜全面建成小康社会　夺取新时代中国特色社会主义伟大胜利——在中国共产党第十九次全国代表大会上的报告》，《人民日报》2017年10月28日。

③ 《在第十八届中央纪律检查委员会第五次全体会议上的讲话》（2015年1月13日），《习近平关于全面从严治党论述摘编》，中央文献出版社2016年版，第202页。

④ 《习近平关于全面从严治党论述摘编》（2021年版），中央文献出版社2021年版，第422页。

⑤ 《习近平关于全面从严治党论述摘编》（2021年版），中央文献出版社2021年版，第425页。

党的监督的合力构建

党内监督能不能做到力往同一个方向使，形成监督合力，决定了监督的实际成效。习近平强调党的监督重在形成合力，他指出："党内监督在党和国家各种监督形式中是最根本的、第一位的，但如果不同有关国家机关监督、民主党派监督、群众监督、舆论监督等结合起来，就不能形成监督合力。"[①]习近平强调形成监督合力，主要从四个角度讲，第一个角度是指"三类监督"相结合、"六种监督"相协调的格局，即"要把党内监督同国家监察、群众监督结合起来，同法律监督、民主监督、审计监督、司法监督、舆论监督等协调起来，形成监督合力，推进国家治理体系和治理能力现代化"[②]。第二个角度是指"八种监督"形式形成合力，即"要加强党内监督、人大监督、民主监督、行政监督、司法监督、审计监督、社会监督、舆论监督，努力形成科学有效的权力运行和监督体系，增强监督合力和实效"[③]。第三个角度是指巡视、派驻、监察等协同推进，"形成巡视、派驻、监察三个全覆盖的权力监督格局，把制度优势转化为治理效能"[④]，"推进纪律监督、监察监督、派驻监督、巡视监督协调衔接"[⑤]。第四个角度是从党内的视角看，"要把党委（党组）全面监督、纪委监委专责监督、党的工作部门职能监督、党的基层组织日常监督、党员民主监督等结合起来、融为一体"[⑥]。

习近平强调党内监督、国家监察、群众监督等监督形式在目标任务上各有侧重，"强化党内监督是为了保证党立党为公、执政为民，强化国家监察是为了保证国家机器依法履职、秉公用权，强化群众监督是为了保证权力来自人民、服务人民"[⑦]。在民主监督上，"要支持人民政协依照章程进行民主监督，重视民主党派和无党派人士提出的意见、批评、建议，鼓励党外人

① 《在党的十八届六中全会第二次全体会议上的讲话》（2016年10月27日），《习近平关于全面从严治党论述摘编》，中央文献出版社2016年版，第217页。

② 习近平：《在第十八届中央纪律检查委员会第六次全体会议上的讲话》（2016年1月12日），《人民日报》2016年5月3日。

③ 《在中共十八届四中全会第二次全体会议上的讲话》（2014年10月23日），《习近平关于党风廉政建设和反腐败斗争论述摘编》，中央文献出版社、中国方正出版社2015年版，第132页。

④ 《习近平关于全面从严治党论述摘编》（2021年版），中央文献出版社2021年版，第413页。

⑤ 《习近平关于全面从严治党论述摘编》（2021年版），中央文献出版社2021年版，第421页。

⑥ 《习近平关于全面从严治党论述摘编》（2021年版），中央文献出版社2021年版，第424页。

⑦ 习近平：《在第十八届中央纪律检查委员会第六次全体会议上的讲话》（2016年1月12日），《人民日报》2016年5月3日。

士讲真话、进诤言”。在群众监督上，“要自觉接受群众监督，畅通信访举报渠道，对违规违纪典型问题严肃处理，及时回应人民群众关切”[①]。“要拓宽人民监督权力的渠道，公民对于任何国家机关和国家工作人员有提出批评和建议的权利，对于任何国家机关和国家工作人员的违法失职行为向有关国家机关提出申诉、控告或者检举的权利。”“要健全申诉控告检举机制，加强检察监督，切实做到有权必有责、用权受监督、侵权要赔偿、违法必追究。”[②]在舆论监督上，强调“要加强舆论监督，通过对典型案例进行曝光剖析，发挥警示作用，为全面从严治党营造良好舆论氛围”[③]。

战略思考

党内监督是发现党内问题、纠正错误和偏向、保持肌体健康的重要预警机制、重要免疫防线。1921年党的一大通过的《中国共产党纲领》就明确规定：“工人、农民、士兵和学生等地方组织的人数很多时，可以派他们到其他地区去工作，但是一定要受当地执行委员会最严格的监督。”“地方执行委员会的财政、活动和政策，应受中央执行委员会的监督。”[④]从党的一大开始，尽管其中历经曲折，但党内监督从此成为我们党加强自身建设的一个重要手段。邓小平强调：“党要受监督，党员要受监督”，“党要领导得好，就要不断地克服主观主义、官僚主义、宗派主义，就要受监督，就要扩大党和国家的民主生活。如果我们不受监督，不注意扩大党和国家的民主生活，就一定要脱离群众，犯大错误”。[⑤]

提升党的监督机能，对党的建设具有长远意义，是全面从严治党的治本之策，是一种治党治国的战略性举措。党的十八大以来，以习近平同志为核心的党中央在提升党内监督机能上，继承了我们党的优良传统和成功做法，

---

① 《在党的十八届六中全会第二次全体会议上的讲话》（2016年10月27日），《习近平关于全面从严治党论述摘编》，中央文献出版社2016年版，第217页。

② 习近平：《在庆祝全国人民代表大会成立六十周年大会上的讲话》（2014年9月5日），《人民日报》2014年9月6日。

③ 《在党的十八届六中全会第二次全体会议上的讲话》（2016年10月27日），《习近平关于全面从严治党论述摘编》，中央文献出版社2016年版，第217页。

④ 夏利彪：《中国共产党党章及历次修正案文本汇编》，法律出版社2016年版，第2页。

⑤ 邓小平：《共产党要接受监督》（1957年4月8日），《马克思主义党的建设著作选读》，解放军出版社1991年版，第345页。

总结强化党内监督的生动实践，集纳理论和实践创新成果，构建了党内监督新格局，开创了党内监督制度化、系统化的新局面。

从党内监督实践取得的突出成效看。

一是党内监督的责任进一步明确。通过把党委的主体责任、纪委的监督责任、书记的第一责任等压下去，明确规定中央组织、党委（党组）、纪委、基层组织的监督责任和职责，较好改变了过去不愿监督、不敢监督、抵制监督等现象，特别是组织监督得到有效强化，把上级对下级尤其是上级一把手对下级一把手的监督作为最管用、最有效的形式用起来，党内监督的威力进一步加大。

二是党内监督的专责机关发挥效力明显。在纪委的职能履行上，推动纪检工作双重领导体制具体化、程序化、制度化，实行“两个为主”“两个全覆盖”，加强上级纪委对下级纪委的领导，扩大专责监督的工作规范和加强工作纪律，着力解决纪委监督受制于人、监督无力的问题，使纪委专责机关的职能得到显现，在全面从严治党中发挥生力军作用。

三是巡视利剑威力彰显。通过几年来的多轮巡视、“回头看”，实现了党内监督不留空白、没有死角，任期内全部巡视一遍的要求，使巡视工作在全面从严治党中发挥了尖兵和利剑作用。实践中探索了“三个不固定”“一托二”“一托三”“回头看”、机动式巡视等方式方法不断创新，法规制度建设快速推进，使巡视工作的创新性、规范性、科学性大大增强。

四是党内监督制度建设成绩斐然。从新修订和再修改《中国共产党巡视工作条例》，到制定《中国共产党廉洁自律准则》《中国共产党问责条例》，到十八届六中全会审议通过《中国共产党党内监督条例》，党内监督形成了比较完整的制度体系。

五是各方面监督合力正在形成。特别是党内监督条例，充分吸收这几年党内监督的成功做法和经验，对党内监督指导思想、基本原则、监督内容、监督对象、监督方式以及强化自我监督、构建党内监督体系作了详细规定，对统合各种监督形式、各种监督力量起到重要推动作用，使新形势下党内监督更加系统化、规范化、制度化。

从已经构建形成的党内监督逻辑看，形成了党内监督与党外监督两大系统相互协同的格局。

从党内监督看，重点是强化了三种监督，即自上而下的组织监督，自下而上的民主监督，同级的相互监督。在组织监督上，从中央组织到党委（党组）、党的纪委、基层组织和党员的监督，各层级都明确了相应监督职责，通过严格党的组织生活、上级组织加强对下级组织监督、进行考察考核并进入档案、领导干部个人有关事项报告、插手干预重大事项记录制度、开展巡视工作等形式实施监督，构成了一个纵向串联、横向并联的监督网络。在党的纪委监督上，通过做实纪委的监督权力，强化上级纪委对下级纪委领导，履行纪委严把干部选拔任用“党风廉洁意见回复”关等形式，使党的纪委履行监督专责更加有效。在民主监督上，从党委（党组）、基层组织，到党员都被赋予监督上级及党内任何组织和个人的权利。同时通过各级党组织保障党员知情权、监督权，保障监督对象的申辩权、申诉权等相关权利，使党内监督有可靠保障。在同级监督上，通过落实同级党内生活、强化党委日常监督、实行党内谈话、发挥同级纪委作用、领导干部述责述廉等形式进行监督。

从党外监督看，通过同级人大、政府、监察机关、司法机关加强对公职人员监督，人民政协进行民主监督，审计机关进行审计监督，通过新闻媒体进行舆论监督，使党内监督与党外多种监督协同配合，构成一个比较完整的党的监督体系。

从更长时期内强健党内监督的免疫机能看，主要是以贯彻《中国共产党党内监督条例》为主线，进一步落实监督制度，履行监督职责，完善监督机制，构建有序、有效、有力的党内监督体系，为全面从严治党提供防范、预警和自我康复功能。

注重发挥党员的民主监督作用

邓小平说：“共产党谨小慎微不好，胆子太大了也不好。一怕党，二怕群众，三怕民主党派，总是好一些。谨慎总是好一些。”[①]从理论上说，党的权力来自人民，必须接受人民的监督。党的各级委员会由党员代表选举产生，党员代表由党员选举产生。党的各级委员会、党的各级领导干部是代表全体党员在履行职责，同时也要接受全体党员的监督。党内人人平等，任何领导干部都必须接受党员的监督，接受党的生活的监督。

① 邓小平：《共产党要接受监督》（1957年4月8日），《马克思主义党的建设著作选读》，解放军出版社1991年版，第346页。

从党内监督的监督走向看，存在三种监督轨道，一种是自上而下的组织监督，一种是自下而上的民主监督，一种是平行的同级相互监督。党的十八大以来，党中央强化了这三种监督形式，特别是组织监督这个重点，党要管党、从严治党取得突出成效。党的十八届六中全会通过的《中国共产党党内监督条例》，强调要发挥三种监督渠道的作用。

这三种监督渠道之中，民主监督体现了我们党“权为民所赋、权为民所用”的原则，是党的专责机关监督之外的重要监督力量。民主监督，主要是普通党员对党的领导干部、党的组织和其他党员的监督，也包括下级组织对上级组织的监督。“只有织密群众监督之网，开启全天候探照灯，才能让‘隐身人’无处藏身。”[①]《中国共产党党内监督条例》规定了党员的四项监督义务，强调党组织应当保障党员的知情权和监督权，鼓励和支持党员在党内监督中发挥积极作用。党章及相关党内法规还明确了党员的知情权、参与权、管理权、培训权、建议权、批评权、监督权、表决权、选举权、被选举权、控告权、申诉权、辩护权、做证权、请求权、保留意见权、检举或揭发权、罢免或撤换权18种权利[②]，这些都使党员的主体地位进一步凸显。

但从党内监督的实际情况看，党员的党内监督作用还没有得到充分发挥。究其原因，首先是党员的监督意识不够强，有的把监督领导干部、监督组织看作下级不服从上级，而不敢、不愿实施监督，不能用好民主权利。其次是党内监督的氛围还不够好，党员担心监督领导干部受到打击报复、影响个人工作和发展，成为影响民主监督的主要障碍。最后是党员的监督对领导干部没有约束力，对党组织忽视党员意见的行为也没有足够有力的惩戒措施，个别的领导干部即使存在党员反映的问题，在晋升使用等方面受到的影响也比较有限。

强化党员的民主监督作用，应在进一步加强民主监督意识上下功夫，使普通党员和领导干部都能提高对监督的认识；创造党员干部监督的有利条件，特别是加强党务公开，使党员群众清楚地了解领导干部在干什么、怎样干的、干得怎么样，使监督的阳光能照到各个角落；加强党内政治生态和政治文化建设，形成自觉接受党内监督是基本素质、严格党内监督是常态的文

① 习近平：《在党的群众路线教育实践活动总结大会上的讲话》（2014年10月8日），《十八大以来重要文献选编》（中），中央文献出版社2016年版，第101页。

② 许耀桐：《党内监督论》，《中共天津市委党校学报》2016年第3期。

化氛围和新的思想观念；在党员检举控告的纪律规定、保密规定、具体形式、处置流程等方面，进一步严格操作细则，既保证党员正常监督的畅通性、便捷性、安全性，又防止恶意诽谤、诬陷领导干部等问题的发生。

着力强化对一把手监督

党的八大规定任何党员和党的组织都必须受到自上而下和自下而上的监督。[①]《中国共产党党内监督条例》明确规定，党内监督的重点对象是党的领导机关和领导干部特别是主要领导干部。习近平指出，大量案例表明，权力越大，越容易出现“灯下黑”。各级领导班子一把手是“关键少数”中的“关键少数”[②]。“从大量案件看，领导干部违纪违法问题大多发生在担任一把手期间。”[③]据统计，从2000年至2014年3月底，15年间我国共有367名厅局级以上官员发生权力腐败案件。其中，担任或曾经担任一把手领导职务的有219人，占了60%左右，近八成在党委核心部门工作。[④]

一把手多是指党委班子（党组）中的书记、副书记，在党内监督中起着至关重要的作用。一方面，一把手对党内监督的态度、接受党内监督的程度，对一个班子、一级组织具有重要示范效应。另一方面，一把手往往是本级组织主要负责人，肩负着对本级党组织监督工作的领导、组织实施工作，对上反馈监督情况，对同级班子成员、纪委和党的工作部门等进行监督，对下领导具体监督工作。能不能真正把一把手监督好、发挥一把手作用，实际上关系到党内整个监督链条的顺畅，是监督渠道的交通要道和中枢节点。在一些班子内部，班子成员、下级组织对一把手的监督，往往由一把手的思想认识和态度意志所决定，具有很大的随意性和不确定性，许多“挂的是空挡”。

对一把手的监督，首先要严格区分党内生活主体与行政工作身份的不同，防止把行政身份带到党内生活中来。适当约束和分解一把手的权力，切实把权力分解到不同部门、不同的主体，使决策、执行、监督相互分立，使

---

① 《在党的十八届六中全会第二次全体会议上的讲话》（2016年10月27日），《习近平关于全面从严治党论述摘编》，中央文献出版社2016年版，第214页。

② 习近平：《在第十八届中央纪律检查委员会第六次全体会议上的讲话》（2016年1月12日），《人民日报》2016年5月3日。

③ 《在第十八届中央纪律检查委员会第五次全体会议上的讲话》（2015年1月13日），《习近平关于严明党的纪律和规矩论述摘编》，中央文献出版社2016年版，第100页。

④ 许耀桐：《党内监督论》，《中共天津市委党校学报》2016年第3期。

一把手不至于权力过大，不至于出现越权指挥，不至于在权力运行中不断扩张权力。同时要落实权力清单，明确一把手权力运行的相关细则，在党内加大党务公开力度，使权力真正晒在阳光下。同时，要真正把上级党组织责任人对下级组织负责人的监督、党委对领导干部的日常监督、上级党组织对下级领导班子的民主生活会的指导监督、对领导干部的考察考核和述责述廉制度、领导干部个人有关事项报告、领导干部插手干预重大事项记录制度等落到实处，细化相关操作细则和监督检查流程，真正将一把手监督好、管理好。

逐渐把党内监督的关口前移

党的十八大以来，党中央强调要坚决遏制腐败蔓延势头，从治标入手为治本赢得时间，因此，全面从严治党是从“危机管理”方式起步的，用高压、铁腕、重拳、利剑治风反腐。在这个过程中探索新时期的管党治党和党内监督的新理念新思想新战略，实践中形成的许多举措办法既反映了新形势下全面从严治党的新特点新趋势新规律，也具有应急性、惩治性、阶段性特点。

《中国共产党党内监督条例》继承我们党党内监督的优良传统和有益做法，总结了全面从严治党的新鲜经验和成功做法，对新形势下党内监督作出了系统性部署，特别强调党内监督要坚持“惩前毖后、治病救人，抓早抓小、防微杜渐”的原则；提出运用监督执纪“四种形态”，经常开展批评和自我批评、约谈函询，让“红红脸、出出汗”成为常态；党纪轻处分、组织调整成为违纪处理的大多数；党纪重处分、重大职务调整的成为少数；严重违纪涉嫌违法立案审查的成为极少数。这些原则规定为更长时期内加强党内监督明确了努力方向。

随着全面从严治党取得重大阶段性胜利，进一步强化党内监督，一方面，要继续通过监督体系及时发现在执行党的政治纪律和政治规矩方面存在的问题以及党内腐败现象和“四风”问题，及时用党的纪律、国家法律手段进行果断处理，把党内监督与法律监督、群众监督、舆论监督结合起来，在反腐正风上永不停息；另一方面，应特别注重运用“四种形态”发现和解决党内存在的问题，特别注重发挥各级纪委监督、执纪、问责三种职能中的前两种职能，把党内监督的重点放在纠错纠偏上，激活党内自我解决问题的机能，把事前监督、事中监督与事后监督有机结合起来，形成科学管用的防错纠错机制，让更多的党员干部，特别是领导干部在正常的组织监督系统内健康成长，使党内监督系统从应急性、危机式管理向保健式、预防性调治转变。

第七篇

战略重心之三：治理政治生态

党内政治生态是党内各种政治要素相互作用形成的一种整体状态，是政治发展中的关键因素，长期影响和制约着党员干部的思想观念、价值取向和行为方式，在党的建设中具有根本性基础性。治理党内政治生态，是一种系统性调理、整体性改造、渐进性形成的过程，是管党治党由表入里、由标及本的必然要求，标志着全面从严治党进入一个新的阶段。治理党内政治生态，是全面从严治党的第三位战略重心。党中央在正风肃纪、遏制反腐的基础上，把治理党内政治生态作为战略重心，逐渐把管党治党的着力点向前推移，努力从根本上扭转管党治党的被动性，全党对治理党内政治生态的共识逐步形成，新形势下治理党内政治生态的思路办法进一步清晰，深化党内政治生态治理的格局逐步确立。

战略定位：重要法宝、“金钥匙”、“大熔炉”、“净化器”、鲜明标志

对全面从严治党与党内政治生态的关系究竟应怎样认识和把握？为什么要把治理党内政治生态作为管党治党的重心来对待？随着全面从严治党实践的推进，全党对党内政治生态在管党治党中重要地位的认识不断深化。从习近平关于全面从严治党的重要论述看，对党内政治生态的战略定位，主要是：保持党的先进性纯洁性的重要法宝，解决党内矛盾和问题的“金钥匙”，党员干部锤炼党性的“大熔炉”，纯洁党风的“净化器”，区别于其他政党的鲜明标志。

重要法宝：保持党的先进性和纯洁性的重要法宝。

党内政治生态是对党内政治生活的整体反映，党内政治生活是否正常、能否发挥应有功能，决定了党内政治生态的实际状况。从一般意义上说，党内政治生活的实际状态和综合表现就是党内政治生态。习近平在全面从严治党的重要论述中是把党内政治生态与党内政治生活并列在一起论述的，反映了党内政治生态与党内政治生活两者之间内在的紧密联系，反映了党内政治生态和党内政治生活对党的建设尤其是党的作风共同产生的深刻影响。他强调："我们一定要深刻认识到，严肃党内政治生活、净化党内政治生态，是党的建设中带有根本性、基础性的问题，关乎党的团结统一，关乎党的生死存亡。"①

健康洁净的党内政治生态是保持党的先进性纯洁性的重要条件。习近平指出，"我们党九十五年的奋斗历程充分表明，严肃认真的党内政治生活、健康洁净的党内政治生态，是党的优良作风的生成土壤，是党的旺盛生机的动力源泉，是保持党的先进性纯洁性、提高党的创造力凝聚力战斗力的重要条件"②。他还强调，"严肃认真的党内政治生活是我们党坚持党的性质和宗旨、保持先进性和纯洁性的重要法宝"③。

习近平是从伟大斗争和伟大工程的高度看待严肃党内政治生活、净化党内政治生态的，他强调："严肃党内政治生活、净化党内政治生态是伟大斗争、伟大工程的题中应有之义，是我们党坚持党的性质和宗旨的重要法宝，是我们党实现自我净化、自我完善、自我革新、自我提高的重要途径。抓住了这个点，我们党就能更好凝心聚魂、强身健体。"④他把严肃党内政治生活、净化党内政治生态作为全面从严治党的抓手和发力点，强调"全面从严治党，既需要全方位用劲，也需要重点发力。加强和规范党内政治生活、加强党内监督就是重点发力的抓手。严肃党内政治生活是全面从严治党的基

① 《在十八届中央政治局第三十三次集体学习时的讲话》（2016年6月28日），《习近平关于全面从严治党论述摘编》，中央文献出版社2016年版，第37页。

② 《在十八届中央政治局第三十三次集体学习时的讲话》（2016年6月28日），《习近平关于全面从严治党论述摘编》，中央文献出版社2016年版，第42页。

③ 《在党的十八届六中全会第二次全体会议上的讲话》（2016年10月27日），《习近平关于全面从严治党论述摘编》，中央文献出版社2016年版，第48页。

④ 《在十八届中央政治局第三十三次集体学习时的讲话》（2016年6月28日），《习近平关于全面从严治党论述摘编》，中央文献出版社2016年版，第38页。

础。党要管党，首先要从党内政治生活管起；从严治党，首先要从党内政治生活严起”①。

“金钥匙”：解决党内矛盾和问题的“金钥匙”。

中国共产党是一个政治组织，解决党内矛盾问题的主渠道和主阵地是党内政治生活，要靠健康纯洁的党内政治生态。习近平强调，严肃认真的党内政治生活，“是解决党内矛盾和问题的‘金钥匙’”②。

从党委班子建设和领导干部培养的角度看，党内政治生活的锻炼具有关键性作用，“一个班子强不强、有没有战斗力，同有没有严格的党内生活密切相关。一个领导干部强不强、威信高不高，也同是否经受过严格的党内生活锻炼密切相关”③。

从党的建设历史经验看，严格的党内政治生活是我们党能够自我革命、纠正错误问题的重要途径，“党的历史经验告诉我们，严格党内政治生活是我们党增强自我净化、自我完善、自我革新、自我提高能力的重要途径。抓住了严格党内政治生活这个关键点，也就抓住了解决党内矛盾和问题的钥匙。我们党通过坚持民主集中制、严明党的纪律、开展批评和自我批评等来发现和解决自身存在的矛盾和问题，是最主动、最有效的”④。严格的党内政治生活体现为开展积极健康的思想斗争，习近平强调：“党内要开展积极健康的思想斗争，帮助广大党员、干部分清是非、辨别真假，坚持真理、修正错误，统一意志、增进团结。”⑤“抓纪律，就要敢于板起脸来批评。不要等犯了大错误才去批评，平常有问题就要及时批评。担心批评得罪人、会丢选票的心态在不少领导干部身上存在，有的不仅不敢批评、不愿批评，而且还

---

① 《在党的十八届六中全会第二次全体会议上的讲话》（2016年10月27日），《习近平关于全面从严治党论述摘编》，中央文献出版社2016年版，第47—48页。

② 《在党的十八届六中全会第二次全体会议上的讲话》（2016年10月27日），《习近平关于全面从严治党论述摘编》，中央文献出版社2016年版，第48页。

③ 《提高党的战斗力的法宝》（2013年9月23—25日），《习近平关于全面从严治党论述摘编》，中央文献出版社2016年版，第25页。

④ 《在听取兰考县和河南省党的群众路线教育实践活动情况汇报时的讲话》（2014年8月27日），《做焦裕禄式的县委书记》，中央文献出版社2015年版，第63页。

⑤ 习近平：《在党的群众路线教育实践活动总结大会上的讲话》（2014年10月8日），人民出版社单行本，第21页。

经常以表扬代替批评。这些现象必须纠正。”①

从党的建设的实践总结看，党内政治生活状况关系到党的事业长远发展，“正反两方面经验告诉我们，什么时候党内政治生活正常健康，我们党就风清气正、团结统一，充满生机活力，党的事业就蓬勃发展；反之，就弊病丛生、人心涣散，各种错误思想、错误路线得不到及时纠正，给党和人民事业造成严重损失”②。“党的十八大以来，党中央把严肃党内政治生活、净化党内政治生态摆在更加突出的位置来抓。我多次就这个问题作了强调。为什么要反复强调这个问题？主要是一段时间以来，党内政治生活不认真不严肃现象比较普遍，庸俗化、随意化倾向比较突出，少数地方和单位政治生态严重恶化，甚至出现了系统性、塌方式腐败。”③

“大熔炉”：党员干部锤炼党性的“大熔炉”。

熔炉，是指锻炼人的思想品质的良好环境。锤炼党性的好环境来自严肃认真的党内政治生活。习近平强调，严肃认真的党内政治生活，“是广大党员、干部锤炼党性的‘大熔炉’”④。“党内生活是锻炼党性、提高思想觉悟的熔炉。如果炉子长期不生火，或者生了火却没有足够的温度，那是炼不出钢来的。事实表明，党内生活松一寸，党员队伍就散一尺。党员、干部只有在严格的党内生活中反复锻炼，才能坚强党性、百炼成钢。”⑤

增强党性是一个不断修炼、提高的过程，习近平强调：“严格的党内生活是班子强、领导干部强的一个重要条件。党性是立身、立业、立言、立德的基石，而党性不可能随着党龄的增加而自然增强，也不可能随着职务的升迁而自然增强，必须在严格的党内生活锻炼中不断增强。”“党内政治生活是党组织教育管理党员和党员进行党性锻炼的主要平台，从严治党必须从党

---

① 习近平：《严明党的组织纪律，增强组织纪律性》（2014年1月14日），《十八大以来重要文献选编》（上），中央文献出版社2014年版，第771页。

② 《在十八届中央政治局第三十三次集体学习时的讲话》（2016年6月28日），《习近平关于全面从严治党论述摘编》，中央文献出版社2016年版，第37页。

③ 《在十八届中央政治局第三十三次集体学习时的讲话》（2016年6月28日），《习近平关于全面从严治党论述摘编》，中央文献出版社2016年版，第38页。

④ 《在党的十八届六中全会第二次全体会议上的讲话》（2016年10月27日），《习近平关于全面从严治党论述摘编》，中央文献出版社2016年版，第48页。

⑤ 《在党的群众路线教育实践活动第一批总结暨第二批部署会议上的讲话》（2014年1月20日），《习近平关于全面从严治党论述摘编》，中央文献出版社2016年版，第27页。

内政治生活严起。”“从严治党，最根本的就是要使全党各级组织和全体党员、干部都按照党内政治生活准则和党的各项规定办事。”①

“净化器”：纯洁党风的“净化器”。

净化，就是清除杂质使物体纯净。严肃的党内政治生活起着清除党内的不良思想和作风，使党的思想纯洁、作风纯正的重要作用。习近平强调：严肃认真的党内政治生活，“是纯洁党风的‘净化器’”②。严肃认真的党内政治生活、健康洁净的党内政治生态“是党的优良作风的生成土壤，是党的旺盛生机的动力源泉”③。“什么时候全党讲政治、党内政治生活正常健康，我们党就风清气正、团结统一，充满生机活力，党的事业就蓬勃发展；反之，就弊病丛生、人心涣散、丧失斗志，各种错误思想得不到及时纠正，给党的事业造成严重损失。”④

党内政治生态具有净化过滤作用，有助于解决党内存在的棘手难题。习近平强调：“从近来反对‘四风’、查处腐败案件的实际情况看，解决党内存在的种种难题，必须营造一个良好的从政环境，也就是要有一个好的政治生态。古人早就提出，管理国家，‘必先正风俗。风俗既正，中人以下，皆自勉以为善；风俗一败，中人以上，皆自弃而为恶’。”⑤政治生态决定着从政环境，“政治生态污浊，从政环境就恶劣；政治生态清明，从政环境就优良。政治生态和自然生态一样，稍不注意，就很容易受到污染，一旦出现问题，再想恢复就要付出很大代价”⑥。

---

① 习近平：《在党的群众路线教育实践活动总结大会上的讲话》（2014年10月8日），《十八大以来重要文献选编》（中），中央文献出版社2016年版，第95—96页。

② 《在党的十八届六中全会第二次全体会议上的讲话》（2016年10月27日），《习近平关于全面从严治党论述摘编》，中央文献出版社2016年版，第48页。

③ 《在十八届中央政治局第三十三次集体学习时的讲话》（2016年6月28日），《习近平关于全面从严治党论述摘编》，中央文献出版社2016年版，第42页。

④ 《习近平在省部级主要领导干部学习贯彻十八届六中全会精神专题研讨班开班式上发表重要讲话强调 以解决突出问题为突破口和主抓手 推动党的十八届六中全会精神落到实处》，《人民日报》2017年2月14日。

⑤ 《在十八届中央政治局第十六次集体学习时的讲话》（2014年6月30日），《习近平关于党风廉政建设和反腐败斗争论述摘编》，中央文献出版社、中国方正出版社2015年版，第87页。

⑥ 习近平：《在参加十二届全国人大三次会议吉林代表团审议时的讲话》（2015年3月9日），《人民日报》2015年3月10日。

鲜明标志：区别于其他政党的鲜明标志。

勇于自我革命、善于通过党内政治生活解决自身问题，是马克思主义政党的一个政治特质和鲜明标志。习近平强调：“开展严肃认真的党内政治生活，是我们党作为马克思主义政党区别于其他政党的重要特征，是我们党的光荣传统。”“是党团结带领全国各族人民完成历史使命的有力保障，是我们党区别于其他非马克思主义政党的鲜明标志。抓好了党内政治生活，全面从严治党就有了重要基础。”①

标志越鲜明，说明它所体现的本质越深刻。习近平先后从本质特征、光荣传统和红色基因、重要法宝等不同角度进行概括，揭示严肃认真的党内政治生活对我们党的建设的重要意义。

从重要法宝角度，结合党的群众教育实践活动的新鲜经验，习近平强调，“我一直在想，我们党有什么法宝可以保证党的创造力、凝聚力、战斗力，保证党的团结统一？结合这次教育实践活动和以往历次党内集中教育活动，我认为，坚持民主集中制，开展批评和自我批评，严格党内生活，加强党的团结统一，是其中很重要的法宝。这是我们党长期坚持的优良传统，也是我们党区别于其他政党的鲜明标志”②。

从光荣传统和红色基因角度，习近平强调“我们党在长期实践中形成的党内政治生活的光荣传统，不论过去、现在还是将来，都是党的宝贵财富。光荣传统不能丢，丢了就丢了魂；红色基因不能变，变了就变了质。同时，我们要立足新的实际，不断从内容、形式、载体、方法、手段等方面进行改进和创新，善于以新的经验指导新的实践，更好发挥党内政治生活的作用，努力在全党造成一个又有集中又有民主、又有纪律又有自由、又有统一意志又有个人心情舒畅生动活泼的政治局面”③。

从本质特征角度，习近平强调“严肃党内政治生活需要多方努力，其中至关重要的是要使全党深刻认识马克思主义政党有别于其他政党的本质特

---

① 《在十八届中央政治局第三十三次集体学习时的讲话》（2016年6月28日），《习近平关于全面从严治党论述摘编》，中央文献出版社2016年版，第42页。

② 《提高党的战斗力的法宝》（2013年9月23—25日），《习近平关于全面从严治党论述摘编》，中央文献出版社2016年版，第24页。

③ 《在党的十八届六中全会第二次全体会议上的讲话》（2016年10月27日），《习近平关于全面从严治党论述摘编》，中央文献出版社2016年版，第49页。

征，深刻认识严肃党内政治生活的重大作用，深刻认识党内政治生活不正常的严重后果”[①]。

存在问题

结合全面从严治党中的重大活动和管党治党的丰富实践，习近平就党内政治生活、党内政治生态方面存在的问题多次作出重要论述。其中比较系统而集中的论述是两次重要讲话，一次是2016年6月28日在十八届中央政治局第三十三次集体学习时的讲话，另一次是2016年10月24日在党的十八届六中全会上作的《关于〈关于新形势下党内政治生活的若干准则〉和〈中国共产党党内监督条例〉的说明》的讲话。习近平主要指出了“三个不同层次”存在的问题、“六个主要方面”问题及“四大严重危害”。

“三个不同层次”存在的问题是指：

第一，从组织和组织的关系这个层次看，有“两个方面问题”比较突出：一是有的党组织违背“四个服从”原则，有令不行、有禁不止，对党中央和上级的决策部署，合意的就执行、不合意的就不执行；二是一些上级党组织对下级放弃管党治党责任，甚至发现问题也一味姑息迁就、放任自流。[②]

第二，从个人和组织的关系这个层次看，有“四个方面问题”比较突出：一是有的党员、干部党的意识弱化、组织观念淡薄，不相信组织、不服从组织、不依靠组织，把党组织当成了来去自由的“大车店”、各取所需的“大卖场”、自行其是的“私人俱乐部”；二是有的领导班子成员特别是一把手不正确理解和执行民主集中制，搞家长制、一言堂或自由主义、分散主义、宗派主义；三是有的甚至把所在地方和分管领域当作“独立王国”“私人领地”；四是有的党组织对党员、干部管理失之于宽、失之于松、失之于软。[③]就领导干部不能正确理解和执行民主集中制问题，习近平还强调：“从大量案件看，领导干部违纪违法问题大多发生在担任一把手期间。有的践踏

---

① 习近平：《在党的群众路线教育实践活动总结大会上的讲话》（2014年10月8日），《十八大以来重要文献选编》（中），中央文献出版社2016年版，第96页。

② 《在十八届中央政治局第三十三次集体学习时的讲话》（2016年6月28日），《习近平关于全面从严治党论述摘编》，中央文献出版社2016年版，第38—39页。

③ 《在十八届中央政治局第三十三次集体学习时的讲话》（2016年6月28日），《习近平关于全面从严治党论述摘编》，中央文献出版社2016年版，第39页。

民主集中制，搞家长制、一言堂，居高临下、当‘太上皇’，手伸得老长，个人说了算，顺我者昌、逆我者亡，处心积虑树立所谓‘绝对权威’，大有独霸一方之势。”①

第三，从个人和个人的关系这个层次看，存在“两类突出问题”：一是有的党员、干部讲利益不讲党性、讲关系不讲原则、讲面子不讲规矩，甚至把党内同志关系异化为人身依附关系，搞小山头、小圈子、小团伙那一套，搞门客、门宦、门附那一套；二是更为严重的是，党内出现了周永康、薄熙来、郭伯雄、徐才厚、令计划等人，结党营私、篡党夺权，骄奢淫逸、贪赃枉法，严重污染了党内政治生态，造成了极为恶劣的政治影响。②

“六个主要方面”问题是指：

一些党员、干部包括高级干部，一是理想信念不坚定、对党不忠诚、纪律松弛、脱离群众、独断专行、弄虚作假、慵懒无为。二是个人主义、分散主义、自由主义、好人主义、宗派主义、山头主义、拜金主义不同程度存在。三是形式主义、官僚主义、享乐主义和奢靡之风问题突出。四是任人唯亲、跑官要官、买官卖官、拉票贿选现象屡禁不止。五是滥用权力、贪污受贿、腐化堕落、违法乱纪等现象滋生蔓延。六是中高级干部中极少数人政治野心膨胀、权欲熏心，搞阳奉阴违、结党营私、团团伙伙、拉帮结派、谋取权位等政治阴谋活动。③就宗派主义、山头主义、小圈子问题，习近平指出：“同学、同行、同乡、同事等小圈子聚会也值得警惕，搞不好就会形成宗派主义、山头主义、小圈子。”“有的这种聚会里面有潜规则，大家形成了一种特殊关系，今后在利益交换中是要兑现的。权钱交易有没有？政治上是不是互相提携、互相抱团啊？”④

“四大严重危害”是指：

不严肃的党内政治生活、不良的党内政治生态，严重侵蚀党的思想道德基础，严重破坏党的团结和集中统一，严重损害党内政治生态和党的形象，

---

① 《在第十八届中央纪律检查委员会第五次全体会议上的讲话》（2015年1月13日），《习近平关于严明党的纪律和规矩论述摘编》，中央文献出版社、中国方正出版社2016年版，第100页。

② 《在十八届中央政治局第三十三次集体学习时的讲话》（2016年6月28日），《习近平关于全面从严治党论述摘编》，中央文献出版社2016年版，第39页。

③ 习近平：《关于〈关于新形势下党内政治生活的若干准则〉和〈中国共产党党内监督条例〉的说明》（2016年10月24日），《人民日报》2016年11月3日。

④ 《在参加河北省委常委班子专题民主生活会时的讲话》（2013年9月23—25日），《习近平关于党风廉政建设和反腐败斗争论述摘编》，中央文献出版社、中国方正出版社2015年版，第77页。

严重影响党和人民事业发展。习近平还强调，周永康、薄熙来、郭伯雄、徐才厚、令计划等人严重违纪违法案件，不仅暴露出他们在经济上存在严重问题，而且暴露出他们在政治上也存在严重问题，教训十分深刻。①

就党内政治生活不认真不严肃问题，习近平还强调："一段时间以来，党内政治生活不认真不严肃现象比较普遍，庸俗化、随意化倾向比较突出，少数地方和单位政治生态严重恶化，甚至出现了系统性、塌方式腐败。"②"一些地方和部门自由主义、分散主义、好人主义、个人主义盛行，有的是搞家长制、独断专行，以至于一些人不知党内政治生活为何物，是非判断十分模糊。"③

就构建良好政治生态面临的挑战和困难，习近平强调要看到"三个问题"仍未解决：一些影响党内政治生活、政治生态的消极因素尚未根除，一些深层次矛盾和问题尚未根本解决，一些老问题死灰复燃、反弹回潮的隐患依然存在。"两个挑战"需要有力应对：一是意识形态领域的斗争更加尖锐复杂，一些负面的东西还会不断侵蚀和渗透到党内政治生活中来；二是党内状况也在不断发生变化，党员队伍的来源构成、思想观念、价值取向、利益诉求等日益多样化，给严肃党内政治生活提出了许多新课题。④

治理思路：把握原则、抓住根本、用好武器、运用载体、纯正关系、激浊扬清

在深入调查研究摸清问题症结的基础上，以习近平同志为核心的党中央统筹兼顾、综合施策，着力严肃党内政治生活、纯化党内政治生态，在实践中探索了路子、厘清了思路、积累了经验，取得了明显成效。从习近平关于全面从严治党的重要论述看，在严肃党内政治生活、治理政治生态方面的思路办法上，主要有六个方面。

---

① 习近平：《关于〈关于新形势下党内政治生活的若干准则〉和〈中国共产党党内监督条例〉的说明》（2016年10月24日），《人民日报》2016年11月3日。

② 《在十八届中央政治局第三十三次集体学习时的讲话》（2016年6月28日），《习近平关于全面从严治党论述摘编》，中央文献出版社2016年版，第38页。

③ 习近平：《在党的群众路线教育实践活动总结大会上的讲话》（2014年10月8日），《人民日报》2014年10月9日。

④ 《在十八届中央政治局第三十三次集体学习时的讲话》（2016年6月28日），《习近平关于全面从严治党论述摘编》，中央文献出版社2016年版，第40页。

把握原则：遵循党章、组织规范和准则。

原则，就是言行所依据的准则。党内政治生活是一种政治行为、组织活动，因而具有很强的政治性、时代性、原则性和战斗性。习近平强调，加强和规范党内政治生活、构建健康纯洁的党内政治生态，要按照党的基本原则、规范和准则办事，他强调：“要严格执行党章关于党内政治生活的各项规定，敢于坚持原则，勇于开展批评和自我批评，带头弘扬正气、抵制歪风邪气。”[①]在十八届中央政治局第一次会议上，习近平强调，“大家要带头遵守党的组织原则和党内政治生活准则，懂规矩，守纪律。”[②]在党的群众路线教育实践活动总结大会上，他指出：“党内政治生活和组织生活都要讲政治、讲原则、讲规矩，不能搞假大空，不能随意化、平淡化，更不能娱乐化、庸俗化。”[③]“党的高级干部要做严肃党内政治生活的表率，始终把握正确政治方向，坚持政治立场和政治原则，遵守政治纪律和政治规矩，坚守正道、弘扬正气，坚持原则、敢抓敢管。”[④]

把握原则，首先要明确坚决维护党中央权威的政治要求，习近平强调：“党中央权威，全党都必须自觉维护，并具体体现到自己的全部工作中去，决不能表面上喊着同党中央保持一致、实际上没当回事，更不能违背中央大政方针各自为政、自行其是。”[⑤]

把握原则，要坚持党内政治生活“六条基本规范”和“四个着力”“六个又有”的目标，习近平强调：“开展严肃认真的党内政治生活，是我们党的优良传统。我们党从成立之日起，就高度重视党内政治生活，在长期实践中逐步形成了以实事求是、理论联系实际、密切联系群众、批评和自我批评、民主集中制、严明党的纪律等为主要内容的党内政治生活基本规

---

① 习近平：《认真学习党章　严格遵守党章》（2012年11月16日），《人民日报》2012年11月20日。

② 《在十八届中央政治局第一次会议上的讲话》（2012年11月16日），《习近平关于全面从严治党论述摘编》，中央文献出版社2016年版，第23页。

③ 习近平：《在党的群众路线教育实践活动总结大会上的讲话》（2014年10月8日），《十八大以来重要文献选编》（中），中央文献出版社2016年版，第96页。

④ 《习近平在十八届中央纪委七次全会上发表重要讲话强调　全面贯彻落实党的十八届六中全会精神　增强全面从严治党系统性创造性实效性》，《人民日报》2017年1月7日。

⑤ 习近平：《在党的群众路线教育实践活动总结大会上的讲话》（2014年10月8日），《十八大以来重要文献选编》（中），中央文献出版社2016年版，第96页。

范。”①“四个着力”目标，即《关于新形势下党内政治生活的若干准则》强调：“着力增强党内政治生活的政治性、时代性、原则性、战斗性，着力增强党自我净化、自我完善、自我革新、自我提高能力，着力提高党的领导水平和执政水平、增强拒腐防变和抵御风险能力，着力维护党中央权威、保证党的团结统一、保持党的先进性和纯洁性。”“六个又有”目标，即“努力在全党形成又有集中又有民主、又有纪律又有自由、又有统一意志又有个人心情舒畅生动活泼的政治局面”②。

把握原则，要增强党内生活的鲜明特性、反对“五种倾向和问题”，习近平强调：“要增强党内生活的政治性、原则性、战斗性，使各种方式的党内生活都有实质性内容，都能有针对性地解决问题。党内生活要有一定的庄重性、严肃性、政治性，要坚决反对党内生活庸俗化、随意化、平淡化倾向，坚决反对党内生活中的自由主义、好人主义”③。“要坦诚相见、开诚布公，让正常的批评和自我批评成为党内政治空气的清洁剂，让党员、干部习惯在相互提醒和督促中进步。”④

在省部级主要领导干部学习贯彻党的十八届六中全会精神专题研讨班开班式上，习近平阐述了增强党内政治生活的政治性、时代性、原则性、战斗性的科学内涵，指出“增强党内政治生活的政治性，就是党内政治生活要把握坚定正确的政治方向，引导党员、干部自觉维护党中央权威、维护党的团结和集中统一”。“增强党内政治生活的时代性，就是党内政治生活要紧跟时代步伐、聆听时代声音、回答时代课题，及时发现和解决党内出现的新问题，使党内政治生活始终充满活力。”“增强党内政治生活的原则性，就是党内政治生活要坚持党的思想原则、政治原则、组织原则、工作原则，按原则处理党内各种关系，按原则解决党内矛盾和问题。”“增强党内政治生活的战斗性，就是党内政治生活要旗帜鲜明坚持真理、修正错误，勇于开展批评和自我批评，使每个党组织都成为激浊扬清的战斗堡垒，使每个党员都成

---

① 《在十八届中央政治局第三十三次集体学习时的讲话》（2016年6月28日），《习近平关于全面从严治党论述摘编》，中央文献出版社2016年版，第37页。

② 习近平：《〈关于新形势下党内政治生活的若干准则〉〈中国共产党党内监督条例〉》（2016年10月27日），人民出版社单行本，第4页。

③ 《提高党的战斗力的法宝》（2013年9月23—25日），《习近平关于全面从严治党论述摘编》，中央文献出版社2016年版，第25—26页。

④ 《习近平在十八届中央纪委七次全会上发表重要讲话强调　全面贯彻落实党的十八届六中全会精神　增强全面从严治党系统性创造性实效性》，《人民日报》2017年1月7日。

为扶正祛邪的战斗员。”[①]

把握原则，要遵守党章、接受党纪约束，习近平强调：“我们要求各级党组织和广大党员、干部特别是主要领导干部自觉遵守党章，自觉按照党的组织原则和党内政治生活准则办事，自觉接受党的纪律约束，决不允许任何个人凌驾于组织之上，中央政治局的同志首先要做到。”[②]强调要落实好《关于新形势下党内政治生活的若干准则》强调的“两条基准线”，即“新形势下加强和规范党内政治生活，必须以党章为根本遵循，坚持党的政治路线、思想路线、组织路线、群众路线”[③]。

要严肃认真、坚持不懈抓好《关于新形势下党内政治生活的若干准则》的贯彻落实，习近平强调“这次全会通过的准则，既是党章规定和要求的具体化，也是近年来全面从严治党实践形成的一系列规定和举措的系统化。准则针对党内存在的突出矛盾和问题，从十二个方面作出规定，既指出了病症，也开出了药方，既有治标举措，也有治本方略。准则管不管用，关键看能不能执行到位”[④]。

严肃党内政治生活，根本在于党的各级组织要发挥作用。习近平强调“每个党组织都对严肃党内政治生活负有责任。严肃党内政治生活，全党有全党的要求，各级党组织也有各级党组织的要求，既要强调全党普遍的思想自觉和行动自觉，也要通过营造‘小气候’来形成‘大气候’。要强化责任，不断增强从自身从严、从本级从严、从现在从严的意识，努力形成层层担当、人人担当、共同担当的局面。”[⑤]

抓住根本：党的民主集中制。

民主集中制是党的根本组织原则，是群众路线在党的生活中的运用，也

---

① 《习近平在省部级主要领导干部学习贯彻十八届六中全会精神专题研讨班开班式上发表重要讲话强调 以解决突出问题为突破口和主抓手 推动党的十八届六中全会精神落到实处》，《人民日报》2017年2月14日。

② 《在中央政治局专门会议上的讲话》（2013年6月25日），《习近平关于全面从严治党论述摘编》，中央文献出版社2016年版，第23页。

③ 习近平：《〈关于新形势下党内政治生活的若干准则〉〈中国共产党党内监督条例〉》（2016年10月27日），人民出版社单行本，第4页。

④ 《在党的十八届六中全会第二次全体会议上的讲话》（2016年10月27日），《习近平关于全面从严治党论述摘编》，中央文献出版社2016年版，第48页。

⑤ 《在青海省考察工作结束时的讲话（节选）》（2016年8月24日），《习近平关于全面从严治党论述摘编》，中央文献出版社2016年版，第42页。

是党内政治生活最根本的制度依托。习近平强调：“严肃党内生活，最根本的是认真执行党的民主集中制。”[①]“要严格执行党章关于民主集中制的各项规定，并落实到制定决策、选人用人等领导工作各个环节。”[②]

认真执行民主集中制，要解决好“四个不够”、纠正“两个偏向”、做到“一个加强”。解决“四个不够”问题，就是要“解决发扬民主不够、正确集中不够、开展批评不够、严肃纪律不够等问题”[③]。纠正“两个偏向”，就是纠正“只讲民主不讲集中”和“只讲集中不讲民主”。习近平强调，“这些年来，各级领导班子都有不少议事规则，领导干部也大都懂得民主集中制的基本道理和要求，但家长制、一言堂的现象和议而不决、决而不行的现象在一些班子屡屡出现。有的领导干部个人主义、本位主义思想严重，只讲民主不讲集中，班子讨论问题时没有采纳自己的意见就很不高兴，或者脑袋长在屁股上，为了自己的那点权力争得不可开交。有的一把手只讲集中不讲民主，习惯于逢事先定调，重大问题不经班子成员充分酝酿和讨论就拍板，甚至对多数人的意见也置之不理。这两种情形都会严重影响民主集中制的贯彻执行”[④]。做到“一个加强”就是，加强对下级党委班子落实民主集中制的监督责任，解决好“一些党委对所管辖的领导班子及其成员贯彻执行民主集中制的情况缺乏经常分析和考核评估，以致有针对性地教育引导和采取组织措施不够”[⑤]的问题。

认真执行民主集中制，要从领导干部特别是一把手抓起。习近平强调“执行民主集中制，一把手以身作则很关键。要把一把手带头执行民主集中制作为加强领导班子思想政治建设的重要内容，推动各级一把手自觉坚持集体领导，带头发扬党内民主，严格按程序办事、按规矩办事，坚决反对和防止个人或少数人专断。”[⑥]“对每个领导干部，都要加强民主集中制的教育

---

① 习近平：《在全国组织工作会议上的讲话》（2013年6月28日），《十八大以来重要文献选编》（上），中央文献出版社2014年版，第352页。

② 习近平：《认真学习党章　严格遵守党章》（2012年11月16日），《人民日报》2012年11月20日。

③ 习近平：《在全国组织工作会议上的讲话》（2013年6月28日），《十八大以来重要文献选编》（上），中央文献出版社2014年版，第352页。

④ 《在参加河北省委常委班子专题民主生活会时的讲话》（2013年9月23—25日），《习近平关于党风廉政建设和反腐败斗争论述摘编》，中央文献出版社、中国方正出版社2015年版，第35页。

⑤ 《在参加河北省委常委班子专题民主生活会时的讲话》（2013年9月23—25日），《习近平关于党风廉政建设和反腐败斗争论述摘编》，中央文献出版社、中国方正出版社2015年版，第35—36页。

⑥ 习近平：《在全国组织工作会议上的讲话》（2013年6月28日），《十八大以来重要文献选编》（上），中央文献出版社2014年版，第353页。

培训，使他们熟悉民主集中制的规矩，懂得民主集中制的方法”。考察领导班子，要做到“两看”，即“要看班子日常运转和决策执行情况，看领导干部政治素质和行为表现如何，不能简单进行结果性评价”。对“两种情况”要追责，即“对贯彻执行民主集中制不力、发生重大偏差和失误的班子和个人，要追究责任”[①]。

认真执行民主集中制，要体现在对党内重要关系的处理上，习近平强调：“党内组织和组织、组织和个人、同志和同志、集体领导和个人分工负责等重要关系都要按照民主集中制原则来设定和处理，不能缺位错位、本末倒置。”[②]

认真执行民主集中制，要在细化和细致上下功夫，习近平强调“要健全和认真落实民主集中制的各项具体制度，促使全党同志按照民主集中制办事，促使各级领导干部特别是主要领导干部带头执行民主集中制。要发扬党内民主，营造民主讨论的良好氛围，鼓励讲真话、讲实话、讲心里话，允许不同意见碰撞和争论，同时善于进行正确集中，防止议而不决、决而不行”[③]。

用好武器：批评与自我批评。

面对党内存在的不良作风和突出问题，什么才是我们的制胜武器呢？习近平多次强调批评与自我批评是我们的有力武器，他指出：“批评和自我批评是清除党内政治灰尘和政治微生物的有力武器，必须以整风精神严格党内生活，着力提高领导班子发现和解决自身问题的能力”“要把批评和自我批评作为防身治病的有力武器，通过积极健康的思想斗争，不断洗涤每个党员、干部的思想和灵魂。”[④]在党的十八届六中全会第二次全体会议上，习近平再次强调：“批评和自我批评是我们党强身治病、保持肌体健康的锐

---

① 《在参加河北省委常委班子专题民主生活会时的讲话》（2013年9月23—25日），《习近平关于严明党的纪律和规矩论述摘编》，中央文献出版社、中国方正出版社2016年版，第97页。

② 习近平：《在党的群众路线教育实践活动总结大会上的讲话》（2014年10月8日），《十八大以来重要文献选编》（中），中央文献出版社2016年版，第96页。

③ 习近平：《在全国组织工作会议上的讲话》（2013年6月28日），《十八大以来重要文献选编》（上），中央文献出版社2014年版，第352页。

④ 《在党的群众路线教育实践活动第一批总结暨第二批部署会议上的讲话》（2014年1月20日），《习近平关于全面从严治党论述摘编》，中央文献出版社2016年版，第27页。

利武器，也是加强和规范党内政治生活的重要手段。”①

在对待批评与自我批评的正确态度和原则方法上，习近平强调要使批评和自我批评成为党内生活的常态，成为党员、干部的必修课，“对自己的缺点错误，要敢于正视、主动改正。对别人的缺点错误，要敢于指出、帮助改进。对同志的提醒批评，要闻过则喜、虚心接受。自我批评要一日三省，相互批评要随时随地，不要等小毛病发展成大问题再提。要让批评和自我批评成为党内生活的常态，成为每个党员、干部的必修课”②。强调开展批评与自我批评要坚持“三项原则”，即“无论批评还是自我批评，都要实事求是、出于公心、与人为善”。做到“四不”，即不搞“鸵鸟”政策，不马虎敷衍，不文过饰非，不发泄私愤。强调尤其要正确对待批评，“忠言逆耳，良药苦口。对批评意见，要本着有则改之、无则加勉的态度，决不能用‘批评’抵制批评，搞无原则的纷争”③。

对基层党组织的党内政治生活，习近平强调：“落实‘三会一课’制度有了一定改进，但不严肃、不认真、不经常的问题还没有得到很好解决。对党员的日常管理监督，包括组织关系管理、流动党员管理等，要加以改进完善。开展‘两学一做’学习教育，不但要着力解决党员队伍存在的问题，还要推动解决党的组织生活、党员教育管理工作存在的问题。”“整顿不合格基层党组织的工作要跟着上，这是一套‘组合拳’。‘火车跑得快，全靠车头带。’必须激活基层党组织，增强基层组织力。”④

运用载体：严肃认真的组织生活。

组织生活是党内政治生活的经常性手段和最重要载体，习近平强调：“用好组织生活这个经常性手段。党的组织生活是党内政治生活的重要内容和载体，是党组织对党员进行教育管理监督的重要形式。一个班子强不强、

① 《在党的十八届六中全会第二次全体会议上的讲话》（2016年10月27日），《习近平关于全面从严治党论述摘编》，中央文献出版社2016年版，第171页。

② 习近平：《在第十八届中央纪律检查委员会第六次全体会议上的讲话》（2016年1月12日），《人民日报》2016年5月3日。

③ 习近平：《在党的群众路线教育实践活动工作会议上的讲话》（2013年6月18日），《十八大以来重要文献选编》（上），中央文献出版社2014年版，第317页。

④ 《在中央政治局常委会会议审议“两学一做”学习教育方案时的讲话（节选）》（2016年2月4日），《习近平关于全面从严治党论述摘编》，中央文献出版社2016年版，第36页。

有没有战斗力，同有没有严肃认真的组织生活密切相关。”①

在组织生活的制度落实上，习近平强调：“要认真落实‘三会一课’、民主生活会、领导干部双重组织生活、民主评议党员、谈心谈话等制度，加强经常性教育、管理、监督。要创新方式方法，增强吸引力和感染力，提高组织生活质量和效果。”②

在组织生活的功能发挥上，习近平强调要注重解决问题，“党内政治生活因素复杂，具体到一个地方、一个部门、一个单位，问题各不相同。直面问题是勇气，解决问题是水平”。强调解决问题要实事求是，做到“坚持有什么问题就解决什么问题，什么问题难就重点解决什么问题，什么问题突出就着力攻克什么问题”。强调解决问题要注重拓展效果，“无论解决什么问题，都要综合分析、举一反三，使每项措施、每次努力都有利于加强和规范党内政治生活，有利于净化党内政治生态”③。

习近平强调，在贯彻落实《关于新形势下党内政治生活的若干准则》上，要敢于直面问题，向顽瘴痼疾开刀，解决好两方面的问题：

“第一类问题，主要是那些量大面广、表现突出的问题，包括：一是工作中搞独断专行、搞‘一言堂’和自由主义、分散主义问题；二是作风上搞形式主义、官僚主义、享乐主义和奢靡之风问题；三是滥用权力、贪污受贿、腐化堕落、违法乱纪问题，有纪不依、执纪不严、违纪不究问题；四是不思进取、不敢担当、慵懒无为问题；等等。这类问题，群众看得真切，界限尺度比较明确，重在严格执行制度，加强刚性约束。”

“第二类问题，主要是那些政治性强、破坏力大的问题，包括：一是在重大问题上不同党中央保持一致、不执行党的政治纪律和政治规矩问题，二是对党不忠诚老实、阳奉阴违、弄虚作假、做‘两面人’问题，三是选人用人上任人唯亲、任人唯利和跑官要官、买官卖官、拉票贿选问题，四是结党营私、拉帮结派、政治野心膨胀问题，等等。这类问题，往往隐蔽性强，不到关键时刻难以暴露，重在确立判断标准，及时查处典型，形成有效

① 《在党的十八届六中全会第二次全体会议上的讲话》（2016年10月27日），《习近平关于全面从严治党论述摘编》，中央文献出版社2016年版，第143页。

② 《在党的十八届六中全会第二次全体会议上的讲话》（2016年10月27日），《习近平关于全面从严治党论述摘编》，中央文献出版社2016年版，第143页。

③ 《在党的十八届六中全会第二次全体会议上的讲话》（2016年10月27日），《习近平关于全面从严治党论述摘编》，中央文献出版社2016年版，第50页。

机制。”①

在组织生活的重点环节上，习近平强调要特别注意开好民主生活会。对召开民主生活会的时机，强调有“三种时机”应该开会研究解决问题，一是遇到重要问题或普遍性问题，需要集体批评和自我批评的，就要召开民主生活会，把事情说清楚、谈透彻；二是有了群众反映，接到揭发检举，经过查核确有轻微违规违纪行为，就要让犯错误的同志在民主生活会上自我检讨，大家批评帮助，共同敲响警钟；三是对巡视反馈的领导干部“四风”问题和违反廉洁纪律问题，要在民主生活会上进行剖析批评，提出整改措施。同时强调，上级党组织要加强对下级领导班子民主生活会的督促指导，提高民主生活会质量和水平。②

对民主生活会应坚持的原则，习近平强调要坚持“一个传统的公式”，即要教育党员干部坚持“团结—批评—团结”的公式。打消“四怕”的顾虑，即打消自我批评怕丢面子、批评上级怕穿小鞋、批评同级怕伤和气、批评下级怕丢选票等顾虑。做到“两个兼顾”，既深刻剖析和检查自己，又开展诚恳的相互批评，触及思想和灵魂，既红红脸、出出汗，又明确整改方向。③

对民主生活会要防止的倾向，习近平强调防止把民主生活会开成评功摆好会，“革命战争年代以至上世纪五六十年代，这些制度执行起来是很严格的。像党小组生活会，从一般党员到党的领袖都参加，开展批评和自我批评，指名道姓讲问题、提意见、论危害。当前，党内积极的思想斗争讲得少了，批评和自我批评难以开展起来，民主生活会很多成了评功摆好会”。“要注意促进领导干部尤其是主要领导干部带头做到既诚恳进行批评和自我批评，又满腔热情欢迎批评包括尖锐批评。”④

在组织生活的关键对象上，习近平强调要从领导干部抓起，“要突出领导干部这个关键，教育引导各级领导干部立正身、讲原则、守纪律、拒腐

① 《在党的十八届六中全会第二次全体会议上的讲话》（2016年10月27日），《习近平关于全面从严治党论述摘编》，中央文献出版社2016年版，第49—50页。

② 习近平：《在第十八届中央纪律检查委员会第六次全体会议上的讲话》（2016年1月12日），《人民日报》2016年5月3日。

③ 习近平：《在党的群众路线教育实践活动工作会议上的讲话》（2013年6月18日），《十八大以来重要文献选编》（上），中央文献出版社2014年版，第317页。

④ 习近平：《在全国组织工作会议上的讲话》（2013年6月28日），《十八大以来重要文献选编》（上），中央文献出版社2014年版，第353页。

蚀，形成一级带一级、一级抓一级的示范效应，积极营造风清气正的从政环境”[①]。“现在，确实需要修复政治生态，把我们党的光荣传统和优良作风大大恢复和发扬起来。在这方面，中央委员会的同志要在党言党、在党忧党、在党为党，带好头、做好表率。”[②]

2016年10月24日，在党的十八届六中全会上，习近平再次强调：“新形势下加强和规范党内政治生活，重点是各级领导机关和领导干部，关键是高级干部特别是中央委员会、中央政治局、中央政治局常务委员会的组成人员，高级干部特别是中央领导层组成人员必须以身作则，模范遵守党章党规，严守党的政治纪律和政治规矩，坚持不忘初心、继续前进，坚持率先垂范、以上率下，为全党全社会作出示范。”“加强和规范党内政治生活，要从中央委员会、中央政治局、中央政治局常务委员会做起。高级干部要清醒认识自己的岗位对党和国家的特殊重要性，职位越高越要自觉按照党提出的标准严格要求自己，越要做到党性坚强、党纪严明，做到对党始终忠诚、永不叛党。”[③]

同时习近平也强调党员干部要增强角色意识和政治担当。“严肃党内政治生活是每个党员、干部的事，大家都要增强角色意识和政治担当，在党言党、在党忧党、在党为党，把爱党、忧党、兴党、护党落实到工作生活的各个环节，敢于同形形色色违反党内政治生活原则和制度的现象做斗争。”[④]

在组织生活的改进创新上，习近平强调加强和规范党内政治生活，要做到继承与创新的统一。习近平指出：“新形势下加强和规范党内政治生活，既要坚持过去行之有效的制度和规定，也要结合新的时代特点与时俱进，拿出新的办法和规定。”[⑤]要创新方式方法，增强吸引力和感染力，提高组织生

---

① 《习近平李克强张德江刘云山分别参加全国人大会议一些代表团审议》（2015年3月9日），《人民日报》2015年3月10日。

② 《在党的十八届五中全会第二次全体会议上的讲话》（2015年10月29日），《习近平关于全面从严治党论述摘编》，中央文献出版社2016年版，第34页。

③ 习近平：《关于〈关于新形势下党内政治生活的若干准则〉和〈中国共产党党内监督条例〉的说明》（2016年10月24日），《人民日报》2016年11月3日。

④ 习近平：《在党的群众路线教育实践活动总结大会上的讲话》（2014年10月8日），《十八大以来重要文献选编》（中），中央文献出版社2016年版，第97页。

⑤ 习近平：《关于〈关于新形势下党内政治生活的若干准则〉和〈中国共产党党内监督条例〉的说明》（2016年10月24日），《人民日报》2016年11月3日。

活质量和效果。[①]

纯正关系：维护和构建健康的党内关系。

良好的党内关系是党内政治生活健康的基础。习近平强调，党内关系应该是诤友、挚友关系，“党内生活要交心，党内同志要做诤友、挚友”[②]。应该是平等关系，“在党内，所有党员都应该平等相待，都应该平等享有一切应该享有的权利、履行一切应该履行的义务”[③]。应该是清爽、规矩的关系，“倡导清清爽爽的同志关系，规规矩矩的上下级关系”[④]。

在构建健康党内关系要把握的原则上，习近平强调要做到“三个突出”“两个不允许”，即“党内上下关系、人际关系、工作氛围都要突出团结和谐、纯洁健康、弘扬正气”，“不允许搞团团伙伙、帮帮派派，不允许搞利益集团、进行利益交换”。[⑤]强调要处理好“四对关系”、做到“六个又有”，即“要处理好权利和义务、权力和责任、激励和约束、惩处和保护等方面关系”，“努力形成又有集中又有民主、又有纪律又有自由、又有统一意志又有个人心情舒畅的生动活泼的政治局面”。[⑥]

营造良好从政环境，要从各级领导干部首先是高级干部做起。习近平对此强调有“五项要求”：一是要坚守正道、弘扬正气。坚持以信念、人格、实干立身。二是要襟怀坦白、光明磊落。对上对下讲真话、实话、心里话，绝不搞弄虚作假、口是心非那一套。三是要坚持原则、恪守规矩。严格按党纪国法办事，不成为不正当社会关系的编织者，绝不搞看人下菜、翻云覆雨那一套。四是要严肃纲纪、疾恶如仇。对一切不正之风敢于亮剑，绝不搞逃避责任、明哲保身那一套。五是要艰苦奋斗、清正廉洁，正确行使权力，在

① 《在党的十八届六中全会第二次全体会议上的讲话》（2016年10月27日），《习近平关于全面从严治党论述摘编》，中央文献出版社2016年版，第143页。

② 《提高党的战斗力的法宝》（2013年9月23—25日），《习近平关于全面从严治党论述摘编》，中央文献出版社2016年版，第26页。

③ 习近平：《严明党的组织纪律，增强组织纪律性》（2014年1月14日），《十八大以来重要文献选编》（上），中央文献出版社2014年版，第770页。

④ 《在十八届中央政治局第三十三次集体学习时的讲话》（2016年6月28日），《习近平关于全面从严治党论述摘编》，中央文献出版社2016年版，第41页。

⑤ 习近平：《在党的群众路线教育实践活动总结大会上的讲话》（2014年10月8日），《十八大以来重要文献选编》（中），中央文献出版社2016年版，第96—97页。

⑥ 《在青海省考察工作结束时的讲话（节选）》（2016年8月24日），《习近平关于全面从严治党论述摘编》，中央文献出版社2016年版，第43页。

各种诱惑面前经得起考验，“不以一毫私意自蔽，不以一毫私欲自累”。[①]

在构建健康党内关系的导向上，习近平强调要抓好选人用人这个导向，“选人用人是党内政治生活的风向标，用人上的不正之风和腐败现象对政治生活危害最烈，端正用人导向是严肃党内政治生活的治本之策”[②]。强调要纠正“劣币驱逐良币”的逆淘汰现象，“要大力整治选人用人上的不正之风，使用人风气更加清朗，坚决纠正‘劣币驱逐良币’的逆淘汰现象，以用人环境的风清气正促进政治生态的山清水秀”[③]。

在构建健康党内关系要把握的重点上，习近平强调要把党委班子的关系、领导干部与部属之间的关系作为重点。

首先，不能把“班长”变成“家长”。“要自觉维护党委权威，不能自己当行政领导自己最大，自己当书记也是自己最大，这是典型的个人主义表现。我们的干部在不断进步中经常由正转副、由副转正，由党转政、由政转党，不能什么时候都是老子天下第一，什么时候都以自己为主。”[④]比如，“县委书记是一班之长，要带头执行民主集中制，不把‘班长’当成‘家长’。要按照程序进行决策，特别是涉及资金、项目、用人等重大问题，要经过集体研究，不搞个人专权”。“要善于把党委一班人、几大家班子和各级干部智慧集中起来，做到总揽不包揽、分工不分家、放手不撒手。要有胸怀，能容人容事，注意听取班子成员意见，带头增进和维护县委班子团结。”同时，“讲团结不是要搞一团和气，讲和谐不是要‘和稀泥’。在大是大非问题上，要有正确立场和鲜明态度，敢于站出来说话，敢于表明自己的态度”。[⑤]

其次，不能“把分管工作当成自己的禁脔”。“有的同志习惯于把分管工作当成自己的禁脔，觉得既然分管就没有必要报告了，也不希望其他人来

---

① 《在十八届中央政治局第十六次集体学习时的讲话》（2014年6月30日），《习近平关于全面从严治党论述摘编》，中央文献出版社2016年版，第30页。

② 《在党的十八届六中全会第二次全体会议上的讲话》（2016年10月27日），《习近平关于全面从严治党论述摘编》，中央文献出版社2016年版，第142页。

③ 《在党的十八届六中全会第二次全体会议上的讲话》（2016年10月27日），《习近平关于全面从严治党论述摘编》，中央文献出版社2016年版，第143页。

④ 《在参加河北省委常委班子专题民主生活会时的讲话》（2013年9月23—25日），《习近平关于严明党的纪律和规矩论述摘编》，中央文献出版社、中国方正出版社2016年版，第17页。

⑤ 《做焦裕禄式的县委书记》（2015年1月12日），《做焦裕禄式的县委书记》，中央文献出版社2015年版，第10—11页。

过问，有的甚至不愿意党委过问，不然就是党政不分了。这种想法是不正确的。党委是起领导核心作用的，各方面都应该自觉向党委报告重大工作和重大情况，在党委统一领导下尽心尽力做好自身职责范围内的工作。”“各地区各部门党委（党组）要加强向党中央报告工作，这也是一个规矩。”①

最后，“党内不能搞人身依附关系”。“不能把党组织等同于领导干部个人，对党尽忠不是对领导干部个人尽忠，党内不能搞人身依附关系。干部都是党的干部，不是哪个人的家臣。有的干部信奉拉帮结派的‘圈子文化’，整天琢磨拉关系、找门路，分析某某是谁的人，某某是谁提拔的，该同谁搞搞关系、套套近乎，看看能抱上谁的大腿。”“党内决不能搞封建依附那一套，决不能搞小山头、小圈子、小团伙那一套，决不能搞门客、门宦、门附那一套，搞这种东西总有一天会出事！有的案件一查处就是一串人，拔出萝卜带出泥，其中一个重要原因就是形成了事实上的人身依附关系。”②

激浊扬清：坚持激浊和扬清两手抓。

习近平强调：“党的十八大提出建设廉洁政治的重大任务，要求做到干部清正、政府清廉、政治清明。这‘三清’对党风廉政建设和反腐败斗争提出了更高的要求。”③加强和规范党内政治生活、治理政治生态，既包含激浊，也包含扬清。习近平强调：“严肃党内政治生活，必须坚持激浊和扬清两手抓，让党内正能量充沛，让歪风邪气无所遁形。”④

习近平强调，激浊，要激除“两个浊”：一是铲除腐败这个最致命的“污染源”，下大气力拔“烂树”、治“病树”、正“歪树”；二是深入推进作风建设，对作风之弊进行不间断的排查、检修、扫除，最大限度压缩党

---

① 习近平：《严明党的组织纪律，增强组织纪律性》（2014年1月14日），《十八大以来重要文献选编》（上），中央文献出版社2014年版，第772页。

② 习近平：《严明党的组织纪律，增强组织纪律性》（2014年1月14日），《十八大以来重要文献选编》（上），中央文献出版社2014年版，第769—770页。

③ 《在第十八届中央纪律检查委员会第二次全体会议上的讲话》（2013年1月22日），《习近平关于党风廉政建设和反腐败斗争论述摘编》，中央文献出版社、中国方正出版社2015年版，第138页。

④ 《在十八届中央政治局第三十三次集体学习时的讲话》（2016年6月28日），《习近平关于全面从严治党论述摘编》，中央文献出版社2016年版，第41页。

内不良行为的生存空间。[①]要注意解决存在问题特别是“四风”问题，“严肃党内政治生活是一篇大文章。其中最重要的是围绕坚持党的政治路线、思想路线、组织路线、群众路线，坚持和完善民主集中制、严格党的组织生活等重点内容，集中解决好突出问题”[②]。“‘四风’问题解决好了，党内其他一些问题解决起来也就有了更好条件。党的十八大之后，中央政治局首先抓改进工作作风，也是这个考虑。”[③]

激浊，还包括破除潜规则，习近平强调：“这些年，一些潜规则侵入党内，并逐渐流行起来，有的人甚至以深谙其道为荣，必须引起我们高度警觉。”比如，在思想政治上要防止“两面人”。一些人信奉“马列主义对人，自由主义对己”“两个嘴巴说话，两张面孔做人”；在组织生活中要防止好人主义盛行。一些人信奉“自我批评摆情况，相互批评提希望”“你不批我，我不批你；你若批我，我必批你”，“上级对下级，哄着护着；下级对上级，捧着抬着；同级对同级，包着让着”；在执行政策中要防止投机取巧。一些人信奉“遇到黄灯跑过去，遇到红灯绕过去”，“不求百姓拍手，只求领导点头”；在干部任用中防止跑官要官风气。一些人信奉“不跑不送、降职使用，只跑不送、原地不动，又跑又送、提拔重用”；在人际交往中防止关系和人情至上。一些人信奉“章子不如条子，条子不如面子”“有关系走遍天下，没关系寸步难行”。“这些潜规则看起来无影无踪、却又无处不在，听起来悖情悖理、却可畅通无阻，成为腐蚀党员和干部、败坏党的风气的沉疴毒瘤。”[④]

习近平强调，扬清主要是扬“两个清”：一是要扬选人用人之清，这是关键所在，落实好干部标准，坚持正确用人导向，真正让那些忠诚、干净、担当的干部得到褒奖和重用，让那些唱对台戏、身在曹营心在汉、阳奉阴违、阿谀逢迎、弄虚作假、不干实事、会跑会要的干部没市场、受惩戒；二

① 《在十八届中央政治局第三十三次集体学习时的讲话》（2016年6月28日），《习近平关于全面从严治党论述摘编》，中央文献出版社2016年版，第41页。

② 《在十八届中央政治局第三十三次集体学习时的讲话》（2016年6月28日），《习近平关于全面从严治党论述摘编》，中央文献出版社2016年版，第40页。

③ 习近平：《在党的群众路线教育实践活动工作会议上的讲话》（2013年6月18日），《十八大以来重要文献选编》（上），中央文献出版社2014年版，第314页。

④ 《作风建设要立破并举、扶正祛邪》（2014年5月9日），《习近平关于全面从严治党论述摘编》，中央文献出版社2016年版，第28页。

是要扬党内关系之清，倡导清清爽爽的同志关系，规规矩矩的上下级关系，让党内关系全面回归正常化、纯洁化。①

扬清，包括严格遵守党规党纪，把纪律规矩立起来。习近平强调："破除潜规则，根本之策是强化明规则，以正压邪，让潜规则在党内以及社会上失去土壤、失去通道、失去市场。全党上下，任何一级组织、任何一名党员和干部都要严格遵守党的组织制度和党的法规纪律，对党忠诚，光明磊落，公道正派。"②"严肃党内政治生活，必须把纪律规矩立起来、严起来。要对现有的制度规定进行梳理，该修订的修订、该补充的补充、该新建的新建，让党内政治生活有规可依、有章可循。"③"严肃党内政治生活，根本抓手是不折不扣执行党的政治纪律和政治规矩。"④

扬清，还包括构建良好的党内政治文化。党内政治文化涵养着党内政治生态，影响着党内政治生活。习近平强调："党内政治生活、政治生态、政治文化是相辅相成的，政治文化是政治生活的灵魂，对政治生态具有潜移默化的影响。"习近平强调加强党内政治文化建设，要倡导和弘扬"六种新的执政价值观"，即"倡导和弘扬忠诚老实、光明坦荡、公道正派、实事求是、艰苦奋斗、清正廉洁等价值观"。要旗帜鲜明地反对"四种腐朽政治文化"，即"旗帜鲜明抵制和反对关系学、厚黑学、官场术、'潜规则'等庸俗腐朽的政治文化，不断培厚良好政治生态的土壤"⑤。强调要从抓习惯开始，培育良好党内政治文化，"为什么我们要抓景区会所、送节礼、送月饼、送贺年卡这些看起来不起眼的事情？为什么要抓办公用房、公车配备、出差餐饮等问题？就是要从细节处着手，养成习惯"⑥。

---

① 《在十八届中央政治局第三十三次集体学习时的讲话》（2016年6月28日），《习近平关于全面从严治党论述摘编》，中央文献出版社2016年版，第41页。

② 《作风建设要立破并举、扶正祛邪》（2014年5月9日），《习近平关于全面从严治党论述摘编》，中央文献出版社2016年版，第28页。

③ 《在十八届中央政治局第三十三次集体学习时的讲话》（2016年6月28日），《习近平关于全面从严治党论述摘编》，中央文献出版社2016年版，第41页。

④ 《在青海省考察工作结束时的讲话（节选）》（2016年8月24日），《习近平关于全面从严治党论述摘编》，中央文献出版社2016年版，第43页。

⑤ 《在党的十八届六中全会第二次全体会议上的讲话》（2016年10月27日），《习近平关于全面从严治党论述摘编》，中央文献出版社2016年版，第74页。

⑥ 《在参加河南省兰考县委常委班子专题民主生活会时的讲话》（2014年5月9日），《习近平关于党风廉政建设和反腐败斗争论述摘编》，中央文献出版社、中国方正出版社2015年版，第85页。

贯彻思考

开展严肃认真的党内政治生活，是我们党的优良传统，也是新形势下推进全面从严治党的实践要求。党的十八届六中全会通过的《关于新形势下党内政治生活的若干准则》，继承了党内政治生活的一系列基本原则，囊括了新形势下全面从严治党的方方面面，对新时期管党治党面临的突出问题都提供了解决方案，对党中央关注和强调的全面从严治党重要问题都作了深入部署，对群众期盼解决的党的建设中的重点难点问题都提出了解决办法，对实践中迫切需要解决的重要问题都作出了有力回应，新准则提供的基本原则、思路办法、解决方案等具有很强的政治性、长期性、指导性和针对性。

一是把贯彻党内政治生活新准则、净化党内政治生态作为长期性、基础性的战略工程来抓。

党内政治生活准则，是党内政治生活、党员政治言行所依据的原则，提供的是党内判断是非曲直的对照标准，是衡量党性品行、风气好坏的根本尺度。从准则本身的原则性要求、标准性规范，到管党治党的实际体现之间有一个漫长距离和努力过程。党内良好政治生态的形成，是一个长期的塑造过程，是党内政治生活长期积累和演进的结果。

从1929年冬天的古田会议上毛泽东在纠正主观主义时提出“教育党员使党员的思想和党内的生活都政治化，科学化”[①]思想以来，到1980年党的十一届五中全会通过《关于党内政治生活的若干准则》，提出“在新的历史时期，必须认真维护党规党法，切实搞好党风，加强和改善党的领导，在全党和全国范围内造成一个既有民主又有集中，既有自由又有纪律，既有个人心情舒畅、生动活泼又有统一意志、安定团结的政治局面”[②]，到党的十二大党章及以后党章的总纲中明确提出“党在自己的政治生活中正确地开展批评和自我批评，在原则问题上进行思想斗争，坚持真理，修正错误”[③]，到党的十八届六中全会通过《关于新形势下党内政治生活的若干准则》，提出新形

① 《毛泽东选集》第二卷，人民出版社1991年第2版，第92页。

② 《改革开放三十年重要文献选编》（上），中央文献出版社2008年版，第123页。

③ 夏利彪：《中国共产党党章及历次修正案文本汇编》，法律出版社2016年版，第242页。

势下党内政治生活的“四个着力”“六个又有”的目标要求。可以说，严肃党内政治生活、净化党内政治生态贯穿于党的建设的全部历史。

严肃党内政治生活、净化党内政治生态，应树立长期作战的思想，不能寄希望于突击性、短平快的行动，而要下决心用几年、十几年时间甚至更长时间持续地构建良好党内政治生态。习近平指出，当前党内政治生活、政治生态净化出现了“四势”的特点：严肃党内政治生活、净化党内政治生态虽然已经有了“起势”，但还没有形成“定势”；许多方面已经取得了“优势”，但还没有达到“胜势”。[①]强调，“解决党内政治生活、政治生态中出现的问题绝非一朝一夕之功，我们要锲而不舍把这项党的建设基础工程抓紧抓实抓好”。

全面从严治党开启了严肃党内政治生活、净化党内政治生态的时代大幕，也探索和制定了原则明确、标准清楚、内容完整的党内政治生活规范，可以说，更长期、更艰苦、更有效的工作是不折不扣、一以贯之地抓好新准则的落实落地，更重要的使命任务是要把新准则从文字表述变为全党的实际遵循，变为党内政治生态改善的实际效果。

二是把贯彻党内政治生活新准则、净化党内政治生态作为系统性、整体性的战略工程来抓。

《关于新形势下党内政治生活的若干准则》总结了我们党长期以来在开展党内政治生活方面形成的宝贵经验和基本规范，阐明了党开展严肃认真党内政治生活的基本原则和立场等重要内容，具有很强的统领性、系统性和整体性，它不是党的建设的一个单方面文件规定，而是一部思想性、政治性、综合性很强的基础性法规，是一部在党内法规位阶体系中仅次于党章的重要党规。

从文件所涉及的内容看，有三大板块、12个部分、1.3万余字，提出160多条新规定新举措，涵盖面广、内容丰富，每句话都有深刻内涵和明确指向，包括管党治党的各个主要方面，是新形势下严肃党内政治生活、净化党内政治生态的行动纲领。因此，新形势下严肃党内政治生活、净化党内政治生态，最需要的是把新准则的丰富内容逐条逐项学习和研究透，在总体把握、

① 《在十八届中央政治局第三十三次集体学习时的讲话》（2016年6月28日），《习近平关于全面从严治党论述摘编》，中央文献出版社2016年版，第40页。

掌握精髓的基础上，分解、细化和分配到党的建设各个领域、各个方面，使党的各级组织、各个部门、所有党员都按照准则要求，深入学习理解基本内容，思考具体落实办法，使新准则由价值标准形态向党内政治生活的言行规范、操作细则形态转变，使新准则由思想性、概括性、原则性要求，向组织考察的标准、政绩评价的依据、选人用人的导向转变。

要切实把新准则的根本检验标准和政治导向地位立起来，做到解决党内存在的突出问题以党章和新准则为依据，制定新的党内制度规定以党章和新准则为基准，改进党内政治生活的形式方法以党章和新准则的要求为前提，使新准则成为指导党内政治生活的行动之纲和基本遵循。同时，新准则规定的十二个方面的基本内容，在贯彻落实中应紧紧围绕加强和规范党内政治生活、净化党内政治生态聚焦用力，从而产生“整体大于部分之和”的综合效应。

三是把贯彻党内政治生活新准则、净化党内政治生态作为科学性、动态性的战略工程来抓。

党内政治生态，就是党内政治系统运行散发出来的信息导向，是党内政治生活的大气候、大环境、大趋势，是由党员队伍的动机、行为、作风规范、制度形成的氛围和社会舆论评价的总和。党内政治生态涵盖党内关系状态、党内文化状态、党内制度状态等多个分系统，是由多种要素组成的整体。全面从严治党越往深处推进，越要触及政治生态，越要治理好政治生态。习近平在党的十八届六中全会上指出：“政治生态污浊，从政环境就恶劣；政治生态清明，从政环境就优良。”

党内政治生态直接关系从政环境的好坏，它输出党的作风，有好的生态才能有好的作风表现；输出干部成长的依赖方式，有好的生态才能使干部有成长发展的正确路径选择；输出价值导向，有好的生态才能使全体党员干部正确对待当官与发财、做人与做事、为公与谋私的关系；输出政治文化，有好的生态才能做到正气上扬、浊气下降。

党的十八届六中全会通过《关于新形势下党内政治生活的若干准则》和《中国共产党党内监督条例》，标志着全面从严治党，已经从打击腐败这个治标阶段，向治理政治生态这个治本阶段转变。这就意味着我们全面从严治党，不仅要保持治标的力度和劲头，而且要注重涵养政治生态；不仅要完善制度，还要注重制度执行的结果；不仅要严肃党的纪律，还要注重纪律的生态变化；不仅要从政策机制上选好人用好人，还要注重干部成长的实际生态状况。

要构建一个好的政治生态，必须注重其科学性和动态性，特别要加强内在机理、深层逻辑等研究，从理论和学术上进一步加强理论支撑。比如，政治生态有着怎样的发生机理，哪些关键要素在起作用，我们党以党委支部为核心的组织形式、组织任命干部的委任制度、政治生活的规约作用、科层体制的组织模式、领导干部党政身份高度契合的党员身份等，对党内生态的走向究竟起着怎样的作用。比如，党内政治生态和党内政治生活状况具体怎么评价，应该用怎样的指标体系来衡量，什么样的状况是优良的，什么样的状况是健康的，什么样的状况是正在恶化的，什么样的状况会濒临崩溃，等等。比如，党内政治生态的具体组成要素是什么，由哪些分系统构成，像职务晋升生态、党内民主生态、集体领导生态、政治文化生态等能不能构成党内政治生态的骨干成分等。这些问题需要更深入更系统的理论研究。

随着世情、国情、党情的变化发展，党内政治生活也会产生新的情况、新的变化、新的问题，怎样跟进研究新问题新矛盾，怎样构建党内政治生活所需要的政治文化，等等，也需要深入跟踪研究，不断拿出新的思路与对策。

第八篇
战略抓手之一：政治建设

政治建设是马克思主义政党建设的根本性建设。马克思恩格斯就无产阶级革命的政治属性作出过深刻论述。列宁在建党实践中把政治作为无产阶级完成历史使命的重要问题来看待，他强调："一个阶级如果不从政治上正确地看问题，就不能维持它的统治，因而也就不能完成它的生产任务问题。"[①]早在1929年的古田会议上，毛泽东就强调："红军是一个执行革命的政治任务的武装集团"，要"教育党员使党员的思想和党内生活都政治化、科学化"。进入新时代，习近平强调："政治问题，任何时候都是根本性的大问题。"[②]党的十八大以来，习近平把政治建设作为管党治党的重要抓手，发挥政治建设的统领作用，从强化政治意识、突出政治属性、丰富政治内涵、严肃政治纪律等方面入手，使全面从严治党站位很高、影响长远，取得了突出成效，立起了政治规矩，强化了政治属性，浓厚了政治氛围。

战略定位：根本政治要求、根本保证、决定方向效果、重要经验、优势所在

政治建设是党的根本性建设，在党的建设中发挥着统领作用，决定党的建设方向和效果，事关统揽推进伟大斗争、伟大工程、伟大事业、伟大梦想。[③]旗帜鲜明讲政治是我们党作为马克思主义政党的根本要求。党的十九

① 《列宁选集》（第四卷），人民出版社1995年版，第408页。

② 习近平：《在第十八届中央纪律检查委员会第六次全体会议上的讲话》（2016年1月12日），《人民日报》2016年5月3日。

③ 宋功德、张文显：《党内法规学》，高等教育出版社2020年版，第203页。

大提出党的建设总要求强调，把党的政治建设放在首位，用党的政治建设统领新时代党的建设伟大工程，突显了政治建设在新时代党的建设中的重要作用。联系党的十八大以来，习近平对政治建设的一系列重要论述，政治建设的战略地位可以从根本政治要求、根本保证、决定方向效果、重要经验、优势所在等几个方面来认识。

加强政治建设是马克思主义政党的根本政治要求。

马克思主义政党是追求政治先进性的政党，始终把政治建设作为根本性的工程来维护。习近平对党的十九大为什么要突出强调政治建设这个重要内容作了深刻阐述："党的十九大提出党的政治建设这个重大命题，是有很深的考虑的。任何政党都有政治属性，都有自己的政治使命、政治目标、政治追求。马克思主义政党具有崇高政治理想、高尚政治追求、纯洁政治品质、严明政治纪律。如果马克思主义政党政治上的先进性丧失了，党的先进性和纯洁性就无从谈起。这就是我们把党的政治建设作为党的根本性建设的道理所在。"①

他还从党内存在问题的根源，反思在政治建设上的差距，强调："马克思主义执政党就要旗帜鲜明讲政治。大量事实表明，党内存在的各种问题，从根本上讲，都与政治建设软弱乏力、政治生活不严肃不健康有关。党的十九大把党的政治建设纳入党的建设总体布局并摆在首位，是从战略和全局高度作出的重大决策。"②

加强政治建设是加强党的全面领导的根本保证。

党是最高政治领导力量，发挥党的领导作用的一个根本形式是政治领导。习近平始终着眼坚持和加强党的领导，突出强调党的政治领导的极端重要性。他指出"坚持党的领导，最根本的是坚持党中央权威和集中统一领导。党章规定'四个服从'，最根本的是全党各个组织和全体党员服从党的全国代表大会和中央委员会；党中央强调'四个意识'，最根本的是坚决维

① 《增强推进党的政治建设的自觉性和坚定性》（2018年6月29日），《习近平谈治国理政》第三卷，外文出版社2020年版，第91页。

② 《重整行装再出发，以永远在路上的执着把全面从严治党引向深入》（2018年1月11日），《习近平谈治国理政》第三卷，外文出版社2020年版，第504页。

护党中央权威和集中统一领导。这都不是空洞的口号，不能只停留在口头表态上，要落实到行动上。党中央要求各级领导干部特别是高级干部当政治上的明白人，做到心中有党，就是要自觉把工作放在党中央工作大局中考量和部署，自觉做到党中央提倡的坚决响应、党中央决定的坚决执行、党中央禁止的坚决不做，执行党中央决策部署不讲条件、不打折扣、不搞变通”①。

维护党中央权威和集中统一领导不仅是根本方式，也是首要任务。他强调，加强党的政治建设，必须把维护党中央权威和集中统一领导作为首要任务。党内所有的政治问题，归根结底就是对党是否忠诚。忠诚是共产党人必须具备的优秀品格。……党中央作出的决策部署，所有党组织都要不折不扣贯彻落实。任何时候任何情况下，党的领导干部在政治上都要站得稳、靠得住，对党忠诚老实、与党中央同心同德，严守政治纪律和政治规矩，不断增强政治定力、纪律定力、道德定力、抵腐定力，把“四个意识”转化成听党指挥、为党尽责的实际行动。②

党中央权威是危难关头中国人民的根本依靠。习近平强调：“党中央权威是危难时刻全党全国各族人民迎难而上的根本依靠。中国特色社会主义制度，我国基本国情，决定了实现我们的奋斗目标、应对前进道路上的惊涛骇浪，必须坚持党的集中统一领导，必须维护党中央权威。实践再次证明，重大历史关头，重大考验面前，领导力是最关键的条件，党中央的判断力、决策力、行动力具有决定性作用。只要毫不动摇坚持党的领导、毫不动摇维护党中央权威，把全体人民紧紧团结在党的周围，我们就一定能够战胜一切艰难险阻，乘风破浪，勇往直前。”③

党的政治建设决定党的建设方向和效果。

政治建设在党的建设新的伟大工程中起着统领作用，决定着党的建设的方向和效果。因此，习近平反复强调，“全面从严治党首先要从政治上看”，“政治问题要从政治上来解决”。“我们把党的政治建设摆上突出位置，在坚定政治信仰、增强‘四个意识’、维护党中央权威和集中统一领

① 《全面从严治党，必须坚持和加强党的全面领导》（2018年1月11日），《论坚持党对一切工作的领导》，中央文献出版社2019年版，第223页。

② 《重整行装再出发，以永远在路上的执着把全面从严治党引向深入》（2018年1月11日），《习近平谈治国理政》第三卷，外文出版社2020年版，第505页。

③ 《习近平关于全面从严治党论述摘编》（2021年版），中央文献出版社2021年版，第150页。

导、严明党的政治纪律和政治规矩、加强和规范新形势下党内政治生活、净化党内政治生态、正风肃纪、反腐惩恶等方面取得明显成效。实践使我们深刻认识到，党的政治建设决定党的建设方向和效果，不抓党的政治建设或背离党的政治建设指引的方向，党的其他建设就难以取得预期成效。”①

“令之不行，政之不立。”“两个维护”是全党在革命性锻造中形成的共同意志，是战胜前进道路上一切艰难险阻的根本优势。习近平强调，“两个维护”是党的最高政治原则和根本政治规矩。全党必须自觉增强“四个意识”、坚定“四个自信”、做到“两个维护”，完善坚定维护党中央权威和集中统一领导的各项制度，健全党中央对重大工作的领导体制，以统一的意志和行动维护党的团结统一，不断增强党的政治领导力、思想引领力、群众组织力、社会号召力。②

加强政治建设是党的革命建设改革事业的重要经验。

党的百年奋斗史就是一部加强党的政治建设、使党更加坚强有力的历史。习近平立足党的百年奋斗历史，强调“维护党中央权威和集中统一领导，是我国革命、建设、改革的重要经验，是一个成熟的马克思主义执政党的重大建党原则”③。“党的十八大以来党和国家事业取得历史性成就、发生历史性变革，根本原因就在于我们党始终坚守了为中国人民谋幸福、为中华民族谋复兴的初心和使命。我们党要始终做到不忘初心、牢记使命，把党和人民事业长长久久推进下去，必须增强政治意识，善于从政治上看问题，善于把握政治大局，不断提高政治判断力、政治领悟力、政治执行力。”④他指出，“我们这么大一个党、这么大一个国家，如果没有党中央定于一尊的权威，党中央决定了的事都不去照办，还是各说各的话、各做各的事，那就什么事情也办不成了。在充分发扬民主的基础上进行集中，坚持党中央权威和集中统一领导，集中全党智慧，体现全党共同意志，是我们党的一大创举，

---

① 《增强推进党的政治建设的自觉性和坚定性》（2018年6月29日），《习近平谈治国理政》第三卷，外文出版社2020年版，第92页。

② 《习近平关于全面从严治党论述摘编》（2021年版），中央文献出版社2021年版，第149页。

③ 《在中共中央政治局民主生活会上的讲话》（2017年12月25日、26日），《人民日报》2017年12月27日。

④ 《在中共中央政治局民主生活会上的讲话》（2020年12月24日、25日），《人民日报》2020年12月26日。

也是中国共产党领导和我国社会主义制度的优势所在。这样做，既有利于做到科学决策、民主决策、依法决策，避免发生重大失误甚至颠覆性错误；又有利于克服分散主义、本位主义，避免议而不决、决而不行，形成推进党和国家事业发展的强大合力。”①

习近平还结合改革开放以来的经验，深刻总结政治建设的成功经验，强调：“四十年来的实践证明，什么时候党中央有权威，党就有力量；什么时候党中央权威弱化，党的领导就会削弱，党和国家事业发展就难以顺利前进。党的十八大以来，我们旗帜鲜明强调坚持和加强党的领导，从根本上改变了党的领导被弱化削弱的状况，消除了党、国家军队内部存在的严重政治隐患，化解了党面临的严重政治风险。实现新时代党的历史使命，全党必须增强‘四个意识’、坚定‘四个自信’、做到‘两个维护’，更加自觉地在党中央领导下开展工作。”②

旗帜鲜明讲政治是我们党一以贯之的优势所在。

在长期的革命、建设、改革事业中，我们党坚持以自我革命推动社会革命，使政治建设成为了我们党鲜明的优势和基因，使我们党始终牢牢把握了正确的政治方向，始终立于不败之地。习近平指出，“旗帜鲜明讲政治，既是马克思主义政党的鲜明特征，也是我们党一以贯之的政治优势。党领导人民治国理政，最重要的就是坚持正确政治方向，始终保持我们党的政治本色，始终沿着中国特色社会主义道路前进。中央政治局的同志要找准坐标、选准方位、瞄准靶心，善于从政治上观察和处理问题，使讲政治的要求从外部要求转化为内在主动”③。他强调，“旗帜鲜明讲政治、保证党的团结和集中统一是党的生命，也是我们党能成为百年大党、创造世纪伟业的关键所在。实践证明，只要全党团结成‘一块坚硬的钢铁’，就能够把全国各族人民团结起来，形成万众一心无坚不摧的磅礴力量，战胜一切强大敌人、一切艰难险阻”④。

---

① 《切实把思想统一到党的十九届三中全会精神上来》（2018年2月28日），《习近平谈治国理政》第三卷，外文出版社2020年版，第166—167页。

② 《习近平关于全面从严治党论述摘编》（2021年版），中央文献出版社2021年版，第142页。

③ 《在中共中央政治局民主生活会上的讲话》（2020年12月24日、25日），《人民日报》2020年12月26日。

④ 《在党史学习教育动员大会上的讲话》（2021年2月20日），人民出版社单行本，第21页。

问题分析

新时代党的政治建设究竟面临怎样的风险挑战？党的十八大以来，习近平在广泛深入调研、总结管党治党经验基础上，多次就政治建设方面存在的问题作出重要论述，提醒全党一定要认清政治建设方面存在问题的严重危害，一定要防范政治风险，一定要强化政治意识、心怀“国之大者”，不断在夯实政治根基上下功夫。论述比较集中的至少包括以下几个方面：

一是政治问题反映比较集中的“七个有之”问题。习近平指出：“从党的十八届四中全会开始，我就反复强调警惕‘七个有之’。”[①]党的十九届六中全会《决议》再次提醒全党要警惕“七个有之”问题，指出“特别是搞任人唯亲、排斥异己的有之，搞团团伙伙、拉帮结派的有之，搞匿名诬告、制造谣言的有之，搞收买人心、拉动选票的有之，搞封官许愿、弹冠相庆的有之，搞自行其是、阳奉阴违的有之，搞尾大不掉、妄议中央的也有之，政治问题和经济问题相互交织，贪腐程度触目惊心。这‘七个有之’问题严重影响党的形象和威信，严重损害党群干群关系，引起广大党员、干部、群众强烈不满和义愤”[②]。

习近平专门对“七个有之”的实质和危害作了论述，指出：“‘七个有之’本质上是政治问题，概括起来是两个方面。一个是政治问题和经济问题交织形成利益集团，妄图攫取党和国家权力；一个是山头主义和宗派主义作祟，大搞非组织活动，破坏党的集中统一。对政治上的这种隐患不能采取鸵鸟政策，王顾左右而言他，必须采取断然措施予以防范和遏制，消除隐患后患。”[③]

二是忽视政治、淡化政治的突出问题。习近平强调，“一些同志忽视政治、淡化政治的问题还比较突出，有的‘四个意识’不强，有的将党的领导仅仅停留在口头上，有的对错误言行缺乏政治敏锐性、政治鉴别力和斗争精神，有的依然我行我素、无视党的政治纪律和政治规矩，有的仍然奉行潜规

---

① 《重整行装再出发，以永远在路上的执着把全面从严治党引向深入》（2018年1月11日），《习近平谈治国理政》第三卷，外文出版社2020年版，第506—507页。

② 《中共中央关于党的百年奋斗重大成就和历史经验的决议》，人民出版社2021年版，第29页。

③ 《重整行装再出发，以永远在路上的执着把全面从严治党引向深入》（2018年1月11日），《习近平谈治国理政》第三卷，外文出版社2020年版，第506页。

则、把商品交换原则运用到党内，等等。加强党的政治建设任重道远，必须常抓不懈”①。

党内存在的很多问题都同政治问题相关联，都是因为党的政治建设没有抓紧抓实。习近平强调，“治其本，朝令而夕从；救其末，百世不改也”。不从政治上认识问题、解决问题，就会陷入头痛医头、脚痛医脚的被动局面，就无法从根本上解决问题。②

抓党的政治建设、强化政治监督，根本的是要防范化解思想涣散、纪律松弛风险，使全党自觉而紧密地团结在党中央周围，时时刻刻向党中央看齐，把党的理论和路线方针政策落到实处。但不担当、不作为、不落实等问题仍然存在，习近平强调，“现在突出的问题是，有的缺乏担当精神，工作懈怠、怕苦畏难、敷衍塞责；有的在复杂矛盾面前束手无策，在急难险重任务面前毅力不足，吃劲岗位顶不住、关键时刻扛不住；有的口号响亮、应景造势，只动口不动手；有的对党中央部署要求照本宣科，不能密切联系实际贯彻落实；有的等党中央有批示了才动一动，没批示就不作为。我作批示是守住最后一道防线，难道我不作批示工作就不干了吗？！贯彻落实党中央决策部署必须善于把握政治大局，政治站位上去了，抓落实才会坚决有力”③。

三是落实“两个维护”还存在温差、落差、偏差问题。习近平结合巡视监督、日常监督发现的问题，指出：“当前落实‘两个维护’还存在温差、落差、偏差。有的空喊口号，不用心、不务实、不尽力，搞形式主义、虚于应付。有的未经党中央批准提出不严谨的政治口号、政治术语，存在拔高、牵强的情况，甚至搞成‘低级红’、‘高级黑’。有的口头上喊着‘两个维护’，实际想的是维护自己的利益、强化自己的权力。我们要深刻认识‘两个维护’的政治内涵，核心只有党中央的核心，看齐只能向党中央看齐，不能层层讲‘核心’、层层喊‘看齐’。增强‘四个意识’、做到‘两个维护’，不能变成层层对个人的效忠，不能在地方和部门打着维护党中央权威和集中统一领导的旗号损坏制度、压制民主。如果这样做了，那在增强‘四

① 《增强推进党的政治建设的自觉性和坚定性》（2018年6月29日），《习近平谈治国理政》第三卷，外文出版社2020年版，第92—93页。

② 《增强推进党的政治建设的自觉性和坚定性》（2018年6月29日），《习近平谈治国理政》第三卷，外文出版社2020年版，第92页。

③ 《习近平关于全面从严治党论述摘编》（2021年版），中央文献出版社2021年版，第153页。

个意识’、做到‘两个维护’上就严重不合格！”[①]

他指出，“现在仍有一些党员、干部政治意识不强、政治敏锐性不高，不善于从政治上观察和处理问题，对‘国之大者’不关心，对政治要求、政治规矩、政治纪律不上心，对各种问题的政治危害性不走心，对贯彻落实党中央的大政方针不用心，讲政治还没有从外部要求转化为内在主动”[②]。

思路对策：拓展内涵、把握重点、创新手段

党中央集中统一领导是党的领导的最高原则，加强和维护党中央集中统一领导是全党共同的政治责任，坚持党的领导首先要旗帜鲜明讲政治，保证全党服从中央。在管党治党的实践中，习近平始终把握政治建设这个统领，从战略和全局高度入手，从政治方向、政治领导、政治根基、政治生态、政治风险、政治本色、政治能力等具体方面入手，采取多种形式方法，不断强固这项根本性建设。

政治建设的内涵拓展

随着党的建设布局内容不断丰富、党的建设实践更加深入，我们党对政治建设特别是新时代的政治建设有了新的理论认识和实践经验，使政治建设的内涵不断拓展和充实。习近平在多次讲话中就政治建设所包含的内容进行了具体而深刻的论述，比如政治领导、政治方向、政治根基、政治生态、政治风险、政治本色、政治能力、政治纪律等，对政治建设的规律把握更加深刻，也推动了政治建设不断取得新的成就。

政治领导。习近平强调，“党中央权威和集中统一领导，最关键的是政治领导。看一名党员干部特别是高级干部的素质和能力，首先看政治上是否站得稳、靠得住。站得稳、靠得住，最重要的就是要牢固树立‘四个意识’，自觉在思想上政治上行动上同党中央保持高度一致，坚决维护党中央权威和集中统一领导，在各项工作中毫不动摇、百折不挠贯彻落实党中央决

① 《习近平关于全面从严治党论述摘编》（2021年版），中央文献出版社2021年版，第143—144页。
② 《在党史学习教育动员大会上的讲话》（2021年2月20日），人民出版社单行本，第22—23页。

策部署，不打任何折扣，不耍任何小聪明，不搞任何小动作”[①]。“没有党的领导，民族复兴必然是空想。历史和人民把我们党推到了这样的位置，我们就要以坚强有力的政治领导承担起应该承担的政治责任。”“坚持党的政治领导，最重要的是坚持党中央权威和集中统一领导，这要作为党的政治建设的首要任务。”[②]

政治方向。习近平指出，“政治方向是党生存发展第一位的问题，事关党的前途命运和事业兴衰成败。红军过草地的时候，伙夫同志一起床，不问今天有没有米煮饭，却先问向南走还是向北走。这说明在红军队伍里，即便是名炊事员，也懂得方向问题比吃什么更重要。如果在方向问题上出现偏离，就会犯颠覆性错误。对此，我们必须有十分清醒的认识”[③]。“我们所要坚守的政治方向，就是共产主义远大理想和中国特色社会主义共同理想、‘两个一百年’奋斗目标，就是党的基本理论、基本路线、基本方略。”[④]

政治根基。习近平把人民群众的支持拥护作为党的政治根基来看待，强调，“人民群众拥护和支持是我们党最可靠的力量源泉。当年，‘唤起工农千百万，同心干’，为我们党依靠人民赢得革命胜利凝聚了强大力量。今天，我们把人民对美好生活的向往作为奋斗目标，就是为了凝聚起同心共筑中国梦的磅礴力量。……加强党的政治建设，要紧扣民心这个最大的政治，把赢得民心民意、汇集民智民力作为重要着力点”[⑤]。

政治生态。习近平坚持把政治生态作为基础性、经常性工作来抓，强调：“政治生态好，党内就会正气充盈；政治生态不好，党内就会邪气横生。党的十八大之前一个时期，一些地方和单位政治生态严重恶化，涣散了人心、带坏了社会风气，极大损害了人民群众对党的信任。党的十八大以来，党内政治生态有了明显好转，这点大家都能亲身感受到。同时，我们也

---

① 《党中央权威和集中统一领导，最关键的是政治领导》（2017年10月25日），《论坚持党对一切工作的领导》，中央文献出版社2019年版，第204页。

② 《增强推进党的政治建设的自觉性和坚定性》（2018年6月29日），《习近平谈治国理政》第三卷，外文出版社2020年版，第94页。

③ 《增强推进党的政治建设的自觉性和坚定性》（2018年6月29日），《习近平谈治国理政》第三卷，外文出版社2020年版，第93—94页。

④ 《增强推进党的政治建设的自觉性和坚定性》（2018年6月29日），《习近平谈治国理政》第三卷，外文出版社2020年版，第93—94页。

⑤ 《增强推进党的政治建设的自觉性和坚定性》（2018年6月29日），《习近平谈治国理政》第三卷，外文出版社2020年版，第94—95页。

要看到，党内政治生活随意化、形式化、平淡化、庸俗化的问题没有得到彻底解决。这要引起我们高度重视。营造良好政治生态是一项长期任务，必须作为党的政治建设的基础性、经常性工作，浚其源、涵其林，养正气、固根本，锲而不舍、久久为功。”①

政治风险。“于安思危，于治忧乱。”习近平多次强调要增强风险意识，“我们党在内忧外患中诞生，在磨难挫折中成长，在战胜风险挑战中壮大，始终有着强烈的忧患意识、风险意识。党的十八大以来，我多次强调要坚持底线思维，就是要告诫全党时刻牢记‘安而不忘危，存而不忘亡，治而不忘乱’。新形势下，我国面临复杂多变的发展和安全环境，各种可以预见和难以预见的风险因素明显增多，如果得不到及时有效控制也有可能演变为政治风险。全党同志特别是各级领导干部必须增强风险意识，提高防范政治风险能力。”②

政治本色。习近平从不变质、不变色的高度强调党员干部要保持本色，“最近查处的腐败案件，有相当一部分发生在党的十八大以来甚至延续到党的十九大之后。尽管党中央三令五申，一些干部仍然不收手、不收敛，心存侥幸、顶风作案。这表明，反腐败斗争形势依然严峻复杂，巩固压倒性态势、夺取压倒性胜利的决心必须坚如磐石。加强党的政治建设，必须以永远在路上的坚定和执着，坚决把反腐败斗争进行到底，使我们党永不变质、永不变色。”③

政治能力。习近平强调，政治能力是领导干部所有能力中的第一位，“党的政治建设落实到干部队伍建设上，就要不断提高各级领导干部特别是高级干部把握方向、把握大势、把握全局的能力，辨别政治是非、保持政治定力、驾驭政治局面、防范政治风险的能力。提高政治能力，很重要的一条就是要善于从政治上分析问题、解决问题。只有从政治上分析问题才能看清本质，只有从政治上解决问题才能抓住根本。各级领导干部特别是高级干部要练就一双政治慧眼，不畏浮云遮望眼，切实担负起党和人民赋予的

---

① 《增强推进党的政治建设的自觉性和坚定性》（2018年6月29日），《习近平谈治国理政》第三卷，外文出版社2020年版，第95—96页。

② 《增强推进党的政治建设的自觉性和坚定性》（2018年6月29日），《习近平谈治国理政》第三卷，外文出版社2020年版，第96页。

③ 《增强推进党的政治建设的自觉性和坚定性》（2018年6月29日），《习近平谈治国理政》第三卷，外文出版社2020年版，第97页。

政治责任”[①]。

政治纪律。习近平强调，党的纪律是多方面的，但政治纪律是最重要、最根本、最关键的纪律，遵守党的政治纪律是遵守党的全部纪律的重要基础。政治纪律是各级党组织和全体党员在政治方向、政治立场、政治言论、政治行为方面必须遵守的规矩，是维护党的团结统一的根本保证。[②]

政治建设的关键要义

加强政治建设必须把握关键，抓住要义。习近平强调，这个关键要义就是增强“四个意识”、做到“两个维护”、提高“政治三力”。

增强“四个意识”、做到“两个维护”。就是增强政治意识、大局意识、核心意识、看齐意识；坚决维护习近平同志党中央的核心、全党的核心地位，坚决维护党中央权威和集中统一领导。习近平强调，“坚持党中央权威和集中统一领导，要有一套制度和规定，也要有领导干部对党的事业的忠诚、以身许党许国的使命担当。做到这一点，牢固树立‘四个意识’至关重要，思想上有了‘四个意识’，行动上就有了基本遵循。对党忠诚不是有条件的而是无条件的，不是抽象的而是具体的”[③]。“我们要带头维护中央权威，在思想上政治上行动上同党中央保持高度一致，不折不扣贯彻执行中央的路线方针政策和重大工作部署，心往一处想、劲往一处使，确保中央政令畅通。”[④]

强调这是政治建设的首要任务。“讲政治最根本就是要讲党性，在思想政治上讲政治立场、政治方向、政治原则、政治道路，在行动实践上讲维护党中央权威、执行党的政治路线、严格遵守党的政治纪律和政治规矩。党的政治建设的首要任务，就是保证全党服从中央，坚持党中央权威和集中统一领导，决不能有丝毫含糊和动摇。”[⑤]

---

① 《增强推进党的政治建设的自觉性和坚定性》（2018年6月29日），《习近平谈治国理政》第三卷，外文出版社2020年版，第97—98页。

② 《严明政治纪律，自觉维护党的团结统一》（2013年1月22日），《论坚持党对一切工作的领导》，中央文献出版社2019年版，第17页。

③ 《党的高级干部必须政治过硬》（2018年1月5日），《论坚持党对一切工作的领导》，中央文献出版社2019年版，第220—221页。

④ 《习近平关于全面从严治党论述摘编》（2021年版），中央文献出版社2021年版，第89页。

⑤ 《党的高级干部必须政治过硬》（2018年1月5日），《论坚持党对一切工作的领导》，中央文献出版社2019年版，第219—220页。

强调这是党的领导的最高原则。“坚持党的领导，首先是坚持党中央权威和集中统一领导，这是党的领导的最高原则，任何时候任何情况下都不能含糊、不能动摇。”①

强调这是明确的政治准则和根本的政治要求。“中央政治局的同志要把维护党中央权威和集中统一领导作为明确的政治准则和根本的政治要求，在思想上高度认同，政治上坚决维护，组织上自觉服从，行动上紧紧跟随，在政治立场、政治方向、政治原则、政治道路上同党中央保持高度一致，自觉维护党中央权威。这是对大家党性的考验，也是根本的政治纪律和政治规矩。”②

强调要胸怀“国之大者”。“要自觉讲政治，对国之大者要心中有数，关注党中央在关心什么、强调什么，深刻领会什么是党和国家最重要的利益、什么是最需要坚定维护的立场，切实把增强‘四个意识’、坚定‘四个自信’、做到‘两个维护’落到行动上，不能只停留在口号上。”③

强调维护权威不是违规办事。“领导干部特别是高级干部必须心底无私，正确维护党中央权威，对来自中央领导同志家属、子女、身边工作人员和其他特定关系人的违规干预、捞取好处等行为，对自称同中央领导同志有特殊关系的人提出的要求，不准擅自办理，必须坚决抵制并立即向党中央报告。……中央领导同志、中央委员要带头反对特权，严格家风家教，为全党作出表率。我这里说一句，凡是社会上有人打着我的旗号求你们办事的，就凭这一条，首先就要让他们办不成！谁给他们办了，就是陷我于不仁不义之地！我不仅不会感谢你，而且一定会追究责任！”④

强调军队要坚决贯彻军委主席负责制。“我军加强党的政治建设，重点是教育引导全军特别是高级干部坚决维护党中央权威和集中统一领导，坚决听从党中央和中央军委指挥。军委主席负责制是坚持党对军队绝对领导的根本制度，要全面落实。这方面关键看行动，对军委决策部署，不能只是表表态、写个报告、贴个标签，不扑下身子抓落实。……各级特别是高层党委和

---

①《在全国组织工作会议上的讲话》（2018年7月3日），《十九大以来重要文献选编》（上），中央文献出版社2019年版，第554—555页。

②《在中共中央政治局民主生活会上的讲话》（2017年12月25日、26日），《人民日报》2017年12月27日。

③《在陕西考察时的讲话》（2020年4月20—23日），《人民日报》2020年4月24日。

④《习近平关于全面从严治党论述摘编》（2021年版），中央文献出版社2021年版，第144—145页。

高级干部要把该担的责任担起来，党中央和中央军委发出了号令，大家就要敢于负责，大胆负责，锐意进取，确保军委主席负责制落到实处。”[①]

强调“四个意识”“四个自信”“两个维护”的贯通性。“增强‘四个意识’、坚定‘四个自信’、做到‘两个维护’是相辅相成的整体，‘四个意识’不牢固、‘四个自信’没底气，‘两个维护’就不会自觉坚定。”[②]

提高“政治三力”。即政治领悟力、政治判断力、政治执行力。习近平强调：“高级干部要成为马克思主义政治家，各级领导干部要成为政治上的明白人。”[③]“讲政治必须提高政治领悟力。领导干部特别是高级领导干部担的是政治责任，必须对党中央精神深入学习、融会贯通，坚持用党中央精神分析形势、推动工作，始终同党中央保持高度一致。”[④]“讲政治必须提高政治判断力。我们党领导人民进行革命、建设、改革的历史进程反复证明了一个道理：政治上的主动是最有利的主动，政治上的被动是最危险的被动。增强政治判断力，就要以国家政治安全为大、以人民为重、以坚持和发展中国特色社会主义为本，增强科学把握形势变化、精准识别现象本质、清醒明辨行为是非、有效抵御风险挑战的能力。”[⑤]“讲政治必须提高政治执行力。领导干部特别是高级干部要经常同党中央精神对表对标，切实做到党中央提倡的坚决响应，党中央决定的坚决执行，党中央禁止的坚决不做，坚决维护党中央权威和集中统一领导，做到不掉队、不走偏，不折不扣抓好党中央精神贯彻落实。要把坚持底线思维、坚持问题导向贯穿工作始终，做到见微知著、防患于未然。要强化责任意识，知责于心、担责于身、履责于行，敢于直面问题，不回避矛盾，不掩盖问题，出了问题要敢于承担责任。”[⑥]

习近平结合重要工作多次强调“政治三力”问题，“各级领导干部特别是高级干部必须立足中华民族伟大复兴战略全局和世界百年未有之大变局，不断提高政治判断力、政治领悟力、政治执行力，心怀‘国之大者’，不断提高把握新发展阶段、贯彻新发展理念、构建新发展格局的政治能力、战略眼光、专业水平，敢于担当、善于作为，把党中央决策部署贯彻落实

---

① 《习近平关于全面从严治党论述摘编》（2021年版），中央文献出版社2021年版，第141页。
② 《习近平关于全面从严治党论述摘编》（2021年版），中央文献出版社2021年版，第149页。
③ 《把握新发展阶段，贯彻新发展理念，构建新发展格局》（2021年1月11日），《求是》2021年第9期。
④ 《在中共中央政治局民主生活会上的讲话》（2020年12月24日、25日），《人民日报》2020年12月26日。
⑤ 《在中共中央政治局民主生活会上的讲话》（2020年12月24日、25日），《人民日报》2020年12月26日。
⑥ 《在中共中央政治局民主生活会上的讲话》（2020年12月24日、25日），《人民日报》2020年12月26日。

好”。[①]“各级领导干部特别是高级干部要不断提高政治判断力、政治领悟力、政治执行力，对‘国之大者’了然于胸，把贯彻党中央精神体现到谋划重大战略、制定重大政策、部署重大任务、推进重大工作的实践中去，经常对表对标，及时校准偏差。”[②]

政治建设的途径抓手

政治建设是一项系统工程，必须全面发力、综合发力、持续发力才能真正见到成效。习近平在不同场合就加强党的政治建设问题作出重要论述，特别是党的十九大之后强调比较多的是以下内容：

强调发挥政治指南针作用。加强党的政治建设就是要发挥政治指南针作用，引导全党坚定理想信念、坚定“四个自信”，廓清思想迷雾，澄清模糊认识，排除各种干扰，把全党智慧和力量凝聚到新时代坚持和发展中国特色社会主义伟大事业中来；就是要推动全党把坚持正确政治方向贯彻到谋划重大战略、制定重大政策、部署重大任务、推进重大工作的实践中去，经常对标对表，及时校准偏差，坚决纠正偏离和违背党的政治方向的行为，确保党和国家各项事业始终沿着正确政治方向发展；就是要把各级党组织建设成为坚守正确政治方向的坚强战斗堡垒，教育广大党员、干部坚定不移沿着正确政治方向前进。对在政治方向上有问题的人，必须严肃批评教育，问题严重的要依照党纪进行处理。[③]

强调胸怀“国之大者”。各级党组织要旗帜鲜明坚持和加强党的全面领导，自觉把本职工作放在党中央工作大局中考量和部署。要坚持党中央重大决策部署到哪里，监督检查就跟进到哪里，加强对坚持稳中求进工作总基调、贯彻新发展理念、实现高质量发展、深化改革开放、打好三大攻坚战、实施重大战略、优化经济发展环境等政策措施落实情况的监督检查，确保党中央令行禁止。[④]

强调提高政治定力和政治能力。带头做到“两个维护”，既要体现高度的理性认同、情感认同，又要有坚决的维护定力和能力。提高政治定力和政

---

① 《把握新发展阶段，贯彻新发展理念，构建新发展格局》（2021年1月11日），《求是》2021年第9期。

② 《习近平关于全面从严治党论述摘编》（2021年版），中央文献出版社2021年版，第154页。

③ 《增强推进党的政治建设的自觉性和坚定性》（2018年6月29日），《习近平谈治国理政》第三卷，外文出版社2020年版，第93—94页。

④ 《习近平关于全面从严治党论述摘编》（2021年版），中央文献出版社2021年版，第142页。

治能力，要靠学习，更要靠政治历练和实践锻炼。[①]

强调增强政治敏锐性和政治鉴别力。要教育引导各级领导干部增强政治敏锐性和政治鉴别力，对容易诱发政治问题特别是重大突发事件的敏感因素、苗头性倾向性问题，做到眼亮、见事早、行动快，及时消除各种政治隐患。要高度重视并及时阻断不同领域风险的转化通道，避免各领域风险产生交叉感染，防止非公共性风险扩大为公共性风险、非政治性风险蔓延为政治风险。要增强斗争精神，敢于亮剑、敢于斗争，坚决防止和克服嗅不出敌情、分不清是非、不明方向的政治麻痹症。[②]

强调坚定不移坚持党和国家各方面事业的制度安排。中国特色社会主义根本制度、基本制度、重要制度，是对党和国家各方面事业作出的制度安排。我们无论是编制发展规划、推进法治建设、制定政策措施，还是部署各项工作，都要遵照这些制度，不能有任何偏差。我们讲领导干部特别是高级干部要增强政治敏锐性和政治鉴别力、提高政治能力，很重要的一条就是必须坚定不移坚持这些制度，想问题、作决策、抓落实都要自觉对标对表。涉及方向性问题，必须以这些制度为准星。涉及制度层面的大是大非问题，必须旗帜鲜明、立场坚定，不能有丝毫含糊。各级党委（党组）发挥领导、把关作用，关键就是看所领导的地方、部门、单位在各项工作中是否执行和落实了这些制度。真正执行和落实了，方向上就没有问题，政治上就不会出问题。[③]指出要建立健全坚持和加强党的全面领导的组织体系、制度体系、工作机制，切实把党的领导落实到改革发展稳定、内政外交国防、治党治国治军等各领域各方面各环节。……要引导全党增强“四个意识”，自觉在思想上政治上行动上同党中央保持高度一致，确保党中央一锤定音、定于一尊的权威。高级干部特别是中央政治局的同志要身体力行，在履职尽责过程中自觉在大局下行动，为全党做好表率。[④]

强调严格贯彻遵守党章。这些年来，党内政治生态中出现的种种不正常

---

① 《带头做到“两个维护”，着力推进中央和国家机关党的政治建设》（2019年7月9日），《习近平谈治国理政》第三卷，外文出版社2020年版，第101页。

② 《增强推进党的政治建设的自觉性和坚定性》（2018年6月29日），《习近平谈治国理政》第三卷，外文出版社2020年版，第96—97页。

③ 《坚持和完善中国特色社会主义制度、推进国家治理体系和治理能力现代化》（2019年10月31日），《习近平谈治国理政》第三卷，外文出版社2020年版，第126页。

④ 《增强推进党的政治建设的自觉性和坚定性》（2018年6月29日），《习近平谈治国理政》第三卷，外文出版社2020年版，第94页。

现象，无一不同背离党章要求有关；党员领导干部中发生的种种触犯党纪的行为，无一不是漠视党章规定。党的十九大把党的十八大以来管党治党的新鲜经验和理念创新成果写入党章。全党思想统一，首先是对党章认识的统一；全党行动一致，首先是在执行党章上的一致。尊崇党章是最根本、最重要的政治纪律。党的各级组织和全体党员要更加自觉地学习党章、遵守党章、贯彻党章、维护党章，坚持用党章规范自己的言行、按党章要求规规矩矩办事，始终在政治立场、政治方向、政治原则、政治道路上同党中央保持高度一致。①

强调严守政治纪律和政治规矩。要时刻强调政治纪律和政治规矩，严肃查处违规逾矩行为，决不允许搞小山头、小团伙、小圈子，决不允许自行其是、各自为政。要弘扬忠诚老实、公道正派、实事求是、清正廉洁等价值观，使党员、干部在严肃认真的党内政治生活中加强党性锻炼，锤炼政治能力，提高思想境界和政治觉悟。②

强调坚决防止党内形成利益集团。要持续保持高压态势，坚持无禁区、全覆盖、零容忍，坚持重遏制、强高压、长震慑，坚持受贿行贿一起查，坚决防止党内形成利益集团，坚决防范各种利益集团“围猎”和绑架领导干部。③

强调防范政治风险。必须做到观察分析形势要把握政治因素，筹划推动工作要落实政治要求，处理解决问题要防范政治风险。要自觉尊崇党章、模范践行党章、忠诚捍卫党章，严格执行新形势下党内政治生活若干准则，坚决杜绝“七个有之”，做到“五个必须”，严格执行民主集中制，在守纪律、讲规矩上做表率，自觉做政治上的明白人、老实人，绝不做两面派、两面人。④尤其是中央和国家机关党员领导干部要坚持底线思维、增强忧患意识、发扬斗争精神，善于预见形势发展走势和隐藏其中的风险挑战，在防范

---

① 《重整行装再出发，以永远在路上的执着把全面从严治党引向深入》（2018年1月11日），《习近平谈治国理政》第三卷，外文出版社2020年版，第506页。

② 《重整行装再出发，以永远在路上的执着把全面从严治党引向深入》（2018年1月11日），《习近平谈治国理政》第三卷，外文出版社2020年版，第506—507页。

③ 《增强推进党的政治建设的自觉性和坚定性》（2018年6月29日），《习近平谈治国理政》第三卷，外文出版社2020年版，第97页。

④ 《党的高级干部必须政治过硬》（2018年1月5日），《论坚持党对一切工作的领导》，中央文献出版社2019年版，第221页。

化解风险上勇于担责、善于履责、全力尽责。①

强调中央和国家机关带头讲政治。中央和国家机关首先是政治机关，必须旗帜鲜明讲政治，坚定不移加强党的全面领导，坚持不懈推进党的政治建设。希望中央和国家机关各级党组织和广大党员干部牢固树立“四个意识”，坚定“四个自信”，带头维护党中央权威和集中统一领导，在深入学习贯彻新时代中国特色社会主义思想上作表率，在始终同党中央保持高度一致上作表率，在坚决贯彻落实党中央各项决策部署上作表率，建设让党中央放心、让人民群众满意的模范机关。②中央和国家机关是践行“两个维护”的第一方阵。如果党的理论和路线方针政策在这里失之毫厘，到了基层就可能谬以千里；如果贯彻落实的第一棒就掉了链子，“两个维护”在“最先一公里”就可能落空。中央和国家机关广大党员、干部特别是党员领导干部、一把手做工作要首先自觉同党的基本理论、基本路线、基本方略对标对表，同党中央决策部署对标对表，提高政治站位，把准政治方向，坚定政治立场，明确政治态度，严守政治纪律，经常校正偏差，做到党中央提倡的坚决响应、党中央决定的坚决照办、党中央禁止的坚决杜绝，决不能在政治方向上走偏了。③

强调按规定向组织请示报告。领导干部特别是高级干部在涉及重大问题、重要事项时按规定向组织请示报告，是必须遵守的政治规矩。高级干部必须对党忠诚老实、光明磊落，事关党和国家全局的重大问题和本地区本部门重大事项，必须第一时间向党中央请示报告，不得擅自行动。情况紧急必须临机处置的，要在尽职尽力做好工作的同时迅速请示报告，不得迟报瞒报甚至弄虚作假。④习近平还指出，“两个维护”的内涵是特定的、统一的，全党看齐只能向党中央看齐，不能在部门打着维护党中央权威的旗号损害民主集中制。党员、干部不论做什么工作、级别多高，都是党的干部、组织的人，要记住第一职责是为党工作，重要提法都要同党中央对表。凡是重大问

① 《带头做到“两个维护”，着力推进中央和国家机关党的政治建设》（2019年7月9日），《习近平谈治国理政》第三卷，外文出版社2020年版，第101页。

② 《对推进中央和国家机关党的政治建设作出的指示》（2018年7月8日），《人民日报》2018年7月13日。

③ 《带头做到“两个维护”，着力推进中央和国家机关党的政治建设》（2019年7月9日），《习近平谈治国理政》第三卷，外文出版社2020年版，第99—100页。

④ 《习近平关于全面从严治党论述摘编》（2021年版），中央文献出版社2021年版，第144页。

题、重要事项、重要工作进展情况，都必须按规定及时请示报告党中央。①

强调大力加强忠诚教育。要大力加强对党忠诚教育，发挥中央和国家机关红色资源优势，完善重温入党誓词、入党志愿书等活动，形成具有中央和国家机关特点的党内政治文化。要把学习宣传先进典型作为深化主题教育的重要抓手，同模范机关创建活动结合起来，引导党员、干部见贤思齐。党员领导干部要把对党忠诚纳入家庭家教家风建设，引导亲属子女坚决听党话、跟党走。②

强调建好党内政治文化。党内政治文化“日用而不觉”，潜移默化影响着党内政治生态。要加强党内政治文化建设，让党所倡导的理想信念、价值理念、优良传统深入党员、干部思想和心灵。要弘扬社会主义核心价值观，弘扬和践行忠诚老实、公道正派、实事求是、清正廉洁等价值观，以良好政治文化滋养风清气正的政治生态。③

强调织密监督的“天网”。要织密监督的“天网”，扎紧制度的篱笆，发挥巡视利剑作用，推动全面从严治党向基层延伸，让人民群众真正感受到清正干部、清廉政府、清明政治就在身边、就在眼前。④

强调知重负重、攻坚克难。各级党组织和领导干部要有很强的责任意识，守土有责、守土负责、守土尽责，无论什么时候，该做的事，要知重负重、攻坚克难，顶着压力也要干；该负的责，挺身而出、冲锋在前，冒着风险也要担。发现了问题、发现了问题的苗头就要及时处理，该请示报告的必须请示报告，不能麻木不仁，不能逃避责任，更不能隐瞒不报，最后拖成了不可收拾的局面。⑤要教育和激励广大党员、干部锐意进取、奋发有为，把精力和心思用在稳增长、促改革、调结构、惠民生、防风险上，用在破难题、克难关、着力解决人民群众最关心最直接最现实的利益问题上。对敢抓敢管、真抓实干、勇于担当的干部组织上要为他们加油鼓劲、撑腰壮胆，对

---

① 《带头做到“两个维护”，着力推进中央和国家机关党的政治建设》（2019年7月9日），《习近平谈治国理政》第三卷，外文出版社2020年版，第100页。

② 《带头做到“两个维护”，着力推进中央和国家机关党的政治建设》（2019年7月9日），《习近平谈治国理政》第三卷，外文出版社2020年版，第100—101页。

③ 《增强推进党的政治建设的自觉性和坚定性》（2018年6月29日），《习近平谈治国理政》第三卷，外文出版社2020年版，第95—96页。

④ 《增强推进党的政治建设的自觉性和坚定性》（2018年6月29日），《习近平谈治国理政》第三卷，外文出版社2020年版，第97页。

⑤ 《习近平关于全面从严治党论述摘编》（2021年版），中央文献出版社2021年版，第154页。

尸位素餐、光说不练、热衷于对实干者评头论足甚至诬告陷害的人要严肃批评、严格问责，在全党形成以担当作为为荣、以消极无为为耻的浓厚氛围。[①]

政治建设的检验标准

政治建设是思想政治、政党道德、纪律规范层面的要求，是有具体行为表现的，是可以衡量的。这是习近平加强政治建设突出强调的一个重要思想。

他指出，维护党中央权威和集中统一领导不能停留在口头上，而是要体现在行动上。要教育引导全党从党史中汲取正反两方面历史经验，坚定不移向党中央看齐，不断提高政治判断力、政治领悟力、政治执行力，切实增强“四个意识”、坚定“四个自信”、做到“两个维护”，自觉在思想上政治上行动上同党中央保持高度一致，确保全党上下拧成一股绳，心往一处想、劲往一处使。[②]强调讲政治是具体的，“两个维护”要体现在坚决贯彻党中央决策部署的行动上，体现在履职尽责、做好本职工作的实效上，体现在党员、干部的日常言行上。战争年代，党中央和毛主席用电台指挥全党全军，“嘀嗒、嘀嗒”就是党中央和毛主席的声音，全党全军都无条件执行。大家想想，如果党中央发出的号令没人听，做不到令行禁止，那还谈什么维护党中央权威和集中统一领导！[③]

强调政治纪律和政治规矩不是抽象的，是由具体的人和事构成，必须看行动、见实效。要结合执行党纪处分条例，加强党的政治工作，注意考察党员、干部的政治表现，既要留意日常政治言行和一贯政治表现，更要掌握重大事件和紧要关头的政治态度和政治立场，对那些在大是大非问题上政治立场动摇、同党中央不保持一致的人，必须予以严肃处理。要贯彻落实新形势下党内政治生活若干准则，让党员、干部接受经常性政治体检，强化党的意识和组织观念，发展积极健康的党内政治文化。[④]

习近平把对党忠诚作为政治建设特别是做到“两个维护”的重要衡量尺

---

① 《增强推进党的政治建设的自觉性和坚定性》（2018年6月29日），《习近平谈治国理政》第三卷，外文出版社2020年版，第94—95页。

② 《在党史学习教育动员大会上的讲话》（2021年2月20日），人民出版社单行本，第22—23页。

③ 《带头做到“两个维护”，着力推进中央和国家机关党的政治建设》（2019年7月9日），《习近平谈治国理政》第三卷，外文出版社2020年版，第100页。

④ 《习近平关于全面从严治党论述摘编》（2021年版），中央文献出版社2021年版，第143页。

度。“对党忠诚，是共产党人首要的政治品质。我们党一路走来，经历了无数艰险和磨难，但任何困难都没有压垮我们，任何敌人都没能打倒我们，靠的就是千千万万党员的忠诚。对党忠诚，必须一心一意、一以贯之，必须表里如一、知行合一，任何时候任何情况下都不改其心、不移其志、不毁其节。年轻干部要以先辈先烈为镜、以反面典型为戒，不断筑牢信仰之基、补足精神之钙、把稳思想之舵，以坚定的理想信念砥砺对党的赤诚忠心。要自觉加强政治历练，接受严格的党内政治生活淬炼，不断提高政治判断力、政治领悟力、政治执行力，使自己的政治能力同担任的工作职责相匹配。要立志为党分忧、为国尽责、为民奉献，勇于担苦、担难、担重、担险，以实际行动诠释对党的忠诚。”[①]

强调“带头做到‘两个维护’，从根本上讲就是要做到对党忠诚。忠诚必须体现到对党的信仰的忠诚上，体现到对党组织的忠诚上，体现到对党的理论和路线方针政策的忠诚上。对党忠诚必须始于足下。如果连本职工作都没做好，不担当不作为，把党组织交给的‘责任田’撂荒了甚至弄丢了，那就根本谈不上‘两个维护’！”[②]联系党的十八大以来我们查处的一大批高级干部的深刻教训，习近平指出，他们“哪里像党的高级干部？连做普通党员都不配！关键就是对党忠诚出了问题。我们挑选优秀年轻干部，千条万条，第一条就是看是否对党忠诚；我们培养优秀年轻干部，千条万条，第一条就是教育他们对党忠诚，坚决防止政治上的两面人。这一点，从一开始就要把握好，确保选的苗子政治上过硬。如果坯子选不好，辛辛苦苦培养一场，最终还是会出问题。忠诚不是挂在嘴上、写在纸上的，而是要体现在实际行动上。有人说，只要不反党反社会主义，就不能说对党忠诚有问题。这样的认识是很肤浅的。有的干部工作上拈轻怕重、不愿到艰苦地方和岗位工作，能说对党忠诚吗？有的干部报告个人有关事项打埋伏、八小时之外找不到人，能说对党忠诚吗？这样的干部，真到了关键时刻能靠得住吗？”[③]

---

① 《在二〇二一年春季学期中央党校（国家行政学院）中青年干部培训班开班式上的讲话》（2021年3月1日），《人民日报》2021年3月2日。

② 《带头做到“两个维护”，着力推进中央和国家机关党的政治建设》（2019年7月9日），《习近平谈治国理政》第三卷，外文出版社2020年版，第100页。

③ 《在全国组织工作会议上的讲话》（2018年7月3日），《十九大以来重要文献选编》（上），中央文献出版社2019年版，第569—570页。

战略思考

政治组织特别是政党组织本质上是以政治立身的。马克思主义政党在世界政党行列中，其政治抱负、政治担当、政治追求尤其鲜明。可以说，政治是马克思主义政党与生俱来的基因、成长创新发展的发力之源。党的十八大以来，我们党立足新时代的形势要求特别是党自身存在的突出问题，从正风肃纪、反腐败斗争入题，使全党在自我革命的锻造中更加坚强，在实施一系列治标工程的同时，始终注重在政治建设根本问题上治本用力，使全党在政治建设上思想认识不断统一、政治实践步调一致，为新时代全面从严治党不断获得良好的思想基础和奋斗动力，开辟了新时代党的建设新的伟大工程新篇章。重视抓政治建设，使之成为新时代党的建设布局重要内容，并写入党章和党的重要法规、重要文件之中，这不仅是新时代全面从严治党取得的重要经验和实践成果，更深刻揭示了马克思主义政党所具有的鲜明政治属性，使我们党对马克思主义政党建设规律、共产党执政规律认识更加深刻。面对新时代新课题，政治建设仍是我们向内聚心、向外聚力的根本抓手，应不断在内化政治意识、构建话语体系、培育政治文化上下功夫。

内化政治意识，为政治建设提供思想共识。

新时代的管党治党实践，使我们党更加深刻认识到，讲政治是马克思主义政党的根本要求，关系党的前途命运，也是我们党补钙壮骨、强身健体的根本保证和培养自我革命勇气、增强自我净化能力、提高排毒杀菌政治免疫力的根本途径。这是党在新时代管党治党的实践认识和经验体会。面对下一个百年党的建设和党的事业的繁重任务和面临的一系列严峻考验，能不能将这种深刻的理性认识、鲜活的经验体会转化为全党的思想共识，形成全党重视党的政治建设的内在自觉，更好地团结一心、步调一致，是事关党的政治建设能否走深走实的关键所在。形成思想共识，最重要的是要对政治建设有正确的认知。

进一步走出只讲腐败问题不讲政治问题的误区。这个问题习近平总书记多次论述过，腐败问题往往是与政治问题联系在一起的，内心起了贪念、出现了贪腐行为，就是与党的性质宗旨的格格不入，就是一种政治问题，尽管查处腐败问题是从党纪国法角度展开的，但深层次的查处还是要从政治上入手，着力解决信念信仰缺失和动摇问题，这样才能从根本上减少和遏制腐败。因此，要教育党员干部善于从政治高度看待腐败问题，不能简单看腐败的数量大小、违规的具体条款，而要善于从政治上分析研究腐败问题，真正把人人不想腐的内心自律，作为管党治党的坚实支撑。

进一步走出只讲表面规则不讲政治内核的误区。所有纪律和规矩都是一定的价值观念的体现和产物。新时代以来，党的纪律规矩不断健全完善，权力笼子越来越严密。能不能真正有效把权力管住，使这些规矩真正成为硬约束，惩戒是必要和有效手段，但绝不是最终和唯一手段。要真正使这些纪律规矩成为党员干部内心的自觉约束，必须在政治内核上下功夫。如果内心有政治准则和政治道德，就会减少违纪违法行为的发生。相反，如果内心没有这些戒律，再多的条文也规治不了越轨越矩的行为。因此，纪律建设的真功夫始终应下在政治价值观、政治道德的建设上。

进一步走出只讲和气世故不讲政治斗争的误区。政治实践是在一定政治文化背景下形成的，这种政治文化与官场文化、团队文化及地域文化等紧密相关。就一般政治文化而言，和气世故的人容易吃得开，有性格敢斗争的人往往被排斥。在新时代全面从严治党实践中，我们党大力培育和提倡优良的党内政治文化，开展批评与自我批评，扬明规则、弃潜规则，使全面从严治党取得了突出成效。就长期的政治建设来说，与不良政治文化的斗争具有反复性、艰巨性和长期性，能不能及时与新出现的不良政治文化倾向作斗争，实则直接关系政治建设的成效。因此，政治建设必须始终与良好的政治文化、健全的制度体系、刚性的制度执行等同步推进，防止不良政治文化的反弹和回潮。

构建话语体系，为政治建设提供学理支撑。

重视政治建设、强调讲政治是我们党的建设的一个优良传统。随着新时代党的建设思想的不断丰富完善，党的政治建设内涵不断拓展、概念更加丰富，迫切需要立足这种新的实践不断发展具有我党特色的政治建设理论体系和话语体系。从内在机理看，政治建设的内在逻辑已经比较清晰，比如，坚持正确政治方向是重中之重，坚定维护党中央权威和集中统一领导是首要任务，民心是最大的政治，尊崇党章、完善并严格执行各项制度是基本途径，营造良好政治生态是基础工程等。从主要概念看，形成了政治领导、政治立场、政治方向、政治原则、政治道路、政治风险、政治根本、政治本色、政治生态、政治纪律、政治规矩等一系列概念范畴。从党的十九大明确提出政治建设的要求以来，政治建设不断有新的理论发展和实践成果。新形势下，怎样构建马克思主义政党政治建设的理论体系和话语体系，以适应新时代的政治建设需要，这是当前一项重要使命任务。比如，怎样科学认识讲政治是马克思主义政党的根本要求，“根本”体现在哪里？怎样科学认识政治建设的统领地位，统领地位在学理上的依据是什么，在党的建设布局中的“首位地位”怎样体现和贯彻？政治建设为什么是我们党新形势下培养自我革命勇气、增强自我净化能力、提高排毒杀菌政治免疫力的根本途径？政治建设与自我革命的内在关系是什么？政治建设在马克思主义政党建设中的作用为什么这样至关重要？等等，这些重大命题都需要结合新的实践，不断作出新的理论回答。

培育政治文化，为政治建设提供道德根基。

政治建设是一个从外在的政治制度、政治纪律、政治规矩等，到内在的政治信仰、政治价值、政治道德等多种因素构成的综合体。从本质上说，政治建设是一种政治文化的构建、形成和发挥作用的过程。政治建设有硬约束，比如党章、准则等一系列党规党纪，也有软约束，比如政治责任、政治传统、政治氛围等。因此，政治建设既要重视规则的制定，不断完善党的制度规矩，更要从政治文化上发力，不断厚积政治道德和政治精神的内在支撑。新时代的政治建设更持久的功夫应下在良好的政治文化构建上。要努力形成党员干部人人讲政治的浓厚氛围，从普通党员到高级干部都要有很强的政治敏锐性和警觉性，能自觉从大局上看问题，时时注意政治问题，事事都讲政治意识。能够始终把“四个意识”“两个维护”作为首要任务和根本要求，特别是在重大考验、应对风险、处置急难任务中，始终注重把贯彻中央决策和指示要求作为首要考量。不仅在思想认识上有很强的政治意识，而且在实践中处处体现讲政治的要求，尤其在具体岗位、具体工作上有很强的政治责任和政治担当，有主动维护党的领导和社会主义制度、中国特色社会主义事业的政治敏锐性，自觉在意识形态领域站稳立场、坚决与不良思潮作斗争，有爱党、为党、护党的政治热情和献身精神，使讲政治成为党内的自觉追求和道德标准。

第九篇

战略抓手之二：坚定理想

战略抓手，是为了达到战略目标和完成战略任务而采取的重大标志性举措，主要解决战略实施的切入点和突破口问题。战略抓手往往针对的是战略全局中的关注焦点、薄弱点和疑难点。刘向在《说苑·说丛》中说，“万物得其本者生，百事得其道者成”。意思是万物只要保住根本就能生成，各种事情能掌握它的规律就能成功。

中国共产党是靠共同的革命理想凝聚起来的政治组织，理想信念是共产党人的政治灵魂和安身立命之本。理想信念动摇是最危险的动摇，理想信念滑坡是最危险的滑坡。新形势下党内存在的各种严重问题都可以从理想信念这个根源找到原因。以习近平同志为核心的党中央，紧紧抓住理想信念这个管党治党的根本，在强力纠风、铁腕反腐的同时，始终在强基固本、铸魂补钙上下功夫，使全面从严治党做到了标本兼治、内外兼修，管党治党不断取得新成效。

定位热词：本、钙、初心、政治灵魂、思想防线

在新形势下理想信念对党的建设究竟有没有用？党中央为什么突出强调全面从严治党要从理想信念抓起？习近平在推进全面从严治党的丰富实践中，结合党内历次重大学习教育，对坚定理想信念作了许多重要论述，对其在全面从严治党中的战略定位作了明确强调，概括起来主要体现为“五个关键词”，即本、钙、初心、政治灵魂、思想防线。本，即整个道路、理论、制度的逻辑起点；钙，即共产党人经受住任何考验的精神支柱；初心，即建党一百多年始终遵循的执着追求；政治灵魂，即取得事业成功的精神依托；

思想防线，即世界社会主义曲折发展实践得到的宝贵教训。

本：整个道路、理论、制度的逻辑起点。

“本根不摇，则枝叶茂荣。”本，就是事物的根源、起点，或者最重要的部分，由一生二、由二生三的开端和初始。全面从严治党的本到底是什么呢？全面从严治党怎样才算抓到了根子上？习近平指出理想信念就是我们的本，从多个角度论述了本的内涵：

一是从“共产党人的本”看，主要包括信仰、信念、忠诚三个部分。习近平指出：“我们共产党人的本，就是对马克思主义的信仰，对中国特色社会主义和共产主义的信念，对党和人民的忠诚。我们要固的本，就是坚定这份信仰、坚定这份信念、坚定这份忠诚。”①

二是从整个中国特色社会主义道路、理论、制度看，理想信念是逻辑起点、生发之源。习近平指出：“改革开放以来，我们党带领全国各族人民开创和发展中国特色社会主义道路、中国特色社会主义理论体系、中国特色社会主义制度，都源于这个理想信念。立忠诚笃信之志，就是要坚定这个理想信念。”②“我们党以马克思主义为立党之本，以实现共产主义为最高理想，以全心全意为人民服务为根本宗旨。这就是共产党人的本。没有了这些，就是无本之木。我们整个道路、理论、制度的逻辑关系就在这里。我们八千六百多万党员要团结一心、风雨不动，首先要把这个本立好。”“实践证明，马克思主义是我们认识世界、把握规律、追求真理、改造世界的强大思想武器，是我们党和国家必须始终遵循的指导思想。”③“我们党的历史，就是一部不断推进马克思主义中国化的历史，就是一部不断推进理论创新、进行理论创造的历史。”④

三是从共产党人安身立命看，理想信念是根本支撑。习近平强调：“坚定理想信念，坚守共产党人精神追求，始终是共产党人安身立命的根本。”⑤“‘本

① 习近平：《在全国党校工作会议上的讲话》（2015年12月11日），人民出版社单行本，第7页。

② 《作风建设要立破并举、扶正祛邪》（2014年5月9日），《习近平关于全面从严治党论述摘编》，中央文献出版社2016年版，第62—63页。

③ 《习近平关于全面从严治党论述摘编》（2021年版），中央文献出版社2021年版，第218页。

④ 《习近平关于全面从严治党论述摘编》（2021年版），中央文献出版社2021年版，第218页。

⑤ 习近平：《紧紧围绕坚持和发展中国特色社会主义　学习宣传贯彻党的十八大精神》（2012年11月17日），《十八大以来重要文献选编》（上），中央文献出版社2014年版，第80—81页。

立而道生’，只有在立根固本上下足了功夫，才会有强大的免疫力和抵抗力，让一切不严不实的东西近不了身、附不了体。”“历史和现实都告诫我们：全党理想信念坚定，党就拥有无比强大力量；全党理想信念淡薄，党就会成为乌合之众，风一吹就散。”①

四是从信念与作风的关系看，信念是本、作风是形。习近平指出：“信念是本，作风是形，本正而形聚，本不正则形必散。保持和发扬党的优良作风，坚定理想信念是根本。我们党以马克思主义为立党之本，以实现共产主义为最高理想，以全心全意为人民服务为根本宗旨。这就是共产党人的本。没有了这些，就是无本之木。”②

五是从理想信念与党和国家的关系看，理想信念是根本问题。习近平强调：“我之所以不断强调坚定理想信念，是因为这是事关马克思主义政党、社会主义国家的精神力量和前途命运的根本问题。”③“马克思主义政党不是因利益而结成的政党，而是以共同理想信念而组织起来的政党。建设坚强的马克思主义执政党，首先要从理想信念做起。”④

钙：共产党人经受住任何考验的精神支柱。

中国特色社会主义是一项前无古人的伟大事业，需要攻克无数艰难险阻，什么是支撑我们笃定坚守、勇往直前的精神支柱呢？习近平把理想信念比作精神上的“钙”，他指出：“对马克思主义的信仰，对社会主义和共产主义的信念，是共产党人的政治灵魂，是共产党人经受住任何考验的精神支柱。形象地说，理想信念就是共产党人精神上的‘钙’，没有理想信念，理想信念不坚定，精神上就会‘缺钙’，就会得‘软骨病’。现实生活中，一些党员、干部出这样那样的问题，说到底是信仰迷茫、精神迷失。”党的十九届六中全会进一步强调：“马克思主义信仰、共产主义远大理想、中国特色社会主义共同理想，是中国共产党人的精神支柱和政治灵魂，也是保持党的团结统一的思想基础。”⑤

---

① 《习近平关于全面从严治党论述摘编》（2021年版），中央文献出版社2021年版，第176页。

② 《在参加河南省兰考县委常委班子专题民主生活会时的讲话》（2014年5月9日），《习近平关于党风廉政建设和反腐败斗争论述摘编》，中央文献出版社、中国方正出版社2015年版，第146页。

③ 《习近平关于全面从严治党论述摘编》（2021年版），中央文献出版社2021年版，第175页。

④ 《习近平关于全面从严治党论述摘编》（2021年版），中央文献出版社2021年版，第175页。

⑤ 《中共中央关于党的百年奋斗重大成就和历史经验的决议》，人民出版社2021年版，第31页。

有了坚定的理想信念，才能做到“在胜利和顺境时不骄傲不急躁，在困难和逆境时不消沉不动摇”[①]。“对共产党人来讲，动摇了信仰，背离了党性，丢掉了宗旨，就可能在‘围猎’中被人捕获。只有在立根固本上下功夫，才能防止歪风邪气近身附体。”[②]

有了坚定的理想信念，才能战胜风险挑战。习近平强调：“没有坚定的理想信念，就会在乱云飞渡的复杂环境中迷失方向、在泰山压顶的巨大压力下退缩逃避、在糖衣炮弹的轮番轰炸下缴械投降。我们要从红色基因中汲取强大的信仰力量，增强‘四个意识’，坚定‘四个自信’，做到‘两个维护’，自觉做共产主义远大理想和中国特色社会主义共同理想的坚定信仰者和忠实实践者，真正成为百折不挠、终生不悔的马克思主义战士。”[③]“今天，在新长征路上，我们要战胜来自国内外的各种重大风险挑战，夺取中国特色社会主义新胜利，依然要靠全党全国人民坚定的理想信念和坚强的革命意志。”[④]

初心：建党一百多年始终遵循的执着追求。

“志不立，天下无可成之事。”我们建党一百多年，从哪里出发的、初心是什么？习近平指出：“坚持不忘初心、继续前进，就要牢记我们党从成立起就把为共产主义、社会主义而奋斗确定为自己的纲领，坚定共产主义远大理想和中国特色社会主义共同理想，不断把为崇高理想奋斗的伟大实践推向前进。”“我们党已经走过了九十五年的历程，但我们要永远保持建党时中国共产党人的奋斗精神，永远保持对人民的赤子之心。一切向前走，都不能忘记走过的路；走得再远、走到再光辉的未来，也不能忘记走过的过去，不能忘记为什么出发。”[⑤]“理想信念是共产党人的政治灵魂，是共产党人初心的本质要求。共产党人只有树立了崇高而坚定的理想信念，才能做到不忘初心、牢记使命。”[⑥]“党的初心和使命是党的性质宗旨、理想信念、奋斗目

---

① 习近平：《在庆祝中国共产党成立九十五周年大会上的讲话》，《人民日报》2016年7月2日。

② 习近平：《在第十八届中央纪律检查委员会第六次全体会议上的讲话》（2016年1月12日），《人民日报》2016年5月3日。

③ 《习近平关于全面从严治党论述摘编》（2021年版），中央文献出版社2021年版，第177—178页。

④ 《习近平关于全面从严治党论述摘编》（2021年版），中央文献出版社2021年版，第177页。

⑤ 习近平：《在庆祝中国共产党成立九十五周年大会上的讲话》，《人民日报》2016年7月2日。

⑥ 《习近平关于全面从严治党论述摘编》（2021年版），中央文献出版社2021年版，第178页。

标的集中体现，激励着我们党永远坚守，砥砺着我们党坚毅前行。……忘记初心和使命，我们党就会改变性质、改变颜色，就会失去人民、失去未来。”①

在前进的道路上，我们要吸收借鉴世界上的先进发展理念和经验，但要牢记“马克思主义就是我们共产党人的‘真经’”，“‘真经’没念好，总想着‘西天取经’，就要贻误大事！”②理想信念也是我们党的执政理念的必然要求，习近平指出：“中国共产党坚持执政为民，人民对美好生活的向往就是我们的奋斗目标。我的执政理念，概括起来就是：为人民服务，担当起该担当的责任。”③“中国共产党人的初心和使命，就是为中国人民谋幸福，为中华民族谋复兴。”④

政治灵魂：取得事业成功的精神依托。

灵魂，往往是指在事物中起决定、主导和奠基作用的因素。没有政治灵魂，党的事业就会迷失方向。习近平指出：“马克思主义是我们立党立国的根本指导思想。背离或放弃马克思主义，我们党就会失去灵魂、迷失方向。在坚持马克思主义指导地位这一根本问题上，我们必须坚定不移，任何时候任何情况下都不能有丝毫动摇。”⑤从党的事业发展的实践看，理想信念是取得事业成功的精神依托，习近平指出：“革命理想高于天。没有远大理想，不是合格的共产党员；离开现实工作而空谈远大理想，也不是合格的共产党员。在我们党九十多年的历史中，一代又一代共产党人为了追求民族独立和人民解放，不惜流血牺牲，靠的就是一种信仰，为的就是一个理想。”⑥有了理想信念的支撑，“理论上坚定成熟，什么力量也不能动摇我们”⑦。

---

① 《习近平关于全面从严治党论述摘编》（2021年版），中央文献出版社2021年版，第179页。

② 习近平：《在全国党校工作会议上的讲话》（2015年12月11日），人民出版社单行本，第15页。

③ 习近平：《在俄罗斯索契接受俄罗斯电视台专访时的答问》（2014年2月7日），《人民日报》2014年2月9日。

④ 习近平：《决胜全面建成小康社会　夺取新时代中国特色社会主义伟大胜利——在中国共产党第十九次全国代表大会上的报告》，《人民日报》2017年10月28日。

⑤ 习近平：《在庆祝中国共产党成立九十五周年大会上的讲话》，《人民日报》2016年7月2日。

⑥ 习近平：《关于坚持和发展中国特色社会主义的几个问题》（2013年1月5日），《十八大以来重要文献选编》（上），中央文献出版社2014年版，第116页。

⑦ 《在中央政治局“三严三实”专题民主生活会上的讲话》（2015年12月28日、29日），《习近平关于全面从严治党论述摘编》，中央文献出版社2016年版，第67页。

思想防线：世界社会主义曲折发展实践得到的宝贵教训。

因为理想信念对国家、对我们党的生存发展具有根本性、决定性的重大意义，因而“理想信念动摇是最危险的动摇，理想信念滑坡是最危险的滑坡。一个政党的衰落，往往从理想信念的丧失或缺失开始”①。习近平深刻总结世界社会主义发展的经验教训，指出：“世界社会主义实践的曲折历程告诉我们，马克思主义政党一旦放弃马克思主义信仰、社会主义和共产主义信念，就会土崩瓦解。”②

理想信念是国内外各种敌对势力企图让我们党改旗易帜的突破关口，习近平告诫全党：“国内外各种敌对势力，总是企图让我们党改旗易帜、改名换姓，其要害就是企图让我们丢掉对马克思主义的信仰，丢掉对社会主义、共产主义的信念。而我们有些人甚至党内有的同志却没有看清这里面暗藏的玄机，认为西方‘普世价值’经过了几百年，为什么不能认同？西方一些政治话语为什么不能借用？接受了我们也不会有什么大的损失，为什么非要拧着来？有的人奉西方理论、西方话语为金科玉律，不知不觉成了西方资本主义意识形态的吹鼓手。”③

结合全面从严治党的实践，习近平深刻指出：“‘四风’问题归根结底是理想信念出现动摇所致”“必须毫不放松抓好思想政治建设，点亮党员、干部心中的明灯，教育引导党员、干部筑牢思想防线，坚持‘革命理想高于天’，保持蓬勃朝气、昂扬锐气、浩然正气。”④

问题分析

只有找准存在的问题，才能开出对症的药方。习近平强调，党员、干部队伍信仰缺失是一个需要引起高度重视的问题。他多次作出重要论述，比较集中的论述有以下五个方面。

一是有的对共产主义心存怀疑，认为那是虚无缥缈、难以企及的幻想；

① 习近平：《在庆祝中国共产党成立九十五周年大会上的讲话》，《人民日报》2016年7月2日。
② 习近平：《在全国党校工作会议上的讲话》（2015年12月11日），人民出版社单行本，第7页。
③ 习近平：《在全国党校工作会议上的讲话》（2015年12月11日），人民出版社单行本，第8页。
④ 《在党的群众路线教育实践活动第一批总结暨第二批部署会议上的讲话》（2014年1月20日），《习近平关于党风廉政建设和反腐败斗争论述摘编》，中央文献出版社、中国方正出版社2015年版，第143页。

二是有的不信马列信鬼神，从封建迷信中寻找精神寄托，热衷于算命看相、烧香拜佛，遇事“问计于神”；

三是有的是非观念淡薄、原则性不强、正义感退化，糊里糊涂当官，浑浑噩噩过日子；

四是有的甚至向往西方社会制度和价值观念，对社会主义前途命运丧失信心；

五是有的在涉及党的领导和中国特色社会主义道路等原则性问题的政治挑衅面前态度暧昧、消极躲避、不敢亮剑，甚至故意模糊立场、耍滑头，在大是大非面前没有态度，出了政治性事件、遇到敏感性问题没有立场、无动于衷。①

习近平指出：“一些党员、干部在理想信念、思想政治素质、工作能力、作风状况上都处于亚健康状态。”②

习近平批评了党员干部在理想信念方面存在的“四种不良表现”：

一是有的以批评和嘲讽马克思主义为“时尚”、为噱头；

二是有的精神空虚，认为共产主义是虚无缥缈的幻想，“不问苍生问鬼神”，热衷于算命看相、求神拜佛，迷信“气功大师”；

三是有的信念动摇，把配偶子女移民到国外、钱存在国外，给自己“留后路”，随时准备“跳船”；

四是有的心为物役，信奉金钱至上、名利至上、享乐至上，心里没有任何敬畏，行为没有任何底线。③在巡视中发现，“有的党员、干部理想信念丧失，在党不为党、在党不信党，讲风水、信迷信！”④

习近平还结合剖析因违纪违法落马领导干部的深刻教训时，指出一些领导干部在理想信念上存在的五种不良表现：“有的是看到社会上阴暗面太多，对社会主义前途心生悲观而丢掉了理想信念；有的是人生不顺利特别是

---

① 习近平：《在全国组织工作会议上的讲话》（2013年6月28日），《十八大以来重要文献选编》（上），中央文献出版社2014年版，第339页。

② 《在十八届中央政治局第十六次集体学习时的讲话》（2014年6月30日），《习近平关于党风廉政建设和反腐败斗争论述摘编》，中央文献出版社、中国方正出版社2015年版，第22页。

③ 《在全国宣传思想工作会议上的讲话》（2013年8月19日），《习近平关于全面从严治党论述摘编》，中央文献出版社2016年版，第61页。

④ 《在中央政治局常委会听取中央巡视工作领导小组关于二〇一四年中央巡视组第二轮巡视情况汇报时的讲话》（2014年10月16日），《习近平关于严明党的纪律和规矩论述摘编》，中央文献出版社、中国方正出版社2016年版，第120页。

仕途遇到挫折，对个人前途心生失望而丢掉了理想信念；有的是受亲情友情所累，违反原则办事而丢掉了理想信念；有的是经不住金钱、美色等诱惑而丢掉了理想信念；有的是临近退休，认为没有必要再那么坚守，赶紧给自己安排好晚年生活而丢掉了理想信念。”①

基本思路：补精神之钙、固思想之元、培为政之本

以习近平同志为核心的党中央，紧密结合党的事业发展新阶段对党员干部的新要求，紧密结合新形势下人们思想活动独立性、选择性、多变性、差异性明显增强的新实际，紧密结合意识形态领域斗争尖锐复杂的新形势，着重从补好精神之钙、固好思想之元、培塑为政之本等方面，强固理想信念，进一步强化了共产党人的信仰之基。

补精神之钙

新形势下，一些党员干部的精神之“钙”缺失、理想信念不坚定成为一个突出问题。针对党员干部理想信念淡薄的问题，习近平多次强调要始终牢记我们的最高理想，旗帜鲜明地宣扬最高理想，他指出：“社会主义是共产主义初级阶段，共产主义是我们的最高理想。我们现在做的是社会主义初级阶段的事情，但不能忘记初衷，不能忘了我们的最高奋斗目标。在这个问题上，不要含糊其词、语焉不详。”②“用新时代中国特色社会主义思想武装全党。”③“立忠诚笃信之志，就是要坚定这个理想信念。”④

共产党人讲理想信念，是要在理想信念的指引下，把最高纲领与最低纲领统一起来，把远大理想与现实目标统一起来，为改造当下的、现实的客观世界而努力奋斗。因此，理想信念怎样与现实目标统一起来，是马克思主义一个重大理论和实践问题，也是习近平着重思考并强调的一个重要问题。他

---

① 《习近平关于全面从严治党论述摘编》（2021年版），中央文献出版社2021年版，第172、173页。

② 《在中央政治局“三严三实”专题民主生活会上的讲话》（2015年12月28日、29日），《习近平关于全面从严治党论述摘编》，中央文献出版社2016年版，第66页。

③ 习近平：《决胜全面建成小康社会 夺取新时代中国特色社会主义伟大胜利——在中国共产党第十九次全国代表大会上的报告》，《人民日报》2017年10月28日。

④ 《作风建设要立破并举、扶正祛邪》（2014年5月9日），《习近平关于全面从严治党论述摘编》，中央文献出版社2016年版，第62—63页。

指出：要坚持远大理想与现阶段共同理想统一起来，做到虔诚而执着、至信而深厚。坚定政治方向，提高站位，宽阔眼界，开阔心胸。通过远大理想与现阶段共同理想的统一，起到“六个方面作用”，即坚持正确政治方向，在胜利和顺境时不骄傲不急躁，在困难和逆境时不消沉不动摇，经受住各种风险和困难考验，自觉抵御各种腐朽思想的侵蚀，永葆共产党人政治本色。[①]

正因为理想信念是一种高层次的精神信仰的追求，检验理想信念具有一定难度，习近平多次强调，检验理想信念“需要一个过程，不是一下子、经历一两件事、听几句口号就能解决的，这样的检验要看长期表现，甚至看一辈子”。他指出：“革命战争年代，检验一个干部理想信念坚定不坚定，就看他能不能为党和人民事业舍生忘死，能不能冲锋号一响立即冲上去，这样的检验很直接。和平建设时期，生死考验有，但毕竟不多，检验一个干部理想信念是否坚定确实比较难，X光、CT、核磁共振成像也没有办法。”

习近平从思想与行为辩证统一的角度，强调用行动见证理想信念，“理想信念不是拿来说、拿来唱的，更不是用来装点门面的，只有见诸行动才有说服力”[②]。强调检验理想信念具有可能性、可行性，指出衡量一名共产党员、一名领导干部是否具有共产主义远大理想，客观标准就是“四个能否”：能否坚持全心全意为人民服务的根本宗旨，能否吃苦在前、享受在后，能否勤奋工作、廉洁奉公，能否为理想而奋不顾身去拼搏、去奋斗、去献出自己的全部精力乃至生命。因此，相对而言有“四种言行”是与此格格不入的：一切迷惘迟疑的观点，一切及时行乐的思想，一切贪图私利的行为，一切无所作为的作风都与此格格不入。[③]他强调检验一个干部理想信念坚定不坚定，就要看“六个是否能”：看干部是否能在重大政治考验面前有政治定力，是否能树立牢固的宗旨意识，是否能对工作极端负责，是否能做到吃苦在前、享受在后，是否能在急难险重任务面前勇挑重担，是否能经得起权力、金钱、美色的诱惑。[④]

---

① 习近平：《关于坚持和发展中国特色社会主义的几个问题》（2013年1月5日），《十八大以来重要文献选编》（上），中央文献出版社2014年版，第116—117页。

② 《习近平关于全面从严治党论述摘编》（2021年版），中央文献出版社2021年版，第174页。

③ 习近平：《关于坚持和发展中国特色社会主义的几个问题》（2013年1月5日），《十八大以来重要文献选编》（上），中央文献出版社2014年版，第116页。

④ 习近平：《在全国组织工作会议上的讲话》（2013年6月28日），《十八大以来重要文献选编》（上），中央文献出版社2014年版，第340页。

那么，新形势下应如何坚定理想信念、补足精神之“钙”呢？习近平在多个场合对此作出重要论述，开出治本药方。比较集中的有以下五个方面。

一是强调用科学理论武装头脑。他指出：“崇高信仰、坚定信念不会自发产生。要练就‘金刚不坏之身’，必须用科学理论武装头脑，不断培植我们的精神家园。对领导干部特别是高级干部来说，要把系统掌握马克思主义基本理论作为看家本领。”[①]“作为党的高级干部，我们必须始终保持对马克思主义的坚定信仰、对共产主义和中国特色社会主义的坚定信念，按照马克思主义政治家的标准严格要求自己，始终把人民放在心中最高位置，把为党和人民事业贡献力量作为自己的最高追求，为坚持和发展中国特色社会主义不懈奋斗，以此来开阔胸襟和眼界，以此来增强政治定力和政治敏锐性，以此来提高抵御各种风险和经受住各种考验的能力。”[②]“要加强对马克思主义的学习，掌握马克思主义立场、观点、方法，不断补精神之钙、固思想之元、培为政之本，做到内化于心、外化于行。”强调要长期不懈地学习，“坚守这份理想信念，不是一朝一夕的事，需要一辈子学习进步，一辈子改造提高。做不到这一点，就可能随时掉队、名节不保，甚至身败名裂。”[③]

二是强调学习理论要在参透和领悟上下功夫。他强调：“坚定的理想信念，必须建立在对马克思主义的深刻理解之上，建立在对历史规律的深刻把握之上。”[④]坚定理想信念要建立在追求真理、掌握规律的理性认识之上，习近平强调了“三个基础”，即“中国共产党人的理想信念，建立在马克思主义科学真理的基础之上，建立在马克思主义揭示的人类社会发展规律的基础之上，建立在为最广大人民谋利益的崇高价值的基础之上”。之所以我们要坚定理想信念，有“三个重要原因”：“我们坚定，是因为我们追求的是真理。我们坚定，是因为我们遵循的是规律。我们坚定，是因为我们代表的是最广大人民根本利益。”[⑤]

三是强调掌握辩证唯物主义和历史唯物主义思想武器。他指出：“无数

---

① 《在全国宣传思想工作会议上的讲话》（2013年8月19日），《习近平关于全面从严治党论述摘编》，中央文献出版社2016年版，第61页。

② 《在中共十八届一中全会上的讲话》（2012年11月15日），《习近平关于党风廉政建设和反腐败斗争论述摘编》，中央文献出版社、中国方正出版社2015年版，第137页。

③ 《习近平关于全面从严治党论述摘编》（2021年版），中央文献出版社2021年版，第172页。

④ 习近平：《在庆祝中国共产党成立九十五周年大会上的讲话》，《人民日报》2016年7月2日。

⑤ 习近平：《在纪念红军长征胜利八十周年大会上的讲话》（2016年10月21日），人民出版社单行本，第12页。

事实证明，对共产党人来说，只有理论上清醒才能有政治上清醒，只有理论上坚定才能有政治上坚定。”所以，要全面提高马克思主义理论素养，掌握辩证唯物主义和历史唯物主义思想武器，学懂弄通中国特色社会主义理论体系，弄明白历史怎样走来，又怎样走下去，从而不断增强中国特色社会主义道路自信、理论自信、制度自信、文化自信。①

四是强调把理论修养作为干部综合素质的核心来抓。他指出：“理论修养是干部综合素质的核心，理论上的成熟是政治上成熟的基础，政治上的坚定源于理论上的清醒。从一定意义上说，掌握马克思主义理论的深度，决定着政治敏感的程度、思维视野的广度、思想境界的高度。”②

五是强调靠“四个自信”坚定理想信念。他指出：“要依靠文化自信坚定理想信念。领导干部要不忘初心、坚守正道，必须坚定文化自信。没有中华优秀传统文化、革命文化、社会主义先进文化的底蕴和滋养，信仰信念就难以深沉而执着。党员、干部要不断提升人文素养和精神境界，去庸俗、远低俗、不媚俗，做到修身慎行、怀德自重、清廉自守，永葆共产党人政治本色。”③“在新时代，坚定信仰信念，最重要的就是要坚定中国特色社会主义道路自信、理论自信、制度自信、文化自信。党的百年奋斗历程和伟大成就就是我们增强‘四个自信’最坚实的基础”④，“教育引导全党深刻认识红色政权来之不易、新中国来之不易、中国特色社会主义来之不易，深刻认识中国共产党为什么能、马克思主义为什么行、中国特色社会主义为什么好，不断坚定‘四个自信’，不断增强历史定力，增强做中国人的志气、骨气、底气”⑤。

此外，习近平还强调坚定理想信念，要坚持不懈强化理论武装，毫不放松加强党性教育，持之以恒加强道德教育，夯实“三个基础”：筑牢信仰之基、补足精神之钙、把稳思想之舵。坚守“四个界限”：坚守真理、坚守正道、坚守原则、坚守规矩。修炼“三德”：明大德、严公德、守私德。涵养

---

① 《办公厅工作要做到“五个坚持”》（2014年5月8日），《秘书工作》2014年第6期。

② 《在中央政治局“三严三实”专题民主生活会上的讲话》（2015年12月28日、29日），《习近平关于全面从严治党论述摘编》，中央文献出版社2016年版，第67—68页。

③ 《习近平在十八届中央纪委七次全会上发表重要讲话　强调全面贯彻落实党的十八届六中全会精神　增强全面从严治党系统性创造性实效性》，《人民日报》2017年1月7日。

④ 《习近平关于全面从严治党论述摘编》（2021年版），中央文献出版社2021年版，第181页。

⑤ 《习近平关于全面从严治党论述摘编》（2021年版），中央文献出版社2021年版，第181页。

“三性”：重品行、正操守、养心性。坚持“三个立身”：以信念、人格、实干立身。①

固思想之元

理论贯穿着真理的标准，思想体现着价值的尺度。党员干部的思想是否纯洁、坚定，是否体现了党的性质宗旨，是否体现了共产党人的价值追求，从根本上说取决于理想信念这个本元是否坚固。

习近平在论述理想信念问题时，高度关注这个“总开关”对党员干部思想的导航定向作用。他强调：“对党员、干部来说，思想上的滑坡是最严重的病变，‘总开关’没拧紧，不能正确处理公私关系，缺乏正确的是非观、义利观、权力观、事业观，各种出轨越界、跑冒滴漏就在所难免了。思想上松一寸，行动上就会散一尺。思想认识问题一时解决了，不等于永远解决。就像房间需要经常打扫一样，思想上的灰尘也要经常打扫，镜子要经常照，衣冠要随时正，有灰尘就要洗洗澡，出毛病就要治治病。”

习近平多次强调党员干部要心中有党，把理想信念的坚定作为心中有党的前提条件来看待，他指出：“只有理想信念坚定，心中有党、对党忠诚才能有牢固思想基础。理想信念动摇了，那是不可能心中有党的。”②要“注重解决好世界观、人生观、价值观这个‘总开关’问题，真正做到对马克思主义虔诚而执着、至信而深厚”③。

思想教育要从理想信念开始，这是马克思主义一条重要原则和基本经验，也是习近平强调的一个重要内容。他指出：“思想教育要突出重点，加强党性和道德教育，引导党员、干部坚定理想信念，坚守共产党人精神追求。党员、干部必须认真学习马克思列宁主义、毛泽东思想特别是中国特色社会主义理论体系，自觉用贯穿其中的立场、观点、方法武装头脑、指导实践、推动工作，始终不渝为中国特色社会主义共同理想而奋斗。要加强警示教育，让广大党员、干部受警醒、明底线、知敬畏，主动在思想上划出红

① 《在党的十八届六中全会第二次全体会议上的讲话》（2016年10月27日），《习近平关于全面从严治党论述摘编》，中央文献出版社2016年版，第73页。

② 习近平：《做焦裕禄式的县委书记》（2015年1月12日），《十八大以来重要文献选编》（中），中央文献出版社2016年版，第321页。

③ 习近平：《做焦裕禄式的县委书记》（2015年1月12日），《十八大以来重要文献选编》（中），中央文献出版社2016年版，第321页。

线、在行为上明确界限，真正敬法畏纪、遵规守矩。”[①]这里习近平强调了党员干部心中要有“两条线”，一条是“红线”，是指思想上不能碰红线、犯错误，一条是“底线”，是指行为上不能触底线、违党纪。[②]习近平强调，要把抓好思想教育作为党内政治生活的根本，“‘欲事立，须是心立。’加强思想教育和理论武装，是党内政治生活的首要任务，是保证全党步调一致的前提”[③]。

习近平还强调共产党“占据推动人类社会进步、实现人类美好理想的道义制高点”，党员干部应以此确立思想价值的自信。他指出：“我们要教育引导广大党员、干部把学习成果转化为提升党性修养、思想境界、道德水平的精神营养，做到真学真懂真信真用，在胜利和顺境时不骄傲不急躁，在困难和逆境时不消沉不动摇，牢牢占据推动人类社会进步、实现人类美好理想的道义制高点。”[④]

新时代的思想建设，重点是用习近平新时代中国特色社会主义思想武装头脑。习近平强调，“举旗帜，就是要高举马克思主义、中国特色社会主义的旗帜，坚持不懈用新时代中国特色社会主义思想武装全党、教育人民、推动工作，在学懂弄通做实上下功夫，推动当代中国马克思主义、21世纪马克思主义深入人心、落地生根”[⑤]。党的十九届六中全会《决议》指出：“全党必须坚持马克思列宁主义、毛泽东思想、邓小平理论、‘三个代表’重要思想、科学发展观，全面贯彻习近平新时代中国特色社会主义思想，用马克思主义的立场、观点、方法观察时代、把握时代、引领时代，不断深化对共产党执政规律、社会主义建设规律、人类社会发展规律的认识。”[⑥]在理论学习方法上，习近平强调，“在学习理论上干部要舍得花精力，全面系统学，及时跟进学，深入思考学，联系实际学。学习新时代中国特色社会主义思想，要深刻认识和领会其时代意义、理论意义、实践意义、世界意义，深刻理

---

① 习近平：《在党的群众路线教育实践活动总结大会上的讲话》（2014年10月8日），《人民日报》2014年10月9日。

② 习近平：《在党的群众路线教育实践活动总结大会上的讲话》（2014年10月8日），《十八大以来重要文献选编》（中），中央文献出版社2016年版，第94—95页。

③ 《在党的十八届六中全会第二次全体会议上的讲话》（2016年10月27日），《习近平关于全面从严治党论述摘编》，中央文献出版社2016年版，第73页。

④ 习近平：《在庆祝中国共产党成立九十五周年大会上的讲话》，《人民日报》2016年7月2日。

⑤ 《习近平关于全面从严治党论述摘编》（2021年版），中央文献出版社2021年版，第209页。

⑥ 《中共中央关于党的百年奋斗重大成就和历史经验的决议》，人民出版社2021年版，第72—73页。

解其核心要义、精神实质、丰富内涵、实践要求。……多思多想、学深悟透，知其然又知其所以然。学习理论最有效的办法是读原著、学原文、悟原理，强读强记，常学常新，往深里走、往实里走、往心里走，把自己摆进去、把职责摆进去、把工作摆进去，做到学、思、用贯通，知、信、行统一”[①]。

注重学党的历史、用好红色资源，是巩固升华理想信念、打牢思想根基的重要途径。习近平强调，“革命博物馆、纪念馆、党史馆、烈士陵园等是党和国家红色基因库。要讲好党的故事、革命的故事、根据地的故事，英雄和烈士的故事，加强革命传统教育、爱国主义教育、青少年思想道德教育，把红色基因传承好，确保红色江山不变色”[②]，“学史增信，就是要增强信仰、信念、信心，这是我们战胜一切强敌、克服一切困难、夺取一切胜利的强大精神力量。要增强对马克思主义、共产主义的信仰，教育引导广大党员、干部从党百年奋斗中感悟信仰的力量，始终保持顽强意志，勇敢战胜各种重大困难和严峻挑战”[③]。强调要自觉主动学、及时跟进学、联系实际学，还强调要贯通起来学，“把学习贯彻党的创新理论作为思想武装的重中之重，同学习马克思主义基本原理贯通起来，同学习党史、新中国史、改革开放史、社会主义发展史结合起来，同新时代我们进行伟大斗争、建设伟大工程、推进伟大事业、实现伟大梦想的丰富实践联系起来，在学懂弄通做实上下功夫，在解放思想中统一思想，在深化认识中提高认识，切实增强贯彻落实的思想自觉和行动自觉”[④]，“要从党的辉煌成就、艰辛历程、历史经验、优良传统中深刻领悟中国共产党为什么能、马克思主义为什么行、中国特色社会主义为什么好等道理，弄清楚其中的历史逻辑、理论逻辑、实践逻辑”[⑤]。

培为政之本

马克思主义是对人类社会发展规律的科学洞察，既是一种重大的理论创造和智慧结晶，更是一种能动改造人类世界的实践指南，共产党人的理想信

① 《习近平关于全面从严治党论述摘编》（2021年版），中央文献出版社2021年版，第211—212页。
② 《习近平关于全面从严治党论述摘编》（2021年版），中央文献出版社2021年版，第178页。
③ 《习近平关于全面从严治党论述摘编》（2021年版），中央文献出版社2021年版，第183页。
④ 《习近平关于全面从严治党论述摘编》（2021年版），中央文献出版社2021年版，第216页。
⑤ 《习近平关于全面从严治党论述摘编》（2021年版），中央文献出版社2021年版，第219页。

念必然要体现于革命和执政的实践活动之中。习近平始终站在推进党的事业的高度看待理想信念问题，他指出："要把学习掌握马克思主义理论作为看家本领，深入学习马克思列宁主义、毛泽东思想，深入学习邓小平理论、'三个代表'重要思想、科学发展观，深入学习十八大以来党的理论创新成果。"①"我们要把理想信念教育作为思想建设的战略任务，保持全党在理想追求上的政治定力，自觉做共产主义远大理想和中国特色社会主义共同理想的坚定信仰者、忠实实践者，在全面建成小康社会、实现中华民族伟大复兴中国梦的历史进程中充分发挥先锋模范作用。"②

走得再远，也不能忘记奋斗的初心。习近平把理想信念作为共产党人继续奋斗的初始动力进行强调，他指出"坚持不忘初心、继续前进，就要牢记我们党从成立起就把为共产主义、社会主义而奋斗确定为自己的纲领，坚定共产主义远大理想和中国特色社会主义共同理想，不断把为崇高理想奋斗的伟大实践推向前进"③，"要始终把不忘初心、牢记使命作为必修课、常修课，时常叩问和守护初心，及时修枝剪叶、补钙壮骨，把牢理想信念'总开关'，在大是大非面前旗帜鲜明，在风浪考验面前无所畏惧，在各种诱惑面前立场坚定，在关键时候让党信得过、靠得住、能放心"④，"不忘初心、牢记使命不是一阵子的事，而是一辈子的事，每个党员都要在思想政治上不断进行检视、剖析、反思，不断去杂质、除病毒、防污染"⑤。要"把理想信念作为照亮前路的灯、把准航向的舵，转化为对奋斗目标的执着追求、对本职工作的不懈进取、对高尚情操的笃定坚持、对艰难险阻的勇于担当"⑥。"'本'在人心，内心净化、志向高远便力量无穷。"⑦"修身立德是为政之基，从不敢、不能到不想，要靠铸牢理想信念这个共产党人的魂。"⑧

---

① 习近平：《做焦裕禄式的县委书记》（2015年1月12日），《十八大以来重要文献选编》（中），中央文献出版社2016年版，第321页。

② 习近平：《在庆祝中国共产党成立九十五周年大会上的讲话》，《人民日报》2016年7月2日。

③ 习近平：《在庆祝中国共产党成立九十五周年大会上的讲话》，《人民日报》2016年7月2日。

④ 《习近平关于全面从严治党论述摘编》（2021年版），中央文献出版社2021年版，第178—179页。

⑤ 《习近平关于全面从严治党论述摘编》（2021年版），中央文献出版社2021年版，第180页。

⑥ 习近平：《在江西调研考察时的讲话》（2016年2月1日至3日），《人民日报》2016年2月4日。

⑦ 习近平：《在第十八届中央纪律检查委员会第六次全体会议上的讲话》（2016年1月12日），《人民日报》2016年5月3日。

⑧ 《习近平在十八届中央纪委七次全会上发表重要讲话强调　全面贯彻落实党的十八届六中全会精神　增强全面从严治党系统性创造性实效性》，《人民日报》2017年1月7日。

为党和人民执好政，必须善于把握规律，特别是把握“三大规律”，这是习近平强调的一个重要思想，他指出：“当今世界发展变化很快，当代中国发展变化也很快，新情况新问题新事物层出不穷。要应对好各种复杂局面，关键是要提高对规律的认识，善于运用规律来处理问题。规律，最重要的就是共产党执政规律、社会主义建设规律、人类社会发展规律。”[①]

怎样把理想信念体现到为党的事业奋斗的实践中，是习近平高度关注的一个重要问题，他提出“三让”，即“坚定理想信念，让真理武装我们的头脑，让真理指引我们的理想，让真理坚定我们的信仰”；“三学”，即“要坚持学而信、学而思、学而行”；“两个转化、两个用”，即“把学习成果转化为不可撼动的理想信念，转化为正确的世界观、人生观、价值观，用理想之光照亮奋斗之路，用信仰之力开创美好未来”。[②]

习近平把理想信念的坚定与党员干部特别是高级干部对党忠诚的要求紧密联系起来，强调“对党忠诚、永不叛党是写在入党誓词里的，是对党员最根本的要求。如果党的高级干部对党的领导、对中国特色社会主义丧失了信心，那我们党、国家、民族还有什么希望？”他指出高级干部对党忠诚要做到“三个坚定”，即“坚定对马克思主义的信仰、对共产主义和社会主义的信念、对党和人民的忠诚”；强化“一个观念”，即“牢固树立党的观念，始终做到党性坚强、党纪严明，确保政令畅通，维护党中央权威”；树立“六观”，即“牢固树立马克思主义的世界观、人生观、价值观和正确的权力观、地位观、利益观”；做到“三个警惕”，即“要时刻警惕权力、金钱、美色的诱惑”。[③]体现为面对“五对矛盾”时的正确选择，“面对公和私、义和利、是和非、正和邪、苦和乐的矛盾，是选择前者还是后者，靠的就是觉悟，最终检验的是对党和人民的忠诚”[④]。

把坚定理想信念就是要保持一颗为党为人民矢志奋斗的心来看待。习近平指出：“没有理想和信仰，不可能为党、为国家、为人民作出牺牲，共产党

① 《在中央政治局“三严三实”专题民主生活会上的讲话》（2015年12月28日、29日），《习近平关于全面从严治党论述摘编》，中央文献出版社2016年版，第67页。

② 习近平：《在纪念红军长征胜利八十周年大会上的讲话》（2016年10月21日），人民出版社单行本，第12—13页。

③ 《在党的十八届五中全会第二次全体会议上的讲话》（2015年10月29日），《习近平关于全面从严治党论述摘编》，中央文献出版社2016年版，第64—65页。

④ 《习近平在十八届中央纪委七次全会上发表重要讲话强调　全面贯彻落实党的十八届六中全会精神　增强全面从严治党系统性创造性实效性》，《人民日报》2017年1月7日。

员应该为理想而奋不顾身去拼搏、去奋斗、去牺牲。同样，奉献有小奉献，也有大奉献。现在，有些人觉得自己当公务员收入不高，约束又多，同在企业工作或下海经商相比牺牲了很多，认为这就是奉献了。客观地说，这也是奉献，但这种奉献只是站在个人角度来认识的。我们共产党人讲奉献，就要有一颗为党为人民矢志奋斗的心，有了这颗心，就会'痛并快乐着'，再怎么艰苦也是美的、再怎么付出也是甜的，就不会患得患失。这才是符合党和人民要求的大奉献。"①

战略思考

理想信念是我们党一个至关重要的根本性问题，也是贯穿于党的建设与发展全部历程的永恒性问题。具有科学的理论思维和强大的理论实践能力，是我们党的显著优势。在过去，我们党运用革命理论武装群众，把精神力量转变为强大的物质力量，建立了社会主义中国。在未来，如何继续发挥这种政治优势，运用科学理论武装群众，夺取中国特色社会主义新胜利，是我们党在新的历史条件下难以回避的重大课题。

全面从严治党，如果不从理想信念抓起，就会成为水中浮萍，在意识形态斗争与各种政治、经济、文化挑战中，经不起狂风巨浪的考验。党的十八大以来，以习近平同志为核心的党中央，紧紧抓住理想信念这个根本，着力在强固共产党员精神支柱上下功夫，取得了明显成效。

坚定理想信念教育是一个根本性基础性长期性的建设工程，需要根据党员干部思想变化、成长环境、结构成分等实际状况不断地把马克思主义理论武装深入下去，需要结合时代发展变化不断地用理论的创新、方法的更新把马克思主义理想传承下去。

一是把坚定理想信念作为保持我们党不变质不变色的永久工程。

任何一个执政党都有其固有的执政理念。执政理念是向内凝聚党的成员形成统一信念、统一思想和一致行动的思想磁石，是向外展示一个政党最主要特征的外在形象。恩格斯说，无产阶级政党"有个很大的优点，就是有一

① 《在同中央办公厅各单位班子成员和干部职工代表座谈时的讲话》（2014年5月8日），《习近平关于党风廉政建设和反腐败斗争论述摘编》，中央文献出版社、中国方正出版社2015年版，第144—145页。

个新的科学的世界观作为理论的基础”[1]。这个新的科学的世界观，就是马克思主义。马克思主义，是我们的根本指导思想，表明了我们党的执政理念，是党领导人民完成伟大历史使命的重要精神武器。

持续深入搞好理想信念教育，加强创新理论学习教育、理论创新、现实解读，着力固本培元、不忘初心，党的组织就能凝聚起来、拧成一股绳，全党的奋斗目标就容易实现。而忽视理想信念的渐进灌输、持续创新和宣传教育，必然导致党的组织分崩离析，民心散失，党的执政目标就难以实现。因此，邓小平反复告诫全党：“老祖宗不能丢啊！”[2]这个老祖宗，就是我们的理想信念。

马克思主义政党，本身就是一个特别注重运用马克思主义理论武装的党。坚定的理想信念是我们在长期奋斗中形成的重要历史资源和宝贵经验，是我们与其他类型政党相比的一个巨大政治优势所在。我们任何时候都不应该丢掉这个取胜的法宝，不应该放松对这个宝贵历史资源的经营、拓展和增值。

我们只有始终坚持把坚定理想信念教育作为一项保持我们党不变质不变色的永久工程，作为我们共产党的世纪工程、千年工程，以与党的建设历史同步推进的超长战略视野，以愚公移山的精神一代又一代地持续抓下去，才能为党的长远发展奠定思想基础、政治灵魂和精神支柱。

二是深入研究理想信念在不同时代发展中的不同表现及其解决办法。

坚定理想信念，从本质上说，是对党员干部进行的关于马克思主义理论的宣传、解释、说服工作和教育活动。它既有鲜明的阶级性、政治性，又具有突出的思想性、时代性。理论有其确定的思想内涵和原则要求，而人的思想则永远是鲜活的，人群的构成则永远是变化的。

这就决定了，坚定理想信念，既要作为一种政治活动来进行，通过一定的强制灌输、一定的集中学习、一定的政治氛围来实现，但同时又要作为一种科学的思想活动、有效的信息传播来实施，切实把内在的道理讲清楚、把人的情感调动起来、把受教育者的利益实现好，使理想信念的思想内核能够真正入心入脑。我们常讲马克思主义的中国化、大众化、时代化，最重要的

---

① 《马克思恩格斯选集》（第二卷），人民出版社2012年版，第10页。

② 《邓小平文选》第三卷，人民出版社1993年版，第369页。

就是要把坚定理想信念作为人的思想活动来实施，使其做到心服信服、打动人心。

理想信念教育应针对鲜活的时代问题，在不同时代和情势下采取不同的思想教育和沟通方法。在知识匮乏的年代，马克思主义理论能够填补知识真空，容易成为时代新潮而被人接受。在信息渠道单调的年代，马克思主义理论能够提供起信息支撑作用的主流意识形态，容易被关注和接受。在经济社会相对落后、思想文化相对单调的年代，马克思主义独树一帜、难有强力的竞争对手，也容易被人所接纳。在党员干部大多经过战争年代洗礼、对马克思主义有真情实感的年代，马克思主义就是希望之光，更容易被认同和信仰。中华人民共和国成立之初我们党的440多万党员基本上都经受过革命战争的洗礼和对敌斗争的锻炼，他们对理想信念都有一种刻骨铭心的认同。

今天，知识总量呈几何级数量增长，信息技术发达、信息渠道丰富多样，信息服务高度便利，社会思潮多元多样多变，意识形态领域各种思想理念交融交错交锋，党员大多成长于改革开放以后，没有经过革命年代洗礼，在坚定理想信念上遇到前所未有的困难和挑战。比如，改革开放之初，3600多万名党员中，绝大多数是1949年后入党的；到2015年底，党员总数已达8875.8万名，其中超过七成是改革开放后入党的。2015年，30岁及以下党员数量已经达到1375.2万名。这些年轻党员充满活力和激情，但缺乏党内政治生活的历练，党员意识和党性修养有待加强。面对大批既缺乏革命斗争和艰难岁月的考验，又缺乏严格党内教育和党内生活锻炼的新党员和年轻党员的时候，理想信念就难以在情感上打动他们，难以在其思想深处打下烙印。

特别是改革开放40多年后，在鱼龙混杂的时代大潮中，在市场经济的等价交换原则、消费主义、功利主义、自由主义、个人主义等各种思潮影响下，在共产主义被认为是虚幻遥远的理想信念，是过时、背时的情势下，对理想信念的认同就会遇到巨大挑战和现实危机。加上面对一些领导干部信誓旦旦讲理想谈事业，而自身却严重贪腐、背离理想信念的残酷现实时，理想信念就更没有了当年那种无可辩驳的说服力、权威性。

因此，坚定理想信念，必须下功夫研究不同时代发展中遇到的影响思想信仰的真问题，切实把准时代脉搏和现实呼声，然后采取适应时代特点和人民群众能接受的方式方法。党在历史上，针对党和国家在不同时期的建设任务，抓住当下理想信念存在的突出问题，对理想、信念、信仰内涵进行开创性思索、适时性诠释、灵活性宣传，使人们不断拓展和深化对中国特色社会主义理论基本问题的认识①，这是党的理论建设的一条重要经验。

党的十八大以来，习近平指出的在理想信念上那些对共产主义心存怀疑、不信马列信鬼神、是非观念淡薄等“五个方面问题”，及以批评和嘲讽马克思主义为“时尚”、精神空虚、信念动摇等“四种不良表现”②，都深刻反映了党内理想信念缺失的严重状况。解决好这些问题，需要结合当前理论武装的现实进行更深入的解剖分析，从理想信念的科学内涵、时代特征和现实要求等方面进行理论上更深入的研究和回答，进行开创性思索、适时性诠释、灵活性宣传，借鉴汲取党的十八大以来的新鲜经验，不断创新理想信念教育的形式方法，增强理论的引领性、现实解释力，使理想信念的教育更具实效性。

三是用好通过集中学习教育推动党内马克思主义学习的有效形式。

毛泽东指出：“掌握思想教育，是团结全党进行伟大政治斗争的中心环节。如果这个任务不解决，党的一切政治任务是不能完成的。”③崇高信仰、坚定信念不会自发产生，需要通过扎实系统的理论学习教育才能实现。

从党的理论建设的历史经验看，开展党内集中的学习教育，是推动马克思主义理论系统学习、集中研究解决党内存在问题、形成马克思主义理论学习氛围的有效形式。早在延安时期，毛泽东就创造了运用整风形式在全党通过开展批评与自我批评进行马克思列宁主义教育的有效形式，清除了主观主义、宗派主义和党八股的危害，使思想建党得到有力巩固。在延安整风运动中，党中央专门成立了“总学委”，由毛泽东负总责。各系统、各部门也建立了学习组织，由主要负责同志亲自领导。中央高级干部划为十个学习组，毛泽东亲自担任第一组组长，推动了全党对马克思列宁主义的学习。此后，定期或不定期集中开展党内的学习教育，成为我们党加强理论武装、坚定理想信念的一个重要传统继承下来。

近些年，中央在全党范围内先后开展了“三讲”教育、“三个代表”重

---

① 杨德山：《中共对理想信念信仰问题认识的历史考察：1978.12—1992.2》，《教学与研究》2015年第12期。

② 参见“问题分析”部分，源自《在全国组织工作会议上的讲话》（2013年6月28日），《在全国宣传思想工作会议上的讲话》（2013年8月19日）。

③ 《毛泽东选集》第三卷，人民出版社1991年版，第1094页。

要思想学习教育、保持共产党员先进性教育、党的群众路线教育实践活动、“三严三实”专题教育、“两学一做”学习教育、“不忘初心、牢记使命”主题教育、党史学习教育等，对提高全党对理论学习的重视程度、强化党的理论武装、集中解决党内存在的突出问题，都起到了重要作用，积累了丰富经验。

从今后更长远的历史视角看，围绕坚定理想信念集中开展党内的学习教育，既要吸收我们党历史上的优良传统和现实创造的有益经验，特别是党的十八大以来加强理论武装的鲜活做法，适时开展重大的理论学习教育活动。又要注重长远的战略规划安排，把五年、十年党的理论建设的阶段性重大规划与党的使命任务的阶段性战略安排结合起来，解决好理论建设、理论武装这一重大问题，做到解决当前问题与长远建设的有机统一，特别是持续推进马克思主义经典编译工程、马克思主义理论研究工程、马克思主义人才培养工程、马克思主义普及教育工程等关键工程，不断进行战略性安排部署，使党的理论建设、理论武装不断向前推进，使党的理想信念根系不断扎牢扎深。

四是在增强马克思主义信仰信念理论的创新力、说服力、解释力上下功夫。

坚定的共产主义理想信念，首先表现为对马克思主义理论的真心信服。马克思主义诞生后，特别是在马克思主义中国化的过程中，最重要一个经验就是以它自身的系统完整性、严密逻辑性、实践发展性，以其强大的真理力量和人格力量，不断赢得人民群众对马克思主义的信服和信仰。

党在历史上，有过教条主义的偏向，也有过经验主义的误区，历经艰难险阻，最终开辟了一条马克思主义中国化的成功道路。把马克思主义基本理论与当代中国具体实际紧密结合，不断增强马克思主义理论的创新力、说服力、解释力，是中国共产党人取得革命和建设巨大成就的重要秘诀。可以说，马克思主义的生命力，就在于不断地推进理论创新，不断地发展理论的时代内容，不断地健全马克思主义理论的解释系统，不断地更新马克思主义的话语体系。

当前，在马克思主义信仰问题上，一些人不愿意信、不真信或根本不信，其中一个重要原因，就是他们听不到当代中国取得的巨大发展奇迹与马克思主义理想信念之间的令人信服的、更深入、更有影响的有力解释，看不到更多的坚信马克思主义又实践马克思主义、做到真理力量与人格力量相统一的真实的身边典型，感受不到马克思主义理想信念与自身利益价值实现之间的紧密联系，无法从马克思主义理论本身去对当今社会贫富差距拉大、腐败严重等社会现实作出有力解释说明与回应。因此，要坚定理想信念，必须从增强马克思主义理论的理论创新力、现实解释力、人格感染力等方面下更多功夫。

培养更多既精通马克思主义经典理论，掌握系统的、纯正的马克思主义理论，又熟悉中国国情、了解中国发展的现实矛盾问题和人民群众呼声的理论专家和人才，使他们能够用马克思主义理论解释当代世界、当代中国，不断增强马克思主义的洞察力、分析力、解释力和原创力。

紧盯人民群众关注的贫富差距、打虎惩腐、共同富裕等重大现实问题，编写更多热点解析类普及读物、组织更多贯彻马克思主义立场观点方法的国情报告、学术报告、网络论坛等活动，更多地破解人们所关注的理论热点、现实难点和社会焦点问题，扩大马克思主义理论的社会影响力。

进一步提高全体党员运用科学理论解释现实、指导工作、宣传大众的积极性和本领，使9900多万名党员都成为马克思主义理论的宣传员，使这支潜在大军成为宣传普及党的理论的生力军。

强化党的性质宗旨教育，特别是直接面对群众、直接领导群众的一线党委支部和党员干部，要切实做到权为民所赋、权为民所用，管好手中权力、树立为民务实清廉的形象，真正让党的性质宗旨、党的良好作风形象在一线党的干部身上得到体现，不断增强党的理论的现实说服力。

永不停息地打“虎”拍“蝇”，使那些搞以权谋私、权钱交易等行为的腐败干部得到应有处理，使更多清廉清正的党员干部成长起来，不断增强党的理论的人格感染力。

第十篇

战略抓手之三：肃正作风

党的作风或党风的概念，是1942年2月毛泽东在中共中央党校开学典礼上作《整顿党的作风》演讲时提出来的。他认为，党风是“一个非常重要的问题”“第一个重要问题”[①]，并开创了以整风形式在全党开展批评与自我批评进行马克思列宁主义思想教育的先河。以习近平同志为核心的党中央在全面从严治党的实践中，把作风建设作为管党治党的切入点，抓住了党的建设的要害所在，通过一系列有力的作风整肃举措，使党内严重的“四风”问题得到了有力整治，党风政风为之一新，党心民心空前凝聚，为推进党和国家事业提供了有力作风保障。

战略定位：人格力量、人心向背、生死存亡

党的作风，是党的活动中一贯表现出来的态度和行为，是党的性质、宗旨和世界观在党的活动中的表现。[②]作风问题是一个老课题、新问题，在全面从严治党的语境下，作风建设究竟在管党治党中起着什么样的重要作用、处于什么样的重要地位呢？习近平指出：“党的作风就是党的形象，关系人心向背，关系党的生死存亡。执政党如果不注重作风建设，听任不正之风侵蚀党的肌体，就有失去民心、丧失政权的危险。我们党作为一个在中国长期执政的马克思主义政党，对作风问题任何时候都不能掉以轻心。”[③]联系习近平围绕加强党的作风建设作的重要论述，作风建设在管党治党中的战略地位，

---

① 张荣臣：《马克思主义党的学说史》，中共中央党校出版社2016年版，第133页。

② 叶笃初、卢先福：《党的建设辞典》，中共中央党校出版社2009年版，第156页。

③ 《在十八届中央政治局第十六次集体学习时的讲话》（2014年6月30日），《习近平关于党风廉政建设和反腐败斗争论述摘编》，中央文献出版社、中国方正出版社2015年版，第8页。

可以从“人格力量”“人心向背”“生死存亡”等方面进行认识。

作风关系人格力量：不良作风损害党的先进性、纯洁性。

党的作风是党性的外在表现，是马克思主义政党人格力量的实际展现，是党的形象的直观反映。习近平指出，马克思主义执政党要有“两种力量”，即强大的真理力量和强大的人格力量，真理力量集中体现为我们党的正确理论，人格力量集中体现为我们党的优良作风[①]，这是对马克思主义建党学说新的发展，对加强执政党的作风建设具有重要意义。习近平从保持党的强大人格力量的高度，强调：“中央政治局的同志要带头把党的优良作风继承下来、发扬下去，敏于行、慎于言，降虚火、求实效，实一点，再实一点。”[②]

对党的作风建设中存在的突出问题，习近平强调要增强政治敏锐性，“最重要的就是要防微杜渐，不要‘温水煮青蛙’。现在，有些形式主义、官僚主义的东西，有些铺张浪费、豪华奢侈的东西，上上下下都有些表现，我们不能安之若素、司空见惯、见怪不怪”[③]。

共产党人的人格力量不仅表现为自身作风优良，而且表现为对不良作风有斗争精神。但由于多种因素影响，作风不严不实不真的问题突出，批评和自我批评开展不起来，习近平强调：“现在，批评和自我批评这个‘利器’在很多地方变成了‘钝器’，锈迹斑斑，对问题触及不到、触及不深，就像鸡毛掸子打屁股——不痛不痒，有的甚至把自我批评变成了自我表扬，相互批评变成了相互吹捧。”[④]习近平强调，“开展‘三严三实’专题教育，是推进党的思想政治建设和作风建设的重要举措，是严肃党内政治生活、严明党的政治纪律和政治规矩的重要举措”[⑤]。

---

① 《在第十八届中央纪律检查委员会第三次全体会议上的讲话》（2014年1月14日），《习近平关于全面从严治党论述摘编》，中央文献出版社2016年版，第157页。

② 《在第十八届中央纪律检查委员会第三次全体会议上的讲话》（2014年1月14日），《习近平关于全面从严治党论述摘编》，中央文献出版社2016年版，第157页。

③ 《在中央政治局会议上关于改进工作作风、密切联系群众的讲话》（2012年12月4日），《习近平关于全面从严治党论述摘编》，中央文献出版社2016年版，第147—148页。

④ 习近平：《在党的群众路线教育实践活动工作会议上的讲话》（2013年6月18日），《十八大以来重要文献选编》（上），中央文献出版社2014年版，第316—317页。

⑤ 《在十八届中央政治局第二十六次集体学习时的讲话》（2015年9月11日），《习近平关于严明党的纪律和规矩论述摘编》，中央文献出版社、中国方正出版社2016年版，第29页。

作风关系人心向背：不良作风有失去民心的危险。

人民立场是中国共产党的根本政治立场，是马克思主义政党区别于其他政党的显著标志。作风是人民群众观察党、了解党的最直观的途径和最便捷的窗口，作风好人民群众就会真心拥护支持，作风不良人民群众就会反对，党心民心就会涣散，党就会失去人民的拥护支持。习近平关于作风与民心之间关系的重要论述，主要有四个角度：

一是把作风建设作为我们党密切联系群众、保持血脉力量的根本保证来看待。习近平强调："党与人民风雨同舟、生死与共，始终保持血肉联系，是党战胜一切困难和风险的根本保证，正所谓'得众则得国，失众则失国'。"党的十九届六中全会《决议》强调："我们党来自人民、植根人民、服务人民，一旦脱离群众就会失去生命力，全面从严治党必须从人民群众反映强烈的作风问题抓起。"[①]

二是把不良作风比作"无形的墙"，会阻隔党与人民群众的血肉联系。习近平强调："如果不坚决纠正不良风气，任其发展下去，就会像一座无形的墙把我们党和人民群众隔开，我们党就会失去根基、失去血脉、失去力量。"[②]

三是把党的作风比作"晴雨表"，播报着党与人民关系的状况。习近平指出："党的作风是党的形象，是观察党群干群关系、人心向背的晴雨表。党的作风正，人民的心气顺，党和人民就能同甘共苦。"[③]"领导干部的一言一行、一举一动，群众都看在眼里、记在心上。干部心系群众、埋头苦干，群众就会赞许你、拥护你、追随你；干部不务实事、骄奢淫逸，群众就会痛恨你、反对你、疏远你。"[④]

四是从鱼水关系的角度对待作风建设，把人民看作党的水之源、木之本。习近平强调："'水能载舟，亦能覆舟。'这个道理我们必须牢记，任何时候都不能忘却。老百姓是天，老百姓是地。忘记了人民，脱离了人民，

---

① 《中共中央关于党的百年奋斗重大成就和历史经验的决议》，人民出版社2021年版，第30页。

② 《在第十八届中央纪律检查委员会第二次全体会议上的讲话》（2013年1月22日），《习近平关于全面从严治党论述摘编》，中央文献出版社、中国方正出版社2016年版，第148页。

③ 习近平：《在庆祝中国共产党成立九十五周年大会上的讲话》，《人民日报》2016年7月2日。

④ 《在第十八届中央纪律检查委员会第二次全体会议上的讲话》（2013年1月22日），《习近平关于党风廉政建设和反腐败斗争论述摘编》，中央文献出版社、中国方正出版社2015年版，第71页。

我们就会成为无源之水、无本之木，就会一事无成。”[①]

解决不良作风问题的根本出路，是贯彻党的群众路线。党的群众路线是我们党的生命线和根本工作路线，是我们党永葆青春活力和战斗力的传家宝。习近平强调：“不论过去、现在和将来，我们都要坚持一切为了群众，一切依靠群众，从群众中来，到群众中去，把党的正确主张变为群众的自觉行动，把群众路线贯彻到治国理政全部活动之中。”[②]他还指出，坚持群众路线要做到“两个始终”：始终保持党同人民群众的血肉联系，始终接受人民群众批评和监督；做到“两个常”：心中常思百姓疾苦，脑中常谋富民之策；实现“两个方面目标”：使我们党永远赢得人民群众的信任和拥护，使我们的事业始终拥有不竭的力量源泉。[③]

作风关系生死存亡：不良作风有丧失政权的危险。

不良作风愈演愈烈，最终会影响政权巩固，历史上因腐败亡国的教训比比皆是。习近平把加强作风建设作为党和人民赋予我们的政治责任来对待，他强调，“坚持党要管党、从严治党，切实解决自身存在的突出问题，切实改进工作作风，密切联系群众”是我们的责任。[④]从战胜前进道路上风险挑战的角度，强调“风险越大、挑战越多、任务越重，越要加强党的作风建设，以好的作风振奋精神、激发斗志、树立形象、赢得民心”[⑤]。

习近平把不良作风作为我们党亟待解决的重要问题来看待，他强调：“新形势下，我们党面临着许多严峻挑战，党内存在着许多亟待解决的问题。尤其是一些党员干部中发生的贪污腐败、脱离群众、形式主义、官僚主义等问题，必须下大气力解决。”[⑥]他把开展党的群众路线教育实践活动作为解决作风问题的战略性举措来抓，把纠正“四风问题”作为群众路线教育

① 习近平：《在纪念红军长征胜利八十周年大会上的讲话》（2016年10月21日），人民出版社单行本，第15—16页。

② 习近平：《在纪念毛泽东同志诞辰一百二十周年座谈会上的讲话》（2013年12月26日），《十八大以来重要文献选编》（上），中央文献出版社2014年版，第697页。

③ 习近平：《在纪念红军长征胜利八十周年大会上的讲话》（2016年10月21日），人民出版社单行本，第15—16页。

④ 习近平：《人民对美好生活的向往，就是我们的奋斗目标》（2012年11月15日），《十八大以来重要文献选编》（上），中央文献出版社2014年版，第70页。

⑤ 《习近平关于全面从严治党论述摘编》（2021年版），中央文献出版社2021年版，第353页。

⑥ 习近平：《人民对美好生活的向往，就是我们的奋斗目标》（2012年11月15日），《十八大以来重要文献选编》（上），中央文献出版社2014年版，第70页。

活动的重点任务，强调："教育实践活动重点抓什么？要选准目标、集中火力，深入解决形式主义、官僚主义、享乐主义和奢靡之风问题。"①

从事关党的执政基础和执政地位的高度，习近平对"四风"问题的严重影响和危害作了深入分析解剖，他强调：形式主义实质是主观主义、功利主义，根源是政绩观错位、责任心缺失，具体表现是用轰轰烈烈的形式代替了扎扎实实的落实，用光鲜亮丽的外表掩盖了矛盾和问题。官僚主义实质是封建残余思想作祟，根源是官本位思想严重、权力观扭曲，具体表现是做官当老爷，高高在上，脱离群众，脱离实际。享乐主义实质是革命意志衰退、奋斗精神消减，根源是世界观、人生观、价值观不正确，具体表现是拈轻怕重，贪图安逸，追求感官享受。奢靡之风实质是剥削阶级思想和腐朽生活方式的反映，根源是思想堕落、物欲膨胀，具体表现是灯红酒绿，纸醉金迷。②对"四风"问题的严重危害，习近平指出，"'四风'的后果，就是浪费了有限资源，延误了各项工作，疏远了人民群众，败坏了党风政风"，对党的执政造成"两个严重损害"："最终会严重损害党的先进性和纯洁性、严重损害党的执政基础和执政地位。"③

问题梳理

习近平在深入调查研究基础上，对党内在作风建设上存在的突出问题，在党的多次重要会议、多个重要场合进行严肃批评、作出重要论述，其中比较集中和系统的论述是关于"四风问题"。

习近平指出形式主义的特征是：知行不一、不求实效，文山会海、花拳绣腿，贪图虚名、弄虚作假。"五种主要表现"为：一是有的不认真学习党的理论和做好工作所需要的知识，学了也是为应付场面，蜻蜓点水，浅尝辄止，不求甚解，无心也无力在实践中认真运用。二是有的习惯于以会议落实会议、以文件落实文件，热衷于造声势、出风头，把安排领导出场讲话、组

① 《在第十八届中央纪律检查委员会第三次全体会议上的讲话》（2014年1月14日），《习近平关于党风廉政建设和反腐败斗争论述摘编》，中央文献出版社、中国方正出版社2015年版，第78—79页。

② 《在河北调研指导党的群众路线教育实践活动时的讲话》（2013年7月11日、12日），《习近平关于全面从严治党论述摘编》，中央文献出版社2016年版，第153—154页。

③ 《在河北调研指导党的群众路线教育实践活动时的讲话》（2013年7月11日、12日），《习近平关于全面从严治党论述摘编》，中央文献出版社2016年版，第154页。

织发新闻、上电视作为头等大事，最后工作却不了了之。三是有的抓工作不讲实效，不下功夫解决存在的矛盾和问题，难以给领导留下印象的事不做，形不成多大影响的事不做，工作汇报或年终总结看上去不漂亮的事不做，仪式一场接着一场，总结一份接着一份，评奖一个接着一个，最后都是“客里空”。四是有的下基层调研走马观花，下去就是为了出出镜、露露脸，坐在车上转，隔着玻璃看，只看“门面”和“窗口”，不看“后院”和“角落”，群众说是“调查研究隔层纸，政策执行隔座山”。五是有的明知报上来的是假情况、假数字、假典型，也听之任之，甚至通过挖空心思造假来粉饰太平。①

官僚主义的特征是：脱离实际、脱离群众，高高在上、漠视现实，唯我独尊、自我膨胀。“五种主要表现”为：一是有的对实际情况不了解不关注，不愿深入困难艰苦地区，不愿帮助基层和群众解决实际问题，甚至不愿同基层和普通群众打交道，怕给自己添麻烦，工作上敷衍塞责、推诿扯皮、得过且过。二是有的不顾地方实际和群众意愿，喜欢拍脑袋决策、拍胸脯表态，盲目铺摊子、上项目，最后拍屁股走人，留下一堆后遗症。三是有的对上吹吹拍拍、曲意逢迎，对下吆五喝六、横眉怒目，门难进、脸难看、事难办，甚至不给钱不办事，收了钱乱办事。四是有的对待上级部署囫囵吞枣、断章取义，执行上级决定照本宣科、等因奉此，或者照猫画虎、生搬硬套，以前怎么做就怎么做，别人怎么做就怎么做，完全不顾本地本部门实际情况。五是有的官气十足、独断专行，老子天下第一，一切都要自己说了算，拒绝批评帮助，容不下他人，听不得不同意见。②

享乐主义的特征是：精神懈怠、不思进取，追名逐利、贪图享受，讲究排场、玩风盛行。“三个方面表现”为：一是有的意志消沉、信念动摇，奉行及时行乐的人生态度，“今朝有酒今朝醉”“人生得意须尽欢”。二是有的追求物质享受，情趣低俗，玩物丧志，沉湎花天酒地，热衷灯红酒绿，纵情声色犬马。三是有的拈轻怕重，安于现状，不愿吃苦出力，满足于现有学识和见解，陶醉于已经取得的成绩，不立新目标，缺乏新动力，“清茶报纸

---

① 习近平：《在党的群众路线教育实践活动工作会议上的讲话》（2013年6月18日），《十八大以来重要文献选编》（上），中央文献出版社2014年版，第310—311页。

② 习近平：《在党的群众路线教育实践活动工作会议上的讲话》（2013年6月18日），《十八大以来重要文献选编》（上），中央文献出版社2014年版，第311—312页。

二郎腿，闲聊旁观混光阴”[①]。

奢靡之风的特征是：铺张浪费、挥霍无度，大兴土木、节庆泛滥，生活奢华、骄奢淫逸，甚至以权谋私、腐化堕落。“七个方面表现”为：一是有的修建豪华气派的办公大楼，甚至占地上百亩、耗资几个亿，搞得富丽堂皇，吃喝玩乐一应俱全。二是有的热衷于造节办节，节庆泛滥成灾，动辄花费几百万元、几千万元，劳民伤财。三是有的热衷于个人享受，住房不厌其大其多，车子不厌其豪华，菜肴不厌其精美，穿戴讲究名牌，对超出规定的生活待遇安之若素，还总嫌不够。四是有的要求超规格接待，住高档酒店，吃山珍海味，喝美酒佳酿，觥筹交错之后还要“意思意思”。五是有的兜里揣着价值不菲的会员卡、消费卡，在高档会馆里乐不思蜀，在高级运动场所流连忘返，在名山秀水间朝歌夜弦，在异国风情中醉生梦死。六是有的甚至到境外赌博场所挥金如土。七是有的作风不检点，甚至道德败坏、生活放荡，不以为耻、反以为荣。[②]

同时，针对党的不同层次领导干部和党员干部存在的作风上的问题，习近平也多次提出批评、作出重要论述，比如：

对市县领导班子和领导干部这个层次，习近平指出作风上存在搞“形象工程”“政绩工程”，有令不行、有禁不止，拍脑袋决策、搞一言堂，不敢担当、不愿负责，心浮气躁、跑官要官，组织观念淡薄、纪律松弛，玩心很重、玩风很浓，大建楼堂馆所，欺压群众、漠视民生等“九个方面问题”。[③]

对市县直属单位这个层次，习近平指出存在办事拖拉、作风漂浮、服务不主动、工作“中梗阻”“四种不良表现”，以及“上班五件事”：斗地

① 习近平：《在党的群众路线教育实践活动工作会议上的讲话》（2013年6月18日），《十八大以来重要文献选编》（上），中央文献出版社2014年版，第312页。

② 习近平：《在党的群众路线教育实践活动工作会议上的讲话》（2013年6月18日），《十八大以来重要文献选编》（上），中央文献出版社2014年版，第312页。

③ 《在党的群众路线教育实践活动第一批总结暨第二批部署会议上的讲话》（2014年1月20日），《习近平关于党风廉政建设和反腐败斗争论述摘编》，中央文献出版社、中国方正出版社2015年版，第18页。“九个方面问题”：一是有的搞“形象工程”“政绩工程”，换一任领导变一套思路，负债累累、寅吃卯粮，只顾眼前、不顾长远；二是有的有令不行、有禁不止，搞“上有政策、下有对策”，合意的就执行，不合意的就打折扣、搞变通；三是有的拍脑袋决策、搞一言堂，容不下他人，听不得不同意见；四是有的不敢担当、不愿负责，当“太平官”“逍遥官”；五是有的心浮气躁、跑官要官，到处拉关系、找门路、搭天线；六是有的组织观念淡薄、纪律松弛，信口开河、口无遮拦；七是有的玩心很重，玩风很浓，吃喝玩乐，文恬武嬉，花天酒地，乐此不疲；八是有的以改善接待条件之名，大建楼堂馆所，总统套房金碧辉煌，烟柳画桥，风帘翠幕，最后是自己受用；九是有的欺压群众、漠视民生，甚至以权谋私、弄权贪腐，巧立名目敛财牟利；等等。

主、嗑瓜子、玩手机、逛淘宝、随意离开工作岗位外出溜达消遣等人浮于事的问题。①

对执法监管部门和窗口单位、服务行业这个层次，习近平指出存在门难进脸难看事难办、吃拿卡要、“懒政”现象突出、执法不公等“五种不良表现”，以及服务群众中存在的“三乱一收”：乱收费、乱罚款、乱摊派，收回扣、拿红包；“滥用职权现象”：搞权力寻租、利益输送、借权营生；“两种执法”：搞选择性执法、随意性执法；办“三种案”：关系案、人情案、金钱案等。②

对乡镇、街道和村、社区等其他基层组织这个层次，习近平指出主要存在不关心群众冷暖，落实惠民政策缩水走样，工作不专心，弄虚作假、欺上瞒下，方法简单粗暴，软弱涣散，侵犯群众利益等“七种不良表现”③。

针对新形势下的形式主义和官僚主义问题，习近平也多次论述，“现实生活中，有的落实党中央决策部署不用心、不务实、不尽力，口号喊得震天响、行动起来轻飘飘，把说的当做了，把做了当做成了。有的地方要求事事留痕，把‘痕迹’当‘政绩’，把精准扶贫搞成了精准填表，用纸面数字来展现所谓扶贫成效。有的工作拖沓敷衍，遇事推诿扯皮、回避矛盾和问题，

---

① 《在党的群众路线教育实践活动第一批总结暨第二批部署会议上的讲话》（2014年1月20日），《习近平关于党风廉政建设和反腐败斗争论述摘编》，中央文献出版社、中国方正出版社2015年版，第18—19页。“四个不良表现”是：有的办事拖拉、推诿扯皮，浑浑噩噩混日子，上班时间斗地主、嗑瓜子、玩手机、逛淘宝，有的甚至随意离开工作岗位外出溜达消遣；有的作风漂浮、落实不力，工作底数不清、基层情况不明，唱功好、做功差；有的服务不主动，不作为、慢作为，只求过得去、不求过得硬；有的工作“中梗阻”，对上级交办的任务找客观原因顶着不办，对群众要办的事情找各种理由拖着不办；等等。

② 《在党的群众路线教育实践活动第一批总结暨第二批部署会议上的讲话》（2014年1月20日），《习近平关于党风廉政建设和反腐败斗争论述摘编》，中央文献出版社、中国方正出版社2015年版，第19页。“五种不良表现”是指：有的门难进、脸难看、事难办，口号响当当、服务冷冰冰、办事慢腾腾，尤其是普通群众办事难上加难；有的吃拿卡要、雁过拔毛，乱收费、乱罚款、乱摊派，甚至收回扣、拿红包；有的“懒政”现象突出，出工不出力，懒懒散散，不下基层，不联系群众，迟到早退现象严重；有的滥用职权，搞权力寻租、利益输送、借权营生；有的执法不公，搞选择性执法、随意性执法，办关系案、人情案、金钱案。

③ 《在党的群众路线教育实践活动第一批总结暨第二批部署会议上的讲话》（2014年1月20日），《习近平关于党风廉政建设和反腐败斗争论述摘编》，中央文献出版社、中国方正出版社2015年版，第19—20页。“七种不良表现”是指：有的不关心群众冷暖，责任心不强，坐等上门多、主动问需少，用上网代替上门、用通话代替见面，遇到矛盾绕道走；有的落实惠民政策缩水走样，机械执行、死板操作，好事办不好；有的工作不专心，在位不在岗，天天“走读”，有事找不着人，领导职责空置；有的弄虚作假、欺上瞒下，哄骗上级、糊弄群众；有的方法简单粗暴，对待群众态度恶劣、随意训斥，“通不通三分钟，再不通龙卷风”；有的软弱涣散，服务群众意识和能力不强，办事不公；有的侵犯群众利益，克扣群众财物，个别地方的党政单位、干部拖欠群众钱款，打白条，耍赖账。

一点小事都要层层上报请示，看似讲规矩，实则不担当。有的拍脑袋决策，搞家长制、‘一言堂’，把个人凌驾于组织之上，容不下他人，听不得不同意见。有的地方问责泛化滥用，动不动就签‘责任状’、搞‘一票否决’，甚至把问责作为推卸责任的‘挡箭牌’”[①]“有的对群众诉求麻木不仁，为民服务不上心不尽力，甚至侵害群众利益；有的只会喊口号、刷标语、打广告，不愿做不会做群众工作，同群众隔着一堵‘心墙’；有的抓工作固守套路不出思路，回避矛盾不敢担当，遇事要么层层向上请示，要么层层向下签责任状，就是不去抓落实”[②]。

肃风思路：率、靶、真、惩、志、德、严、韧

冰冻三尺非一日之寒。治作风顽疾，既要下猛药，也要重调理。党中央在整治党的作风上，注重综合施策、标本兼治、破立并举，使党的作风得到明显转变。从习近平关于整治党的作风的重要论述看，整肃作风的主要思路和办法至少可以用“八个关键词”进行概括，即以上率下、找准靶心、真抓实抓、高压严惩、端正志向、修德正品、从严纠治、坚韧有恒。

以上率下：从中央做起、从八项规定做起。

“己不正，焉能正人。”上行下效是作风形成和深化的一条基本规律。上行下效之所以成为规律，是因为只有从上层做起，才能立信于人；只有从上层做起，才能对风气起到根本扭转作用。整治不良作风，首要前提是从高层做起、从领导干部抓起，使新风尚、新气象从上层开始确立，由高向低辐射、自上向下推行，形成示范性、导向性、大气候，这样作风整治就有说服力、号召力、推动力。

习近平在整治作风中特别强调徙木立信的作用，“我们抓整治‘四风’就是起徙木立信的作用，抓就真抓，一抓到底。不要老是喊狼来了，最后大家疲沓了，觉得不就是那么回事嘛，混一阵子、挺一阵子就过去了。今后几

---

① 《习近平关于全面从严治党论述摘编》（2021年版），中央文献出版社2021年版，第345—346页。
② 《习近平关于全面从严治党论述摘编》（2021年版），中央文献出版社2021年版，第348页。

年，每一年都要提出一些要求，目标就是做到为民务实清廉”①。“这样才能取信于民、取信于全党。”②

“善禁者，先禁其身而后人。”在以上率下方面，习近平强调“各级领导干部要以身作则、率先垂范，说到的就要做到，承诺的就要兑现”。③明确强调重点是“四个层次”，即“从中央政治局常委会、中央政治局、中央委员会抓起，从高级干部抓起”④。“领导干部首先要从中央领导做起”⑤“中央政治局同志从我本人做起”⑥“中央委员会的每一位同志都要勤勤恳恳为民，兢兢业业干事，清清白白做人”⑦“中央委员会的每一位同志都要积极开展调查研究，要扑下身子、沉到一线，迈开步子、走出院子，到车间码头，到田间地头，到市场社区，亲自察看、亲身体验”⑧“各级领导干部要带头调研、经常调研，扑下身子，沉到一线，全面了解情况，深入研究问题，把准事物的本质和规律，找到破解难题的办法和路径”⑨。

中央做出八项规定是以习近平同志为核心的党中央抓作风建设的一个重要切入点，习近平指出：“新一届中央领导集体要定规矩，这（指的是《十八届中央政治局关于改进工作作风、密切联系群众的八项规定》）是很重要的规矩。没有规矩，不成方圆。从我们在座各位做起来，新人新办法。制定这方面的规矩，指导思想就是从严要求，体现党要管党、从严治党。”⑩“党的十八大之后，党中央讨论加强党的建设如何抓时，就想到要解决‘老虎吃天不知从哪儿下口’的问题。后来决定就抓八项规定，下口就要

① 《在河南省兰考县委常委扩大会议上的讲话》（2014年3月18日），《做焦裕禄式的县委书记》，中央文献出版社2015年版，第37页。

② 《在参加河北省委常委班子专题民主生活会时的讲话》（2013年9月23—25日），《习近平关于党的群众路线教育实践活动论述摘编》，中央文献出版社2014年版，第71页。

③ 《在第十八届中央纪律检查委员会第二次全体会议上的讲话》（2013年1月22日），《习近平关于全面从严治党论述摘编》，中央文献出版社2016年版，第149页。

④ 习近平：《在庆祝中国共产党成立九十五周年大会上的讲话》，《人民日报》2016年7月2日。

⑤ 《在中央政治局会议上关于改进工作作风、密切联系群众的讲话》（2012年12月4日），《习近平关于全面从严治党论述摘编》，中央文献出版社2016年版，第147页。

⑥ 《在第十八届中央纪律检查委员会第二次全体会议上的讲话》（2013年1月22日），《习近平关于全面从严治党论述摘编》，中央文献出版社2016年版，第149页。

⑦ 《习近平关于全面从严治党论述摘编》（2021年版），中央文献出版社2021年版，第335页。

⑧ 《习近平关于全面从严治党论述摘编》（2021年版），中央文献出版社2021年版，第335页。

⑨ 《习近平关于全面从严治党论述摘编》（2021年版），中央文献出版社2021年版，第337页。

⑩ 《在中央政治局会议上关于改进工作作风、密切联系群众的讲话》（2012年12月4日），《习近平关于全面从严治党论述摘编》，中央文献出版社2016年版，第147页。

真正把那块吃进去、消化掉，不要这吃一嘴那吃一嘴，囫囵吞枣，最后都没有消化。我们抓住作风建设这条主线，一以贯之，步步深入。”①“我们抓中央八项规定贯彻落实，看起来是小事，但体现的是一种精神。中央八项规定都抓不好、坚持不下去，还搞什么十八项规定、二十八项规定？”②“这个文件制定后，咱们率先垂范，然后层层制定、提出要求，对省军级干部有些什么要求，对地师级干部有些什么要求，对县团级干部有些什么要求，要有个章法，一直往下制定。”③

如何抓好中央八项规定落实？习近平强调要有刚性、要条条细化、要从领导和领导身边人做起，“规定就是规定，不加‘试行’两字，就是要表明一个坚决的态度，表明这个规定是刚性的”“说了就必须做到，把文件上写的内容一一落到实处”“最重要的是要抓好落实，言必行、行必果”“要完善细则，警卫、新闻、文秘、内事、外事都要有各自的细化落实方案。规定制定出来后，大家都要学习贯彻，特别是领导干部身边的工作人员要学习贯彻。”“管好身边工作人员，这也是一条，而且是很重要的一条。”④

抓八项规定不是中央抓作风的最高标准和最终目的，习近平明确指出，“中央八项规定是一个切入口和动员令。中央八项规定既不是最高标准，更不是最终目的，只是我们改进作风的第一步，是我们作为共产党人应该做到的基本要求”。“发布八项规定只是开端、只是破题，还需要下很大功夫。我们要以踏石留印、抓铁有痕的劲头抓下去，善始善终、善作善成，防止虎头蛇尾，让全党全体人民来监督，让人民群众不断看到实实在在的成效和变化。”⑤“落实中央八项规定精神是一场攻坚战、持久战，要坚定不移做好工作。”⑥因此，制定和落实中央八项规定只是党中央整治作风的首场战役，更

① 习近平：《在第十八届中央纪律检查委员会第六次全体会议上的讲话》（2016年1月12日），《人民日报》2016年5月3日。

② 《在参加河北省委常委班子专题民主生活会时的讲话》（2013年9月23—25日），《习近平关于全面从严治党论述摘编》，中央文献出版社2016年版，第156页。

③ 《在中央政治局会议上关于改进工作作风、密切联系群众的讲话》（2012年12月4日），《习近平关于严明党的纪律和规矩论述摘编》，中央文献出版社、中国方正出版社2016年版，第51—52页。

④ 《在中央政治局会议上关于改进工作作风、密切联系群众的讲话》（2012年12月4日），《习近平关于党风廉政建设和反腐败斗争论述摘编》，中央文献出版社、中国方正出版社2015年版，第68页。

⑤ 《在第十八届中央纪律检查委员会第二次全体会议上的讲话》（2013年1月22日），《习近平关于全面从严治党论述摘编》，中央文献出版社2016年版，第149页。

⑥ 《习近平在十八届中央纪委七次全会上发表重要讲话强调 全面贯彻落实党的十八届六中全会精神 增强全面从严治党系统性创造性实效性》，《人民日报》2017年1月7日。

重要的使命任务在后面，需要在更长时期内持续努力。

找准靶心：聚焦“四风”问题求突破。

习近平在中央政治局“三严三实”专题民主生活会上讲话指出，十八大以来党中央党风廉政建设的一个重要特点是“突出重点，抓住要害和关键，点准穴位，打准靶子”。党中央抓作风建设的第一个重大部署就是在全党开展党的群众路线教育实践活动，这个教育实践活动的靶心就是“四风”问题。

习近平强调：“中央反复研究，决定把这次教育实践活动的主要任务聚焦到作风建设上，集中解决形式主义、官僚主义、享乐主义和奢靡之风这‘四风’问题”，因为“‘四风’是违背我们党的性质和宗旨的，是当前群众深恶痛绝、反映最强烈的问题，也是损害党群干群关系的重要根源。党内存在的其他问题都与这‘四风’有关，或者说是这‘四风’衍生出来的。‘四风’问题解决好了，党内其他一些问题解决起来也就有了更好条件”。[①] 因此，“四风”问题不仅是党的群众路线教育实践活动的靶子，也是整治不良作风的一个靶子。

“四风”问题有许多不同的表现，解决“四风”问题也“要对准焦距、找准穴位、抓住要害，不能‘走神’，不能‘散光’”。习近平对纠正“四风”之中的每一种风气都明确了主攻方向和重点内容。

反对形式主义，“要着重解决工作不实的问题，教育引导党员、干部改进学风文风会风，改进工作作风，在大是大非面前敢于担当、敢于坚持原则，真正把心思用在干事业上，把功夫下到察实情、出实招、办实事、求实效上”。

反对官僚主义，“要着重解决在人民群众利益上不维护、不作为的问题，教育引导党员、干部深入实际、深入基层、深入群众，坚持民主集中制，虚心向群众学习，真心对群众负责，热心为群众服务，诚心接受群众监督，坚决整治消极应付、推诿扯皮、侵害群众利益的问题”。

反对享乐主义，“要着重克服及时行乐思想和特权现象，教育引导党员、干部牢记‘两个务必’，克己奉公，勤政廉政，保持昂扬向上、奋发有

---

① 习近平：《在党的群众路线教育实践活动工作会议上的讲话》（2013年6月18日），《十八大以来重要文献选编》（上），中央文献出版社2014年版，第313—314页。

为的精神状态”。

反对奢靡之风，“要着重狠刹挥霍享乐和骄奢淫逸的不良风气，教育引导党员、干部坚守节约光荣、浪费可耻的思想观念，做到艰苦朴素、精打细算，勤俭办一切事情”①。

在开展教育实践活动的方法论上，习近平提出自我革命、实事求是、扩大战果三个原则，他强调：“这次教育实践活动借鉴延安整风经验，明确提出‘照镜子、正衣冠、洗洗澡、治治病’的总要求。概括起来就是要自我净化、自我完善、自我革新、自我提高。”②“解决‘四风’问题，要从实际出发，抓住主要矛盾，什么问题突出就着重解决什么问题，什么问题紧迫就抓紧解决什么问题，找准靶子，有的放矢，务求实效。”③“针对调查研究、新闻报道、出国访问、干部住房、办公用房、配车上牌、秘书配备、公务接待、警卫规格、楼堂馆所、公款消费、铺张浪费、礼品礼券等方面存在的问题一项一项抓。”④“要从解决‘四风’问题延伸开去，努力改进思想作风、工作作风、领导作风、干部生活作风，努力改进学风、文风、会风，加强治本工作，使党员、干部不仅不敢沾染歪风邪气，而且不能、不想沾染歪风邪气，使党的作风全面纯洁起来。”⑤他强调要标本兼治，“治标，就是要着力针对‘四风’问题的各种表现，该纠正的纠正，该禁止的禁止。治本，就是要查找产生问题的深层次原因，从理想信念、工作程序、体制机制等方面下功夫抑制不正之风”⑥。

坚持把形式主义和官僚主义作为重点突出出来，习近平指出：“形式主义、官僚主义是目前党内存在的突出矛盾和问题，是阻碍党的路线方针政策

---

① 习近平：《在党的群众路线教育实践活动工作会议上的讲话》（2013年6月18日），《十八大以来重要文献选编》（上），中央文献出版社2014年版，第314页。

② 习近平：《在党的群众路线教育实践活动工作会议上的讲话》（2013年6月18日），《十八大以来重要文献选编》（上），中央文献出版社2014年版，第315页。

③ 习近平：《在党的群众路线教育实践活动工作会议上的讲话》（2013年6月18日），《十八大以来重要文献选编》（上），中央文献出版社2014年版，第314页。

④ 《在第十八届中央纪律检查委员会第三次全体会议上的讲话》（2014年1月14日），《习近平关于党风廉政建设和反腐败斗争论述摘编》，中央文献出版社、中国方正出版社2015年版，第79页。

⑤ 《在党的群众路线教育实践活动总结大会上的讲话》（2014年10月8日），《习近平关于党风廉政建设和反腐败斗争论述摘编》，中央文献出版社、中国方正出版社2015年版，第89—90页。

⑥ 《在河北调研指导党的群众路线教育实践活动时的讲话》（2013年7月11日、12日），《习近平关于全面从严治党论述摘编》，中央文献出版社2016年版，第153页。

和党中央重大决策部署贯彻落实的大敌”[①]“形式主义、官僚主义同我们党的性质宗旨和优良作风格格不入，是我们党的大敌、人民的大敌。……摸清形式主义、官僚主义在不同时期、不同地区、不同部门的不同表现，紧密联系具体实际，既解决老问题，也察觉新问题；既解决显性问题，也解决隐性问题；既解决表层次问题，也解决深层次问题，抓出习惯，抓出长效。”[②]

真抓实抓：把“三严三实”作为重要落点。

作风问题总是现实的、具体的，整治不良作风贵在真抓真严、抓实落实，只有好的作风才能抓好作风。习近平在抓作风上强调“真管真严、敢管敢严，党风建设就没有什么解决不了的问题”[③]。他指出，抓作风要来真格的，作规定就要严一点、定规矩就要紧一点，“既然作规定，就要朝严一点的标准去努力，就要来真格的。不痛不痒的，四平八稳的，都是空洞口号，就落不到实处，还不如不做”“定规矩，就要落实一些已经有明确规范的事情，就要约束一些不合规范的事情，就要规范一些没有规范的事情。规矩是起约束作用的，所以要紧一点”。他还从作风越紧与老百姓满意度越高的辩证关系上强调：“紧一点自然就不舒服了，舒适度就有问题了，就是要不舒服一点、不自在一点，我们不舒服一点、不自在一点，老百姓的舒适度就好一点、满意度就高一点，对我们的感觉就好一点。这也是新形象新气象。”[④]

什么是优良作风？习近平指出：“优良作风就是我们党历来坚持的理论联系实际、密切联系群众、批评和自我批评以及艰苦奋斗、求真务实等作风。”[⑤]习近平把新形势下整治作风的落点放在“三严三实”上，他强调：“我们抓作风建设，归根结底，就是希望各级干部都能树立和发扬好的作风，既严以修身、严以用权、严以律己，又谋事要实、创业要实、做人要实”“这些要求是共产党人最基本的政治品格和做人准则，也是党员、干部

① 《习近平关于全面从严治党论述摘编》（2021年版），中央文献出版社2021年版，第345页。

② 《习近平关于全面从严治党论述摘编》（2021年版），中央文献出版社2021年版，第337—338页。

③ 习近平：《在庆祝中国共产党成立九十五周年大会上的讲话》，《人民日报》2016年7月2日。

④ 《在中央政治局会议上关于改进工作作风、密切联系群众的讲话》（2012年12月4日），《习近平关于全面从严治党论述摘编》，中央文献出版社2016年版，第148页。

⑤ 习近平：《在党的群众路线教育实践活动工作会议上的讲话》（2013年6月18日），《十八大以来重要文献选编》（上），中央文献出版社2014年版，第308页。

的修身之本、为政之道、成事之要”。[1]

对“三严三实”的每一个方面，习近平都提出明确要求。他指出，“严以修身”，就是要做到“六个方面”：“加强党性修养，坚定理想信念，提升道德境界，追求高尚情操，自觉远离低级趣味，自觉抵制歪风邪气。”“严以用权”，重点是在“四个方面”管好权力：“坚持用权为民，按规则、按制度行使权力，把权力关进制度的笼子里，任何时候都不搞特权、不以权谋私。”“严以律己”，要做到“四个方面”：“心存敬畏、手握戒尺，慎独慎微、勤于自省，遵守党纪国法，做到为政清廉。”[2]

“谋事要实”，就是把握“一个出发点”：从实际出发谋划事业和工作。力求“三个符合”：使点子、政策、方案符合实际情况、符合客观规律、符合科学精神。做到“两不”：不好高骛远，不脱离实际。“创业要实”，有“五条要求”：“脚踏实地、真抓实干，敢于担当责任，勇于直面矛盾，善于解决问题，努力创造经得起实践、人民、历史检验的实绩。”“做人要实”，就是做好“四个方面”：“对党、对组织、对人民、对同志忠诚老实，做老实人、说老实话、干老实事，襟怀坦白，公道正派。”[3]

习近平还强调要把“三严三实”体现到抓作风各项工作中去，“‘三严三实’，是改进作风对各级干部的必然要求，要体现在抓作风建设各项工作之中，体现在各级干部首先是各级领导干部实际行动之中”。[4]“从解决‘四风’问题和领导干部不严不实问题延伸开去，努力改进思想作风、学风、工作作风、领导作风、干部生活作风，使党的作风全面好起来。”[5]“‘三严三实’要求归纳起来就是：凡是有利于党和人民事业的，就坚决干、加油干、一刻不停歇地干；凡是不利于党和人民事业的，就坚决改、彻底改、一刻不

---

① 习近平：《在党的群众路线教育实践活动总结大会上的讲话》（2014年10月8日），《十八大以来重要文献选编》（中），中央文献出版社2016年版，第98页。

② 《深入推进作风建设》（2014年3月9日），《习近平关于全面从严治党论述摘编》，中央文献出版社2016年版，第158页。

③ 《深入推进作风建设》（2014年3月9日），《习近平关于全面从严治党论述摘编》，中央文献出版社2016年版，第158页。

④ 《深入推进作风建设》（2014年3月9日），《习近平关于全面从严治党论述摘编》，中央文献出版社2016年版，第158—159页。

⑤ 《在中央政治局“三严三实”专题民主生活会上的讲话》（2015年12月28日、29日），《习近平关于全面从严治党论述摘编》，中央文献出版社2016年版，第167—168页。

耽误地改。”①

习近平强调，“严”“实”作风体现在抓基层打基础上。他指出：“俗话说，麻绳最容易从细处断。越是情况复杂、基础薄弱的地方，越要健全党的组织、做好党的工作，确保全覆盖，固本强基，防止‘木桶效应’。要建立严密的基层党组织工作制度，推动服务群众、做群众工作制度化、常态化、长效化，把基层党组织的工作重心转到服务发展、服务民生、服务群众、服务党员上来，使基层党组织领导方式、工作方式、活动方式更加符合服务群众的需要。”②“各级都要重视基层、关心基层、支持基层，加大投入力度，加强带头人队伍建设，确保基层党组织有资源、有能力为群众服务。”③强调把“两学一做”作为拓展“三严三实”专题教育的有效形式，“部署‘两学一做’学习教育，就是要推动党内教育从‘关键少数’向广大党员拓展，从集中性教育向经常性教育延伸，坚定广大党员的马克思主义立场，保证全党始终在思想上政治上行动上同党中央保持高度一致，使我们党始终成为有理想、有信念的马克思主义政党”。④强调做好基层基础工作，党的执政根基才能牢靠，“做好基层基础工作十分重要，只要每个基层党组织和每个共产党员都有强烈的宗旨意识和责任意识，都能发挥战斗堡垒作用、先锋模范作用，我们党就会很有力量，我们国家就会很有力量，我们人民就会很有力量，党的执政基础就能坚如磐石”⑤。

高压严惩：严格执纪问责。

严肃查处和曝光典型案件，形成高压态势⑥，这是党的十八大以来党中央整治作风的一个重要举措和鲜明特点。习近平强调：“我们共产党人最讲认

---

① 习近平：《党员、干部要按照“三严三实”要求鞭策自己》（2015年9月11日），《十八大以来重要文献选编》（中），中央文献出版社2016年版，第678页。

② 习近平：《在全国组织工作会议上的讲话》（2013年6月28日），《十八大以来重要文献选编》（上），中央文献出版社2014年版，第352页。

③ 习近平：《在全国组织工作会议上的讲话》（2013年6月28日），《十八大以来重要文献选编》（上），中央文献出版社2014年版，第352页。

④ 《习近平对开展“两学一做”学习教育作出重要指示强调 突出问题导向 确保取得实际成效 把全面从严治党落实到每一个支部》，《人民日报》2016年4月7日。

⑤ 《习近平在河北调研指导党的群众路线教育实践活动时的讲话》（2013年7月11—12日），《“两学一做”学习教育手册》，人民出版社2016年版，第270页。

⑥ 《在中央政治局“三严三实”专题民主生活会上的讲话》（2015年12月28日、29日），《习近平关于全面从严治党论述摘编》，中央文献出版社2016年版，第167页。

真，讲认真就是要严字当头，做事不能应付，做人不能对付，而是要把讲认真贯彻到一切工作中去，作风建设如此，党的建设如此，党和国家一切工作都如此。”①

习近平强调要严肃查处违规违纪问题，“巡视发现的问题线索，凡是违纪违法的都要严肃查处。不要怕问题多，问题多的单位可以把握节奏。要一网打尽，有多少就处理多少”“该查处的就查处，该免职的就免职”②。“要加大治庸治懒力度，严肃查处为官不为的典型人和事，进一步弘扬正气，狠刹歪风邪气。”③

习近平强调要以整风精神开展批评与自我批评，指出：“批评和自我批评是我们党的优良传统，是增强党组织战斗力、维护党的团结统一的有效武器。”强调批评和自我批评存在的普遍性问题是，“自我批评难，相互批评更难。难就难在为人情所困、为利益所惑，怕结怨树敌、怕引火烧身，说到底还是私心杂念作怪，缺乏党性和担当”④。以整风精神开展批评与自我批评，关键是做到“三有”：“要真正解决问题，就要有抛开面子、揭短亮丑的勇气，有动真碰硬、敢于交锋的精神，有深挖根源、触动灵魂的态度。”⑤习近平强调领导干部在批评与自我批评上要带头、作表率，反对和克服“三种错误倾向”：“坚决反对事不关己、高高挂起，明知不对、少说为佳的庸俗哲学，坚决克服文过饰非、知错不改等错误倾向。”⑥

端正志向：强化以人民为中心的价值理念。

作风不正，从根本上说是价值追求出现偏差，指导思想不端正，没有牢牢确立以人民为中心的价值追求和发展理念。习近平强调要铭记党的根基在

---

①　《在党的群众路线教育实践活动总结大会上的讲话》（2014年10月8日），《人民日报》2014年10月9日。

②　《在中央政治局常委会审议〈关于二〇一三年上半年中央巡视组巡视情况的综合报告〉时的讲话》（2013年9月26日），《习近平关于全面从严治党论述摘编》，中央文献出版社2016年版，第179页。

③　《从严治党必须从严管理干部》（2014年12月14日），《习近平总书记重要讲话文章选编》，中央文献出版社2016年版，第237页。

④　习近平：《在第十八届中央纪律检查委员会第六次全体会议上的讲话》（2016年1月12日），人民出版社单行本，第26—27页。

⑤　习近平：《在党的群众路线教育实践活动工作会议上的讲话》（2013年6月18日），《十八大以来重要文献选编》（上），中央文献出版社2014年版，第316—317页。

⑥　《在党的十八届六中全会第二次全体会议上的讲话》（2016年10月27日），《习近平关于全面从严治党论述摘编》，中央文献出版社2016年版，第171页。

人民、党的力量在人民的道理，“江山就是人民，人民就是江山，人心向背关系党的生死存亡”①，“坚持一切为了人民、一切依靠人民，充分发挥广大人民群众积极性、主动性、创造性，不断把为人民造福事业推向前进”②。要坚持把人民置于“一个最高位置”，即把人民放在心中最高位置。坚持“一个根本宗旨”，即坚持全心全意为人民服务的根本宗旨。把握衡量工作得失的“一个根本标准”，即实现好、维护好、发展好最广大人民根本利益，把人民拥护不拥护、赞成不赞成、高兴不高兴、答应不答应作为衡量一切工作得失的根本标准。③作为“最重要政绩”，即中国共产党要把为民办事、为民造福作为最重要的政绩，把为老百姓办了多少好事实事作为检验政绩的重要标准。④并且强调，“职务越高越要强化群众观念、增强公仆意识，越要在思想上尊重群众、感悟上贴近群众，保持对人民的赤子之心”⑤。

习近平强调，以人民为中心就要“坚持党的群众路线，始终保持党同人民群众的血肉联系，始终接受人民群众的批评和监督，心中常思百姓疾苦，脑中常谋富民之策”⑥，就要着力“解决好人民最关心最直接最现实的利益问题，特别是要下大气力解决好人民不满意的问题，多做雪中送炭的事情”。习近平还把扶贫开发工作作为人民最关心最直接最现实的工作之一进行强调，“必须时不我待地抓好扶贫开发工作，决不能让困难地区和困难群众掉队。党和国家要把抓好扶贫开发工作作为重大任务，贫困地区各级领导干部更要心无旁骛、聚精会神抓好这项工作，团结带领广大群众通过顽强奋斗早日改变面貌”。⑦

带领人民创造幸福生活需要做的工作很多，习近平多次强调要“坚持一个思想”，即坚持以人民为中心的发展思想；“抓住一个重点”，即以保障和改善民生为重点；“加强五个方面工作”，即发展各项社会事业，加大收入分配调节力度，打赢脱贫攻坚战，保证人民平等参与、平等发展权利，使

---

① 《习近平关于全面从严治党论述摘编》（2021年版），中央文献出版社2021年版，第351页。

② 习近平：《在庆祝中国共产党成立九十五周年大会上的讲话》，《人民日报》2016年7月2日。

③ 习近平：《在庆祝中国共产党成立九十五周年大会上的讲话》，《人民日报》2016年7月2日。

④ 《习近平关于全面从严治党论述摘编》（2021年版），中央文献出版社2021年版，第350页。

⑤ 《习近平关于全面从严治党论述摘编》（2021年版），中央文献出版社2021年版，第340页。

⑥ 习近平：《在纪念红军长征胜利八十周年大会上的讲话》（2016年10月21日），人民出版社单行本，第15—16页。

⑦ 习近平：《做焦裕禄式的县委书记》（2015年1月12日），《十八大以来重要文献选编》（中），中央文献出版社2016年版，第322页。

改革发展成果更多更公平惠及全体人民；“实现一个目标”，即朝着实现全体人民共同富裕的目标稳步迈进。①

修德正品：抓住党性这个内因。

作风与党性一表一里，作风是外在表现，党性修养是内在原因。习近平把增强党性作为改进作风的一个重要着眼点，他强调：“做到严和实，最难最核心的是如何对待自己。我们党的宗旨是全心全意为人民服务，除了最广大人民的利益，没有自己的特殊利益。我们在入党宣誓时都说过：‘随时准备为党和人民牺牲一切。’只有按照这样的标准和境界来修身、用权、律己和谋事、创业、做人，我们才能把人做好、把官当好。”②“作风问题根本上是党性问题。作风反映的是形象和素质，体现的是党性，起决定作用的也是党性。我们改进作风，不能简单就事论事，以为把眼前存在的作风问题从面上解决了就万事大吉了，而是要举一反三，透过作风看党性，在解决作风问题的基础上解决好党性问题。这是改进作风的一个重要着眼点。”③“作风问题本质上是党性问题。抓作风建设，就要返璞归真、固本培元，重点突出坚定理想信念、践行根本宗旨、加强道德修养。”④

党性怎么衡量呢？习近平指出，“衡量党性强弱的根本尺子是公、私二字”。他强调，“作为党的干部，就是要讲大公无私、公私分明、先公后私、公而忘私，只有一心为公、事事出于公心，才能坦荡做人、谨慎用权，才能光明正大、堂堂正正。作风问题，很多是因公私关系没有摆正产生的。作风问题有的看起来不大，几顿饭，几杯酒，几张卡，但都与公私问题有联系，都与公款、公权有关系”⑤。

习近平指出，“党性说到底就是立场问题。共产党人无论是想问题、搞研究，还是做决策、办事情，都必须站在党和人民立场上，而不能把个人利

① 习近平：《在庆祝中国共产党成立九十五周年大会上的讲话》，《人民日报》2016年7月2日。

② 《在中央政治局“三严三实”专题民主生活会上的讲话》（2015年12月28日、29日），《习近平关于全面从严治党论述摘编》，中央文献出版社2016年版，第168页。

③ 《领导干部要讲诚信、懂规矩、守纪律》（2013年8月31日），《习近平关于全面从严治党论述摘编》，中央文献出版社2016年版，第154页。

④ 《在河南省兰考县委常委扩大会议上的讲话》（2014年3月18日），《习近平关于党风廉政建设和反腐败斗争论述摘编》，中央文献出版社、中国方正出版社2015年版，第144页。

⑤ 《在第十八届中央纪律检查委员会第三次全体会议上的讲话》（2014年1月14日），《习近平关于党风廉政建设和反腐败斗争论述摘编》，中央文献出版社、中国方正出版社2015年版，第79—80页。

益放在第一位。这就是共产党人的党性原则”[①]。增强党性要防止“一个谬论”，即有人说，现在不要讲“大公无私”了，因为干部的合理合法利益也要承认，应该是“大公有私”。对此，习近平明确指出：“干部合理合法的利益当然要承认，也要保障，但这同私心、私利、私欲不是同一个概念，不能混为一谈。”作为党的干部，增强党性要做到“三个就是要”：“就是要全心全意为人民服务，就是要诚心诚意为党和人民事业奋斗，就是要讲大公无私、公私分明、先公后私、公而忘私。”习近平还指出：“如果连这一点都不讲了，我们党还是中国工人阶级先锋队吗？还是中国人民和中华民族先锋队吗？”党员干部坚持一心为公、事事出于公心，就能做到“四个才能”，即才能有正确的是非观、义利观、权力观、事业观，才能把群众装在心里，才能坦荡做人、谨慎用权，才能光明正大、堂堂正正。[②]

在强化党性修养的方式方法上，习近平强调要照好“四面镜子”、抓好“四个重点”，即对照好理论理想、党章党纪、民心民声、先辈先进“四面镜子”；坚持以补精神之“钙”、除“四风”之害、祛行为之垢、立为民之制为重点。[③]坚持“两个务必”，自觉为党和人民不懈奋斗。做到“四个不能”：不能安于现状、盲目乐观，不能囿于眼前、轻视长远，不能掩盖矛盾、回避问题，不能贪图享受、攀比阔气。[④]对“三样东西”要想得透：对个人的名誉、地位、利益，要想得透、看得淡，自觉打掉心里的小算盘。[⑤]自觉弘扬“一种精神”，“抓改进工作作风，各项工作都很重要，但最根本的是要坚持和发扬艰苦奋斗精神”。[⑥]“领导干部自觉追求健康的工作方式和生活方式，久久为功，庸俗的东西就近不了身。”[⑦]

---

① 习近平：《严明党的组织纪律，增强组织纪律性》（2014年1月14日），《十八大以来重要文献选编》（上），中央文献出版社2014年版，第766页。

② 《在参加河北省委常委班子专题民主生活会时的讲话》（2013年9月23—25日），《习近平关于全面从严治党论述摘编》，中央文献出版社2016年版，第155页。

③ 《在党的群众路线教育实践活动第一批总结暨第二批部署会议上的讲话》（2014年1月20日），《习近平关于全面从严治党论述摘编》，中央文献出版社2016年版，第157页。

④ 《在十八届中央政治局第十六次集体学习时的讲话》（2014年6月30日），《习近平关于党风廉政建设和反腐败斗争论述摘编》，中央文献出版社、中国方正出版社2015年版，第9页。

⑤ 习近平：《做焦裕禄式的县委书记》（2015年1月12日），《十八大以来重要文献选编》（中），中央文献出版社2016年版，第322—323页。

⑥ 《在第十八届中央纪律检查委员会第二次全体会议上的讲话》（2013年1月22日），《习近平关于党风廉政建设和反腐败斗争论述摘编》，中央文献出版社、中国方正出版社2015年版，第69—70页。

⑦ 《在河南省兰考县委常委扩大会议上的讲话》（2014年3月18日），《习近平关于党风廉政建设和反腐败斗争论述摘编》，中央文献出版社、中国方正出版社2015年版，第83页。

在对照先进典型这面镜子上，习近平多次强调党员干部要学习弘扬焦裕禄精神，做到“深学、细照、笃行”。“深学”，就是“学事、学言、悟精神”，即学习焦裕禄同志的事迹，一字一句学习焦裕禄同志的言论，重点把焦裕禄精神学习好、领会透。从相互融通中把握党的群众路线的本质要求，把握改进作风的重点。“细照”，就是“两照、三查、一增添”，即把焦裕禄精神作为一面镜子，从里到外、从上到下反复照一照，深入查摆自己在思想境界、素质能力、作风形象等方面存在的问题和不足，从差距中增添动力和措施。“笃行”，就是“三做”“六个对待”“两个像”，即从今天做起，从眼前做起，从小事做起，像焦裕禄同志那样对待群众、对待组织、对待事业、对待同志、对待亲属、对待自己，像焦裕禄同志那样生命不息、奋斗不止，努力做焦裕禄式的好党员、好干部。①

从严纠治：坚持抓常、抓细、抓长。

作风上的严，既指衡量标准的尺度间隙小，整治作风的力度大，也指抓作风的频度紧、环节细、周期长。党的十八大以来，党中央改进作风特别强调作风的抓常、抓细、抓长，习近平指出：“作风建设已经采取的措施、形成的机制能不能扎根落地？已经取得的成效能不能巩固发展？关键是要在抓常、抓细、抓长上下功夫。”②他强调，要“持之以恒加强作风建设，坚持和发扬党的优良传统和作风，坚持抓常、抓细、抓长”③。

对“三抓”的具体内涵和要求，习近平强调，“抓常，就是要经常抓、见常态。重在经常，必须常常抓”“抓细，就是要深入抓、见实招。重在抓细节，必须环环抓”“抓长，就是要持久抓、见长效。作风建设，重在持久，必须反复抓”。④

对“三抓”的实践要求，习近平作了深入阐述，在“抓常”上，“风气养成重在日常教化，作风建设贵在常抓不懈，时刻摆上位置、有机融入日常

---

① 《在河南省兰考县委常委扩大会议上的讲话》（2014年3月18日），《做焦裕禄式的县委书记》，中央文献出版社2015年版，第42页。

② 《在参加河南省兰考县委常委班子专题民主生活会时的讲话》（2014年5月9日），《习近平关于全面从严治党论述摘编》，中央文献出版社2016年版，第160页。

③ 习近平：《在庆祝中国共产党成立九十五周年大会上的讲话》，《人民日报》2016年7月2日。

④ 《在参加河南省兰考县委常委班子专题民主生活会时的讲话》（2014年5月9日），《习近平关于全面从严治党论述摘编》，中央文献出版社2016年版，第161页。

工作，做到管事就管人，管人就管思想、管作风”[①]，“必须保持定力、寸步不让，守住重要节点，紧盯薄弱环节，防止老问题复燃、新问题萌发、小问题坐大。对不知敬畏、挑战纪律的要严肃处理、以儆效尤”。[②]在“抓细”上，“要落细落小，注重细节小事。修身、用权、律己，谋事、创业、做人，贯穿领导干部工作生活的方方面面。严和实是一件一件事情、一点一点修为积累起来的，不严不实也往往不是一下子就造成的。践行‘三严三实’，必须落细落小，多积尺寸之功，经常防微杜渐”。[③]还强调“要把干部从无谓的事务中解脱出来”，改变“痕迹管理”等问题。[④]在“抓长”上，要必须保持常抓的韧劲、长抓的耐心，横下一条心纠正“四风”，抓出习惯、抓出成效，防反弹、防回潮。在改进作风问题上，我们不能退，也退不得。“中央八项规定不是只管五年、十年，而是要长期坚持。要拿出恒心和韧劲，继续在常和长、严和实、深和细上下功夫，管出习惯、抓出长效，化风成俗”[⑤]，“只要以滚石上山的劲头、爬坡过坎的勇气，保持定力、寸步不让，深化整治、见底见效，就能一步一步实现弊绝风清、海晏河清”[⑥]，“要把刹住‘四风’作为巩固党心民心的重要途径，坚决防止产生‘疲劳综合征’，对享乐主义、奢靡之风等歪风陋习要露头就打，对‘四风’隐形变异新动向要时刻防范，决不允许死灰复燃！决不允许旧弊未除、新弊又生！”[⑦]

作风要抓细，还包括深入实际、调查研究、狠抓落实等内容。对此，习近平多次予以强调，他指出：“当县委书记一定要跑遍所有的村，当市委书记一定要跑遍所有的乡镇，当省委书记一定要跑遍所有的县市区。情况搞清楚了，就要坚持从实际出发谋划事业和工作，使想出来的点子、举措、方案符合实际情况，不好高骛远，不脱离实际。重要决策方案，特别是涉及群众切身利益的重要政策措施，要广泛听取群众意见，不能嫌麻烦、图省事。”[⑧]

---

① 《在参加河南省兰考县委常委班子专题民主生活会时的讲话》（2014年5月9日），《习近平关于全面从严治党论述摘编》，中央文献出版社2016年版，第161页。

② 《习近平关于全面从严治党论述摘编》（2021年版），中央文献出版社2021年版，第349页。

③ 习近平：《党员、干部都要按照“三严三实”要求鞭策自己》（2015年9月11日），《十八大以来重要文献选编》（中），中央文献出版社2016年版，第677页。

④ 《习近平关于全面从严治党论述摘编》（2021年版），中央文献出版社2021年版，第344页。

⑤ 《习近平关于全面从严治党论述摘编》（2021年版），中央文献出版社2021年版，第338—339页。

⑥ 《习近平关于全面从严治党论述摘编》（2021年版），中央文献出版社2021年版，第338页。

⑦ 《习近平关于全面从严治党论述摘编》（2021年版），中央文献出版社2021年版，第347页。

⑧ 习近平：《做焦裕禄式的县委书记》（2015年1月12日），《十八大以来重要文献选编》（中），中央文献出版社2016年版，第323页。

强调在狠抓落实中改进作风，“抓落实是党的政治路线、思想路线、群众路线的根本要求，也是衡量领导干部党性和政绩观的重要标志。要有真抓的实劲、敢抓的狠劲、善抓的巧劲、常抓的韧劲，抓铁有痕、踏石留印抓落实”①。

坚韧有恒：发扬钉钉子的精神。

作风体现为人的行为的连续性、重复性，既受人的思想观念的支配，又受环境和客观条件的影响，具有多变性、易变性、传染性等特点。习近平在抓工作、改作风等问题上特别强调发扬“钉钉子”精神，他指出：“如果遏制的力量小于反弹的力量，各种虚风、浮风、歪风、邪风就会东山再起，到时再治理就事倍功半了。”②“我们要有钉钉子的精神，钉钉子往往不是一锤子就能钉好的，而是要一锤一锤接着敲，直到把钉子钉实钉牢，钉牢一颗再钉下一颗，不断钉下去，必然大有成效。如果东一榔头西一棒子，结果很可能是一颗钉子都钉不上、钉不牢。”③“作风建设永远在路上，永远没有休止符，不可蜻蜓点水，不可虎头蛇尾，不可只是一阵风，否则不仅不能从根本上解决问题，而且会导致作风问题不断反弹、愈演愈烈，最后失信于民。”④“各级党组织要始终把作风建设抓在手上，不折不扣落实整改方案，一条一条问责兑现承诺，做到一丝不苟、严防死守，使观望者不再犹豫、侥幸者去掉幻想、投机者没有市场。”⑤

这种“钉钉子”精神具体表现为：

第一，一环扣一环的周密工作部署。习近平指出：“抓‘四风’要首先把中央八项规定抓好，抓党的建设要从‘四风’抓起。办好一件事后再办第二件事。”

第二，教育整顿与经常工作衔接的紧密性和常态化。习近平指出：“广

---

① 《习近平关于全面从严治党论述摘编》（2021年版），中央文献出版社2021年版，第337页。

② 《切实把从严治党落到实处》（2014年11月2日），《习近平总书记重要讲话文章选编》，中央文献出版社、党建读物出版社2016年版，第230页。

③ 《发扬钉钉子的精神，一张好的蓝图一干到底》（2013年2月28日），《习近平关于全面从严治党论述摘编》，中央文献出版社2016年版，第149—150页。

④ 《在听取兰考县和河南省党的群众路线教育实践活动情况汇报时的讲话》（2014年8月27日），《做焦裕禄式的县委书记》，中央文献出版社2015年版，第62页。

⑤ 《切实把从严治党落到实处》（2014年11月2日），《习近平总书记重要讲话文章选编》，中央文献出版社、党建读物出版社2016年版，第231页。

大干部群众最担心的是问题反弹、雨过地皮湿、活动一阵风，最盼望的是形成常态化、常抓不懈、保持长效”“活动收尾绝不是作风建设收场，必须以锲而不舍、驰而不息的决心和毅力，把作风建设不断引向深入，把目前作风转变的好势头保持下去，使作风建设要求真正落地生根”。[①]把新鲜经验“深入运用到经常性党风廉政建设中去，做到标准不降、要求不松、措施不减、氛围不淡”[②]。

第三，对作风细节问题抓住不放的较真态度。习近平强调，中秋节中央纪委抓月饼，看起来是小事，其实是抓这后面隐藏的腐败。抓了中秋节抓国庆节，抓了国庆节抓新年，抓了新年抓春节，抓了春节抓清明节、抓端午节，就这么抓下去，总会见效的，使之形成一种习惯、一种风气。[③]强调党员干部要从小事小节上加强修养，从一点一滴中完善自己，严以修身，正心明道，防微杜渐，时刻保持人民公仆本色。要慎独慎初慎微慎欲，培养和强化自我约束、自我控制的意识和能力，做到“心不动于微利之诱，目不眩于五色之惑”。要管好自己的生活圈、交往圈、娱乐圈，在私底下、无人时、细微处更要如履薄冰、如临深渊，始终不放纵、不越轨、不逾矩，增强拒腐防变的免疫力。[④]

第四，一张蓝图干到底的韧性精神。习近平指出：“要有‘功成不必在我’的精神。一张好的蓝图，只要是科学的、切合实际的、符合人民愿望的，大家就要一茬一茬接着干。看准了的要及时调整和完善，但不要换一届领导就兜底翻，更不要为了显示所谓的政绩去另搞一套，不要空洞的新口号满天飞。结合新的实际，用新的思路、新的举措，脚踏实地把既定的科学目标、好的工作蓝图变为现实。”[⑤]

第五，对作风顽症攻坚克难的对抗精神。习近平强调：“作风问题具有顽固性和反复性，形成优良作风不可能一劳永逸，克服不良作风也不可能一蹴而就。事物是不断发展变化的，‘四风’问题具有很强的变异性和传染

---

① 《在党的群众路线教育实践活动总结大会上的讲话》（2014年10月8日），《人民日报》2014年10月9日。

② 《在中央政治局“三严三实”专题民主生活会上的讲话》（2015年12月28日、29日），《习近平关于全面从严治党论述摘编》，中央文献出版社2016年版，第167页。

③ 《在参加河北省委常委班子专题民主生活会时的讲话》（2013年9月23—25日），《习近平关于全面从严治党论述摘编》，中央文献出版社2016年版，第156页。

④ 《习近平关于全面从严治党论述摘编》（2021年版），中央文献出版社2021年版，第343页。

⑤ 《发扬钉钉子的精神，一张好的蓝图一干到底》（2013年2月28日），《习近平关于全面从严治党论述摘编》，中央文献出版社2016年版，第150页。

性，这样的问题消失了，那样的问题又会出现”“贯彻群众路线没有休止符，作风建设永远在路上”。[①]

第六，对不良习俗的改造精神。习近平指出，“四风”问题，有的也与一些不良习俗相关。特别是那张巨大的人情关系网，既有形又无形，把很多干部群众都网在里面。这些不良习俗根深蒂固、无孔不入，很容易给党员、干部带来不良影响，决不能小视。要旗帜鲜明地同陈规陋习、顽瘴痼疾做斗争，以党的优良作风带动民风和社会风气好转。[②]这些不良习俗主要指，“逢年过节、生日纪念、婚丧嫁娶，你来我往，永无休止，还不清的人情债；你有圈子，我有圈子，大家竞相找圈子、入圈子、织圈子，把人际关系搞得越来越庸俗，一些干部甚至因此误入歧途，走上违法犯罪道路”。要明确哪些是应当有、应当讲的人情，哪些是不应当有、不应当讲的人情，特别是当个人感情同党性原则、私人关系同人民利益相抵触时，必须毫不犹豫站稳党性立场，坚定不移维护人民利益，即使被人指为“无情”“无能”也在所不惜、不为所动。[③]要注重生活方式和工作方式的转变，减少应酬要进一步提倡，健康工作方式和生活方式要进一步提倡。[④]

实践思考

重视抓党的作风建设，是我们党的一贯优良传统。革命战争年代，形成了理论联系实际、密切联系群众、批评与自我批评三大作风。1949年3月25日党中央进驻北平，毛泽东提醒全党：“我们不是李自成进北京，他们进北京就腐化了。我们共产党人进北京是要继续干革命，建设社会主义，直到共产主义。”[⑤]他强调，全党要牢记“两个务必”，掌握批评与自我批评这个思想武器，不断去掉不良作风，保持优良作风。1950年5月，在全党范围进行大规模的整风运动，克服官僚主义、居功自傲情绪和“革命到头”思想。1951年

① 《在党的群众路线教育实践活动第一批总结暨第二批部署会议上的讲话》（2014年1月20日），《习近平关于党风廉政建设和反腐败斗争论述摘编》，中央文献出版社、中国方正出版社2015年版，第81页。

② 《在党的群众路线教育实践活动第一批总结暨第二批部署会议上的讲话》（2014年1月20日），《习近平关于党风廉政建设和反腐败斗争论述摘编》，中央文献出版社、中国方正出版社2015年版，第82页。

③ 《习近平总书记重要讲话文章选编》，中央文献出版社、党建读物出版社2016年版，第124页。

④ 《在河南省兰考县委常委扩大会议上的讲话》（2014年3月18日），《习近平关于党风廉政建设和反腐败斗争论述摘编》，中央文献出版社、中国方正出版社2015年版，第82页。

⑤ 张荣臣：《马克思主义党的学说史》，中共中央党校出版社2016年版，第161页。

开始的整党，着重解决党内思想不纯和组织不纯等问题。

邓小平在领导全党开辟建设有中国特色社会主义新道路的实践中，提出制度上建党的新思路，强调制度问题不解决，党内官僚主义、不正之风等一切问题就难以从根本上解决。1983年开始，全党用三年半的时间对党的作风和组织进行整顿。1990年3月，党的十三届六中全会通过《关于加强党同人民群众联系的决定》。2001年9月，党的十五届六中全会作出《关于加强党的作风建设的决定》，提出“八个坚持、八个反对”的作风建设新要求。2009年9月，党的十七届四中全会通过《关于加强和改进党的建设若干重大问题的决定》，对加强和改进新形势下党的建设作出战略部署。2016年10月，党的十八届六中全会通过《关于新形势下党内政治生活的若干准则》和《中国共产党党内监督条例》，就加强和规范党内政治生活和加强党内监督作出战略部署。党的十六大、十七大、十八大以来，党中央大力倡导弘扬优良传统和作风，着力解决思想作风、学风、工作作风、领导作风和干部生活作风方面存在的突出问题。

尤其是党的十八大以来，党中央坚持全面从严治党，严肃整治作风，强力反腐，取得突出成效。习近平在中央政治局“三严三实”专题民主生活会上作了深刻总结，强调抓了“四项重点工作”：一是制定和落实中央八项规定，二是在全党开展以为民务实清廉为主要内容的党的群众路线教育实践活动，三是在县处级以上领导干部中开展“三严三实”专题教育，四是坚定不移反对和惩治腐败。

在作风建设上的主要做法和特点有“六个方面”：一是突出重点，抓住要害和关键，点准穴位，打准靶子；二是从中央做起，坚持领导带头、以上率下，层层立标杆、作示范；三是见事见人，既抓思想引导又抓行为规范，不搞形式、不放空炮；四是上下互动，强化组织管理和群众监督，形成强大势场；五是执纪问责，严肃查处和曝光典型案件，形成高压态势，形成严的标准和氛围；六是驰而不息，一环扣一环抓，不间断抓，努力形成长效机制。①

党的十九届六中全会概括总结几年来整肃作风的做法和成效，指出“党中央从制定和落实中央八项规定破题，坚持从中央政治局做起、从领导干部抓起，以上率下改进工作作风。中央政治局每年召开民主生活会，听取贯彻

① 《在中央政治局“三严三实”专题民主生活会上的讲话》（2015年12月28日、29日），《习近平关于全面从严治党论述摘编》，中央文献出版社2016年版，第166—167页。

执行八项规定情况汇报，开展批评和自我批评。党中央发扬钉钉子精神，持之以恒纠治‘四风’，反对特权思想和特权现象，狠刹公款送礼、公款吃喝、公款旅游、奢侈浪费等不正之风，解决群众反映强烈、损害群众利益的突出问题，推进基层减负，倡导勤俭节约、反对铺张浪费，刹住了一些过去被认为不可能刹住的歪风，纠治了一些多年未除的顽瘴痼疾，党风政风和社会风气为之一新”①。

这些重要论述和丰富实践说明，我们党抓作风整治已经形成了一整套科学严密、系统配套、切实有效的完整思路办法。特别是突出“四风”这个重点，抓到了当前作风问题的要害之处，起到牵一发而动全身的效果。坚持从中央做起，一级带一级，抓住了作风形成的基本规律。坚持见人见事，严肃执纪问责，起到了展示决心、遏制震慑的效果。坚持整治与立制相结合，做到既治标遏制，又从制度上长远解决问题，等等。这些都对今后作风建设的机制化常态化提供了重要遵循。

作风问题不是孤立存在的，作风在党的建设、管党治党中处于一个重要的中间环节，对内受制于信念、思想、文化，对外受制于制度、环境、习惯等，作风建设好坏是党的建设全面状况的反映。因此，作风整治必然是要内外一体、标本兼顾的。整治作风是一项系统工程，是一项难度极大的工程，也是一项求真求实的工程。当前，对作风建设、作风整治的思路办法已经比较充分和完善，从更长远的视角看，在作风整治上有“三个难题”还需要不断研究和破解。

一是突破作风问题“一抓就好、一放就松”的怪圈。

我们党的理论联系实际、密切联系群众、批评与自我批评的三大作风，从革命年代就提出来了。党的十八大以来，党中央抓作风整治的重点仍是三大作风中的密切联系群众、批评与自我批评。为什么三大作风问题一直没有彻底解决好？一方面，我们要承认三大作风确实是事关党的长远建设的根本性重大问题。理论联系实际，要解决我们党能做正确的事情的大问题；密切联系群众，要解决我们党有力量做事情的大问题；批评与自我批评，要解决我们党能正确地做事情的大问题。三个大问题，哪一个都关系党的发展和存

① 《中共中央关于党的百年奋斗重大成就和历史经验的决议》，人民出版社2021年版，第30—31页。

亡，抓起来难度大，而且是动态发展的。另一方面，我们也要承认，在抓三大作风上确实存在一个时紧时松、抓一抓、放一放的问题，没有一以贯之抓下去，没有把“认真”二字贯彻到底。

要在作风建设新的万里长征中取得新胜利，就要下大力突破作风建设“一抓就好、一放就松”的怪圈。党中央提出作风建设“永远在路上”、作风问题必须抓常、抓细、抓长，是要求保持“宜将剩勇追穷寇”的精神，毫不放松、毫不妥协、毫不马虎，一直抓下去、严下去，使之成为常态和习惯，而不能把要解决的问题悬置在路上，或者把“永远在路上”作为作风问题改不了的托词。

要突破这个怪圈，最关键的是党委和领导干部要把抓作风建设的精力真正用上去。作风建设具有自身特殊性。好的作风，往往体现为党的事业有力量、有活力，党与人民群众关系紧密，人民群众对党拥护支持，党的整体事业受益、国家和人民受益；不好的作风，往往体现为党的事业受阻，党与人民群众关系疏远，人民群众对党有意见，民心涣散、形不成合力。好的作风是通过持续、深入、长期的培塑养成的，好的作风在党的事业中是内在地、默默地发挥作用，似乎不容易显露。坏的作风则很容易受到内外环境变化、社会风尚影响而快速形成，坏的作风会带来严重腐败、风气败坏，会恶化党群关系，而极容易引人注目、影响极大。

因此，好的作风形成难、见效慢，难以见到突出政绩，这在领导班子几年一个任期、任期内又想多出政绩的情况下，抓作风是受累难见成效的，这是作风建设有时不受真正重视、难以持续的一个重要原因。而作风不好，则会实实在在影响党的事业、影响党群关系、影响政绩实现，不抓又不行。因此，就会出现风气恶化了就集中整治，而稍有好转又有所放松，作风再恶化再整治的怪圈。

客观地说，各级党组织抓中心工作的任务十分繁重，全力以赴抓作风不是长久之计，但作风建设必须要有相当的精力投入，必须要在党的建设中占有相当重要的分量。否则，集中抓的时候雷霆万钧，平时放任自流，三天打鱼两天晒网，作风积弊就会回潮，积习顽症就会强化，再整治就需要用更大精力，而且会给党的事业造成更大被动和损失。因此，各级党组织分配多大的精力去抓作风，怎么处理好抓作风与抓中心工作、抓作风与出政绩的关系，是决定作风问题能不能被持续抓下去的关键，也是作风问题“一抓就好、一放就松”怪圈能不能破解的重要问题。

二是破解“由俭入奢易，由奢入俭难”的难题。

从历史上看，许多朝代在开始时谨慎自俭，之后由俭入奢，逐渐腐败而难以自拔，最后丢失政权。黄炎培曾指出：一个政权，“大凡初时聚精会神，没有一事不用心，没有一人不卖力，也许那里艰难困苦，只有从万死中觅取一生。既而环境渐渐好转了，精神也就渐渐放下了。有的因为历时长久，自然地惰性发作，由少数演变为多数，到风气养成，虽有大力，无法扭转，并且无法补救”[①]。黄炎培这段话，道出了自古以来的一个执政难题，即“由俭入奢易，由奢入俭难”。

党的十八大以来，通过中央八项规定的落实，党风政风明显好转，铺张浪费、迎来送往、炫富比阔等大为减少，简朴之风、清廉之风、务实之风逐渐形成。但从作风形成一般规律看，享乐之风、奢华之风、崇权之风等不是一日之内形成的，而且其诱惑力、影响力、渗透力持久而广泛，特别在经济快速发展的社会转型阶段，新富豪不断涌现，财富排行榜不断刷新，新贵权贵阶层不断形成，消费主义势头强劲，“四风”不可能在一夜之间消失，不良积习也不可能一下子就能摆脱。习近平指出：“冰冻三尺非一日之寒，习惯很难扭过来，常抓不懈才能防止卷土重来。……古人讲‘以戒为固，以怠为败’。狭路相逢勇者胜，纠正‘四风’是长期的、艰巨的任务，我们必须打赢这场斗争。”[②]“纠风之难，难在防止反弹。”

习近平还指出“四风”的“六种变异”情况：一是有的楼堂馆所穿上“创业大厦”“研发中心”等马甲。二是有的以培训为名行游山玩水之实。三是有的干部红白喜事不请客但收礼。四是有的大吃大喝转战到私人会所、农家乐、“内部食堂”。五是有的送礼和收礼穿上“隐身衣”，礼品册、电子礼品卡等花样繁多，利用网络、快递进行，双方不见面，十分隐蔽。六是有的单位为了应付检查，采取无中生有、移花接木、指鹿为马等手法，看似

① 尚丁：《黄炎培》，人民出版社1990年版，第107页。

② 《在中央政治局常委会听取中央巡视工作领导小组关于二〇一四年中央巡视组第二轮巡视情况汇报时的讲话》（2014年10月16日），《习近平关于党风廉政建设和反腐败斗争论述摘编》，中央文献出版社、中国方正出版社2015年版，第23—24页。

在表格上完成了考核指标，实际上没有多少改变。如此等等。①

这些作风变异的情况说明，“四风”问题在高压态势下改变了形式，但实质仍然没有变；数量减少了，但土壤还存在；作风改变了，但积习还在；行为改变了，但崇奢崇富崇权的思想惯性还在。因此，作风整治的长效功夫，在于如何把“三严三实”真正在党员干部头脑中扎根，如何使简朴清廉务实的风气变成一种新的政治文化，如何从思想引导、到制度规范、再到政绩评价形成一条完整的塑造新风正气的链条，从而破解“由俭入奢易，由奢入俭难”的难题，在更长时期内遏制和防止“四风”的反弹回潮。

三是破解根除作风“病原体”的难题。

“善除害者察其本，善理疾者绝其源。”作风是外在表现，不良作风屡禁不绝，根源在于存有致病的“病原体”。习近平指出：“很多还停留在治标的层面上，病原体并没有根除；还有一些是因为不敢才有所遏制的，不能、不想的问题远远没有解决。这正如人治病一样，病治了以后，进入恢复期，如果条件具备，潜伏于身体内的病原体就可能再度繁殖，进而使病症再度发作或反复发作。改革开放以来，我们党一直抓作风问题，规定文件有几大筐，查处的党员、干部也不少，可为什么屡禁不止甚至愈演愈烈呢？我看就是病原体没有根除。”②

作风的“病原体”多种多样，仅从“四风”问题来看，有崇尚官本位的价值追求、有好大喜功的政绩观、有唯上级唯晋升的事业观、有争名露脸的名利嗜好、有害怕艰苦的消极颓废思想、有强人政治的心理情结、有唯钱是图的逐利心态、有及时行乐的人生态度、有独断专行的偏执人格、有道德沦丧的不良品性、有猎奇追求刺激的赌博心态、有崇富炫阔的扭曲心理等等。

要根除这些方面的“病原体”，必须跳开作风建设本身，从全面从严治党的大系统、大视角进行综合治理。理想信念教育，要更加注重对扭曲的权力观、政绩观、事业观的纠治；组织生活，要更加注重对错误思想、不良品德、庸俗哲学的纠治；制度建设，要更加注重对干部晋升、政绩评价、权力

① 《在党的群众路线教育实践活动第一批总结暨第二批部署会议上的讲话》（2014年1月20日），《习近平关于党风廉政建设和反腐败斗争论述摘编》，中央文献出版社、中国方正出版社2015年版，第80—81页。

② 《当前工作中需要注意的几个问题》（2014年10月23日），《习近平关于全面从严治党论述摘编》，中央文献出版社2016年版，第163页。

运行等方面的制约；反腐倡廉建设，要更加注重弘扬优秀传统廉政文化、抵御消极腐朽思想影响等预防腐败工作。通过各方面共同努力，形成纠治和根治“病原体”的“综合药方”，不断提高作风建设的系统性、实效性。

四是破解脱离基层群众的难题。

善于深入基层，广泛发动和组织群众，注重服务群众，是中国共产党革命成功的关键，也是中国共产党长期执政的关键。毛泽东说过：“我们共产党人好比种子，人民好比土地。我们到了一个地方，就要同那里的人民结合起来，在人民中间生根、开花。我们的同志不论到什么地方，都要把和群众的关系搞好，要关心群众，帮助他们解决困难。团结广大人民，团结得越多越好。”[①]他还结合革命年代的实际，指出：“二十四年的经验告诉我们，凡属正确的任务、政策和工作作风，都是和当时当地的群众要求相适合，都是联系群众的；凡属错误的任务、政策和工作作风，都是和当时当地的群众要求不相适合，都是脱离群众的。”[②]

以习近平同志为核心的党中央，突出强调以人民为中心、把人民放在心中最高位置、坚持为民服务的根本宗旨等，并下大气力在全党开展党的群众路线教育实践活动，就是要破解党的各级组织和党员干部脱离基层群众，解决党的力量之根扎不牢的问题，使党的执政基础和执政地位有广泛、深厚、可靠的群众基础，使我们在推进伟大事业的历史进程中拥有不竭的力量源泉。

当前，在强力整风治腐的形势背景下，“四风”问题有了明显好转，但不少问题还没有彻底解决，特别是脱离群众，不了解基层真实情况，不愿意深入困难艰苦地区，决策时不顾基层群众意愿，对基层办事设卡为难，只唯上、唯政绩而不关注关心普通群众实际生活等问题，还需要在更长的时期做足细功夫、真功夫，切实把党密切联系群众的优良传统传承下去，使我们党的执政根基牢不可破。

---

① 《毛泽东选集》第四卷，人民出版社1991年版，第1162页。

② 《毛泽东选集》第三卷，人民出版社1991年版，第1095页。

第十一篇

战略抓手之四：惩治腐败

腐败是世界性顽症，建设廉洁政治是每个国家政权面临的重大现实问题。我们党是马克思主义执政党，腐败更是与我们党的性质宗旨水火不容。1929年我们党就把廉洁奉公的内容写进古田会议决议，此后建设廉洁政治、严惩贪污、惩治腐败始终成为中国共产党人一以贯之的坚定立场。新形势下，党的作风存在的突出问题就是腐败，治理腐败是我们党推进具有许多新的历史特点伟大斗争的重要内容。以习近平同志为核心的党中央，紧紧抓住惩治腐败这个重要抓手，坚持"老虎""苍蝇"一起打，保持反腐高压态势，腐败蔓延势头得到有效遏制，反腐败斗争压倒性态势已经形成，不敢腐的目标初步实现，不能腐的制度日益完善，不想腐的堤坝正在筑成。

战略定位：一贯立场、政治任务、民心所向、决不能输的斗争

毛泽东强调：腐败分子是"钻到我们队伍里面的坏分子，蜕化变质分子"[①]、腐败现象是"旧社会遗留下来的污毒"[②]。邓小平强调："要整好我们的党，实现我们的战略目标，不惩治腐败，特别是党内的高层腐败现象，确实有失败的危险"[③]，强调"整个改革开放过程中都要反对腐败"[④]。腐败问题在不同的时期有不同的表现，对党和国家事业的危害也不一样。怎样看

① 《毛泽东文集》第八卷，人民出版社1999年版，第308页。

② 雷厚礼、武国辉：《中国共产党执政60年》上册，人民出版社2010年版，第69页。

③ 《改革开放三十年重要文献选编》（下），中央文献出版社2008年版，第1139页。

④ 《邓小平文选》第三卷，人民出版社1993年版，第327页。

待腐败问题、怎样评估腐败的严重危害、怎样确立反腐败在党的建设中的地位，关系到反腐倡廉的战略部署和具体措施的制定。在反腐实践中，习近平对治理腐败、反腐倡廉在全面从严治党中的战略地位作出许多重要论述。他强调，反对腐败、建设廉洁政治是我们党一贯坚持的鲜明政治立场、是必须抓好的重大政治任务、是党心民心所向、是一场输不起也决不能输的斗争。

一贯坚持的鲜明政治立场

习近平对坚决反对腐败、建设廉洁政治的论述，是从马克思主义政党的先进性和党的性质宗旨的根本要求出发的，他强调我们党在反腐倡廉上具有坚定的一贯性，“腐败现象是侵入党的健康肌体的毒瘤，坚持不懈反对腐败，坚定不移割除这种毒瘤，是坚持党的性质和宗旨的必然要求”①。在党的二十大报告中，习近平再次强调，腐败是危害党的生命力和战斗力的最大毒瘤。他指出：“反对腐败、建设廉洁政治，保持党的肌体健康，始终是我们党一贯坚持的鲜明政治立场。党风廉政建设，是广大干部群众始终关注的重大政治问题”②，“反对腐败、建设廉洁政治，是我们党一贯坚持的鲜明政治立场，是坚持党的性质宗旨的必然要求，是党自我革命必须长期抓好的重大政治任务，必须亮明党坚决反对腐败的旗帜，让腐败分子在党内没有藏身之地”。③

习近平站在保持党的性质宗旨的政治高度，在腐败问题上强调“零容忍”、反腐“无例外”“除恶务尽”。“零容忍”就是，“要以顽强的意志品质，坚持零容忍的态度不变，做到有案必查、有腐必惩，让腐败分子在党内没有任何藏身之地”④。反腐“无例外”就是，“严格党的纪律，坚持党纪面前党员人人平等，对党内一切消极腐败现象认真查处、严肃执纪，不允许有不受纪律约束的特殊党员存在”⑤。“不管级别有多高，谁触犯法律都要问责，都要处理，我看天塌不下来。只有严肃查处腐败，刮骨疗毒，才能使我

① 《习近平总书记重要讲话文章选编》，中央文献出版社、党建读物出版社2016年版，第222页。

② 习近平：《紧紧围绕坚持和发展中国特色社会主义　学习宣传贯彻党的十八大精神》（2012年11月17日），《十八大以来重要文献选编》（上），中央文献出版社2014年版，第81页。

③ 《习近平关于全面从严治党论述摘编》（2021年版），中央文献出版社2021年版，第383—384页。

④ 习近平：《在庆祝中国共产党成立九十五周年大会上的讲话》，《人民日报》2016年7月2日。

⑤ 《在参加河南省兰考县委常委班子专题民主生活会时的讲话》（2014年5月9日），《习近平关于严明党的纪律和规矩论述摘编》，中央文献出版社、中国方正出版社2016年版，第81—82页。

们的党更加强大、使党的肌体更加健康。”① “除恶务尽”就是，“持续保持高压态势，做到零容忍的态度不变、猛药去疴的决心不减、刮骨疗毒的勇气不泄、严厉惩处的尺度不松，发现一起查处一起，发现多少查处多少，不定指标、上不封顶，凡腐必反，除恶务尽”②。

必须抓好的重大政治任务

腐败是新形势下威胁党的先进性、纯洁性，危及党的领导水平和执政能力的重大破坏因素。习近平把反对腐败作为新形势下共产党人的时代重任，他强调：“我们党作为执政党，面临的最大威胁就是腐败。”③“坚决反对腐败，防止党在长期执政条件下腐化变质，是我们必须抓好的重大政治任务。”④“党面临的最大风险和挑战是来自党内的腐败和不正之风。”⑤“政治腐败是最大的腐败，必须消除党内政治隐患，坚决防止党内形成利益集团，如果党的权力被他们攫取、党的领导干部成了他们的代理人甚至自己就搞利益集团，红色江山就会改变颜色。”⑥

反对腐败没有备选项，没有通融的任何余地。习近平把反对腐败作为我们必须算明白的政治账来强调：“人民把权力交给我们，我们就必须以身许党许国、报党报国，该做的事就要做，该得罪的人就得得罪。不得罪腐败分子，就必然会辜负党、得罪人民。是怕得罪成百上千的腐败分子，还是怕得罪十三亿人民？不得罪成百上千的腐败分子，就要得罪十三亿人民。这是一笔再明白不过的政治账、人心向背的账！”⑦他强调，“坚决查办案件，不是要和什么人过不去，而是要严肃法纪。如果是你先同党和人民过不去、同党

---

① 《在中央政治局常委会审议〈关于二〇一三年上半年中央巡视组巡视情况的综合报告〉时的讲话》（2013年9月26日），《习近平关于全面从严治党论述摘编》，中央文献出版社2016年版，第179页。

② 《在中共十八届四中全会第二次全体会议上的讲话》（2014年10月23日），《习近平关于党风廉政建设和反腐败斗争论述摘编》，中央文献出版社、中国方正出版社2015年版，第102—103页。

③ 习近平：《在庆祝中国共产党成立九十五周年大会上的讲话》，《人民日报》2016年7月2日。

④ 《在第十八届中央纪律检查委员会第三次全体会议上的讲话》（2014年1月14日），《习近平关于党风廉政建设和反腐败斗争论述摘编》，中央文献出版社、中国方正出版社2015年版，第7页。

⑤ 《在中央政治局常委会听取中央巡视工作领导小组关于二〇一四年中央巡视组第二轮巡视情况汇报时的讲话》（2014年10月16日），《习近平关于党风廉政建设和反腐败斗争论述摘编》，中央文献出版社、中国方正出版社2015年版，第101页。

⑥ 《习近平关于全面从严治党论述摘编》（2021年版），中央文献出版社2021年版，第384页。

⑦ 《在第十八届中央纪律检查委员会第五次全体会议上的讲话》（2015年1月13日），《习近平关于全面从严治党论述摘编》，中央文献出版社2016年版，第185—186页。

纪国法过不去，而我们不讲原则让你过去了，党和人民、党纪国法是不会答应的”①。

党心民心所向

腐败最终关系党心民心，关系人心向背。习近平强调：“一个政党，一个政权，其前途和命运最终取决于人心向背。我们必须下最大气力解决好消极腐败问题，确保党始终同人民心连心、同呼吸、共命运”②“民心是最大的政治，人民群众最痛恨腐败，不得罪成百上千的腐败分子，就要得罪十四亿人民，这是一笔再明白不过的政治账、人心向背账，必须坚持以正风肃纪反腐凝聚党心军心民心，厚植党执政的政治基础”。③

习近平强调，人民群众有“两个最痛恨”：“人民群众最痛恨各种消极腐败现象，最痛恨各种特权现象，这些现象对党同人民群众的血肉联系最具杀伤力。”④“人民群众反对什么、痛恨什么，我们就要坚决防范和打击什么。人民群众最痛恨腐败现象，我们就必须坚定不移反对腐败。”⑤习近平深刻分析了人民群众对不良风气特别是腐败问题的反对和痛恨态度，他指出：“如果升学、考公务员、办企业、上项目、晋级、买房子、找工作、演出、出国等各种机会都要靠关系、搞门道，有背景的就能得到更多照顾，没有背景的再有本事也没有机会，就会严重影响社会公平正义。这种情况如不纠正，能形成人才辈出、人尽其才的生动局面吗？这个社会还能有发展活力吗？我们党和国家还能生机勃勃向前发展吗？我们共产党人决不能搞封建社会那种‘封妻荫子’‘一人得道，鸡犬升天’的腐败之道！否则，群众是要戳脊梁骨的！”⑥

习近平指出，对腐败问题，有“两个最”要记住，第一个“最”：“腐

---

① 《在第十八届中央纪律检查委员会第三次全体会议上的讲话》（2014年1月14日），《习近平关于严明党的纪律和规矩论述摘编》，中央文献出版社、中国方正出版社2016年版，第75页。

② 《在十八届中央政治局第五次集体学习时的讲话》（2013年4月19日），《习近平关于全面从严治党论述摘编》，中央文献出版社2016年版，第178页。

③ 《习近平关于全面从严治党论述摘编》（2021年版），中央文献出版社2021年版，第384页。

④ 《在十八届中央政治局第五次集体学习时的讲话》（2013年4月19日），《习近平关于全面从严治党论述摘编》，中央文献出版社2016年版，第178页。

⑤ 习近平：《在庆祝全国人民代表大会成立六十周年大会上的讲话》（2014年9月5日），《十八大以来重要文献选编》（中），中央文献出版社2016年版，第58页。

⑥ 习近平：《依纪依法严惩腐败，着力解决群众反映强烈的突出问题》（2013年1月22日），《十八大以来重要文献选编》（上），中央文献出版社2014年版，第137—138页。

败问题对我们党的伤害最大，严惩腐败分子是党心民心所向，党内决不允许有腐败分子藏身之地。这是保持党同人民群众血肉联系的必然要求，也是巩固党的执政基础和执政地位的必然要求。”[①]第二个“最”：“民心是最大的政治，正义是最强的力量。”“社情民意是观察政治问题的晴雨表。反腐败增强了人民群众对党的信任和支持，人民群众给予高度评价。”[②]“核心的问题是党要始终紧紧依靠人民，始终保持同人民群众的血肉联系，一刻也不脱离群众。要做到这一点，就必须坚定不移把党风廉政建设和反腐败斗争深入进行下去。”[③]“我们这么强力反腐，对腐败采取零容忍的态度，目的是什么呢？是为了赢得党心民心。”[④]在分析“四风”问题的严重危害时，习近平连续用“三个如果”的发问和“无形的墙”“无情的刀”深刻阐述腐败的严重后果，“如果沉迷在‘四风’之中，还讲什么无数革命先烈流血牺牲打下的红色江山永不变色，那是多么大的讽刺啊！无数革命先烈流血牺牲打下的红色江山就是让一些人去挥霍败坏的吗？！”“如果领导干部弄不清‘为了谁、依靠谁、我是谁’”“如果‘四风’问题蔓延开来又得不到有效遏制，就会像一座无形的墙把党和人民群众隔开，就会像一把无情的刀割断党同人民群众的血肉联系，那后果就严重了”。[⑤]

腐败是削弱党与人民群众血肉联系的刀，反腐是增强党与人民群众血肉联系的纽带，是增强党的力量的重要举措。习近平强调：“不反腐败确实要亡党，真反腐败不仅不会亡党，而且能增强党自我净化、自我完善、自我革新、自我提高能力，保持党同人民群众的血肉联系，使我们党更加坚强、更有力量。”[⑥]“坚定不移惩治腐败，是我们党有力量的表现，也是全党同志和

① 《在第十八届中央纪律检查委员会第三次全体会议上的讲话》（2014年1月14日），《习近平关于党风廉政建设和反腐败斗争论述摘编》，中央文献出版社、中国方正出版社2015年版，第7页。

② 习近平：《在第十八届中央纪律检查委员会第六次全体会议上的讲话》（2016年1月12日），《人民日报》2016年5月3日。

③ 《在十八届中央政治局第五次集体学习时的讲话》（2013年4月19日），《习近平关于全面从严治党论述摘编》，中央文献出版社2016年版，第178页。

④ 《在第十八届中央纪律检查委员会第五次全体会议上的讲话》（2015年1月13日），《习近平关于全面从严治党论述摘编》，中央文献出版社2016年版，第186页。

⑤ 《在河北调研指导党的群众路线教育实践活动时的讲话》（2013年7月11日、12日），《习近平关于党风廉政建设和反腐败斗争论述摘编》，中央文献出版社、中国方正出版社2015年版，第75—76页。

⑥ 《当前工作中需要注意的几个问题》（2014年10月23日），《习近平关于全面从严治党论述摘编》，中央文献出版社2016年版，第183页。

广大群众的共同愿望。”[①]因此，在这个意义上，习近平在党的二十大报告中提出“反腐败是最彻底的自我革命”这个重大论断。

输不起也决不能输的斗争

腐败是导致许多政权瓦解、政党崩溃的重要内因。习近平联系古今中外许多因腐而衰、因腐致亡的事例，深刻分析腐败的严重危害性，把腐败比作“社会毒瘤”，认为腐败必然导致亡党亡国，把反腐败形容为“输不起也决不能输的斗争”。习近平强调反腐败具有极端重要性和极大风险性，要管党治党不放松、正风肃纪不停步、反腐惩恶不手软，赢得这场输不起也决不能输的斗争。“腐败问题对党的执政基础破坏力最大、杀伤力也最大，是最容易颠覆政权的问题，是党面临的最大威胁，反腐败斗争是一场输不起也决不能输的重大政治斗争，必须决战决胜。”[②]他指出：“腐败是社会毒瘤。如果任凭腐败问题愈演愈烈，最终必然亡党亡国。我们党把党风廉政建设和反腐败斗争提到关系党和国家生死存亡的高度来认识，是深刻总结了古今中外的历史教训的。中国历史上因为统治集团严重腐败导致人亡政息的例子比比皆是，当今世界上由于执政党腐化堕落、严重脱离群众导致失去政权的例子也不胜枚举啊！”[③]结合近年来一些国家失败的教训，习近平指出：“近年来，一些国家因长期积累的矛盾导致民怨载道、社会动荡、政权垮台，其中贪污腐败就是一个很重要的原因。大量事实告诉我们，腐败问题越演越烈，最终必然会亡党亡国！我们要警醒啊！”[④]

对现阶段党风廉政建设和反腐败斗争形势，党中央的总体判断是“依然严峻复杂”[⑤]，强调新形势下反腐败斗争要立足“一个高度”，即必须从关系党和国家生死存亡的高度；保持“三种坚强决心”，即以强烈的历史责任感、深沉的使命忧患感、顽强的意志品质推进党风廉政建设和反腐败斗争；强化“三个方面工作”，即坚持无禁区、全覆盖、零容忍，严肃查处腐败分

---

① 习近平：《依纪依法严惩腐败，着力解决群众反映强烈的突出问题》（2013年1月22日），《十八大以来重要文献选编》（上），中央文献出版社2014年版，第135页。

② 《习近平关于全面从严治党论述摘编》（2021年版），中央文献出版社2021年版，第383页。

③ 《在第十八届中央纪律检查委员会第二次全体会议上的讲话》（2013年1月22日），《习近平关于党风廉政建设和反腐败斗争论述摘编》，中央文献出版社、中国方正出版社2015年版，第5页。

④ 习近平：《紧紧围绕坚持和发展中国特色社会主义　学习宣传贯彻党的十八大精神》（2012年11月17日），《十八大以来重要文献选编》（上），中央文献出版社2014年版，第81页。

⑤ 《习近平关于全面从严治党论述摘编》（2021年版），中央文献出版社2021年版，第385页。

子，坚决遏制腐败现象蔓延势头；营造“三种氛围”，即着力营造不敢腐、不能腐、不想腐的政治氛围。[①]要做到“两个决不”，即“做到惩治腐败力度决不减弱、零容忍态度决不改变，坚决打赢反腐败这场正义之战”。强调打好攻坚战、持久战，“党风廉政建设和反腐败斗争永远在路上，必须以抓铁有痕、踏石留印的坚韧和执着，打好这场攻坚战、持久战，使党永葆清正廉洁的政治本色”[②]“党风廉政建设永远在路上，反腐败斗争永远在路上。我们党作为百年大党，要永葆先进性和纯洁性、永葆生机活力，必须一刻不停推进党风廉政建设和反腐败斗争”[③]。“只要存在腐败问题产生的土壤和条件，反腐败斗争就一刻不能停，必须永远吹冲锋号。”[④]

问题挑战

新形势下党究竟面临怎样的腐败问题？党中央对反腐败斗争形势究竟怎样判断？党的十八大以后，习近平通过视察指导工作、广泛深入调研和听取巡视督察反馈，就坚决惩治腐败、建设廉洁政治作了许多重要论述，多次强调反腐败斗争形势复杂严峻、腐败和反腐败呈胶着状态，比较系统、集中的论述至少包括以下几个方面：

对党内腐败方面存在的主要问题，指出“一个缺失”“三种交织”“一个对抗”。“一个缺失”，即“各地普遍存在管党治党失之于宽、失之于软，主体责任落实不力，监督责任落实不到位的问题”。“三种交织”，即“区域性腐败和领域性腐败交织，窝案串案增多；用人腐败和用权腐败交织，权权、权钱、权色交易频发；官商勾结和上下勾连交织，利益输送手段隐蔽、方式多样”。“一个对抗”，即“有的公然对抗、妨碍组织审查，形成‘拦路虎’”。[⑤]

---

① 《在第十八届中央纪律检查委员会第五次全体会议上的讲话》（2015年1月13日），《习近平关于全面从严治党论述摘编》，中央文献出版社2016年版，第185页。

② 《习近平关于全面从严治党论述摘编》（2021年版），中央文献出版社2021年版，第384页。

③ 《习近平关于全面从严治党论述摘编》（2021年版），中央文献出版社2021年版，第386页。

③ 习近平：《高举中国特色社会主义伟大旗帜　为全面建设社会主义现代化国家而团结奋斗——在中国共产党第二十次全国代表大会上的报告》，人民出版社2022年版，第69页。

⑤ 《在中央政治局常委会听取中央巡视工作领导小组关于二〇一四年中央巡视组第二轮巡视情况汇报时的讲话》（2014年10月16日），《习近平关于党风廉政建设和反腐败斗争论述摘编》，中央文献出版社、中国方正出版社2015年版，第24页。

对各个层次、各个领域内存在的腐败现象和问题，习近平也分别作了批评和论述。

领导干部中的腐败问题，主要集中在违反政治纪律、搞小圈子等问题，“四风”严重、作风败坏问题，滥用职权、买官卖官问题，以权谋私、贪污受贿问题。在领导干部的耍特权方面，存有“违规占有多套住房的，违规占用公家车辆的，以各种形式侵占公共利益的，违规侵害群众利益的，明里暗里为亲属升官发财奔走的，以权枉法的，等等”。[①]“随意插手基层敏感事务，截留克扣基层物资经费，在入党、考学、转士官上处事不公，吃拿卡要，收受战士钱物、侵占士兵利益等。”[②]

在利用重大项目、工程等敛财贪污方面，“现在矿产资源、土地出让、房地产开发、工程项目、惠民资金、科研经费管理等方面腐败问题频发。领导干部插手工程项目、亲属子女经商办企业问题突出。有的地方扶贫、涉农、医保、低保资金都敢贪敢挪，而且拿这些钱来行贿买官，群众的‘保命钱’成了干部的‘买官钱’，发达地区通过工程项目搞权钱交易，贫困地区贪扶贫救济的钱，恶行令人发指！”[③]

在服务群众过程中腐败敛财方面，“有的搞雁过拔毛，挖空心思虚报冒领、克扣甚至侵占惠农专项资金、扶贫资金；有的在救济、补助上搞优亲厚友、吃拿卡要；有的高高在上，漠视群众疾苦，形式主义、官僚主义严重；有的执法不公，甚至成为家族势力、黑恶势力的代言人，横行乡里、欺压百姓”[④]。

贪官外逃寻找“避风港”的问题，主要是“有的腐败分子先是做‘裸官’，一有风吹草动，就逃之夭夭；有的跑到国外买豪车豪宅，挥金如土，逍遥法外；有的跑到国外摇身一变，参与当地选举。这些年，我们追回了一些重要外逃人员，但总体看，还是跑出去的多，抓回来的少，追逃工作还很

---

① 习近平：《依纪依法严惩腐败，着力解决群众反映强烈的突出问题》（2013年1月22日），《十八大以来重要文献选编》（上），中央文献出版社2014年版，第137页。

② 《在听取北京军区工作汇报后的讲话》（2013年7月29日），《习近平关于党风廉政建设和反腐败斗争论述摘编》，中央文献出版社、中国方正出版社2015年版，第76页。

③ 《在中央政治局常委会听取中央巡视工作领导小组二〇一四年中央巡视组首轮巡视情况汇报时的讲话》（2014年6月26日），《习近平关于党风廉政建设和反腐败斗争论述摘编》，中央文献出版社、中国方正出版社2015年版，第99页。

④ 习近平：《在第十八届中央纪律检查委员会第六次全体会议上的讲话》（2016年1月12日），《人民日报》2016年5月3日。

艰巨”。①

对在人民群众身边“近在眼前”嗡嗡乱飞的“蝇贪”“微腐败”，人民群众最痛恨，“它损害的是老百姓切身利益，啃食的是群众获得感，挥霍的是基层群众对党的信任。对基层贪腐以及执法不公等问题，要认真纠正和严肃查处，维护群众切身利益，让群众更多感受到反腐倡廉的实际成果”。②

对反腐败斗争的严峻形势，党中央根据近几年反腐败斗争的进展情况，不断总结经验、判断形势，为正确制定反腐战略、定下反腐决心提供了可靠依据。

2013年，习近平指出：“当前一些领域消极腐败现象仍然易发多发，一些重大违纪违法案件影响恶劣，反腐败斗争形势依然严峻，人民群众还有许多不满意的地方。”③

2014年，习近平强调：“滋生腐败的土壤依然存在，反腐败形势依然严峻复杂，一些不正之风和腐败问题影响恶劣、亟待解决。”④

2015年，习近平强调：“从这两年查处的案件和巡视发现的问题看，反腐败斗争形势依然严峻复杂，主要是实现不敢腐、不能腐、不想腐上还没有取得压倒性胜利，腐败活动减少了但并没有绝迹，反腐败体制机制建立了但还不够完善，思想教育加强了但思想防线还没有筑牢，减少腐败存量、遏制腐败增量、重构政治生态的工作艰巨繁重。”⑤

2016年，习近平强调：“我们着力解决管党治党失之于宽、失之于松、失之于软的问题，使不敢腐的震慑作用充分发挥，不能腐、不想腐的效应初步显现，反腐败斗争压倒性态势正在形成。”⑥

---

① 《在十八届中央政治局常委会第七十八次会议上关于加强反腐败国际追逃追赃工作的讲话》（2014年10月9日），《习近平关于党风廉政建设和反腐败斗争论述摘编》，中央文献出版社、中国方正出版社2015年版，第23页。

② 习近平：《在第十八届中央纪律检查委员会第六次全体会议上的讲话》（2016年1月12日），《人民日报》2016年5月3日。

③ 《习近平在十八届中央纪委二次全会上发表重要讲话强调　更加科学有效地防治腐败　坚定不移把反腐倡廉建设引向深入》，《人民日报》2013年1月23日。

④ 《习近平在十八届中央纪委三次全会上发表重要讲话强调　强化反腐败体制机制创新和制度保障　深入推进党风廉政建设和反腐败斗争》，《人民日报》2014年1月15日。

⑤ 《习近平在十八届中央纪委五次全会上发表重要讲话　强调深化改革巩固成果积极拓展　不断把反腐败斗争引向深入》，《人民日报》2015年1月14日。

⑥ 《习近平在十八届中央纪委六次全会上发表重要讲话强调　坚持全面从严治党依规治党　创新体制机制　强化党内监督》，《人民日报》2016年1月13日。

2017年，习近平强调：“经过全党共同努力，党的各级组织管党治党主体责任明显增强，中央八项规定精神得到坚决落实，党的纪律建设全面加强，腐败蔓延势头得到有效遏制，反腐败斗争压倒性态势已经形成，不敢腐的目标初步实现，不能腐的制度日益完善，不想腐的堤坝正在构筑，党内政治生活呈现新的气象。”①

在省部级主要领导干部“学习习近平总书记重要讲话精神，迎接党的十九大”专题研讨班开班式上，习近平强调，“我们坚定不移推进全面从严治党，着力解决人民群众反映最强烈、对党的执政基础威胁最大的突出问题，形成了反腐败斗争压倒性态势，党内政治生活气象更新，全党理想信念更加坚定、党性更加坚强，党自我净化、自我完善、自我革新、自我提高能力显著提高，党的执政基础和群众基础更加巩固，为党和国家各项事业发展提供了坚强政治保证”。②

2017年10月18日，习近平在党的十九大报告中指出：“坚持反腐败无禁区、全覆盖、零容忍，坚定不移‘打虎’‘拍蝇’‘猎狐’，不敢腐的目标初步实现，不能腐的笼子越扎越牢，不想腐的堤坝正在构筑，反腐败斗争压倒性态势已经形成并巩固发展。”③

2019年1月11日，习近平在十九届中央纪委三次全会上指出：“反腐败斗争已经取得压倒性胜利，但对形势的严峻性和复杂性一点也不能低估。权力是最大的腐蚀剂。我们党全面领导、长期执政，党员、干部时刻面临被‘围猎’、被腐蚀的风险。”④

2021年1月22日，习近平在十九届中央纪委五次全会上强调：“尽管党风廉政建设和反腐败斗争取得了历史性成就，但形势依然严峻复杂，这是党中央从政治大局和工作全局高度作出的重大判断。”⑤

2021年11月11日通过的党的十九届六中全会《决议》指出：“党的十八

① 《习近平在十八届中央纪委七次全会上发表重要讲话强调　全面贯彻落实党的十八届六中全会精神　增强全面从严治党系统性创造性实效性》，《人民日报》2017年1月7日。

② 《习近平在省部级主要领导干部“学习习近平总书记重要讲话精神，迎接党的十九大”专题研讨班开班式上发表重要讲话强调　高举中国特色社会主义伟大旗帜　为决胜全面小康社会实现中国梦而奋斗》，《人民日报》2017年7月28日。

③ 习近平：《决胜全面建成小康社会　夺取新时代中国特色社会主义伟大胜利——在中国共产党第十九次全国代表大会上的报告》，《人民日报》2017年10月28日。

④ 《习近平关于全面从严治党论述摘编》（2021年版），中央文献出版社2021年版，第380页。

⑤ 《习近平关于全面从严治党论述摘编》（2021年版），中央文献出版社2021年版，第385页。

大以来，经过坚决斗争，全面从严治党的政治引领和政治保障作用充分发挥，党的自我净化、自我完善、自我革新、自我提高能力显著增强，管党治党宽松软状况得到根本扭转，反腐败斗争取得压倒性胜利并全面巩固，消除了党、国家、军队内部存在的严重隐患，党在革命性锻造中更加坚强。”①

2022年1月18日，习近平在十九届中央纪委六次全会上指出：“我们必须清醒认识到，腐败和反腐败较量还在激烈进行，并呈现出一些新的阶段性特征”，明确了“四个任重道远”的具体特征。

2023年1月9日，习近平在二十届中央纪委二次全会上强调：“反腐败斗争形势依然严峻复杂，遏制增量、清除存量的任务依然艰巨。必须深化标本兼治、系统治理，一体推进不敢腐、不能腐、不想腐。”

2024年1月8日，习近平在二十届中央纪委三次全会上强调：“经过新时代十年坚持不懈的强力反腐，反腐败斗争取得压倒性胜利并全面巩固，但形势依然严峻复杂。我们对反腐败斗争的新情况新动向要有清醒认识，对腐败问题产生的土壤和条件要有清醒认识，以永远在路上的坚韧和执着，精准发力、持续发力，坚决打赢反腐败斗争攻坚战持久战”。

这些对不断发展中的形势的判断，印证了党中央铁腕治腐的坚强决心和坚实步伐，见证了党风廉政建设趋向好转的变化轨迹，反映了党的十八大以来全面从严治党取得的历史性成就。

对反腐败斗争的严峻性、复杂性、长期性，习近平多次作出论述。

在严峻性上，他强调：“党的十八大以来……巡视的强度、力度、效果都是前所未有的。巡视发现的问题再次印证了反腐败斗争形势依然严峻复杂的判断。魔高一尺，道高一丈；魔高十丈，道高百丈。党要管党、从严治党任务尤为紧迫，是一场持久战。”②“我们面临的反腐败斗争形势复杂严峻，一些领域腐败现象易发多发，一些腐败分子一意孤行，仍然没有收手，甚至变本加厉。从已经查处的案件和掌握的问题线索来看，一些腐败分子胃口之大、数额之巨、时间之长、情节之恶劣，令人触目惊心！有的地方甚至出现

① 《中共中央关于党的百年奋斗重大成就和历史经验的决议》，人民出版社2021年版，第33—34页。

② 《在中央政治局常委会听取中央巡视工作领导小组关于二〇一四年中央巡视组第二轮巡视情况汇报时的讲话》（2014年10月16日），《习近平关于党风廉政建设和反腐败斗争论述摘编》，中央文献出版社、中国方正出版社2015年版，第24—25页。

了‘塌方式腐败’！”①

这里的“胃口之大、数额之巨、时间之长、情节之恶劣”充分说明了腐败问题的严重性。2021年1月22日，在十九届中央纪委五次全会上，习近平强调，“必须清醒看到，腐败这个党执政的最大风险仍然存在，存量还未清底，近两年查处过的过亿巨贪往往都是长期违法犯罪但又善于隐匿真面目的两面人；增量仍有发生，高压之下还有人蠢蠢欲动、不惜铤而走险；不正之风树倒根存、还在潜滋暗长，腐败背后各种风险暗流涌动。腐蚀和反腐蚀斗争长期存在，稍有松懈就可能前功尽弃，反腐败没有选择，必须知难而进”②。

在复杂性上，习近平结合巡视发现的问题强调：“两轮巡视下来，成效很大。有些问题要核实，可查性很强；一些地方和单位的干部跑官要官、买官卖官，搞权色交易、权钱交易，有的严重超编制超职数配干部。从巡视看问题，再次印证了党中央对反腐败斗争形势依然严峻复杂的判断，党要管党、从严治党十分紧迫。”在总结党的十九大以来的管党治党实践时，他进一步强调形势的严峻复杂，指出，“从党的十九大以来管党治党实践看，全国纪检监察机关处分的党员干部中，党的十八大以后不收敛不收手的占百分之八十九点八，腐败存量不少、增量仍在发生，一些典型案件更是暴露出许多深层次问题。一是‘围猎’和被‘围猎’交织，被‘围猎’者亦或成为‘围猎’者，被‘围猎’的干部已经同‘围猎’者形成了长期稳定的利益关系，深陷其中、难以自拔。二是金融乱象和腐败问题交织，金融信贷、监管审批、证券买卖等同权钱交易深度勾连，抱团腐败、期权式腐败凸显。三是境内交易和境外套现交织，有的境内办事、境外收钱，有的将赃款通过地下钱庄转存境外，妄图瞒天过海。现实一再表明，反腐败斗争不能退，也无处可退，必须坚定不移向纵深推进”③。

在长期性上，习近平强调腐败和反腐败“呈胶着状态”，他指出：“现在，腐败和反腐败呈胶着状态，主要是指我们在实现不敢腐、不能腐、不想腐上还没有取得压倒性胜利，腐败活动减少了但并没有绝迹，腐败分子被震

---

① 《当前工作中需要注意的几个问题》（2014年10月23日），《习近平关于全面从严治党论述摘编》，中央文献出版社2016年版，第182—183页。

② 《习近平关于全面从严治党论述摘编》（2021年版），中央文献出版社2021年版，第385—386页。

③ 《习近平关于全面从严治党论述摘编》（2021年版），中央文献出版社2021年版，第380—381页。

慑住了但还在窥测方向甚至困兽犹斗，反腐败体制机制建立了但还不够完善，思想教育加强了但思想防线还没有筑牢，减少腐败存量、遏制腐败增量、重构政治生态的工作艰巨繁重。因此，党风廉政建设和反腐败斗争永远在路上。开弓没有回头箭，党风廉政建设和反腐败斗争是一场输不起的斗争，必须决战决胜。”①

对在反腐败过程中出现的思想认识误区，习近平指出：“有的人认为反腐败是刮一阵风，搞一段时间就会过去，现在打枪，暂且低头；有的人认为反腐败查下去会打击面过大，影响经济发展，导致消费需求萎缩，甚至把当前经济下行压力增大与反腐败力度加大扯在一起；有的人认为反腐败会让干部变得缩手缩脚、明哲保身，不愿意干事了；等等。这些认识都是不正确的。”②

在反腐败的舆论上，存在“五种消极论调”：一是认为反腐同群众利益无关，二是认为反腐让干部不作为，三是认为反腐影响经济发展，四是认为反腐是权力斗争，五是认为反腐应当缓缓手。习近平强调，“对这些模糊认识和错误言论，必须加以辨析、引导，驳斥错误言论，化解消极情绪，消除偏见误解”，“做到三个说清楚”，即“说清楚我们党反腐败不是看人下菜的‘势利店’，不是争权夺利的‘纸牌屋’，也不是有头无尾的‘烂尾楼’，从而为深入开展党风廉政建设和反腐败斗争营造良好舆论氛围”。③

反腐策略：遏制、惩治、阻拦、追逃、预防、规制

以习近平同志为核心的党中央，以猛药去疴、重典治乱的决心，刮骨疗毒、壮士断腕的勇气，掀起反腐风暴，力度空前，成效显著，探索了一条新形势下惩治腐败的新路子。从习近平关于坚决惩治腐败、建设廉洁政治的重要论述看，在反腐败的战略方针上，形成了“不敢腐、不能腐、不想腐”一体推进的大思路，“要强化不敢腐的震慑，保持惩治腐败高压态势，强化监

① 《在第十八届中央纪律检查委员会第五次全体会议上的讲话》（2015年1月13日），《习近平关于全面从严治党论述摘编》，中央文献出版社2016年版，第186页。

② 《当前工作中需要注意的几个问题》（2014年10月23日），《习近平关于全面从严治党论述摘编》，中央文献出版社2016年版，第183页。

③ 习近平：《在第十八届中央纪律检查委员会第六次全体会议上的讲话》（2016年1月12日），《人民日报》2016年5月3日。

督和监察全覆盖的震慑效应，不断释放全面从严强烈信号。要扎牢不能腐的笼子，把‘当下改’和‘长久立’结合起来，形成靠制度管权、管事、管人的长效机制。要增强不想腐的自觉，引导党员干部坚定理想信念，强化宗旨意识，树立正确的世界观、人生观、价值观，营造风清气正的从政环境和社会氛围”①。在反腐败的力度上，“坚持无禁区、全覆盖、零容忍，坚持重遏制、强高压、长震慑，坚持受贿行贿一起查，坚持有案必查、有腐必惩，以猛药去疴、重典治乱的决心，以刮骨疗毒、壮士断腕的勇气，坚定不移‘打虎’‘拍蝇’‘猎狐’”②。

在新时代的反腐策略和步骤上，至少包括遏制、惩治、阻拦、追逃、预防、规制六个方面。

遏制

中医讲“急则治其标，缓则治其本”。治标第一步，就是要遏制蔓延势头，阻止恶化趋势，为彻底治疗做好准备、赢得时间。习近平的反腐策略，首先强调的是遏制腐败现象蔓延。2014年，他在中央政治局常委会听取中央巡视组巡视情况汇报时，强调：“坚持党要管党、从严治党，保持高压态势，坚决遏制腐败现象蔓延势头”“腐败现象势头尚未有效遏制。我们的目的就是遏制”，他还指出遏制重点是“矿产资源、土地出让、房地产开发、工程项目、惠民资金、科研经费管理等方面腐败问题”。③

遏制腐败现象蔓延的方式之一，就是形成反腐高压态势。习近平强调：“深入推进反腐败斗争，持续保持高压态势”，做到“四不”，即“零容忍的态度不变、猛药去疴的决心不减、刮骨疗毒的勇气不泄、严厉惩处的尺度不松”。“两个查处”，即发现一起查处一起，发现多少查处多少。坚持“两个不”，即不定指标、上不封顶。④坚持“两条原则”，即凡腐必反，

---

① 《习近平关于全面从严治党论述摘编》（2021年版），中央文献出版社2021年版，第419页。

② 《中共中央关于党的百年奋斗重大成就和历史经验的决议》，人民出版社2021年版，第33页。

③ 《在中央政治局常委会听取中央巡视工作领导小组二〇一四年中央巡视组首轮巡视情况汇报时的讲话》（2014年6月26日），《习近平关于党风廉政建设和反腐败斗争论述摘编》，中央文献出版社、中国方正出版社2015年版，第99页。

④ 《在第十八届中央纪律检查委员会第五次全体会议上的讲话》（2015年1月13日），《习近平关于全面从严治党论述摘编》，中央文献出版社2016年版，第187页。

除恶务尽。[①]“三个没有”，即反腐败斗争没有禁区，没有特区，也不能有盲区。“两个让”，即“把反腐利剑举起来、用起来，形成强大震慑，让那些心存侥幸、还想搞腐败活动的人心存畏惧”。[②]“让那些想搞腐败的人断了念头、搞了腐败的人付出代价。”[③]“我们用行动证明，我们是说到做到的。”[④]“坚持重遏制、强高压、长震慑，坚持受贿行贿一起查”“夺取反腐败斗争压倒性胜利。”“标本兼治，既要夯实治本的基础，又要敢于用治标的利器。没有惩的威慑，治也难见实效。”[⑤]

遏制腐败现象蔓延的方式之二，就是发挥巡视震慑作用。习近平强调：“唐代御史韦思谦早就讲过，‘不能动摇山岳，震慑州县，为不任职’。巡视就是要形成震慑。对发现的问题，包括党风廉政问题、‘四风’问题、干部问题，要把握节奏，分清轻重缓急，但都要纠正处置，件件都要有着落。”[⑥]“中央给了巡视组尚方宝剑，是‘钦差大臣’，是‘八府巡按’，就要尽职履责，不能大事拖小，小事拖了，对腐败问题要零容忍。”[⑦]“通过巡视发现线索，坚决查处，这是兑现我们向全党全国人民的承诺，在党纪国法面前没有例外，红线不能碰、底线不能破！”[⑧]“要发挥巡视遏制作用。凡是涉及腐败问题的，决不姑息，一查到底！”[⑨]对巡视发现的腐败问题要坚决查处，习近平指出“巡视发现的问题线索，凡是违纪违法的都要严肃查处。

---

① 《在中共十八届四中全会第二次全体会议上的讲话》（2014年10月23日），《习近平关于党风廉政建设和反腐败斗争论述摘编》，中央文献出版社、中国方正出版社2015年版，第103页。

② 《在第十八届中央纪律检查委员会第五次全体会议上的讲话》（2015年1月13日），《习近平关于全面从严治党论述摘编》，中央文献出版社2016年版，第187页。

③ 《在第十八届中央纪律检查委员会第五次全体会议上的讲话》（2015年1月13日），《习近平关于全面从严治党论述摘编》，中央文献出版社2016年版，第187页。

④ 《在第十八届中央纪律检查委员会第三次全体会议上的讲话》（2014年1月14日），《习近平关于党风廉政建设和反腐败斗争论述摘编》，中央文献出版社、中国方正出版社2015年版，第97页。

⑤ 《习近平关于全面从严治党论述摘编》（2021年版），中央文献出版社2021年版，第378页。

⑥ 《在中央政治局常委会听取二〇一三年下半年中央巡视组巡视情况汇报时的讲话》（2014年1月23日），《习近平关于党风廉政建设和反腐败斗争论述摘编》，中央文献出版社、中国方正出版社2015年版，第111页。

⑦ 《在中央政治局常委会审议〈关于二〇一三年上半年中央巡视组巡视情况的综合报告〉时的讲话》（2013年9月26日），《习近平关于全面从严治党论述摘编》，中央文献出版社2016年版，第179页。

⑧ 《在中央政治局常委会听取中央巡视工作领导小组关于二〇一四年中央巡视组第二轮巡视情况汇报时的讲话》（2014年10月16日），《习近平关于党风廉政建设和反腐败斗争论述摘编》，中央文献出版社、中国方正出版社2015年版，第24页。

⑨ 《在中央政治局常委会听取二〇一三年下半年中央巡视组巡视情况汇报时的讲话》（2014年1月23日），《习近平关于党风廉政建设和反腐败斗争论述摘编》，中央文献出版社、中国方正出版社2015年版，第112页。

不要怕问题多，问题多的单位可以把握节奏。要一网打尽，有多少就处理多少”，“对巡视发现的问题，该查处的就查处，该免职的就免职。发现问题要及时跟进，有问题、有漏洞就要堵塞”，不能“有问题不报告、不反映、也不惊动”。[①]

惩治

对腐败现象敢不敢惩治、惩治力度大小，往往是一种重要政治风向标和意志指示器。习近平的反腐败思想，特别强调发挥惩治的威慑和警告作用。他强调：“从严治党，惩治这一手决不能放松。要坚持‘老虎’‘苍蝇’一起打，既坚决查处领导干部违纪违法案件，又切实解决发生在群众身边的不正之风和腐败问题。要坚持党纪国法面前没有例外，不管涉及谁，都要一查到底，决不姑息。”[②]“只要谁敢搞腐败，就必须付出代价。惩治腐败这一手必须紧抓不放、利剑高悬，坚持无禁区、全覆盖、零容忍。”[③]

在惩治对象上，习近平强调重点查处“三类人”：“重点查处政治问题和腐败问题交织，不收敛、不收手，问题线索反映集中、群众反映强烈、现在重要岗位且可能还要提拔使用的领导干部。”2018年1月11日，习近平进一步提出要重点查三类案件，“重点查处政治问题和经济问题相互交织形成利益集团的腐败案件；不收敛、不收手，问题线索反映集中、群众反映强烈，现在重要岗位且可能还要提拔使用的领导干部；重要领域和关键环节的腐败问题。对有政治、组织、廉洁问题反映的必查必核”[④]，2019年1月11日，在中央纪委第十九届三次全会上，习近平强调“要聚焦党的十八大以来着力查处的重点对象，把那些在党的十九大后仍然不知敬畏、胆大妄为者作为重中之重，深挖细查、严惩不贷。要重点查处政治问题和经济问题相互交织的腐败案件，坚决打击在党内培植个人势力、结成利益集团、妄图攫取党和国家权力的阴谋行径”[⑤]。

---

① 《在中央政治局常委会审议〈关于二〇一三年上半年中央巡视组巡视情况的综合报告〉时的讲话》（2013年9月26日），《习近平关于全面从严治党论述摘编》，中央文献出版社2016年版，第179页。

② 习近平：《依纪依法严惩腐败，着力解决群众反映强烈的突出问题》（2013年1月22日），《十八大以来重要文献选编》（上），中央文献出版社2014年版，第135页。

③ 习近平：《在第十八届中央纪律检查委员会第六次全体会议上的讲话》（2016年1月12日），《人民日报》2016年5月3日。

④ 《习近平关于全面从严治党论述摘编》（2021年版），中央文献出版社2021年版，第379页。

⑤ 《习近平关于全面从严治党论述摘编》（2021年版），中央文献出版社2021年版，第381页。

强调坚持“老虎”“苍蝇”一起打，“既坚决查处大案要案，严肃查办发生在领导机关和领导干部中的滥用职权、贪污贿赂、腐化堕落、失职渎职案件，又要着力解决发生在群众身边的腐败问题，严肃查处损害群众利益的各类案件”。[①]强调既要惩治领导干部的腐败问题，也要严肃查处领导干部子女及身边人员的腐败问题。“不仅要管好自己，而且要管好配偶、子女和身边工作人员，决不谋私利，决不搞特权”[②]，“要留留神，防微杜渐，不要护犊子。干部子弟也要遵纪守法，不要以为是干部子弟就谁都奈何不了了，触犯了党纪国法都要处理，而且要从严处理，做给老百姓看。哪有动不了的人？！”[③]

在惩治范围上，习近平强调不仅要打虎拍蝇猎狐，还要到向扶贫等各领域及基层延伸。“要紧盯事关发展全局和国家安全的重大工程、重点领域、关键岗位，对存在腐败问题的，发现一起坚决查处一起。要加大金融领域反腐力度，聚焦金融乱象背后的利益勾结和关系纽带，揪出兴风作浪的资本‘大鳄’和金融监管机构‘内鬼’”[④]，“要推动全面从严治党向基层延伸，严厉整治发生在群众身边的腐败问题，开展扶贫民生领域专项整治，……要把扫黑除恶同反腐败结合起来，同基层‘拍蝇’结合起来，严厉打击‘村霸’、宗族恶势力和黄赌毒背后的腐败行为，既抓涉黑组织，也抓后面的‘保护伞’，不断增强人民群众的获得感、幸福感、安全感”[⑤]。

在惩治效果上，习近平强调要运用典型搞好教育，“我们党严肃查处一些党员干部包括高级干部严重违纪问题的坚强决心和鲜明态度，向全党全社会表明，我们所说的不论什么人，不论其职务多高，只要触犯了党纪国法，都要受到严肃追究和严厉惩处，决不是一句空话”[⑥]。习近平指出：“要深入

① 《在十八届中央政治局第五次集体学习时的讲话》（2013年4月19日），《习近平关于党风廉政建设和反腐败斗争论述摘编》，中央文献出版社、中国方正出版社2015年版，第96页。

② 《在中央军委常务会议上的讲话》（2012年11月15日），《习近平关于党风廉政建设和反腐败斗争论述摘编》，中央文献出版社、中国方正出版社2015年版，第93页。

③ 《在中央政治局“三严三实”专题民主生活会上的讲话》（2015年12月28日、29日），《习近平关于全面从严治党论述摘编》，中央文献出版社2016年版，第190页。

④ 《习近平关于全面从严治党论述摘编》（2021年版），中央文献出版社2021年版，第381页。

⑤ 《习近平关于全面从严治党论述摘编》（2021年版），中央文献出版社2021年版，第379页。

⑥ 习近平：《依纪依法严惩腐败，着力解决群众反映强烈的突出问题》（2013年1月22日），《十八大以来重要文献选编》（上），中央文献出版社2014年版，第135页。

剖析严重违纪违法干部的典型案例，发挥警示、震慑、教育作用。”[①]

阻拦

反对和惩治腐败，既要加重腐败行为发生之后的查处和惩治，也要做好腐败行为发生前、发生时的阻止工作，防止腐败现象重演。在习近平的反腐战略中，注重发挥对腐败现象、腐败行为的预先制止和阻拦作用，并作为治本的一个重要内容进行部署。习近平强调：“在反腐倡廉工作中，我们一直强调标本兼治。治标，对腐败分子能够起到惩治、震慑、遏制作用，突出‘惩’的功能。治本，对权力进行制约和监督，对腐败现象能够起到预防、阻拦作用，重在‘防’的功能。”[②]

对腐败现象和行为的阻拦方式之一，是把纠正“四风”作为预防腐败的一个着力点。习近平指出，“中央提出抓作风建设，反对形式主义、官僚主义、享乐主义，反对奢靡之风，就是提出了一个抓反腐倡廉建设的着力点，提出了一个夯实党执政的群众基础的切入点。全党同志一定要从这样的政治高度来认识这个问题，从思想上警醒起来，牢记‘两个务必’，坚定不移转变作风，坚定不移反对腐败”。[③]

对腐败现象和行为的阻拦方式之二，是从违法违纪的小错开始抓起，防止演变成腐败。习近平指出：“一个人腐败堕落，往往是从贪占‘小便宜’开始的。分析近年来查处的典型腐败案件，都有一个量变到质变、小节到大错的过程。”[④]“一些人在腐败泥坑中越陷越深，一个重要原因是对其身上出现的一些违法违纪的小错，党组织提醒不够，批评教育不力，甚至睁一只眼闭一只眼。网开一面，法外施恩，就可能导致要么不暴露，要么就出大问题。所以，要抓早抓小，有病就马上治，发现问题就及时处理，不能养痈遗

---

① 习近平：《在第十八届中央纪律检查委员会第六次全体会议上的讲话》（2016年1月12日），《人民日报》2016年5月3日。

② 《在十八届中央政治局第二十四次集体学习时的讲话》（2015年6月26日），《习近平关于严明党的纪律和规矩论述摘编》，中央文献出版社、中国方正出版社2016年版，第62页。

③ 《在十八届中央政治局第五次集体学习时的讲话》（2013年4月19日），《习近平关于全面从严治党论述摘编》，中央文献出版社2016年版，第178—179页。

④ 《在河南省兰考县委常委扩大会议上的讲话》（2014年3月18日），《习近平关于党风廉政建设和反腐败斗争论述摘编》，中央文献出版社、中国方正出版社2015年版，第83页。

患。这是对干部的爱护。”[1]

对腐败现象和行为的阻拦方式之三，是从反对特权思想、特权现象抓起，防止权力腐败。习近平强调：“反腐倡廉建设，还必须反对特权思想、特权现象。党章规定：‘中国共产党党员永远是劳动人民的普通一员。除了法律和政策规定范围内的个人利益和工作职权以外，所有共产党员都不得谋求任何私利和特权。’党的十八大强调，各级领导干部决不允许搞特权。为什么要突出提出这个问题？就是因为群众对我们一些干部搞特殊、要特权意见很大。”[2]习近平还对领导干部提出“四个不搞”，“要清廉自律，坚决不搞特殊化，坚决不搞特权，坚决不搞不正之风，坚决不搞腐败”。[3]提出“从三个方面筑起防护网”，“要注重自觉同特权思想和特权现象做斗争，从自己做起，从身边人管起，从最近身的地方构筑起预防和抵制特权的防护网”。[4]

对腐败现象和行为的阻拦方式之四，是从纠正对权力的错误认识抓起、防止以权谋私。习近平强调，当官要有“两防”“两有”“一个深思”。“两防”，就是防止抱着当官谋利的想法，“当官要当舞台上端端正正的官，当清官，不要当庸官贪官，被人戳脊梁骨”；要防备社会诱惑，“为什么说当官是高危职业？就是说不仅主动以权谋私不行，而且要处处防备社会诱惑。诱惑太多了，处处是陷阱啊！所有自己认为是当官能享受的、产生快感的事情，背后都可能隐藏着罪恶，都可能是陷阱。有人说，天上掉馅饼之时，就是地上有陷阱之时。一旦突然凭空来了一个好处，一定要警惕。看到这些东西自己就要戒惧、退避三舍”[5]。“两有”，就是当官要有两个“门神”：“咱们的门神要摆正，大鬼小鬼莫进来。一个要有情操，这是一道防线；一个要有戒惧，一定要有敬畏之心。”“一个深思”，就是贪腐分子最

① 《在第十八届中央纪律检查委员会第三次全体会议上的讲话》（2014年1月14日），《习近平关于严明党的纪律和规矩论述摘编》，中央文献出版社、中国方正出版社2016年版，第75—76页。

② 习近平：《依纪依法严惩腐败，着力解决群众反映强烈的突出问题》（2013年1月22日），《十八大以来重要文献选编》（上），中央文献出版社2014年版，第136—137页。

③ 《在中央军委专题民主生活会上的讲话》（2013年7月8日），《习近平关于党风廉政建设和反腐败斗争论述摘编》，中央文献出版社、中国方正出版社2015年版，第74页。

④ 《习近平在省部级主要领导干部学习贯彻十八届六中全会精神专题研讨班开班式上发表重要讲话强调　以解决突出问题为突破口和主抓手　推动党的十八届六中全会精神落到实处》，《人民日报》2017年2月14日。

⑤ 《作风建设要立破并举、扶正祛邪》（2014年5月9日），《习近平关于全面从严治党论述摘编》，中央文献出版社2016年版，第182页。

后变成财物保管员。“一旦犯事，什么都没了，倾家荡产，甚至家破人亡。那些大贪巨贪，最后不就当了一个财物保管员吗？就是过了个手，最后还要还财于民、还财于公。不要做这些事情”。[①]对基层干部，习近平强调要纠正容易产生的“五种活思想”，即“认为自己掌点小权，干不了大事，平时行个职务之便，吃点收点或捞点，既上不了纲，又触不了法，最多算生活小节；有的自认为贪占‘小便宜’手段高明，无影无踪，或者是自己人、哥们儿，保险可靠，不会出问题，即使出问题也会有人代为‘顶杠’；有的看到身边的人常搞点‘小腐败’，生活滋润，逍遥自在，便心理失衡、按捺不住，于是揣摩效仿，甚至暗中较劲、试比高低；有的认为为他人办了事，有送就收才显得随和自然，而不被人视为‘假清高’；有的认为常在河边走、哪能不湿鞋，与其保持操守，不如随波逐流，即使查也是法不责众，检查一阵子，享受一辈子”。[②]对这些错误思想，都要坚决纠正，否则就会败坏作风，最终发展到腐败堕落。

追逃

外逃贪官逍遥法外，是反腐遇到的一个棘手难题，具有极坏的负面示范效应。习近平强调，“加强追逃追赃工作是向腐败分子发出断其后路的强烈信号，能够对腐败分子形成震慑，遏制腐败现象蔓延势头。随着反腐败力度不断加大，一些腐败分子把外逃作为后路”。“加强反腐败国际追逃追赃工作是坚持党要管党、从严治党，遏制腐败现象蔓延势头的重要举措”。[③]“要以零容忍态度惩治腐败，不管腐败分子跑到天涯海角，也要把他们绳之以法，决不能让其躲进‘避罪天堂’、逍遥法外。”[④]

怎么开展追逃追赃工作？习近平强调了多个方面：一是要加大交涉力

---

① 《作风建设要立破并举、扶正祛邪》（2014年5月9日），《习近平关于全面从严治党论述摘编》，中央文献出版社2016年版，第182页。

② 《在河南省兰考县委常委扩大会议上的讲话》（2014年3月18日），《习近平关于党风廉政建设和反腐败斗争论述摘编》，中央文献出版社、中国方正出版社2015年版，第83—84页。

③ 《在十八届中央政治局常委会第七十八次会议上关于加强反腐败国际追逃追赃工作的讲话》（2014年10月9日），《习近平关于党风廉政建设和反腐败斗争论述摘编》，中央文献出版社、中国方正出版社2015年版，第23页。

④ 《在十八届中央政治局常委会第七十八次会议上关于加强反腐败国际追逃追赃工作的讲话》（2014年10月9日），《习近平关于党风廉政建设和反腐败斗争论述摘编》，中央文献出版社、中国方正出版社2015年版，第100页。

度，“腐败分子即使逃到天涯海角，也要把他们追回来绳之以法，五年、十年、二十年都要追，要切断腐败分子的后路”[①]。“突破一批重点个案，使企图外逃分子丢掉幻想、望而却步。”[②]二是加强对国际规则和国际组织情况的研究，深入了解和掌握有关国家的相关法律和引渡、遣返规则。及时了解和掌握国际反腐败最新动态，提高追逃追赃工作的针对性。[③]三是用好各种媒体、点名道姓公开曝光，中央媒体要及时发声，揭露外逃腐败分子违纪违法、逃避惩罚的真面目。对一些证据确凿、定性清晰的外逃腐败分子，可以考虑向全世界公布，点名道姓公开曝光，使之在世界任何一个角落都成为过街老鼠、人人喊打。[④]四是要加强情况信息掌握，摸清外逃腐败分子底数，建立和完善外逃人员数据库，建立统计数据动态更新机制，对外逃腐败分子的情况做到数字准、情况明。对掌握的情况深入分析，从个案中发现规律，寻找一些途径和方法。加强对党员干部的日常监督管理，严格执行对配偶子女移居国外的国家工作人员的相关管理规定，加强党员干部出入境证照、出入境资金监控等方面的管理。加强对重大事项报告的抽查和追究处理。[⑤]五是搭建追逃追赃国际合作平台，加快与外逃目的地国签署引渡条约、建立执法合作[⑥]，要加大国际追逃追赃力度，推动二十国集团、亚太经合组织、《联合国反腐败公约》等多边框架下的国际合作，实施重大专项行动，把惩治腐败的天罗地网撒向全球，让已经潜逃的无处藏身，让企图外逃的丢掉幻想。六是推进一体化建设，“要深化反腐败国际合作，推进追逃防逃追赃一体化建

---

① 《在第十八届中央纪律检查委员会第三次全体会议上的讲话》（2014年1月14日），《习近平关于党风廉政建设和反腐败斗争论述摘编》，中央文献出版社、中国方正出版社2015年版，第98页。

② 《在十八届中央政治局常委会第七十八次会议上关于加强反腐败国际追逃追赃工作的讲话》（2014年10月9日），《习近平关于党风廉政建设和反腐败斗争论述摘编》，中央文献出版社、中国方正出版社2015年版，第132页。

③ 《在十八届中央政治局常委会第七十八次会议上关于加强反腐败国际追逃追赃工作的讲话》（2014年10月9日），《习近平关于党风廉政建设和反腐败斗争论述摘编》，中央文献出版社、中国方正出版社2015年版，第101页。

④ 《在十八届中央政治局常委会第七十八次会议上关于加强反腐败国际追逃追赃工作的讲话》（2014年10月9日），《习近平关于党风廉政建设和反腐败斗争论述摘编》，中央文献出版社、中国方正出版社2015年版，第101页。

⑤ 《在十八届中央政治局常委会第七十八次会议上关于加强反腐败国际追逃追赃工作的讲话》（2014年10月9日），《习近平关于党风廉政建设和反腐败斗争论述摘编》，中央文献出版社、中国方正出版社2015年版，第131页。

⑥ 《在十八届中央政治局常委会第七十八次会议上关于加强反腐败国际追逃追赃工作的讲话》（2014年10月9日），《习近平关于党风廉政建设和反腐败斗争论述摘编》，中央文献出版社、中国方正出版社2015年版，第132页。

设，以天罗地网断其后路、绝其幻想”[①]。

预防

扬汤止沸，不如釜底抽薪。标本兼治是习近平管党治党的重要思想方法论。在反腐败上，习近平强调一手抓惩治，一手抓教育，指出“思想纯洁是马克思主义政党保持纯洁性的根本，道德高尚是领导干部做到清正廉洁的基础”，强调继续全面推进惩治和预防腐败体系建设，注重做好“四个方面”的预防工作。

预防措施之一：抓好思想教育。“要加强反腐倡廉教育和廉政文化建设，督促领导干部坚定理想信念，保持共产党人的高尚品格和廉洁操守，提高拒腐防变能力。”[②]“不断夯实党员干部廉洁从政的思想道德基础，筑牢拒腐防变的思想道德防线。”“教育引导广大党员、干部认真学习和实践马克思列宁主义、毛泽东思想、中国特色社会主义理论体系，做共产主义远大理想和中国特色社会主义共同理想的坚定信仰者和忠实实践者，以理论上的坚定保证行动上的坚定，以思想上的清醒保证用权上的清醒。”[③]

预防措施之二：加强党性修养。习近平强调，“一个人能否廉洁自律，最大的诱惑是自己，最难战胜的敌人也是自己。一个人战胜不了自己，制度设计得再缜密，也会‘法令滋彰，盗贼多有’”[④]，要“廉洁自律，必须筑牢思想防线，加强主观世界改造，牢固树立正确的世界观、人生观、价值观，加强党性修养，做到持之为明镜、内化为修养、升华为信条”[⑤]。“始终站稳政治立场，不断增强宗旨意识，弘扬党的光荣传统和优良作风，真正经受住权力、金钱、美色的考验。”[⑥]“要耐得住寂寞、守得住清贫”“鱼和熊掌不

---

① 《习近平关于全面从严治党论述摘编》（2021年版），中央文献出版社2021年版，第381页。

② 习近平：《依纪依法严惩腐败，着力解决群众反映强烈的突出问题》（2013年1月22日），《十八大以来重要文献选编》（上），中央文献出版社2014年版，第135—136页。

③ 《在十八届中央政治局第五次集体学习时的讲话》（2013年4月19日），《习近平关于党风廉政建设和反腐败斗争论述摘编》，中央文献出版社、中国方正出版社2015年版，第141页。

④ 《在同中央办公厅各单位班子成员和干部职工代表座谈时的讲话》（2014年5月8日），《习近平关于全面从严治党论述摘编》，中央文献出版社2016年版，第181页。

⑤ 《在同中央办公厅各单位班子成员和干部职工代表座谈时的讲话》（2014年5月8日），《习近平关于党风廉政建设和反腐败斗争论述摘编》，中央文献出版社、中国方正出版社2015年版，第146页。

⑥ 《在十八届中央政治局第五次集体学习时的讲话》（2013年4月19日），《习近平关于党风廉政建设和反腐败斗争论述摘编》，中央文献出版社、中国方正出版社2015年版，第141页。

可兼得，当干部就不要想发财，想发财就不要当干部”。①

对党员干部，习近平强调守住“四条底线”就能做到“三个守住”，即“守住做人、处事、用权、交友的底线，就能守住党和人民交给自己的政治责任，守住自己的政治生命线，守住正确的人生价值观”。②强化“三个自我”的修养，即“强化自我修炼、自我约束、自我塑造，在廉洁自律上作出表率”。③

对领导干部，习近平强调：“所有领导干部都必须把反腐倡廉当作政治必修课来认真对待，决不能把权力变成牟取个人或少数人私利的工具，永葆共产党人政治本色。”④“要牢固树立正确权力观，保持高尚精神追求”，做到“三个敬畏”，即敬畏人民、敬畏组织、敬畏法纪。把握用权的“四个要求”，即公正用权、依法用权、为民用权、廉洁用权。坚守“一个本色”，即永葆共产党人拒腐蚀、永不沾的政治本色。⑤关键是在私底下、无人时、细微处加强自律，“对领导干部特别是高级干部来说，加强自律关键是在私底下、无人时、细微处能否做到慎独慎微，始终心存敬畏、手握戒尺，增强政治定力、纪律定力、道德定力、抵腐定力，始终不放纵、不越轨、不逾矩”⑥。

靠自觉自律确保廉洁是习近平反复强调的思想，“一个人廉洁自律不过关，做人就没有骨气，做事就没有硬气，这是千古不变的道理，一个人的清正廉明，从根本上讲不能完全靠外部约束，而要靠自觉自律”⑦，“生活是工作的基础，生活上做不到自觉自律，工作就难以做到清正廉明。……苍蝇不叮无缝的蛋，一旦生活上不检点，很快就可能成为被‘围猎’的对象，结果不是在钱眼里死，就是在‘石榴裙下死’。每个领导干部都应该把洁身自好

---

① 《在同中央办公厅各单位班子成员和干部职工代表座谈时的讲话》（2014年5月8日），《习近平关于党风廉政建设和反腐败斗争论述摘编》，中央文献出版社、中国方正出版社2015年版，第146页。

② 习近平：《依纪依法严惩腐败，着力解决群众反映强烈的突出问题》（2013年1月22日），《十八大以来重要文献选编》（上），中央文献出版社2014年版，第138页。

③ 《办公厅工作要做到“五个坚持”》（2014年5月8日），《秘书工作》2014年第6期。

④ 习近平：《依纪依法严惩腐败，着力解决群众反映强烈的突出问题》（2013年1月22日），《十八大以来重要文献选编》（上），中央文献出版社2014年版，第138页。

⑤ 习近平：《在庆祝中国共产党成立九十五周年大会上的讲话》，《人民日报》2016年7月2日。

⑥ 《习近平在省部级主要领导干部学习贯彻十八届六中全会精神专题研讨班开班式上发表重要讲话强调 以解决突出问题为突破口和主抓手 推动党的十八届六中全会精神落到实处》，《人民日报》2017年2月14日。

⑦ 《习近平关于全面从严治党论述摘编》（2021年版），中央文献出版社2021年版，第377页。

作为第一关，练就过硬的作风”①，“加强自律关键是私底下、无人时、细微处能否做到慎独慎微。大家要懂得小事小节有政治、有方向、有形象、有人格的道理，从小事小节上加强约束、规范自己，常掸心灵灰尘，常清思想垃圾，常掏灵魂旮旯”②。

预防措施之三：发挥传统廉政文化作用。习近平强调：“大力加强反腐倡廉教育和廉政文化建设。我国历史上，历朝历代的统治者为了维护自己的统治地位，都高度重视道德建设特别是为政者的道德建设。”③“中国传统文化历来把自律看作做人、做事、做官的基础和根本。”④习近平强调的廉政文化内容十分丰富，至少包括六个方面：一是以德为先的思想。古人认为：“才者，德之资也；德者，才之帅也。”“为政以德，譬如北辰，居其所而众星共之。”所以要“格物、致知、诚意、正心、修身、齐家、治国、平天下”。二是强调以身作则。比如，“政者，正也。子帅以正，孰敢不正”。三是强调注重修身正品。古人所推崇的修身齐家、治国平天下，修身是第一位的。古人讲：“君子为政之道，以修身为本。”《论语》中就说，要“修己以敬”“修己以安人”“修己以安百姓”。“富贵不能淫，贫贱不能移，威武不能屈”“克勤于邦，克俭于家”。四是强调遏制欲望。“儆戒无虞，罔失法度。罔游于逸，罔淫于乐”“直而温，简而廉”。五是强调廉洁勤政。“公生明，廉生威”“无教逸欲有邦，兢兢业业”，等等。六是强调警钟长鸣。孔子说：“见善如不及，见不善如探汤。”意思是，一见到善要觉得赶不上似的急切追求，见到不善就要像用手试沸水一样赶快躲开。习近平强调，“我们要坚持古为今用、推陈出新，使之成为新形势下加强反腐倡廉教育和廉政文化建设的重要资源”⑤⑥⑦。要“正心修身、涵养文化，守住为

---

① 《习近平关于全面从严治党论述摘编》（2021年版），中央文献出版社2021年版，第378页。

② 《习近平关于全面从严治党论述摘编》（2021年版），中央文献出版社2021年版，第378页。

③ 《在十八届中央政治局第五次集体学习时的讲话》（2013年4月19日），《习近平关于党风廉政建设和反腐败斗争论述摘编》，中央文献出版社、中国方正出版社2015年版，第139页。

④ 《在同中央办公厅各单位班子成员和干部职工代表座谈时的讲话》（2014年5月8日），《习近平关于全面从严治党论述摘编》，中央文献出版社2016年版，第181页。

⑤ 《在十八届中央政治局第五次集体学习时的讲话》（2013年4月19日），《习近平关于党风廉政建设和反腐败斗争论述摘编》，中央文献出版社、中国方正出版社2015年版，第139—140页。

⑥ 《办公厅工作要做到“五个坚持”》（2014年5月8日），《秘书工作》2014年第6期。

⑦ 《在第十八届中央纪律检查委员会第三次全体会议上的讲话》（2014年1月14日），《习近平关于严明党的纪律和规矩论述摘编》，中央文献出版社、中国方正出版社2016年版，第76页。

政之本”[①]。

预防措施之四：纠正不良风气。习近平强调预防腐败问题要从纠正不正之风做起，“有些不正之风也属于腐败范畴，比如，收受礼品、滥发奖金，摊派商品、公费旅游，江湖结义、投桃报李，购物卡、消费券四处发送，等等。说到底，就是只要手中有点权，就要想方设法捞点好处。虽然这些似乎是一些不起眼的小便宜，但面广量大，已经成为诱发腐败的直接动因，其危害不可小视。一些人错误地认为现在有点小问题、小毛病的人很多，国家管不过来，单位无暇顾及，与其保持操守，不如随波逐流。即使到时清查，也是法不责众，检查一阵子，享受一辈子。俗话说，针尖大的窟窿能透过斗大的风。这类行为实际上就是以权谋私，必须下决心加以解决。这样既能净化社会风气，又能促进反腐倡廉”[②]。习近平还特别强调要纯正家风，加强对亲属和身边工作人员的教育和约束，要求他们守德、守纪、守法[③]，指出，“家风败坏往往是领导干部走向严重违纪违法的重要原因”“不少领导干部不仅在前台大搞权钱交易，还纵容家属在幕后收钱敛财，子女等也利用父母的影响经商谋利、大发不义之财。有的将自己从政多年积累的‘人脉’和‘面子’，用在为子女非法牟利上，其危害不可低估”。[④]

规制

腐败现象不断蔓延，说明反腐败的制度还有漏洞。习近平的反腐策略，是把法治和制度作为反腐的根本之举来对待。他强调：“推进反腐倡廉建设，必须坚持依法治国和以德治国相结合。规范人们的行为，规范社会秩序，不仅要确立与之相适应的法律体系，而且要形成与之相适应的思想道德体系。”“儒法并用，是我国历史上常用的社会治理方式，只有思想教育手段和法制手段并用才能相得益彰。这是因为，法是他律，德是自律，自律和

① 《习近平在十八届中央纪委七次全会上发表重要讲话强调　全面贯彻落实党的十八届六中全会精神　增强全面从严治党系统性创造性实效性》，《人民日报》2017年1月7日。

② 《在第十八届中央纪律检查委员会第二次全体会议上的讲话》（2013年1月22日），《习近平关于党风廉政建设和反腐败斗争论述摘编》，中央文献出版社、中国方正出版社2015年版，第70页。

③ 习近平：《做焦裕禄式的县委书记》（2015年1月12日），《十八大以来重要文献选编》（中），中央文献出版社2016年版，第326页。

④ 习近平：《在第十八届中央纪律检查委员会第六次全体会议上的讲话》（2016年1月12日），《人民日报》2016年5月3日。

他律结合才能达到最佳效果。”①“铲除不良作风和腐败现象滋生蔓延的土壤，根本上要靠法规制度。”②

一是坚持不敢腐、不能腐、不想腐一体化设计。对这一重要思想，习近平多次作过重要论述，强调“一体推进不敢腐、不能腐、不想腐，不仅是反腐败斗争的基本方针，也是新时代全面从严治党的重要方略。不敢腐、不能腐、不想腐是相互依存、相互促进的有机整体，必须统筹联动，增强总体效果。‘不敢’是前提，要以严格的执纪执法增强制度刚性，让党员、干部从害怕被查处的‘不敢’走向敬畏党和人民、敬畏党纪国法的‘不敢’；‘不能’是关键，要科学配置权力，加强重点领域监督机制改革和制度建设，推动形成不断完备的制度体系、严格有效的监督体系；‘不想’是根本，要靠加强理想信念教育，靠提高党性觉悟，靠涵养廉洁文化，夯实不忘初心、牢记使命的思想根基”。在党的二十大报告中，习近平再次强调：“坚持不敢腐、不能腐、不想腐，一体推进，同时发力、同向发力、综合发力。”③

二是加强反腐败体制机制创新和制度保障。反腐败体制、机制创新和制度保障上存在的问题，主要是“反腐败机构职能分散、形不成合力，有些案件难以坚决查办，腐败案件频发却责任追究不够”。习近平强调“建立健全惩治和预防腐败体系是国家战略和顶层设计”，“各项改革举措要体现惩治和预防腐败的要求，同防范腐败同步考虑、同步部署、同步实施，堵塞一切可能出现的腐败漏洞，保障改革健康顺利推进”。④

党中央采取的改革举措有五个方面：其一，加强党对党风廉政建设和反腐败工作统一领导，明确党委负主体责任、纪委负监督责任，制定实施切实可行的责任追究制度；其二，健全反腐败领导体制和工作机制，改革和完善各级反腐败协调小组职能，规定查办腐败案件以上级纪委领导为主；其三，体现强化上级纪委对下级纪委的领导，规定线索处置和案件查办在向同级党委报告的同时必须向上级纪委报告；其四，全面落实中央纪委向中央一级党

① 《在十八届中央政治局第五次集体学习时的讲话》（2013年4月19日），《习近平关于党风廉政建设和反腐败斗争论述摘编》，中央文献出版社、中国方正出版社2015年版，第140页。

② 《在十八届中央政治局第二十四次集体学习时的讲话》（2015年6月26日），《习近平关于全面从严治党论述摘编》，中央文献出版社2016年版，第187页。

① 习近平：《高举中国特色社会主义伟大旗帜 为全面建设社会主义现代化国家而团结奋斗——在中国共产党第二十次全国代表大会上的报告》，人民出版社2022年版，第69页。

④ 《强化反腐败体制机制创新和制度保障 深入推进党风廉政建设和反腐斗争》，《人民日报》2014年1月14日。

和国家机关派驻纪检机构，改进中央和省区市巡视制度，做到对地方、部门、企事业单位全覆盖，[①]加强巡视力量建设，加大巡视工作力度，实现巡视全覆盖；其五，加大审计监督力度，抓好重点领域、重大项目、重要资金的审计监督，严格领导干部经济责任审计。[②]

三是健全权力运行制约和监督体系。在重点和主要内容上，主要是突出“三个重点”，即“让人民监督权力，让权力在阳光下运行，确保国家机关按照法定权限和程序行使权力”。[③]强化对“三个环节”的控制，即“围绕授权、用权、制权等环节，合理确定权力归属，划清权力边界，厘清权力清单，明确什么权能用、什么权不能用，强化权力流程控制，压缩自由裁量空间，杜绝各种暗箱操作，把权力运行置于党组织和人民群众监督之下，最大限度减少权力寻租的空间”。[④]注重从源头上有效防治腐败，“加强对典型案例的剖析，从中找出规律性的东西，深化腐败问题多发领域和环节的改革，最大限度减少体制障碍和制度漏洞”[⑤]。

在建章立制上注重立“明规矩”、破“潜规则”，围绕发生的腐败案例，查找漏洞，吸取教训，着重完善党内政治生活等各方面制度，压缩消极腐败现象生存空间和滋生土壤，通过体制机制改革和制度创新促进政治生态不断改善。[⑥]发挥法规制度的激励约束作用，筑起遏制腐败现象滋生蔓延的“堤坝”，推动形成不敢腐、不能腐、不想腐的有效机制。[⑦]

四是确保反腐倡廉法规制度落实。习近平强调：“要下大气力建制度、立规矩，更要下大气力抓落实、抓执行，坚决纠正随意变通、恶意规避、无

---

① 习近平：《关于〈中共中央关于全面深化改革若干重大问题的决定〉的说明》（2013年11月9日），《十八大以来重要文献选编》（上），中央文献出版社2014年版，第505—506页。

② 习近平：《切实加强和改进新形势下我军政治工作》（2014年10月31日），《十八大以来重要文献选编》（中），中央文献出版社2016年版，第203页。

③ 习近平：《依纪依法严惩腐败，着力解决群众反映强烈的突出问题》（2013年1月22日），《十八大以来重要文献选编》（上），中央文献出版社2014年版，第135页。

④ 《在十八届中央政治局第二十四次集体学习时的讲话》（2015年6月26日），《习近平关于全面从严治党论述摘编》，中央文献出版社2016年版，第189页。

⑤ 习近平：《依纪依法严惩腐败，着力解决群众反映强烈的突出问题》（2013年1月22日），《十八大以来重要文献选编》（上），中央文献出版社2014年版，第136页。

⑥ 习近平：《在第十八届中央纪律检查委员会第六次全体会议上的讲话》（2016年1月12日），《人民日报》2016年5月3日。

⑦ 《在十八届中央政治局第二十四次集体学习时的讲话》（2015年6月26日），《习近平关于全面从严治党论述摘编》，中央文献出版社2016年版，第187—188页。

视制度等现象。”[①]“反腐倡廉法规制度一经建立，就要让铁规发力、让禁令生威，确保各项法规制度落地生根。”“反腐倡廉必须常抓不懈，拒腐防变必须警钟长鸣，关键就在‘常’‘长’二字，一个是要经常抓，一个是要长期抓。我们要坚定决心，有腐必反、有贪必肃，不断铲除腐败现象滋生蔓延的土壤，以实际成效取信于民。”[②]“党风廉政建设和反腐败斗争是一项长期的、复杂的、艰巨的任务，不可能毕其功于一役。”[③]

贯彻思考

我们党历来重视反腐倡廉，在党的历史上形成了许多宝贵经验。毛泽东在领导中国革命、建设的年代，特别注重思想政治建设，提出思想教育为主、惩处制裁为辅的反腐思路。邓小平结合中国发展新的实际，除坚持思想教育和惩处制裁等方法外，更着眼于发展民主、健全法制，主张运用法律手段治理腐败。江泽民根据中国的腐败属于制度性缺陷腐败等特点，提出从制度入手，依靠体制、机制的创新铲除腐败滋生的土壤和条件的思想。胡锦涛提出，要坚持标本兼治、综合治理，惩防并举、注重预防，抓紧建立健全与社会主义市场经济相适应的教育、制度、监督并重的惩治和预防体系的思想。[④]党的十八大以来，以习近平同志为核心的党中央，充分吸收借鉴党的历史上反腐倡廉建设经验，紧密结合党在新的历史条件下党风廉政建设呈现的新特点新情况新问题，以坚决反腐肃风的鲜明态度和科学严密的反腐策略，打响了反腐败斗争的新战役，取得了新的突出成效，以自我革命精神挽救了我们党，挽救了党的事业。

面对我们党反腐败斗争取得的巨大成绩，在全面从严治党的更长时期内，如何巩固现有的反腐成果，更深入推进反腐实践，使我们党在反腐败斗争中始终掌握主动，通过更有创造性的思路办法，不断减少腐败、保持自身纯洁，增强党的生机与活力呢?

---

① 《在十八届中央政治局第二十四次集体学习时的讲话》（2015年6月26日），《习近平关于全面从严治党论述摘编》，中央文献出版社2016年版，第190页。

② 《在第十八届中央纪律检查委员会第二次全体会议上的讲话》（2013年1月22日），《习近平关于党风廉政建设和反腐败斗争论述摘编》，中央文献出版社、中国方正出版社2015年版，第93—94页。

③ 《在第十八届中央纪律检查委员会第二次全体会议上的讲话》（2013年1月22日），《习近平关于党风廉政建设和反腐败斗争论述摘编》，中央文献出版社、中国方正出版社2015年版，第13页。

④ 杨英杰：《中共反腐为什么能》，中共中央党校出版社2015年版，第154—156页。

强化反腐败的政治自信

自信是成事立业、兴国安邦的根底。只有高度自信，才能从容而不惶恐，坚定而不动摇，主动而不盲从。习近平在十八届中央纪委六次全会上指出："全党同志对党中央在反腐败斗争上的决心要有足够自信，对反腐败斗争取得的成绩要有足够自信，对反腐败斗争带来的正能量要有足够自信，对反腐败斗争的光明前景要有足够自信。"[①]随着反腐败斗争的深入推进，思想舆论领域的斗争也十分激烈，一些党员干部在反腐败上不够自信的思想倾向有所表现。这种不自信主要表现在两个方面：一是觉得"绝对的权力导致绝对的腐败"，我们党是长期执政的党，实行的多党合作和政治协商制度，在没有所谓的反对党的监督，只有参政党的情况下，怀疑我们党到底能不能最终真正把权力管住，能不能解决自己监督自己的难题。二是认为腐败分子不会主动缴枪投降，我们党采取的这一套办法措施，究竟能不能治理好腐败问题，能在多大程度上最终管住腐败。在新的反腐败斗争形势下，要真正坚定政治自信，必须从思想深处回答好这两个问题。

这两个问题的核心是，我们党究竟有没有自己的独特优势来解决好腐败问题，真正长效地把党管好治好。客观地说，一种道路、理论和制度是否科学合理，是否值得人们对其抱定信心和信念，归根结底要由社会实践来判定。党的十八大以来，我们党集政治优势、组织优势、自我革命优势于一体，强力反腐肃贪的生动实践，已经彰显了我们党的独特优势。

首先，我们党具有政治优势，能够形成反腐败的决绝意志力。党的宗旨是全心全意为人民服务，作为执政党就是要为人民掌好权、用好权。腐败与我们党的性质宗旨格格不入。容忍腐败，就意味着自愿站到人民的对立面，自愿割断自己的生命线。所以，在反腐上，共产党比历史上哪一个政权都积极清醒，比世界上哪一个政党都决绝坚定。这种反腐意识天然地存在于共产党的政治血液中，与党的生命脉搏同频共振。每当发现腐败问题突出时，就会自觉地进行反腐斗争，历史上的历次整风就是这样。1951年，毛泽东告诫全党："十年内不进行'三反'共产党就会变成国民党。"[②]习近平引用唐代

---

① 习近平：《在第十八届中央纪律检查委员会第六次全体会议上的讲话》（2016年1月12日），《人民日报》2016年5月3日。

② 杨英杰：《中共反腐为什么能》，中共中央党校出版社2015年版，第145页。

诗人杜牧的话来表达对腐败危害的警醒："秦人不暇自哀，而后人哀之；后人哀之而不鉴之，亦使后人而复哀后人也。"我们党突出的反腐理性和高度自觉，来源于对党的性质宗旨的清醒把握，不是靠反对党的监督制衡所能激发出来的。

其次，我们党具有组织优势，能够形成卓越的行动力。中国共产党是当代中国事业发展的核心领导力量。党政军民学，东西南北中，党是领导一切的，是最高的政治领导力量，具有强大的领导能力、良好的制度控制力和崇高的组织威望。《中国道路超越资本主义与帝制传统》的作者认为："首先且最重要的是，必须重申，在现阶段，没有任何其他实体可以直接挑战共产党的权威。"[①]党的十八大以来，之所以我们党能做到反腐中"无论涉及谁，都一视同仁"，无禁区、全覆盖、零容忍，正是在于我们党具有强大的组织优势和严格执行纪律的传统，由此带来了卓越行动力。这种传统和优势，使得全党在贯彻党的意志时，具有最大的执行力、最优的整合力、最强的影响力，而遇到的阻力最小、风险最小、抗拒最小。这种传统和优势，使我们不仅能创造经济发展奇迹、脱贫奇迹，也能创造管党治党奇迹、反腐败奇迹。

最后，我们党具有自我革命优势，能够形成超凡的纠错力。我们党从诞生之日起，就有一种能够自我纠错的基因。在万里长征那么困难的情况下，我们党完成了政治路线和军事路线的转变，在危急关头自我挽救。在延安，我们开展整风运动，保证了队伍的高度集中统一、步调一致开赴战场前线，等等。正是因为我们党有了这种自纠力，遇到困难和阻力，就会逢山开路、遇河架桥，自我解决存在问题，从而形成一种良性发展机制。从这个意义上讲，党的十八大以来我们进行的全面从严治党，也是充分吸取了党的历史上运动式反腐、权力式反腐等的教训，结合新的实际推陈出新，进入制度治腐、依法治腐的新阶段，把思想建党与制度治党相结合，使我们的管党治党处在一个理性自觉的高起点上。因此，在反腐正风上应有足够的政治自信。

持续保持反腐肃贪的高压态势

古语云："严刑重典者成，弛法宽刑者败。"就是说，反腐只有通过严惩重办才能成功，而执法宽松必然导致失败。习近平强调"反腐无禁区、全

---

① 白果、米歇尔·阿格列塔：《中国道路超越资本主义与帝制传统》，格致出版社、上海人民出版社2016年版，第305页。

覆盖、零容忍”，就是要坚持在反腐上严字当头、一查到底、一视同仁。反腐之所以取得突出成效，就是因为决心大、动真格、严惩治。从更长期的历史视角看，腐败现象和腐败问题不可能一下子绝迹，反腐斗争必然贯穿于伟大斗争、伟大工程、伟大事业、伟大梦想的长期过程。在更长的时段内能不能保持反腐肃贪的高压态势，是关系反腐斗争能否不断取得胜利的关键。我国历史上，反腐取得一定成效后，不了了之，最后腐败反弹、愈演愈烈，导致王朝覆灭的事例不胜枚举。腐败与反腐败是一场马拉松式的角力赛，比的是一种长久的韧性和耐力。因此，要坚定不移推进全面从严治党，需要以一种强烈的忧患意识和“越大越恐、越强越惧”的警觉意识，始终保持反腐的高压态势，把反腐败斗争进行到底。

高压态势来自哪里？至少来自四个方面：一是党中央坚定决绝的反腐意志决心，不为任何风吹草动和政治风浪所动摇，“咬定青山不放松”，几年抓好一件事，几届接续做好一件事，把反腐肃贪进行到底，这是高压态势形成的政治压力主源头。二是各级党组织贯彻反腐决心有力。把党中央的反腐决心意志体现到党内政治生活的方方面面，把压力层层传导到党员干部，保持日常反腐的敏锐性、贯彻力，使每名党员干部都能感受到反腐的政治风气。三是反腐的骨干队伍得力。党的反腐干部特别是纪委专责人员，政治过硬、自身清廉、业务精湛，在反腐中不受被监督者掣肘，在反腐败中坚强有力。同时，有党委纪委始终如一的坚强支持，抵御来自贪腐者的谣言、诋毁等各种攻击，保护反腐干部不因反腐而受到排挤和打击，使反腐干部成长通道畅通。四是反腐工具剑锋锐利。巡视是一把被实践证明的反腐利剑，用好巡视利剑就要继续变换“剑法”、改变策略。巡视与被巡视是一种长期的动态博弈关系。巡视在创新，被巡视单位也在变化。要魔高一尺、道高一丈，使利剑始终有寒光，不断震慑贪腐分子。这样坚持数年，不断把反腐的高压态势，转化为社会大众的舆论压力，转化为贪腐者的道德压力，转化为围猎者的心理负担，转化为党员干部的关注焦点，这样的政治高压就会形成常态化氛围，成为良好的政治和社会文化，成为新的执政理念和政治风尚，反腐败就有良好的政治环境。

在更宽领域加强反腐败综合治理

反腐肃贪，打掉的是贪腐者，犹如治病去掉的是坏的肌体组织一样。反腐，要从我们党自身抓起，严惩腐败者，纯洁党的组织，优化小环境，强化党的纪律约束，加强反腐倡廉教育，使我们的党员干部不敢腐、不能腐、不想腐。同时，也要从更宽的视野治理腐败，特别是立足治国理政的大格局，着眼协调推动“四个全面”战略布局，加强相关制度改革和创新，构建反腐倡廉的大环境。

在经济领域，结合体制机制改革，进一步强化企业经营的透明性和开放性，特别是建立现代预算制度，把预防贿赂作为现代企业兑现社会责任的重要内容，从根本上遏制和减少商业贿赂行为，减轻被“围猎”的压力。英国2011年4月正式施行《贿赂法》，规定企业自我约束和自我规制的内容，以及在贿赂行为的本质认定、罪名设置、管辖范围等方面都较之前立法有了较大革新，通过源头治理与内部治理相结合的模式加强了对商业贿赂的刑法立法治理。俄罗斯也通过建立“公务员消费审查制度”和规定“公职人员不得拥有海外账户”等减少商业贿赂。这些国家的做法，是值得我们借鉴的有益经验。

在行政体制改革上，结合简政放权，切实减少和下放行政审批权，把权力更多地下放到企业和社会中去，使一些领导干部的权力分散化，减少权力寻租的机会。

在社会改革上，进一步搞好社会保障、医疗、住房、教育等改革，建立整个社会成员都能享受的良好社会保障体系，同时为公务员提供足够体面生活的工资水平，使领导干部和行政人员不需要、不想为了享受更好的保障条件而搞特权、搞权力寻租。

在现代人事制度改革上，对权力比较集中的重要岗位的公务员，可实行快速轮岗制度，防止公职人员建立持久的工作关系，减少岗位腐败风险。加强国有企业现代企业制度改革，减少企业的家族性和封闭性，减少领导干部人际关系网对企业人才引进的影响，更多吸纳社会优秀人才，从而减少权权交易等人事腐败问题。

通过多方面的协同配合，努力把改革的推动力、思想教育的说服力、文化的感染力、制度的约束力、监督的制衡力、惩治的威慑力结合起来，使防治腐败效果最大化。

第十二篇

战略抓手之五：从严治吏

既培养选拔干部又教育管理干部，是我们党的一个优良传统和重要经验。在革命战争年代，毛泽东认为："政治路线确定之后，干部就是决定的因素"①。他既提出了任人唯贤的干部路线和德才兼备的干部标准，坚持五湖四海原则，培养和选拔大批干部，同时又明确了要指导干部、提高干部、检查干部的工作，对犯错误的干部采取说服办法让他们改正错误，照顾干部的难处等培养教育干部的原则。正因为我们党坚持了一系列正确的干部路线方针政策，才培养了一批又一批优秀党员干部，确保了党的革命战争和社会主义建设事业的胜利。在党长期执政的历史条件下，怎样培养选拔特别是教育管理好党员干部，仍是事关党的事业发展的一个决定因素。新形势下党的作风问题、腐败问题等，归根结底是党员干部的教育管理问题。党的十八大以来，以习近平同志为核心的党中央，把从严治吏作为全面从严治党的战略抓手，通过明确好干部标准、整治用人风气、严格作风约束等，使广大党员干部进一步纯洁了思想，增强了党性，端正了形象，为推进伟大斗争、伟大工程、伟大事业、伟大梦想奠定了有力的人才基石。

战略定位：成事之基、治党之要、治吏之迫

从严治吏是党的事业发展的需要，也是干部健康成长的需要。在全面从严治党的战略视野中，从严治吏究竟起着怎样的重要作用？为什么党的十八大以来党中央把从严治吏看得这么重？从习近平关于全面从严治党的重要论

① 《毛泽东选集》第二卷，人民出版社1991年第2版，第526页。

述可以看出，党中央对从严治吏的战略定位，主要是从党的事业发展需要、管党治党的策略选择、干部队伍建设的实际问题等视角进行考量的。

成事之基

实现中华民族伟大复兴，必然需要一支宏大的高素质干部人才队伍。习近平站在党和国家事业发展需要的高度，把建设高素质的干部队伍作为进行伟大斗争、实现党的十八大确定的目标任务的关键。他强调："进行具有许多新的历史特点的伟大斗争，实现党的十八大确定的各项目标任务，关键在党，关键在人。关键在党，就要确保党在发展中国特色社会主义历史进程中始终成为坚强领导核心。关键在人，就要建设一支宏大的高素质干部队伍"，"实现中华民族伟大复兴，坚持和发展中国特色社会主义，关键在党，关键在人，归根到底在培养造就一代又一代可靠接班人。这是党和国家事业发展的百年大计"。①"伟大的斗争，宏伟的事业，需要高素质干部。""总体上说，我们要建设一支忠实贯彻新时代中国特色社会主义思想、符合新时期好干部标准、忠诚干净担当、数量充足、充满活力的高素质专业化年轻干部队伍。"②"人才是实现民族振兴、赢得国际竞争主动的战略资源。要坚持党管人才原则，聚天下英才而用之，加快建设人才强国"③"'育才造士，为国之本'。贯彻新时代党的组织路线，建设忠诚干净担当的高素质干部队伍是关键，重点是做好干部培育、选拔、管理、使用工作"④。他强调，建设高素质干部队伍要做到"三个坚持"，即"坚持德才兼备、以德为先，坚持五湖四海、任人唯贤，坚持事业为上、公道正派"。做到"一个坚决防止和纠正"，即"坚决防止和纠正选人用人上的不正之风"。做到"三个起来"，即把党和人民需要的好干部精心培养起来、及时发现出来、合理使用起来。⑤

治党之要

全面从严治党从哪里发力？习近平强调，要把从严治吏作为全面从严治

---

① 《习近平关于全面从严治党论述摘编》（2021年版），中央文献出版社2021年版，第283—284页。
② 《习近平关于全面从严治党论述摘编》（2021年版），中央文献出版社2021年版，第284页。
③ 《习近平关于全面从严治党论述摘编》（2021年版），中央文献出版社2021年版，第273页。
④ 《习近平关于全面从严治党论述摘编》（2021年版），中央文献出版社2021年版，第276页。
⑤ 习近平：《在庆祝中国共产党成立九十五周年大会上的讲话》，《人民日报》2016年7月2日。

党的前提和关键，“党要管党，首先是管好干部；从严治党，关键是从严治吏。要把从严管理干部贯彻落实到干部队伍建设全过程”[①]。他强调，管党治党要从选人用人这个风向标抓起，“选人用人是党内政治生活的风向标，用人上的不正之风和腐败现象对政治生活危害最烈，端正用人导向是严肃党内政治生活的治本之策”。习近平强调，抓好选人用人这个导向，要落实“一个标准”，即落实“好干部”标准。严把“四个关口”，即严把政治关、品行关、作风关、廉洁关。褒奖和重用“具有五种品行的干部”，即真正让忠诚干净担当、为民务实清廉、奋发有为、锐意改革、实绩突出的干部得到褒奖和重用。惩戒带有“五种不良作风”的干部，即让阳奉阴违、阿谀逢迎、弄虚作假、不干实事、会跑会要的干部没市场、受惩戒。[②]

习近平强调从严治吏要解决好“重选轻管”问题，“要完善从严管理监督干部制度体系，解决‘重选轻管’问题。同时，要抓紧健全容错纠错机制，加大正向激励力度，引导广大干部保持良好精神状态，奋发有为、敢于担当”。强调要解决讲“认真”不够的问题，“这些年，我们在干部管理上不可谓不重视，也出台了不少制度规定。为什么还存在那么多问题？我看，一个重要原因是讲‘认真’不够。世界上怕就怕‘认真’二字，共产党就最讲‘认真’。要把‘认真’作为干部管理工作的一条重要原则，强化干部讲规矩意识”。[③]强调要解决不讲规矩的问题，坚持把从严作为改进作风、管理干部的基本着眼点，“要让每个干部都明白，七十二行，每行有每行的规则。既然选择了当干部，就要自觉遵守当干部的规矩。没有规矩，不成方圆。按党章等党内法规办，按党确定的干部标准办，按党的纪律办，是天经地义的事，不存在对干部进行苛求的问题。对干部要求严一点，是党和人民事业发展的必然要求，也是我们改进作风、管理队伍的基本着眼点”[④]。

① 习近平：《在全国组织工作会议上的讲话》（2013年6月28日），《十八大以来重要文献选编》（上），中央文献出版社2014年版，第350页。
② 《在党的十八届六中全会第二次全体会议上的讲话》（2016年10月27日），《习近平关于全面从严治党论述摘编》，中央文献出版社2016年版，第142—143页。
③ 习近平：《在全国组织工作会议上的讲话》（2013年6月28日），《十八大以来重要文献选编》（上），中央文献出版社2014年版，第350页。
④ 《深入推进作风建设》（2014年3月9日），《习近平关于严明党的纪律和规矩论述摘编》，中央文献出版社、中国方正出版社2016年版，第80页。

治吏之迫

习近平强调，从严管理干部是管党治党面临的一个十分重要和紧迫的现实课题，“从严治党的重点，在于从严管理干部。同世界上大多数国家相比，我们的干部队伍整体素质是高的。同时，我们也要看到存在的突出问题”。他连续用四个问句强调了当前从严治党的严峻性，“为什么一些地方干群关系成为突出的问题？为什么一些地方出现了塌方式腐败、家族式腐败？为什么一狠刹‘四风’就有人感叹‘为官不易’、变成为官不为了？为什么被查处的干部普遍交代受到的监督不够？这就必须从干部管理制度上找原因。这些年来，在各级党组织中，对干部重使用轻管理的现象大量存在，从严管理干部的课题十分紧迫地摆在全党面前”[①]。习近平深刻分析吏治腐败给我们党造成的严重危害，他指出：“任人唯亲、任人唯利、任人唯圈，如同埋下‘定时炸弹’，终究会引爆。为了一己私欲，无视组织原则，提拔重用德才不达标者甚至长期带病的干部，必然扭曲用人导向，挫伤干部队伍积极性，对政治生态造成严重破坏。”“党的十八大以来，我们查处了那么多违纪违规的领导干部，现在依然有不少领导干部受到查处。这些人大多是政治上的两面人，当面一套、背后一套，口头一套、行动一套。”[②]

症结研判

新形势下，我们党在吏治腐败上究竟存在哪些问题呢？习近平在党的十八大以来党的重大教育活动、党的重要会议上多次从不同角度对吏治问题作出深刻分析，特别在党的群众路线教育实践活动中着重对党员干部在“四风”方面存在的问题、在十八届中央纪委五次全会上对选人用人上的不正之风等进行了重点概括，比较客观地反映了一段时间以来党的干部队伍教育管理、选拔使用等方面存在的突出问题。总的来看，论述比较集中的主要表现为：

一是不守党的规矩。一些干部党规党纪意识弱化，行为突破纪律底线。

① 《从严治党必须从严管理干部》（2014年12月14日），《习近平总书记重要讲话文章选编》，中央文献出版社2016年版，第235页。

② 《习近平关于全面从严治党论述摘编》（2021年版），中央文献出版社2021年版，第290页。

习近平强调："有些干部连一些基本规矩都不讲，毫无制度意识、毫无敬畏之心，缺乏为官做人的起码底线，口无遮拦，随心所欲，什么话都敢说，什么事都敢干。"[①]有的存有违反组织人事纪律问题，习近平强调："要严明组织人事纪律，对违反组织人事纪律的坚决不放过，对跑官要官、买官卖官的决不姑息，发现一起，查处一起。有的地方往往在集中换届时加大查处力度，平常就不那么注意了。不换届时选的干部跟换届时选的干部一样重要，不能完全不设防。组织部门要抓跑官要官、买官卖官的典型案件，抓住了以后从重从严处理，并要警示天下。"[②]还有的"为了一己私欲，无视组织原则，提拔重用德才不达标者甚至长期带病的干部"[③]。

二是存在用人腐败。习近平指出："这些年来，尽管我们不断大力整治用人上的不正之风，但从查处的案件看，任人唯亲、卖官鬻爵在一些地方、部门、单位还十分严重。"他指出了用人上的五种不良风气：其一是有的拉关系、找靠山，攀龙附凤、跑官要官；其二是有的明码标价、批发官帽；其三是有的举大旗、拉山头，选边站队、拉帮结派；其四是有的在用人问题上极其专权，对下属买官来者不拒，对组织部按正常程序研究的用人方案概不同意；其五是有的在忏悔录里讲，他们那个地方从政环境不好，特别是官场风气不好，跑官要官极为普遍，就是多数人并不看好的个别人，却常常成为杀出来的"黑马"。他还指出，"买官卖官为什么屡禁不止？一手交钱、一手交货，这多容易啊！一些德才平平、投机取巧的人屡屡得到提拔重用，踏实干事的干部却没有进步的机会。这是搞逆淘汰，伤害了多少好干部的心！"强调党的十八大后选人用人上的不正之风还没有销声匿迹，"有的依然相信'不跑不送、原地不动'、'又跑又送、提拔重用'那一套，变着法子拉关系、走门子；有的领导干部虽然调走了，但仍然干预曾经工作过的地方和单位的人事安排；有的人还在搞个人说了算，征求意见、集体讨论有名无实，组织程序只是走走过场，等等"[④]。

① 习近平：《在全国组织工作会议上的讲话》（2013年6月28日），《十八大以来重要文献选编》（上），中央文献出版社2014年版，第350页。

② 《在参加河北省委常委班子专题民主生活会时的讲话》（2013年9月23—25日），《习近平关于严明党的纪律和规矩论述摘编》，中央文献出版社、中国方正出版社2016年版，第74页。

③ 《从严治党必须从严管理干部》（2014年12月14日），《习近平总书记重要讲话文章选编》，中央文献出版社2016年版，第236页。

④ 《习近平关于全面从严治党论述摘编》（2021年版），中央文献出版社2021年版，第293页。

三是党管干部不力。习近平指出："有的地方和单位对党员干部特别是领导干部疏于教育、疏于管理、疏于监督，一些党员干部理想信念动摇、宗旨意识淡薄，形式主义、官僚主义、享乐主义和奢靡之风突出；一些基层党组织战斗堡垒作用不强，有的甚至软弱涣散；党员教育管理有待加强，部分党员先锋队意识淡化，组织纪律性不强，发挥作用不明显，等等。"[①]有的党组织在选拔任用干部中过度依赖票数，搞唯票论，习近平指出："选人用人是一项非常复杂的工作，推荐票只是一个方面，只能作为用人的重要参考，不能作为用人的唯一依据。党管干部嘛！都靠票来定，党管干部怎么落实啊？谁最了解干部的德才和实绩啊？那应该是领导班子、分管领导和组织部门，他们在推荐干部方面的权重应该适当加强。如果领导班子、分管领导和组织部门都说不出哪个干部强、哪个干部弱，那就是失职！"

从巡视发现的用人腐败现象和不正之风，习近平揭示了少数贪官"买官—当官—捞钱"的腐败逻辑，他指出，巡视中对用人腐败和不正之风问题反映突出，"违规用人问题十分普遍，干部制度形同虚设。有的地方拉票贿选、跑官要官、买官卖官问题严重，有的热衷于寻求政治靠山，搞小圈子，架设'天线'。吏治腐败是最大的腐败，用人腐败必然导致用权腐败。花钱跑官买官，一定在当权后用权力把钱千方百计捞回来。从严治党，必先从严治吏，要抓住管权治吏的要害，严肃查处用人腐败"。[②]针对有的干部事业心责任感不强，存有为官不为问题，习近平强调："当前，所谓'为官不易''为官不为'问题引起社会关注，要深入分析，搞好正面引导，加强责任追究。党的干部都是人民公仆，自当在其位谋其政，既廉又勤，既干净又干事。如果组织上管得严一点、群众监督多一点就感到受不了，就要'为官不易'，那是境界不高、不负责任的表现。"[③]

---

① 习近平：《在全国组织工作会议上的讲话》（2013年6月28日），《十八大以来重要文献选编》（上），中央文献出版社2014年版，第350页。

② 《在中央政治局常委会听取中央巡视工作领导小组关于二〇一四年中央巡视组第二轮巡视情况汇报时的讲话》（2014年10月16日），《习近平关于严明党的纪律和规矩论述摘编》，中央文献出版社、中国方正出版社2016年版，第45—46页。

③ 习近平：《在党的群众路线教育实践活动总结大会上的讲话》（2014年10月8日），人民出版社单行本，第23页。

刷新吏治：明标准、用对人、识准人、强历练、严约束

新形势下，面对一段时期以来我们党在选人用人和干部管理监督等方面存在的突出问题，党中央从明确好干部标准、用好的作风选人、坚持严把选人识人关、强化干部培养锻炼、严格用纪律管理约束干部等方面入手，刷新吏治、正风育人，逐步开创了与全面从严治党相适应的全新吏治格局。特别是提出和贯彻新时代党的组织路线，着力建立“五个体系”，即建立源头培养、跟踪培养、全程培养的素质培养体系，建立日常考核、分类考核、近距离考核的知事识人体系，建立以德为先、任人唯贤、人事相宜的选拔任用体系，建立管思想、管工作、管作风、管纪律的从严管理体系，建立崇尚实干、带动担当、加油鼓劲的正向激励体系，使人才工作和从严治吏得到有力加强。

明标准：解决什么是好干部的问题。

明确好干部的时代标准是习近平从严治吏的逻辑起点，他把干部工作归结为正确回答和解决“三个问题”，他指出：“怎样是好干部？怎样成长为好干部？怎样把好干部用起来？正确回答和解决这三个问题，我们的干部工作就能做得更好。”[①]

习近平强调，好干部具有历史性、时代性，“好干部的标准，大的方面说，就是德才兼备。同时，好干部的标准又是具体的、历史的。不同历史时期，对干部德才的具体要求有所不同。革命战争年代的好干部就是：对党忠诚、英勇善战、不怕牺牲。社会主义革命和建设时期的好干部就是：懂政治、懂业务、又红又专。改革开放初期的好干部就是：拥护党的十一届三中全会确定的路线方针政策，有知识、懂专业、锐意改革。现在，我们提出政治上靠得住、工作上有本事、作风上过得硬、人民群众信得过等具体要求，突出了好干部标准的时代内涵”[②]。

---

① 习近平：《在全国组织工作会议上的讲话》（2013年6月28日），《十八大以来重要文献选编》（上），中央文献出版社2014年版，第337页。

② 习近平：《在全国组织工作会议上的讲话》（2013年6月28日），《十八大以来重要文献选编》（上），中央文献出版社2014年版，第337页。

对好干部标准的具体内容，习近平作出深刻阐述："好干部要做到信念坚定、为民服务、勤政务实、敢于担当、清正廉洁。"对每个方面的具体要求，习近平分别作了强调和论述。信念坚定，有"四条要求"，即党的干部必须坚定共产主义远大理想，真诚信仰马克思主义，矢志不渝为中国特色社会主义而奋斗，坚持党的基本理论、基本路线、基本纲领、基本经验、基本要求不动摇。为民服务，有"五条要求"，即党的干部必须做人民公仆，忠诚于人民，以人民忧乐为忧乐，以人民甘苦为甘苦，全心全意为人民服务。勤政务实，有"两个方面要求"，即党的干部必须勤勉敬业、求真务实、真抓实干、精益求精，创造出经得起实践、人民、历史检验的实绩。敢于担当，有"一个必须、五个面对"的要求，即党的干部必须坚持原则、认真负责，面对大是大非敢于亮剑，面对矛盾敢于迎难而上，面对危机敢于挺身而出，面对失误敢于承担责任，面对歪风邪气敢于坚决斗争。清正廉洁有"三条要求"，即党的干部必须敬畏权力、管好权力、慎用权力，守住自己的政治生命，保持拒腐蚀、永不沾的政治本色。[①]习近平还强调"要践行新时期好干部标准，不做政治麻木、办事糊涂的昏官，不做饱食终日、无所用心的懒官，不做推诿扯皮、不思进取的庸官，不做以权谋私、蜕化变质的贪官"[②]。

习近平还多次强调信念坚定对好干部成长的重要作用，"理想信念坚定是好干部第一位的标准，是不是好干部首先看这一条""如果理想信念不坚定，不相信马克思主义，不相信中国特色社会主义，政治上不合格，经不起风浪，这样的干部能耐再大也不是我们党需要的好干部。只有理想信念坚定，用坚定理想信念练就了'金刚不坏之身'，干部才能在大是大非面前旗帜鲜明，在风浪考验面前无所畏惧，在各种诱惑面前立场坚定，在关键时刻靠得住、信得过、能放心"。"我们选用的干部必须是政治上过得硬、靠得住的干部。看一个干部政治素质高不高，主要看是否树立'四个意识'、坚定'四个自信'，是否坚决维护党中央权威和集中统一领导，是否全面贯彻执行党的理论和路线方针政策，是否积极贯彻落实党中央重大决策部署，是否忠诚干净担当。"[③]"作为党的干部，不论在什么地方、在哪个岗位上工

① 习近平：《在全国组织工作会议上的讲话》（2013年6月28日），《十八大以来重要文献选编》（上），中央文献出版社2014年版，第337—338页。

② 《习近平关于全面从严治党论述摘编》（2021年版），中央文献出版社2021年版，第298页。

③ 《习近平关于全面从严治党论述摘编》（2021年版），中央文献出版社2021年版，第278—279页。

作，都要增强党性立场和政治意识，经得起风浪考验，不能在政治方向上走岔了、走偏了。”[①]对军队干部，习近平特别强调：“党内不能有腐败分子的藏身之地，军队是拿枪杆子的，更不能有腐败分子的藏身之地。”[②]“以德修身、以德立威、以德服众，是干部成长成才的重要因素。每一名党员干部都要坚守‘三严三实’，拧紧世界观、人生观、价值观这个‘总开关’，做到心中有党、心中有民、心中有责、心中有戒，把为党和人民事业无私奉献作为人生的最高追求。”[③]

在坚持原则、敢于担当上，习近平强调这是好干部必须具备的基本素质，“干部敢于担当作为，这既是政治品格，也是从政本分……要在选人用人上体现讲担当、重担当的鲜明导向，把敢不敢扛事、愿不愿做事、能不能干事作为识别干部、评判优劣、奖惩升降的重要标准，把干部干了什么事、干了多少事、干的事组织和群众认可不认可作为选拔干部的根本依据，选拔任用敢于负责、勇于担当、善于作为、实绩突出的干部”[④]。“干部就要有担当，有多大担当才能干多大事业，尽多大责任才会有多大成就。不能只想当官不想干事，只想揽权不想担责，只想出彩不想出力。党把干部放在这样一个岗位上是信任，是重托，要意气风发、满腔热情干好，为官一任、造福一方。”[⑤]“好干部必须有责任重于泰山的意识，坚持党的原则第一、党的事业第一、人民利益第一，敢于旗帜鲜明，敢于较真碰硬，对工作任劳任怨、尽心竭力、善始善终、善作善成。”[⑥]“为了党和人民事业，我们的干部要敢想、敢做、敢当，做我们时代的劲草、真金。”[⑦]他还强调，奋发有为是好干部事业成功的主要因素，“事业成功的原因很多，奋发有为是主要因素”，“面对工作难题，要有明知山有虎、偏向虎山行的劲头，积极寻找克服困难

---

① 《做焦裕禄式的县委书记》（2015年1月12日），《十八大以来重要文献选编》（中），中央文献出版社2016年版，第322页。

② 《在中央军委常务会议上的讲话》（2012年11月15日），《习近平关于党风廉政建设和反腐败斗争论述摘编》，中央文献出版社、中国方正出版社2015年版，第93页。

③ 习近平：《在庆祝中国共产党成立九十五周年大会上的讲话》，《人民日报》2016年7月2日。

④ 《习近平关于全面从严治党论述摘编》（2021年版），中央文献出版社2021年版，第294—295页。

⑤ 《做焦裕禄式的县委书记》（2015年1月12日），《十八大以来重要文献选编》（中），中央文献出版社2016年版，第324页。

⑥ 习近平：《在全国组织工作会议上的讲话》（2013年6月28日），《十八大以来重要文献选编》（上），中央文献出版社2014年版，第341页。

⑦ 习近平：《在全国组织工作会议上的讲话》（2013年6月28日），《十八大以来重要文献选编》（上），中央文献出版社2014年版，第341页。

的具体对策，豁得出来、顶得上去，真正成为带领人民群众战风险、渡难关的主心骨”。并强调“严管不是把干部管死，不是把干部队伍搞成一潭死水、暮气沉沉，而是要激励干部增强干事创业的精气神”①。

用对人：解决把好干部用起来的问题。

怎样把好干部用好是习近平深入思考的一个重要问题，他指出，“怎样把好干部用起来？好干部成长起来了，培养出来了，关键还是要用。不用，或者用不好，最终等于还是没有好干部。用一贤人则群贤毕至，见贤思齐就蔚然成风。选什么人就是风向标，就有什么样的干部作风，乃至就有什么样的党风”②。端正选人用人风气是从严治吏、治理腐败的一个重要问题，习近平强调：“选人用人不当是贪腐源头之一，选错一人，为害一方。必须严明组织纪律，严肃查处用人上的不正之风和腐败问题。”③“用人以公，方得贤才。历史上那些盛世治世，都同注重立公道、举贤良相关。公正用人是我们党立党为公、执政为民在组织路线上的体现，应该成为我们选人用人的根本要求”，“公正用人，公在公心。公心，归根到底是对党、对人民、对干部的责任心”，“公正用人，公在事业。我们是为事业而用人的，不能凭领导者个人亲疏、个人好恶来取舍，也不能一味平衡照顾、论资排辈、降格以求，更不能把职务作为私相授受的个人资源”，“公正用人，公在风气。‘人人好公，则天下太平；人人营私，则天下大乱。’选人用人上的不正之风同我们党的性质宗旨是格格不入的”。④

怎样端正选人用人的风气？习近平强调：

首先，要坚持党管干部原则，“各级党委及组织部门要坚持党管干部原则，坚持正确用人导向，坚持德才兼备、以德为先，努力做到选贤任能、用当其时，知人善任、人尽其才，把好干部及时发现出来、合理使用起来”。强调组织要担当起责任、为干部说公道话，“对那些勇担当、有本事、坚持

① 《习近平关于全面从严治党论述摘编》（2021年版），中央文献出版社2021年版，第294页。

② 习近平：《在全国组织工作会议上的讲话》（2013年6月28日），《十八大以来重要文献选编》（上），中央文献出版社2014年版，第342—343页。

③ 《在中央政治局常委会听取二〇一三年下半年中央巡视组巡视情况汇报时的讲话》（2014年1月23日），《习近平关于党风廉政建设和反腐败斗争论述摘编》，中央文献出版社、中国方正出版社2015年版，第112页。

④ 《习近平关于全面从严治党论述摘编》（2021年版），中央文献出版社2021年版，第291—293页。

原则、不怕得罪人、个性鲜明的干部，往往会出现认识不尽一致的情况，组织上一定要为他们说公道话”。“我们党历来强调德才兼备，并强调以德为先。德包括政治品德、职业道德、社会公德、家庭美德等，……对我们共产党人来说，修己最重要的是修政治道德。我们党对干部的要求，首先是政治上的要求。选拔任用干部，首先要看干部政治上清醒不清醒、坚定不坚定。”[①]强调选人用人，要做到“三公”，即着眼于党的事业发展需要选人用人，公道对待干部，公平评价干部，公正使用干部；做到“两个不能”，即要让好干部有全身谋事之心而无侧身谋人之虞，不能“以人划线”“以地域划线”，搞亲亲疏疏、团团伙伙；做到“两个敢于”，即要敢于坚持原则，有那么一种只问是非、不计得失的气节，敢于为好干部说公道话；做到“两个让”，即让好干部真正受尊重、受重用，让那些阿谀逢迎、弄虚作假、不干实事、会跑会要的干部真正没市场、受惩戒；做到“三个不为”，即不为人情关系所缚，不为歪风邪气所扰，不为个人得失所困。“从哪里选人，就是要坚持五湖四海、任人唯贤，广开进贤之路”，“怎么用人，就是要坚持事业为上，以事择人、人岗相适”。[②]

其次，必须严厉整治腐败，解决卖官鬻爵、跑官要官、拉帮结派、用人专断、任人唯亲、任人唯利、任人唯圈等问题。[③]解决“有的地方用干部，涉及具体人时，往往只看资历，看轮到谁了，论资排辈、平衡照顾，而不是看谁更优秀、更合适”[④]的问题，解决“任人唯贤被丢在一边了，任人唯亲、任人唯利等问题发生了”的问题，使用人风气真正纯洁起来。同时，“要坚决防止带病提拔，纪委、组织部对有的问题未查完、疑虑很大的干部，不要贸然提拔。选好人、用对人是头等大事，要用最坚决的态度、最果断的措施刷新吏治。顶风作案的，要严肃查处，从重处理，决不姑息”。同时也强调要破除论资排辈，“要破除论资排辈、平衡照顾、求全责备等观念，打破隐性

① 《习近平关于全面从严治党论述摘编》（2021年版），中央文献出版社2021年版，第290页。

② 《习近平关于全面从严治党论述摘编》（2021年版），中央文献出版社2021年版，第279页。

③ 《在第十八届中央纪律检查委员会第五次全体会议上的讲话》（2015年1月13日），《习近平关于严明党的纪律和规矩论述摘编》，中央文献出版社、中国方正出版社2016年版，第47—48页；《从严治党必须从严管理干部》（2014年12月14日），《习近平关于全面从严治党论述摘编》，中央文献出版社2016年版，第135页。

④ 习近平：《在全国组织工作会议上的讲话》（2013年6月28日），《十八大以来重要文献选编》（上），中央文献出版社2014年版，第344页。

台阶。必要的台阶资历是积累领导经验所需要的，但讲台阶不能抠台阶，论资历不能唯资历”，“要辩证把握年轻干部使用快慢关系，不要做欲速则不达的事”，“要发挥好各年龄段干部积极性，让整个干部队伍有干劲、有奔头、有希望”。①

再次，选用干部要坚持用当其时、用其所长。习近平强调：“用什么人、用在什么岗位，一定要从工作需要出发，以事择人，不能简单把职位作为奖励干部的手段。‘骏马能历险，力田不如牛。坚车能载重，渡河不如舟。’我们要树立强烈的人才意识，寻觅人才求贤若渴，发现人才如获至宝，举荐人才不拘一格，使用人才各尽其能。只有这样，才能使大批好干部源源不断涌现出来，才能使大家的聪明才智充分释放出来。”②习近平还强调，干部的公开选拔、竞争上岗的范围和规模要合理，“不宜硬性规定竞争性选拔比例，更不能搞什么‘凡提必竞’。只有在本地区本部门确实没有合适人选特别是缺乏紧缺专业人才时，才适宜于公开选拔，并且应该尽量就近取才”③。

最后，注意研究解决新情况新问题。习近平强调要注意研究解决民主推荐、民主测评的问题，正确分析和对待票数，不能把推荐票作为唯一依据，而要用好“个别谈话、实地调查、广泛听取各方面意见等多种方式”，体现在“酝酿动议、考察预告、沟通协商、讨论决定、任前公示”等各个环节。要注意研究干部工作公开的问题，干部工作公开，公开什么、在什么范围公开、用什么方式公开、公开到什么程度？需要认真研究、稳妥把握。不能把严肃的干部工作搞成“选秀”“作秀”。要注意研究培养选拔年轻干部的问题，“加强和改进年轻干部工作，要下大气力抓好培养工作”“着眼党和国家事业五到十年乃至更长远的发展，完善政策制度，拓宽来源、优化结构，改进人选产生方式”④。

---

① 《习近平关于全面从严治党论述摘编》（2021年版），中央文献出版社2021年版，第288、289页。

② 习近平：《在全国组织工作会议上的讲话》（2013年6月28日），《十八大以来重要文献选编》（上），中央文献出版社2014年版，第344页。

③ 习近平：《在全国组织工作会议上的讲话》（2013年6月28日），《十八大以来重要文献选编》（上），中央文献出版社2014年版，第347页。

④ 习近平：《在全国组织工作会议上的讲话》（2013年6月28日），《十八大以来重要文献选编》（上），中央文献出版社2014年版，第345—349页。

识准人：解决科学考察识别“好干部”的问题。

准确全面地考察识别干部，是习近平从严治吏思想的重要支撑。他强调，要改进考核干部政绩的方法手段，做到“四看”，即“既看发展又看基础，既看显绩又看潜绩”；把握“一个重点内容”，即“把民生改善、社会进步、生态效益等指标和实绩作为重要考核内容”；实行“终身追究责任制”，即“再也不能简单以国内生产总值增长率来论英雄了。一些干部惯于拍脑袋决策、拍胸脯蛮干，然后拍屁股走人，留下一屁股烂账，最后官照当照升，不负任何责任。这是不行的。我说过了，对这种问题要实行责任制，而且要终身追究”。①

识准人最重要的是把政治上有问题的发现出来，“一些政治上的两面人装得很正，藏得很深，有很强的隐蔽性和迷惑性，但并非无迹可寻。只要我们多用心多留心，多角度多方位探察，总能把他们识别出来。要高度警惕那些人前会上信誓旦旦讲‘四个意识’、高调表态，而私下里却妄议中央、不贯彻党中央路线方针政策的人；口口声声坚定‘四个自信’、信仰马克思主义，而背后在大是大非问题上态度暧昧、立场不稳的人；高谈阔论国家前途命运，而背地里却一遇到个人名誉地位就牢骚满腹、怨恨组织的人；领导面前卑躬屈膝、阿谀奉承、溜须拍马，而在下属和群众面前却趾高气扬、盛气凌人、不可一世的人。要透过现象看本质，既听其言、更观其行，既察其表、更析其里，看政治忠诚，看政治定力，看政治担当，看政治能力，看政治自律”②。

从科学考察识别人的方法论上，习近平强调要注重全面历史辩证考察识别干部，“用人得当，就要坚持全面、历史、辩证看干部，注重一贯表现和全部工作”③。主要途径有“四知”，即既知人之短、知人之长，也知人长中之短、知人短中之长；“五个观察”，即要多同干部谈心谈话，观察他们对重大问题的思考以看其见识见解，观察他们对群众的感情以看其秉性情怀，观察他们对名利的态度以看其境界格局，观察他们的为人处世方式以看其道

① 习近平：《在全国组织工作会议上的讲话》（2013年6月28日），《十八大以来重要文献选编》（上），中央文献出版社2014年版，第343—344页。

② 《习近平关于全面从严治党论述摘编》（2021年版），中央文献出版社2021年版，第290—291页。

③ 习近平：《在全国组织工作会议上的讲话》（2013年6月28日），《十八大以来重要文献选编》（上），中央文献出版社2014年版，第343页。

德品质，观察他们处理复杂问题的能力以看其综合素质；“四个诊断”，即对干部立体考察、透视甄别、切片化验、会诊辨析，把好干部选出来、用起来；做到“六严”，即从思想上、政治上、工作上、作风上、纪律上、行为上都严起来、实起来。强调“凡提四必”，即“改进干部推荐考察方式，坚持‘凡提四必’，坚决纠正选人用人上的‘四唯’问题，防止干部‘带病提拔’，推进干部能上能下，坚决匡正选人用人风气”①。强调“树立重实干、重实绩的用人导向，把忠诚干净担当的干部使用起来，把不作为、乱作为的干部调整下去”②。“新时代党的组织路线提出坚持德才兼备、以德为先、任人唯贤的方针，就是强调选干部、用人才既要重品德，也不能忽视才干。有才无德会坏事，有德无才会误事，有德有才方能干成事。”③

在考核干部的经常化、制度化、全覆盖上，习近平强调：“既把功夫下在平时，全方位、多渠道了解干部，又注重了解干部在完成急难险重任务、处理复杂问题、应对重大考验中的表现，既在小事上察德辨才，更在大事上看德识才。……要近距离接触干部，看干部对重大问题的思考、对群众的感情、对待名利的态度、为人处世的方式、处理复杂问题的能力。”④

识准人、用好人是为了更好激励干部，形成正确的用人导向。习近平强调，“要建立科学规范的干部考核评价体系，形成激励干部求真务实的有效机制”，以达到“两种效果”，即“使那些重实际、说实话、务实事、求实效的干部，不仅不吃亏，而且受到鼓励、褒奖、重用；使那些做表面文章、搞劳民伤财的‘形象工程’和‘政绩工程’、跑官要官的干部，不仅捞不到好处，而且受到批评和惩处”。⑤

强历练：解决培养成就好干部的问题。

怎样能培养更多党和人民需要的好干部？这是习近平从严治吏始终关注和强调的一个重点问题。他指出：“怎样成长为好干部？好干部不会自然而

① 《习近平关于全面从严治党论述摘编》（2021年版），中央文献出版社2021年版，第275页。“凡提四必”：即对拟提拔或进一步使用人选，要做到干部档案“凡提必审”，个人有关事项报告“凡提必核”，纪检监察机关意见“凡提必听”，反映违规违纪问题线索具体、有可查性的信访举报“凡提必查”。

② 《习近平关于全面从严治党论述摘编》（2021年版），中央文献出版社2021年版，第296页。

③ 《习近平关于全面从严治党论述摘编》（2021年版），中央文献出版社2021年版，第298页。

④ 《习近平关于全面从严治党论述摘编》（2021年版），中央文献出版社2021年版，第277—278页。

⑤ 《在参加河北省委常委班子专题民主生活会时的讲话》（2013年9月23—25日），《习近平关于严明党的纪律和规矩论述摘编》，中央文献出版社、中国方正出版社2016年版，第52页。

然产生。成长为一个好干部，一靠自身努力，二靠组织培养。从干部自身来讲，个人必须努力，这是干部成长的内因，也是决定性因素。”并强调“自身努力不是自我设计，不是自己想着几年干到什么职位，而是要加强政治历练、实践磨炼，成长为忠诚于党、对祖国有用的人”①。

在干部的自我成长上，习近平强调：

一是“干部要勤于学、敏于思”，认真学习马克思主义理论特别是中国特色社会主义理论体系，掌握贯穿其中的立场、观点、方法，提高战略思维、创新思维、辩证思维、底线思维能力，正确判断形势，始终保持政治上的清醒和坚定。②只有“领会了贯穿其中的马克思主义立场、观点、方法，才能心明眼亮，才能深刻认识和准确把握共产党执政规律、社会主义建设规律、人类社会发展规律，才能始终坚定理想信念，才能在纷繁复杂的形势下坚持科学指导思想和正确前进方向，才能带领人民走对路，才能把中国特色社会主义不断推向前进”。强调年轻干部“要有足够本领来接班。要加强学习、积累经验、增长才干”，同时要“把当老实人、讲老实话、做老实事作为人生信条”③。

二是“要坚持自觉学习、主动学习、终身学习”“要懂得‘学者非必为仕，而仕者必如学’的道理，以‘知之者不如好之者，好之者不如乐之者’的态度对待学习，真正把学习作为一种追求、一种爱好、一种健康的生活方式，做到自觉学习、主动学习、终身学习，在好学乐学中实现‘博学之，审问之，慎思之，明辨之，笃行之’”。④“各级领导干部要加快知识更新、加强实践锻炼，使专业素养和工作能力跟上时代节拍，避免少知而迷、无知而乱，努力成为做好工作的行家里手。”⑤“领导干部一定要把学习放在很重要的位置上，如饥似渴地学习，哪怕一天挤出半小时，即使读几页书，只要坚持下去，必定会积少成多、积沙成塔，积跬步以至千里。”“要适应党和国家工作的新进展，努力增强各方面本领，包括学习本领、政治领导本领、

① 《习近平关于全面从严治党论述摘编》（2021年版），中央文献出版社2021年版，第289页。

② 习近平：《在全国组织工作会议上的讲话》（2013年6月28日），《十八大以来重要文献选编》（上），中央文献出版社2014年版，第342页。

③ 《习近平关于全面从严治党论述摘编》（2021年版），中央文献出版社2021年版，第284—285页。

④ 《在中央政治局“三严三实”专题民主生活会上的讲话》（2015年12月28日、29日），《习近平关于全面从严治党论述摘编》，中央文献出版社2016年版，第140页。

⑤ 习近平：《在庆祝中国共产党成立九十五周年大会上的讲话》，《人民日报》2016年7月2日。

改革创新本领、科学发展本领、依法执政本领、群众工作本领、狠抓落实本领、驾驭风险本领，都必须着力强化。”①

三是加强实践锻炼。“好干部除了要加强学习，还要加强实践。”“干部成长无捷径可走，经风雨、见世面才能壮筋骨、长才干。要做起而行之的行动者、不做坐而论道的清谈客，当攻坚克难的奋斗者、不当怕见风雨的泥菩萨，在摸爬滚打中增长才干，在层层历练中积累经验。”②“把火热的实践作为最好的课堂，让干部经风雨、见世面、壮筋骨、长才干。对有潜力的优秀年轻干部，还要让他们经受吃劲岗位、重要岗位的磨炼，把重担压到他们身上，在难事急事乃至‘热锅上蚂蚁’一样的经历中经受摔打。”③实践包括政治实践、工作实践、专业实践。党员干部特别是党的高级干部要注重提高政治能力，“牢固树立政治理想，正确把握政治方向，坚定站稳政治立场，严格遵守政治纪律，加强政治历练，积累政治经验，自觉把讲政治贯穿于党性锻炼全过程，使自己的政治能力与担任的领导职责相匹配”④。“知识和经验犹如雄鹰之双翼，只有经风雨、见世面，才能飞得更高、飞得更远。越是条件艰苦、困难大、矛盾多的地方，越能锤炼人。干部要深入基层、深入实际、深入群众，在改革发展的主战场、维护稳定的第一线、服务群众的最前沿砥砺品质、提高本领。”⑤“干部要提高专业素养。专业素养是专业知识、专业能力、专业作风、专业精神的统一，而不仅仅是专业对口那么简单。选人用人要适应这种要求，开阔视野、着眼全局，在众多可能的人选中把最适合的人选选出来。”强调干部培养要“着眼未来五年、十年，更要着眼未来十五年、二十年乃至更长时间。我们党坚持一层一层考验、递进式培养干部，这是我们的制度优势”⑥。

四是要加强党性修养，注重终生性、渐进性、自律性。终生性，即“干部的党性修养、思想觉悟、道德水平不会随着党龄的增加而自然提高，也不

---

① 《习近平关于全面从严治党论述摘编》（2021年版），中央文献出版社2021年版，第274页。

② 《习近平关于全面从严治党论述摘编》（2021年版），中央文献出版社2021年版，第297页。

③ 《习近平关于全面从严治党论述摘编》（2021年版），中央文献出版社2021年版，第287页。

④ 《习近平在省部级主要领导干部学习贯彻十八届六中全会精神专题研讨班开班式上发表重要讲话强调　以解决突出问题为突破口和主抓手　推动党的十八届六中全会精神落到实处》，《人民日报》2017年2月14日。

⑤ 习近平：《在全国组织工作会议上的讲话》（2013年6月28日），《十八大以来重要文献选编》（上），中央文献出版社2014年版，第342页。

⑥ 《习近平关于全面从严治党论述摘编》（2021年版），中央文献出版社2021年版，第286页。

会随着职务的升迁而自然提高，而需要终生努力”。渐进性，即“成为好干部，就要不断改造主观世界、加强党性修养、加强品格陶冶”。自律性，即“要时刻用党章、用共产党员标准要求自己，要有‘与人不求备，检身若不及’的精神，时刻自重自省自警自励，努力做到‘心不动于微利之诱，目不眩于五色之惑’，老老实实做人，踏踏实实干事，清清白白为官”[①]。

在干部的组织培养上，习近平强调要“加强思想淬炼、政治历练、实践锻炼、专业训练，推动广大干部严格按照制度履行职责、行使权力、开展工作”[②]，要抓好三个方面：

一是要抓好党性教育这个核心。“抓好道德建设这个基础，加强宗旨意识、公仆意识教育。”[③]要用好组织生活这个经常性手段，“党的组织生活是党内政治生活的重要内容和载体，是党组织对党员进行教育管理监督的重要形式。一个班子强不强、有没有战斗力，同有没有严肃认真的组织生活密切相关”。特别是要落实好“五种制度”，即“认真落实‘三会一课’、民主生活会、领导干部双重组织生活、民主评议党员、谈心谈话等制度，加强经常性教育、管理、监督”。同时要“创新方式方法，增强吸引力和感染力，提高组织生活质量和效果”[④]。

二是要强化干部实践锻炼。习近平强调：“中华民族正处在伟大复兴的关键时期，我们的改革发展正处在克难攻坚、闯关夺隘的重要阶段，迫切需要锐意进取、奋发有为、关键时顶得住的干部。”[⑤]组织要“积极为干部锻炼成长搭建平台”。但“实践锻炼不是去‘镀金’，更不是去走过场等着提拔。”[⑥]“培养不等于照顾”“年轻干部从参加工作走向成熟，成长为党和国家的中高级领导干部，需要经过必要的台阶、递进式的历练和培养”“在普通岗位上经历一些难事、急事、大事、复杂的事，能够更加深刻地感受国

① 习近平：《在全国组织工作会议上的讲话》（2013年6月28日），《十八大以来重要文献选编》（上），中央文献出版社2014年版，第341—342页。
② 《习近平关于全面从严治党论述摘编》（2021年版），中央文献出版社2021年版，第298—299页。
③ 习近平：《在全国组织工作会议上的讲话》（2013年6月28日），《十八大以来重要文献选编》（上），中央文献出版社2014年版，第342页。
④ 《在党的十八届六中全会第二次全体会议上的讲话》（2016年10月27日），《习近平关于全面从严治党论述摘编》，中央文献出版社2016年版，第143页。
⑤ 《习近平关于全面从严治党论述摘编》（2021年版），中央文献出版社2021年版，第296—297页。
⑥ 习近平：《在全国组织工作会议上的讲话》（2013年6月28日），《十八大以来重要文献选编》（上），中央文献出版社2014年版，第342页。

情、社情、民情，也就是人们常说的‘接地气’，正所谓‘不登高山，不知天之高也；不临深溪，不知地之厚也’。早熟的果子长不大，拔苗助长易夭折。干部多‘墩墩苗’没有什么坏处，把基础搞扎实了，后面的路才能走得更稳更远”。“对那些看得准、有潜力、有发展前途的年轻干部，要敢于给他们压担子，有计划安排他们去经受锻炼，这种锻炼不是做样子的，而应该是多岗位、长时间的，没有预设晋升路线图的，是要让年轻干部在实践中‘大事难事看担当，逆境顺境看襟度’。“必须让我们的干部特别是领导干部经风雨、见世面、长才干、壮筋骨，保持斗争精神、增强斗争本领”①，“要多选一些在重大斗争中经过磨砺的干部，这对优化干部队伍结构、提高科学决策水平和政策执行力大有好处”②。在锻炼的具体能力上，强调“干部特别是年轻干部要提高政治能力、调查研究能力、科学决策能力、改革攻坚能力、应急处突能力、群众工作能力、抓落实能力，勇于直面问题，想干事、能干事、干成事，不断解决问题、破解难题”③。“要形成一种风气，年轻干部都争先恐后到艰苦岗位、到基层去，并以此为荣。”④党组织对待干部，既要严格管理，又要热情关心。要保护作风正派、锐意进取的干部，真正把那些想干事、能干事、敢担当、善作为的优秀干部选拔到各级领导班子中来。⑤

三是要关心爱护帮助干部。习近平强调：“对干部要经常开展同志式的谈心谈话，既指出缺点不足，又给予鞭策鼓励，这是个好传统，要注意保持和发扬。”⑥强调要鼓励大胆探索、勤勉敬业，允许工作失误，“一个干部事业心、责任感强，工作干得多，发生失误的可能性也就相对多一些。要全面评价、把握主流，既肯定成绩，又诚恳指出不足，帮助他们改进提高，促使他们在今后的工作中尽可能减少失误。不能求全责备，一有失误就加以责难，这样会挫伤干部敢于担当、勤奋工作的积极性。决不能出现干多干少一

---

① 《习近平关于全面从严治党论述摘编》（2021年版），中央文献出版社2021年版，第296页。

② 《习近平关于全面从严治党论述摘编》（2021年版），中央文献出版社2021年版，第294页。

③ 《习近平关于全面从严治党论述摘编》（2021年版），中央文献出版社2021年版，第300页。

④ 习近平：《在全国组织工作会议上的讲话》（2013年6月28日），《十八大以来重要文献选编》（上），中央文献出版社2014年版，第348—349页。

⑤ 习近平：《在参加十二届全国人大四次会议黑龙江代表团审议时的讲话》（2016年3月7日），《人民日报》2016年3月8日。

⑥ 习近平：《在全国组织工作会议上的讲话》（2013年6月28日），《十八大以来重要文献选编》（上），中央文献出版社2014年版，第342页。

个样、干好干坏一个样、干与不干一个样甚至不干比干更得利的导向”[①]。对基层干部要更加充分理解、充分信任，习近平强调，基层干部有“四大难题”，即任务重、压力大、待遇低、出路窄。对基层干部要做到“一个结合”，即把热情关心和严格要求结合起来；“两个充分、两个格外”，即对广大基层干部充分理解、充分信任，格外关心、格外爱护；“一个多做”，即多为他们办一些雪中送炭的事情；“一个不能”，即不能因为少数基层干部出了一些事就把基层干部整体“污名化”了。[②]

严约束：解决干部管理监督的问题。

严格教育管理干部，是习近平从严治吏的一贯思想和鲜明特色。习近平强调“组织上培养干部不容易，要管理好、监督好，让他们始终有如履薄冰、如临深渊的警觉”[③]。“要坚持从严教育、从严管理、从严监督，让每一个干部都深刻懂得，当干部就必须付出更多辛劳、接受更严格的约束。”[④]“我们大多数领导干部能够做到责任在心、担当在肩，但的确也有一些领导干部不思进取、为官不为，抱着‘当一天和尚撞一天钟’的心态，只要不出事，宁愿不做事，满足于做四平八稳的‘太平官’。”[⑤]在从严教育管理干部上，习近平多次作出重要论述，比较集中的概括至少有四次。

第一次，是2014年10月在党的群众路线教育实践活动总结大会上的讲话，他强调从严管理干部要抓好“四个方面”、坚持“三严”、做到“三有”。抓好“四个方面”，即“从严管理干部，总的是要坚定理想信念，加强道德养成，规范权力行使，培育优良作风，使各级干部自觉履行党章赋予的各项职责，严格按照党的原则和规矩办事”。坚持“三严”、做到“三有”，即“要坚持以严的标准要求干部、以严的措施管理干部、以严的纪律

① 《提高党的战斗力的法宝》（2013年9月23—25日），《习近平关于全面从严治党论述摘编》，中央文献出版社2016年版，第133页。

② 习近平：《在全国组织工作会议上的讲话》（2013年6月28日），《十八大以来重要文献选编》（上），中央文献出版社2014年版，第352页。

③ 习近平：《在全国组织工作会议上的讲话》（2013年6月28日），《十八大以来重要文献选编》（上），中央文献出版社2014年版，第342页。

④ 习近平：《在全国组织工作会议上的讲话》（2013年6月28日），《十八大以来重要文献选编》（上），中央文献出版社2014年版，第350页。

⑤ 《做焦裕禄式的县委书记》（2015年1月12日），《十八大以来重要文献选编》（中），中央文献出版社2016年版，第324—325页。

约束干部，使干部心有所畏、言有所戒、行有所止”。[①]

第二次，是2014年12月在江苏考察工作结束时的讲话，他强调，从严管理干部要做到“五要”，即“管理要全面、标准要严格、环节要衔接、措施要配套、责任要分明”。对每一个方面，习近平分别作了重要论述和强调，“管理要全面”，就是从刚进入干部队伍的年轻同志到离退休干部要全覆盖，重点是各级领导干部和身处关键岗位、掌握大量公共资源的干部。“标准要严格”，就是要以党章规定的干部条件为依据，突出干部的先进性和示范性，不能把干部管理标准降低到不违纪违法就行的低水平上。“环节要衔接”，就是要把日常管理和关键时刻管理贯通起来，把上级管理、班子管理、自身管理结合起来，把行为管理和思想管理、工作圈管理和社交圈管理统一起来，做到干部随管理成长、管理伴干部一生。“措施要配套”，就是要综合运用教育引导、制度约束、考核评价、监督检查等手段，普遍对象采取普遍措施，重点对象采取特殊措施，日常管理采取常规措施，关键时刻采取关键措施，多做规范言行、防微杜渐、纠偏纠错的工作，多做扯扯袖子、提提领子的工作，最大限度避免干部犯错误、犯重复性错误、犯大错误。“责任要分明”，就是要根据干部管理权限，把对每个干部管理的主体责任、直接责任、配合责任划分清楚，该谁负责就由谁负责，该谁负主要责任就由谁负主要责任，哪个环节出问题就追究哪个环节管理主体的责任。[②]

在从严教育管理干部上，习近平强调要把领导干部作为重点，“从严治党，关键是要抓住领导干部这个‘关键少数’，从严管好各级领导干部”[③]。他多次强调，领导干部“要牢固树立正确的权力观、地位观、利益观，牢记手中的权力是党和人民赋予的”，“位高不能擅权，权重不能谋私。要坚持自重、自省、自警、自励，带头遵守廉洁自律各项规定，遵守中央关于领导干部工作和生活待遇等方面的规定”。[④]“高级干部要清醒认识自己岗位的特殊重要性，增强自律意识、标杆意识、表率意识，模范遵守党章。凡是要

---

① 《在党的群众路线教育实践活动总结大会上的讲话》（2014年10月8日），《十八大以来重要文献选编》（中），中央文献出版社2016年版，第97—98页。

② 《从严治党必须从严管理干部》（2014年12月14日），《习近平总书记重要讲话文章选编》，中央文献出版社2016年版，第235、236页。

③ 《在参加十二届全国人大三次会议上海代表团审议时的讲话》（2015年3月5日），《习近平关于全面从严治党论述摘编》，中央文献出版社2016年版，第138页。

④ 《深化军委和全军作风建设》（2013年7月8日），《习近平关于严明党的纪律和规矩论述摘编》，中央文献出版社、中国方正出版社2016年版，第95页。

求党员、干部做到的自己首先做到，凡是要求党员、干部不做的自己首先不做。”[①]他强调，领导干部要做学习党章、遵守党章的模范，“各级领导干部要把学习党章作为必修课，走上新的领导岗位的同志要把学习党章作为第一课，带头遵守党章各项规定。凡是党章规定党员必须做到的，领导干部要首先做到；凡是党章规定党员不能做的，领导干部要带头不做。要严格按照党章规定的党员领导干部必须具备的六项基本条件，提高自身素质和能力，经常检查和弥补自身不足。特别是要在坚定理想信念、坚持实事求是、推动科学发展、密切联系群众、加强道德修养、严守党的纪律等方面为广大党员作出表率”[②]。

在从严管理干部上，习近平还多次强调要解决“为官不为”的问题，他指出：“所谓‘为官不易’‘为官不为’问题引起社会关注，要深入分析，搞好正面引导，加强责任追究。党的干部都是人民公仆，自当在其位谋其政，既廉又勤，既干净又干事。如果组织上管得严一点、群众监督多一点就感到受不了，就要‘为官不易’，那是境界不高、不负责任的表现。这一点，要向广大干部讲清楚。我们做人一世，为官一任，要有肝胆，要有担当精神，应该对‘为官不为’感到羞耻，应该予以严肃批评。我们现在对党员、干部的要求是不是过严了？答案是否定的。很多要求早就有了，是最基本的要求。现在的主要倾向不是严了，而是失之于宽、失之于软，不存在严过头的问题。”[③]“有人说，现在管得这样紧，就不要作为了，多一事不如少一事，但求无过，得过且过。这方面，考核工作要跟上。我反复强调要有担当精神，各方面都要有一批勇于担当、有本事能办成事的人，能者上，庸者下。不能要官的时候真敢要、大胆要、拍着桌子要，而办事的时候推诿扯皮、上推下卸。”[④]解决好为官不为、激励担当，主要有三个措施：一是要科学定岗定责、加强绩效考核，引导干部爱岗敬业、勤奋工作，防止干与不干一个样、干多干少一个样、干好干坏一个样。二是要鼓励探索创新、宽容

① 《在党的十八届六中全会第二次全体会议上的讲话》（2016年10月27日），《习近平关于全面从严治党论述摘编》，中央文献出版社2016年版，第51页。

② 习近平：《认真学习党章　严格遵守党章》（2012年11月16日），《人民日报》2012年11月20日。

③ 习近平：《在党的群众路线教育实践活动总结大会上的讲话》（2014年10月8日），人民出版社单行本，第23页。

④ 《在参加河南省兰考县委常委班子专题民主生活会时的讲话》（2014年5月9日），《习近平关于党风廉政建设和反腐败斗争论述摘编》，中央文献出版社、中国方正出版社2015年版，第87页。

创新失误，满腔热情帮助干部成长，促使干部解放思想、敢于负责、敢于担当。三是要加大治庸治懒力度、严查反面典型，进一步弘扬正气，狠刹歪风邪气。①

第三次，2018年7月3日在全国组织工作会议上，习近平强调，好干部是选出来的，更是管出来的，“对干部要加强全方位管理，把行为管理和思想管理统一起来，把工作圈管理和社交圈管理衔接起来，把八小时之内的管理和八小时之外的管理贯通起来”，并强调要加强日常监督、加强党内监督，综合发挥群众监督、舆论监督等作用，形成监督合力。②

第四次，2018年11月26日习近平在《努力造就一支忠诚干净担当的高素质干部队伍》一文中强调：“要坚持从严教育、从严管理、从严监督，把从严管理干部贯彻落实到干部队伍建设全过程。同时，要用科学办法进行管理，切实管到位、管到点子上。”③

实践思考

20世纪60年代，毛泽东就指出，为了保证党和国家不改变颜色，我们不仅需要正确的路线和政策，而且需要培养和造就千百万无产阶级事业的接班人。中央组织部据此提出了培养选拔新生力量的四项举措：一是将年轻优秀的知识青年干部分批下放到基层挂职锻炼；二是将理论水平低但有培养前途的干部送到各级党校学习；三是对文化水平较低的工农干部帮助他们提高文化；四是领导干部搞好传、帮、带。此后，一大批优秀干部在劳动生产实践中受到锻炼提高，为党的事业培养、储备和输送了一大批治党治国治军的优秀人才，为党在其执政条件下取得伟大成就奠定了重要基础。新的历史条件下，推进伟大斗争、伟大工程、伟大事业、伟大梦想，仍然需要千百万的党和人民的好干部。怎样育好选好用好管好党的好干部，始终是党的事业的万事之基，是管党治党之要，是全面从严治党需要一以贯之的重要任务。

党的十八大以来，党中央从纠治不良作风入手，整治选人用人不正之

---

① 《从严治党必须从严管理干部》（2014年12月14日），《习近平关于全面从严治党论述摘编》，中央文献出版社2016年版，第136页。

② 《习近平关于全面从严治党论述摘编》（2021年版），中央文献出版社2021年版，第280页。

③ 《习近平关于全面从严治党论述摘编》（2021年版），中央文献出版社2021年版，第295页。

风，严肃查处买官卖官等严重腐败案件，坚持用好干部标准选人用人，注重强化对干部选拔任用的制度规范，修订了《党政领导干部选拔任用条例》，出台了加强干部选拔任用工作的监督意见、领导干部能上能下的若干规定、防止干部“带病提拔”意见等制度规定，特别是党的十八届六中全会把坚持正确选人用人作为严肃党内政治生活的重要内容，提出了一系列选人用人的标准要求等。通过这些举措，干部选拔任用风气得到转变，干部工作的纪律规矩得到强化，干部成长成才的环境更加优化。从长远来看，干部选拔任用是一个复杂的工程，涉及干部政策、用人观念、制度完善等方方面面，把党的十八大以来党中央从严治吏的新理念新思想新战略落实下去，更艰巨的考验、更复杂的考验还在后面，有许多问题需要更深入地思考和破解。

把好选人用人标准条件关，把组织意图与群众意向统一起来。

选人用人标准是选人用人的根本依据，是干部工作的首要问题，是干部成长的重要导向。当前，选人用人的标准是十分明确的，它包括党章规定的领导干部六个方面基本条件，习近平提出的“信念坚定、为民服务、勤政务实、敢于担当、清正廉洁”的好干部标准，特别是新形势下的“五句话”好干部标准是具体的，其每一个方面的内涵是确定的，这是我们在新形势下选人用人的根本依据和准绳。这五条标准反映了新时代党的使命任务对党员干部的新要求，是对党章精神的时代反映，是对全党的统一要求。规范的选人用人标准就这一种，没有第二种。可以在与五条标准精准对照的基础上进一步细化，但不能扭曲和变形，不能任意改造，更不能用其他的具体细则取代这个标准。要把这个选人用人标准落实到干部培养选拔使用的全过程，进一步增强政治性、原则性和政治定力，不能因为人情关系、歪风邪气、个人得失而受到影响。

正常情况下，对一名德才兼备的优秀干部，组织考察的结论和群众评价的反映基本是一致的，党组织与人民群众都有判断好干部的基准线，这是最理想的状态，对各级党组织选拔任用干部也是最有利的、最不容易出偏差的。但实际工作中，组织评价与群众评价也有不一致的情况。两种情况比较常见，第一种是党组织考察比较满意，而群众反映不好。这种情况下，就要考察任用对象是否具有两面性，只唯上、不唯下，为民服务不够、工作务实不够，或者是由于考察任用对象个性特出、不善于做好群众工作，或者是考察任用对象能干成事但不清廉，等等。对这些情况，要仔细对照分析，看看究竟偏差出在哪里。习近平强调：“对那些勇担当、有本事、坚持原则、不怕得罪人、个性鲜明的干部，往往会出现认识不尽一致的情况，组织上一定要为他们说公道话。”第二种是党组织考察不够理想，而群众却一致反映比较好。这种情况下，就要考虑任用对象是否是干不成事也不坏事的老好人类型，或是默默无闻干工作的老黄牛类型，或是其他情形，仔细研究组织与群众意见为什么不一致，究竟符不符合好干部的标准。如果不仔细分析、反复对照、查找原因，而是以组织名义凭主观主义任用干部，那么，在第一种情况下任用的干部，就会出现组织认可的好干部，群众却不欢迎，党组织任用干部的威信下降；在第二种情况下任用的干部，就会出现群众认可的好干部，组织却不用，而组织任用的干部，群众又不认可等问题。这样，好干部标准就难以真正落实下去。要真正把好干部标准贯彻下去，需要严格按照《党政领导干部选拔任用工作条例》规定的七项原则来选拔任用干部，即党管干部原则；“五湖四海”、任人唯贤原则；德才兼备、以德为先原则；注重实绩、群众公认原则；民主、公开、竞争、择优原则；民主集中制原则；依法办事原则，努力把党组织把关、民意基础、人岗相宜三者有机统一起来。同时，要加强好干部标准的宣传教育，选拔培养更多上下都认可的好干部作示范，扩大组织与群众一致认可好干部的规模，使真正的好干部成长空间越来越广阔，不合格干部占的比例越来越少，使好干部标准在党员干部心中深深扎根。

用好的作风贯彻选人用人制度规定，使制度与程序始终发挥正向效应。

选人用人是一个系统工程，建立健全制度是基本前提，把好组织程序是基本途径。在贯彻党的干部选用制度规定、运用组织程序时，要坚持正确的思想作风，用好的作风选人用人。以往在用人腐败方面出现的问题，有很多是由于思想作风不端正，为了选拔任用特定的干部，把相关制度规定和程序变成特定目的服务的工具，从落实制度、组织程序看都没有问题，但一些有问题的、不符合条件的干部还是被选拔任用起来。因此，要真正把干部选准配强，一定要用好的作风贯彻干部选用制度规定，切实把好选人用人制度的标准，而不能为了任用某个特定的对象，就对有关制度进行筛选和裁减，只用合意的制度和程序内容，回避不合意的那些部分。

中央组织部党建研究所作的问卷调查显示，23.84%的受调查者认为对选人用人公信度影响最大的问题是“一把手说了算”，23.51%认为是“选人用人程序走过场”，二者相加居然高达47.35%。这两个选项是紧密联系在一起的，有了一把手说了算，才能够使选人用人程序走过场。[①]一段时间以来，有的地方为什么跑官要官盛行？因为有私下交易的“官位市场”存在，有卖官的供应方，也有买官的需求方。卖官的供应方，大多是大大小小的相关一把手。买官的需求方，大多是想做钱官交易的有关干部。供应官位的一把手为什么能在各种严密制度规定面前把官位倒腾出来留给买官的人？就是因为他用相关官位来选择裁减相关制度，凡是有利于自己意图的制度就裁剪出来用，凡是不利于自己意图的制度就回避不用。所以，经他们买卖的官位也多是符合有关制度要求的。

为什么一些有背景的干部、“带病”的干部、与领导亲近的干部，会被顺利提拔起来，因为选用这些干部的标准就是特地为他们量身定做的，在精确比对之下只有这些人符合选拔任用的标准。这样，有关制度就沦为受少数人支配、为特定人服务的工具了。同时，选拔任用干部的组织程序，也存在被盗用的问题。选拔任用干部，从提出启动意见、确定配备原则、进行酝酿沟通、形成工作方案、开展民主推荐、确定考察对象、进行组织考察、讨论决定任职、进行任前谈话等很多环节，有的对领导“圈定”的人、买官的对象等，在确定配备原则上搞因人制宜，在酝酿沟通上搞长官授意，在民主推荐上搞暗箱操作，在对象公示上选择时机和缩小范围，等等。这样看，程序一个不少，正正规规履行程序、大大方方任用那些不符合标准条件的干部，就出现了任人唯亲、任人唯利、任人唯圈及唯票、唯分、唯年龄、唯GDP等问题。这种情况下，就容易出现制度被私用、程序被盗用、民意被操纵的问题。如果制度安排、程序形式更多地体现领导的意图，那么制度和程序的制约、防范和纠偏作用就发挥不出来，制度和程序就没有权威性。

要真正把党的干部选拔任用制度规定和组织程序用好，必须要强化思想作风建设，坚持用好的作风贯彻制度规定，特别是把好初始提名权这个关口，在操作细则上尽可能细化，减少人为作弊、作假的可能性。同时，还要认真落实选人用人责任倒查机制、干部选拔任用记录备案等制度，提高选人

① 高新民：《中国共产党治党理政历史经验》，中共中央党校出版社2014年版，第97页。

用人的公信度和可靠性。

传递和扩展管党治党的正向效应，使从严要求与关心激励统一起来。

党要管党、从严治党，是党的建设的一贯要求和根本方针。如果管党不力、治党不严，人民群众反映强烈的党内突出问题得不到解决，那么我们党迟早会失去执政资格，不可避免会被历史淘汰。从宏观角度看，全面从严治党是我们党“打铁还需自身硬”的紧迫现实需要，是推进伟大斗争、伟大工程、伟大事业、伟大梦想的必然要求，是解决党内存在紧迫问题的必由之路，管好党治好党，有利于密切党群关系，有利于党的长期执政，有利于党的事业发展，有利于中国梦的实现，对党、国家和人民都具有重大意义。从微观角度看，对普通党员干部来说，全面从严治党将创造更好的干事创业和成长发展环境，党风越严、党性越纯，名利的诱惑就越少，不正之风的干扰就越少，对“潜规则”的忧惧就越小，人与人之间的关系就越单纯，工作可以全身心投入，努力奋斗就有奔头的前景就越明确，等等。

从这个意义上说，每一名党员干部都事实上或应该是全面从严治党的受益者。因此，在更长时期内推进全面从严治党，就要注重传递、宣传和扩展全面从严治党的积极正向效应，以更好赢得人民群众特别是广大党员干部的拥护支持和贯彻执行，同时也是让广大党员干部充分感受和享受全面从严治党带来的红利，以更好激发大家干事创业的积极性主动性和创造性。

实际上，对于真正对党和国家事业有责任感、想为党的事业做一些贡献的党员干部来说，严格管理、严格要求带来的是更好的发展环境、更纯正的党内风气，不会影响干事创业的热情和积极性，影响的只是过去“潜规则”的影响，是那些职责之外的权力，或者超过党员党性要求的欲念。

为什么在全面从严治党深入推进之后，有的干部出现了“为官不易”的畏难情绪，有的认为没有直接感受到党风好转带来的实际益处，有的觉得现在“压力山大”、处处要小心翼翼，有的甚至说不信任的情绪增加了呢？造成这些问题的原因很多，需要全面分析、辩证客观对待。简单地说，一方面，由于与过去相比落差确实增大了，在长期宽松的环境下，纪律约束少，组织监督弱，甚至不受约束被一些干部视为本事大，现在纪律收紧了，治党从严了，那种当官舒服、掌权得势、个人为王的风光不再了，无论是心理上还是客观环境上，都有巨大落差，一些惯于不受约束和贪图享受的人觉得

“为官不易”，从而“为官不为”了。这也反映了我们管党治党所取得的明显成效。另一方面，实际工作中确实存在矫枉过正的问题，有的规定要求是针对领导干部的，但有的单位在落实时上下一般粗，要求所有党员干部都照办；有的出于纠治“吃拿卡要、公款私用”等突出问题的目的，却顺带着把普通党员干部的基本福利取消了；有的只对党员干部提出各方面严格要求，但对党员干部的实际困难和成长发展关心不够；等等。

在实际操作层面，就使全面从严治党应能达到的积极正向效应抵消了不少，使一些党员干部产生了并没有成为管党治党受益者的错觉，反而产生一些思想疑惑，个别的还出现了党员与组织之间、党员与领导干部之间相互不信任等思想情绪。因此，推进全面从严治党，必须要做好管党治党的积极正向效应的传递和扩展，既要注重关注了解党员干部的思想变化，有针对性地做好思想引导和形势教育，也要纠正管党治党中的一些偏差，保护党员干部的权益，增强新形势下党组织对党员干部的关怀，调动大家干事创业的积极性。

从更长远角度看，短期的管党治党中出现的操作偏差是难免的，也不会对大家干事创业的积极性造成更大影响。但作为一个现代化大党，党的组织机体是一个相互联系、紧密互动的大系统，局部的情绪、个别的弱点，尤其是不安的情绪、不信任的情绪，都会扩散到整个体系中，对党的整个系统造成一定影响。推进全面从严治党向纵深发展，既要把从严从紧的信号和压力传递到党的每一个细胞，同时，也要注意纠正在操作过程中的偏向，把全面从严治党的正向效应、党组织的关怀传递给每名党员干部，把广大党员干部的积极性主动性创造性保持好、激发好，通过管党治党使我们党更加坚强有力、更加团结一致、更加充满活力。

第十三篇
战略抓手之六：严明纪律

严明的组织纪律是马克思主义政党的鲜明特征和取得胜利的重要法宝。20世纪初，列宁在反对马尔托夫机会主义的斗争中，批评马尔托夫企图用自治原则代替集中制原则等错误观点，认为那样只会使党变成涣散的无组织的党，并阐述了无产阶级政党的组织原则，他认为“无产阶级政党要取得革命的胜利，必须要有统一的党章，要有统一的党的纪律，需要党代表大会所体现的在党代表大会闭会期间由党中央委员会所体现的统一的领导机关，一切需要按集中制原则行事”。他还指出，纪律是无产阶级阶级性的集中体现，无产阶级是不怕纪律的。所以，党要保持自己队伍的统一，就应当在实践中实行统一的无产阶级纪律，全体党员无论是领袖还是普通党员，都应当遵守统一的党的纪律。①

中国共产党是严格按照马克思主义政党的基本原则建立起来的先进政党，严明的纪律是我们党推动事业发展的重要保证。党中央把严明党的纪律作为全面从严治党的战略抓手和治本之策，严肃整饬纪律，严格纪律规范，严明纪律执行，纠正执政纪律失之于宽、失之于松、失之于软的问题，使全面从严治党有了坚实纪律保证。

战略定位：传统优势、团结之力、管党之本

党的纪律，是按照民主集中制的原则，根据党的性质宗旨、纲领和实现

① 张荣臣：《马克思主义党的学说史》，中共中央党校出版社2016年版，第96—98页。

党的路线、方针、政策的需要而确立的各种党规党纪的总称，是党的组织和党员必须遵守的行为规则。在党长期执政的历史条件下，党的纪律在管党治党中究竟起着什么样的重要作用？以习近平同志为核心的党中央对严明纪律有哪些新的要求呢？从习近平关于严明党的纪律的重要论述可以看出，从党的历史看，严明纪律是党长期形成的历史传统；从党的组织特点看，严明纪律是党保持团结统一的力量之源；从党的管党治党看，严明纪律是管党治党的重要依靠。

传统优势：严明纪律是党长期形成的历史传统。

严明纪律是马克思主义政党的政治品格和优势所在。毛泽东说过："加强纪律性，革命无不胜。"①邓小平指出："我们这么大一个国家，怎样才能团结起来、组织起来呢？一靠理想，二靠纪律。组织起来就有力量。没有理想，没有纪律，就会像旧中国那样一盘散沙，那我们的革命怎么能够成功？我们的建设怎么能够成功？"②

习近平从我们党长期形成的传统和优势出发，强调："新的历史条件下，我们党要团结带领人民全面建成小康社会、基本实现现代化，同样要靠铁的纪律保证。党面临的形势越复杂、肩负的任务越艰巨，就越要加强纪律建设，越要维护党的团结统一，确保全党统一意志、统一行动、步调一致前进。"③习近平强调，"一九六四年十月，周恩来同志在音乐舞蹈史诗《东方红》演出人员大会上做报告时说，毛泽东同志说我们党是'一个有纪律的，有马克思列宁主义的理论武装的，采取自我批评方法的，联系人民群众的党'，'毛泽东同志特别把有纪律放在最前面，这不是偶然的。因为这是决定党能否坚持革命、战胜敌人、争取胜利的首要条件'"④。

团结之力：严明纪律是党保持团结统一的力量之源。

严明纪律是保持党的团结统一、具有战斗力的重要保证。习近平强调：

---

① 《毛泽东文集》第五卷，人民出版社1996年版，第194页。

② 《邓小平文选》第三卷，人民出版社1993年版，第111页。

③ 《严明政治纪律，自觉维护党的团结统一》（2013年1月22日），《十八大以来重要文献选编》（上），中央文献出版社2014年版，第131页。

④ 《严明党的组织纪律，增强组织纪律性》（2014年1月14日），《十八大以来重要文献选编》（上），中央文献出版社2014年版，第766页。

“党面临的形势越复杂、肩负的任务越艰巨，就越要保持党的团结统一。党的团结统一靠什么来保证？要靠共同的理想信念，靠严密的组织体系，靠全党同志的高度自觉，还要靠严明的纪律和规矩。”[①]习近平科学诠释党的“核心力量”这个概念，强调严明纪律的重要性，他指出：“领导我们事业的核心力量是中国共产党。什么叫核心力量？一些同志没有搞得很清楚，或者说知道这个道理，但一到实际工作中就搞不清楚了。党的领导，体现在党的科学理论和正确路线方针政策上，体现在党的执政能力和执政水平上，同时也体现在党的严密组织体系和强大组织能力上。一个松松垮垮、稀稀拉拉的组织是不能干事，也干不成事的。如果党组织像个大车店、大卖场一样，想来就来，想走就走，那还能有什么核心力量？还能把广大人民群众团结在党的周围吗？要好好抓一抓组织纪律，加强全党的组织纪律性。”[②]

习近平指出：“毛泽东同志说，路线是‘王道’，纪律是‘霸道’，这两者都不可少。如果党的政治纪律成了摆设，就会形成‘破窗效应’，使党的章程、原则、制度、部署丧失严肃性和权威性，党就会沦为各取所需、自行其是的‘私人俱乐部’。”[③]“今天，在全面从严治党的新形势下，全党同志一定要不断锤炼党性，不断加强纪律建设，坚定维护党的团结统一，坚决维护党中央权威，确保全党统一意志、统一行动、步调一致前进。”[④]

管党之本：严明纪律是管党治党的重要依靠。

“道私者乱，道法者治。”全面从严治党，关键在严，要害在治，严和治的主要方式和基本手段是严明纪律、强化规矩。习近平把加强纪律建设作为管党治党的根本进行强调，他指出：“加强纪律建设是全面从严治党的治本之策。我们党是用革命理想和铁的纪律组织起来的马克思主义政党，组织严密、纪律严明是党的优良传统和政治优势，也是我们的力量所在。全面从

---

① 《在第十八届中央纪律检查委员会第五次全体会议上的讲话》（2015年1月13日），《习近平关于严明党的纪律和规矩论述摘编》，中央文献出版社、中国方正出版社2016年版，第6页。

② 《严明党的组织纪律，增强组织纪律性》（2014年1月14日），《十八大以来重要文献选编》（上），中央文献出版社2014年版，第766页。

③ 《严明政治纪律，自觉维护党的团结统一》（2013年1月22日），《习近平关于全面从严治党论述摘编》，中央文献出版社2016年版，第97页。

④ 习近平：《在纪念陈云同志诞辰一百一十周年座谈会上的讲话》（2015年6月12日），人民出版社单行本，第7页。

严治党，重在加强纪律建设。我们现在要强调的是扎紧党规党纪的笼子，把党的纪律刻印在全体党员特别是党员领导干部的心上。”①“我们这么大一个政党，靠什么来管好自己的队伍？靠什么来战胜风险挑战？除了正确理论和路线方针政策外，必须靠严明规范和纪律。我们提出那么多要求，要多管齐下、标本兼治来落实，光靠觉悟不够，必须有刚性约束、强制推动，这就是纪律。”②“纪律严明是加强和规范党内政治生活的内在要求和重要保证。”③

从政党建设一般规律看，严明纪律越来越成为现代政党的普遍要求，无论是无产阶级政党还是资产阶级政党都更加注重纪律对本党的管理和约束作用。习近平强调：“现代政党都是有政治纪律要求的，没有政治上的规矩不能成其为政党。就是西方国家，主要政党在政治方面也是有严格约束的，政党的重要成员必须拥护本党的政治主张、政策主张，包括本党的意识形态。大家注意看就知道，西方国家议会投票，往往是政党壁垒分明，一个党的议员要不就是都反对，要不就是都支持。这说明了什么？不就是各党对自己的党员有政治上的约束嘛！对那些在政治上行动上与本党离心离德的党员，西方国家政党也是要执行纪律的，甚至给予开除处分。一个政党，不严明政治纪律，就会分崩离析。”④

从党要管党、从严治党的优先次序看，习近平强调严明纪律是首要条件和基本环节，“党要管党、从严治党首先要严明纪律，纪律不能成为‘稻草人’，不能成为聋子的耳朵——摆设。我们把严明政治纪律、组织纪律作为重要任务，严肃查处有令不行、有禁不止的行为，在查办违纪案件中重点审查违反政治纪律、组织纪律的问题，坚决维护党的团结统一”⑤。“党要管

---

① 《在十八届中央政治局常委会第一百一十九次会议关于审议中国共产党廉政准则、党纪处分条例修订稿时的讲话》（2015年10月8日），《习近平关于全面从严治党论述摘编》，中央文献出版社2016年版，第111—112页。

② 《在参加河南省兰考县委常委班子专题民主生活会时的讲话》（2014年5月9日），《习近平关于严明党的纪律和规矩论述摘编》，中央文献出版社、中国方正出版社2016年版，第5页。

③ 《在党的十八届六中全会第二次全体会议上的讲话》（2016年10月27日），《习近平关于全面从严治党论述摘编》，中央文献出版社2016年版，第116页。

④ 《严明政治纪律，自觉维护党的团结统一》（2013年1月22日），《十八大以来重要文献选编》（上），中央文献出版社2014年版，第133页。

⑤ 《在第十八届中央纪律检查委员会第五次全体会议上的讲话》（2015年1月13日），《习近平关于严明党的纪律和规矩论述摘编》，中央文献出版社、中国方正出版社2016年版，第85页。

党、从严治党，靠什么管，凭什么治？就要靠严明纪律。”[①]

从导致腐败的成因看，干部出问题首先是从违反纪律开始的。习近平强调：“干部出问题，都是因为纪律的突破。必须严明党的纪律，党的各项纪律都要严。遵守党的纪律是无条件的，要说到做到，有纪必执，有违必查，而不能合意的就执行，不合意的就不执行，不能把纪律作为一个软约束或是束之高阁的一纸空文。”[②]“纪律不严，从严治党就无从谈起。”“从已经查处的大量顶风违纪案件中可以看出，一些党员、干部对纪律规定还置若罔闻，搞‘四风’毫无顾忌，搞腐败心存侥幸。因此，在纪律上还要进一步严起来。”[③]

症结分析

新的历史条件下，党面临着“四大考验”“四种危险”，党的纪律建设出现了一些新情况新挑战。部分党员、干部纪律观念弱化，纪律责任松懈，不那么遵守和维护党的纪律，有的不惜践踏、破坏党的纪律，有的甚至到了肆无忌惮、胆大妄为的地步，严重损害了党的形象。[④]对党内存在的纪律不严的问题，习近平多次作出重要论述，特别是在政治纪律和组织纪律两个方面论述最为集中、强调频次最多。

在政治纪律方面，习近平至少有过五次比较集中的论述。

第一次，指出政治纪律方面存在的“四个问题”：一是有少数党员干部政治纪律意识不强，在原则问题和大是大非面前立场摇摆，有的对涉及党的理论和路线方针政策等重大政治问题公开发表反对意见。二是有的地方和部门对维护党的政治纪律重视不够，个别的甚至对中央方针政策和重大决策部署阳奉阴违。三是有的党员干部想说什么说什么，想干什么干什么。四是有的还专门挑那些党已经明确规定的政治原则来说事，口无遮拦，毫无顾忌，

① 《严明党的组织纪律，增强组织纪律性》（2014年1月14日），《十八大以来重要文献选编》（上），中央文献出版社2014年版，第764页。

② 《严明党的组织纪律，增强组织纪律性》（2014年1月14日），《十八大以来重要文献选编》（上），中央文献出版社2014年版，第764页。

③ 《在党的群众路线教育实践活动总结大会上的讲话》（2014年10月8日），《人民日报》2014年10月9日。

④ 《全面从严治党面对面》，学习出版社、人民出版社2017年版，第82页。

以显示自己所谓的“能耐”。受到敌对势力追捧，他们不以为耻、反以为荣。习近平强调：“这些问题在党内和社会上造成恶劣影响，给党的事业造成严重损害。党内决不允许有不受党纪国法约束，甚至凌驾于党章和党组织之上的特殊党员。”①

第二次，指出政治纪律方面存在的“七个有之”问题：“一些人无视党的政治纪律和政治规矩，为了自己的所谓仕途，为了自己的所谓影响力，搞任人唯亲、排斥异己的有之，搞团团伙伙、拉帮结派的有之，搞匿名诬告、制造谣言的有之，搞收买人心、拉动选票的有之，搞封官许愿、弹冠相庆的有之，搞自行其是、阳奉阴违的有之，搞尾大不掉、妄议中央的也有之，如此等等。有的人已经到了肆无忌惮、胆大妄为的地步！而这些问题往往没有引起一些地方和部门党组织的注意，发现了问题也没有上升到党纪国法高度来认识和处理。这是不对的，必须加以纠正。”②

第三次，指出违反政治纪律的“四种突出表现”：一是有的人政治野心膨胀，为了一己私利或者小团体的利益，背着党组织搞政治阴谋活动，搞破坏分裂党的政治勾当！二是有的领导干部把自己凌驾于组织之上，老子天下第一，把党派他去主政的地方当成了自己的“独立王国”，用干部、作决策不按规定向中央报告，搞小山头、小团伙、小圈子。三是他们热衷干的事目的都是包装自己，找人抬轿子、吹喇叭，为个人营造声势，政治野心很大。四是有的人发展到目空一切的地步，对中央工作部署搞软抵制，甚至冲着党的理论和路线方针政策大放厥词，散布对中央领导同志的恶毒谣言，压制、打击同自己意见不合的同志，一心以为鸿鹄将至，谁挡他的道就要把谁搬开。胆大妄为到了何等程度！这在我们党内是绝对不允许的。干这种事，最后都会搬起石头砸自己的脚，机关算尽反而误了卿卿性命。③

第四次，指出党的十八大以来，在政治纪律和政治规矩上仍然存在的“四类问题”：一是有的置若罔闻，搞结党营私、拉帮结派、团团伙伙，一门心思钻营权力；二是有的明知在换届中组织没有安排他，仍派亲信到处游

---

① 《严明政治纪律，自觉维护党的团结统一》（2013年1月22日），《十八大以来重要文献选编》（上），中央文献出版社2014年版，第133页。

② 《在中共十八届四中全会第二次全体会议上的讲话》（2014年10月23日），《习近平关于全面从严治党论述摘编》，中央文献出版社2016年版，第105—106页。

③ 《在第十八届中央纪律检查委员会第五次全体会议上的讲话》（2015年1月13日），《习近平关于严明党的纪律和规矩论述摘编》，中央文献出版社、中国方正出版社2016年版，第28—29页。

说拉票，搞非组织活动；三是有的政治野心不小，扬言“活着要进中南海，死了要入八宝山”；四是有的在其主政的地方建“独立王国”，搞小山头、拉小圈子，对党中央决策部署阳奉阴违，为实现个人政治野心而不择手段。①

第五次，指出在政治纪律方面放松警惕、降低要求的“两个突出表现”：一是有的党员、干部在重大原则问题上立场摇摆，对党中央决策部署和三令五申的要求，阳奉阴违甚至搞非组织活动，公开发表反对党的路线方针政策和决议的言论；二是有的党组织觉得政治纪律是“软”的、“虚”的，对违反政治纪律的错误言行不在意、不报告、不抵制、不斗争，更谈不上查处。②

在组织纪律方面，习近平深刻分析新形势下经济社会环境对党组织建设的复杂影响，指出：“改革开放和发展社会主义市场经济，改变了原有的资源配置方式和组织管理模式，越来越多的单位人变成社会人，各种复杂的人际关系和利益关系对党内生活带来不可低估的影响，引发了种种问题，组织观念薄弱、组织涣散就是其中一个需要严肃对待的问题。”③“组织纪律、财经纪律过去都是不敢碰的高压线，现在这两条纪律在一些地方和部门成了最松弛的低压线。犯个组织纪律、财经纪律算什么？打个哈哈就过去了！一到节假日甚至不是节假日，有些人就到处跑，还带着一大家子，吃好的，住好的，玩好的，大江南北，长城内外，哪儿好就往哪儿去。不少是公款消费，财政成了他们家的钱包，财政局长成了他们家的管账先生。社保基金、扶贫资金、惠民资金等关系千家万户切身利益，历来贪污挪用这种钱要罪加一等，也有人敢下手。”④

习近平强调，“组织纪律松弛已经成为党的一大忧患”，违反组织纪律有“七个方面表现”：一是有的个人主义、自由主义严重，目无组织纪律，跟组织讨价还价，不服从组织安排；二是有的党组织和领导干部在处理一些应该由中央和上级组织统一决定的重要问题时，事前不请示、事后不报告，

① 习近平：《在第十八届中央纪律检查委员会第六次全体会议上的讲话》（2016年1月12日），《人民日报》2016年5月3日。

② 习近平：《在第十八届中央纪律检查委员会第六次全体会议上的讲话》（2016年1月12日），《人民日报》2016年5月3日。

③ 《严明党的组织纪律，增强组织纪律性》（2014年1月14日），《十八大以来重要文献选编》（上），中央文献出版社2014年版，第765页。

④ 《严明党的组织纪律，增强组织纪律性》（2014年1月14日），《十八大以来重要文献选编》（上），中央文献出版社2014年版，第771页。

搞先斩后奏、边斩边奏，甚至斩而不奏；三是有的变着法儿把一件完整的需要汇报的大事情分解成一件一件可以不汇报的小事项，让组织程序空转；四是有的领导班子既有民主不够、个人说了算问题，也有集中不够问题，班子里各自为政，把分管领域当成“私人领地”，互不买账，互不服气，内耗严重；五是有的只对领导个人负责而不对组织负责，把上下级关系搞成人身依附关系；六是有的办事不靠组织而靠熟人、靠关系，形形色色的关系网越织越密，方方面面的潜规则越用越灵；七是有的党组织对党员、干部疏于管理，缺乏严肃认真的组织生活等。①

对一些领导干部不落实请示报告制度等问题，习近平多次严厉批评，“有的干部目无组织，干了什么、人跑到哪里去了，组织上都不知道，泥牛入海无消息。有事要找他，众里寻他千百度，颇费周折。孔子说‘游必有方’，我们的领导干部特别是高级干部要是连这一条都做不到，那就成问题了”。“有的领导干部不知哪来的神通，办了好几个身份证，违规办了因私护照甚至持有外国绿卡，有的有几本港澳通行证，有的把老婆孩子都送到国外去了，根本没给组织上说一声，没把组织当回事！”②“有些领导干部个人重大问题不报告。不是说非要家里出了命案才需要报告。有的同志有重病不报，对所有人都隐瞒了，最后病危了组织还不知道，场面上的工作都干不了了，但就是不说，最后命都给耽误没了。有的子女家属长期在国外也不报告，在国外定居的按规定要报告，但他们也不是正式定居，就觉得可以不报告。有的家庭发生重大变故不向组织报告，离婚、结婚多少年了，组织都不知道。有的弄了很多证件，护照好几本，还有假身份证。”③

整饬思路：严格尊崇党章、严肃强调讲政治、严格政治纪律、严格组织纪律、严明党内规矩、严格执行纪律

针对党的纪律建设上存在的突出问题，以习近平同志为核心的党中央坚

---

① 《严明党的组织纪律，增强组织纪律性》（2014年1月14日），《十八大以来重要文献选编》（上），中央文献出版社2014年版，第765页。

② 《严明党的组织纪律，增强组织纪律性》（2014年1月14日），《十八大以来重要文献选编》（上），中央文献出版社2014年版，第768页。

③ 《在第十八届中央纪律检查委员会第五次全体会议上的讲话》（2015年1月13日），《习近平关于严明党的纪律和规矩论述摘编》，中央文献出版社、中国方正出版社2016年版，第46—47页。

持把纪律挺在前面，严明党的政治纪律和政治规矩，严格纪律执行，严格纪律规范，强化监督检查，着力推动全党牢记“五个必须”、防止“七个有之”，保证全党团结统一、步调一致，取得突出成效。从习近平关于严明纪律的重要论述看，党中央整饬党纪的主要思路和做法体现为六个方面，即严格尊崇党章、严肃强调讲政治、严格政治纪律、严格组织纪律、严明党内规矩、严格执行纪律。

严格尊崇党章

党有党纪，国有国法。党章是加强党的建设、严明党的纪律的准绳。“没有党规党法，国法就很难保障。”[①]习近平严明党的纪律，首先强调要严格尊崇党章。他强调，党章是党的根本大法，全党必须遵循的总规矩，“党章是党的总章程，集中体现了党的性质和宗旨、党的理论和路线方针政策、党的重要主张，规定了党的重要制度和体制机制，是全党必须共同遵守的根本行为规范。没有规矩，不成方圆。党章就是党的根本大法，是全党必须遵循的总规矩”[②]。党章“是全面从严治党的总依据和总遵循，也是全体党员言行的总规矩和总遵循。全党学习贯彻党章的水平，决定着党员队伍党性修养的水平，决定着各级党组织凝聚力和战斗力的水平，决定着全面从严治党的水平”[③]。不论是高级干部还是普通党员，要做合格党员，学习贯彻党章都是第一位的要求。在尊崇党章上，习近平重点强调增强党章意识、运用党章指导党的建设、按照党章规范言行、维护党章权威四个方面。

在增强党章意识上，习近平强调：“每一个共产党员特别是领导干部都要牢固树立党章意识，自觉用党章规范自己的一言一行，在任何情况下都要做到政治信仰不变、政治立场不移、政治方向不偏。不论担任何种职务、从事何种工作，首先要明白自己是一名在党旗下宣过誓的共产党员，要用入党誓词约束自己。”[④]

在运用党章指导党的建设上，习近平指出，“建立健全党内制度体系，

---

① 《邓小平文选》第二卷，人民出版社1994年版，第147页。

② 习近平：《认真学习党章　严格遵守党章》（2012年11月16日），《人民日报》2012年11月20日。

③ 《习近平在安徽调研时强调全面落实“十三五”规划纲要　加强改革创新开创发展新局面》，《人民日报》2016年4月28日。

④ 《严明政治纪律，自觉维护党的团结统一》（2013年1月22日），《十八大以来重要文献选编》（上），中央文献出版社2014年版，第132—133页。

要以党章为根本依据；判断各级党组织和党员、干部的表现，要以党章为基本标准；解决党内矛盾，要以党章为根本规则。要加强对遵守党章、执行党章情况的督促检查，对党章意识不强、不按党章规定办事的要及时提醒，对严重违反党章规定的行为要坚决纠正，全党共同来维护党章的权威性和严肃性”①。要在“六个联系”中思考管党治党问题，“要联系党的历史和今天党所处的历史方位、承担的历史使命的实际，联系党的理论发展和今天坚定理想信念的实际，联系党的基本路线和今天做好各项工作的实际，联系党的性质宗旨和今天更好为人民服务的实际，联系党员义务权利和今天发挥好党员先锋模范作用的实际，联系党的纪律规矩和今天解决好党内存在的突出问题的实际，深入思考党章对党组织和党员、干部的要求是哪些、怎样身体力行，深入思考对照党章自己哪些没做到、应该如何提高，深入思考全面从严治党还有哪些环节需要加强、哪些制度需要完善”。②

在按照党章规范言行上，习近平强调：“要引导各级干部自觉学习党章、遵守党章、贯彻党章、维护党章，真正使党章内化于心、外化于行。党规党纪是对党章的延伸和具体化，学好了党规党纪，就能弄清楚自己该做什么、不该做什么，能做什么、不能做什么（该与不该是道德，能与不能是纪律）。”③

在维护党章权威上，习近平强调：“要坚持以党章为根本遵循，用严明的纪律维护党章权威。党章是党的根本大法，全面从严治党首先要尊崇党章。……我们执行这两项法规（指中国共产党廉洁自律准则和中国共产党纪律处分条例），既树立高尚的道德情操，又严明党的纪律戒尺，这就是把党章权威树起来、立起来。”④

严肃强调讲政治

我们党是政治组织，党员干部与普通百姓相比，首先肩负着一种政治责

① 习近平：《认真学习党章　严格遵守党章》（2012年11月16日），《人民日报》2012年11月20日。

② 《习近平在安徽调研时强调全面落实“十三五”规划纲要　加强改革创新开创发展新局面》，《人民日报》2016年4月28日。

③ 习近平：《在全国党校工作会议上的讲话》（2015年12月11日），人民出版社单行本，第18页。

④ 《在十八届中央政治局常委会第一百一十九次会议关于审议中国共产党廉政准则、党纪处分条例修订稿时的讲话》（2015年10月8日），《习近平关于严明党的纪律和规矩论述摘编》，中央文献出版社、中国方正出版社2016年版，第66页。

任，讲政治是党的本质属性要求，必然不同于一般社会组织成员。讲政治是最重要的纪律。习近平在严肃党纪过程中，突出强调讲政治，这是由党的性质宗旨和使命任务所决定的。习近平指出：“我们党作为马克思主义政党，讲政治是突出的特点和优势。没有强有力的政治保证，党的团结统一就是一句空话。”“我国曾经有过政治挂帅、搞‘阶级斗争为纲’的时期，那是错误的。但是，我们也不能说政治就不讲了、少讲了，共产党不讲政治还叫共产党吗？‘纪纲一废，何事不生？’”①在中央军委专题民主生活会上，习近平指出：“讲政治、守纪律是我军的突出特点和优势，……我强调把党性原则在全军牢固立起来，一个重要考虑就是要增强各级党的意识、政治意识，使遵守政治纪律、政治规矩成为全军特别是领导干部的自觉行动。”②2017年2月13日，习近平在省部级主要领导干部学习贯彻十八届六中全会精神专题研讨班开班式上强调：“讲政治，是我们党补钙壮骨、强身健体的根本保证，是我们党培养自我革命勇气、增强自我净化能力、提高排毒杀菌政治免疫力的根本途径。”③

对讲政治的具体内容和要求，习近平在多个场合进行论述，他强调，讲政治，就要增强“四个意识”，“全党同志要增强政治意识、大局意识、核心意识、看齐意识，切实做到对党忠诚、为党分忧、为党担责、为党尽责”。④“要坚持党中央集中统一领导，在各级党组织和广大党员、干部中强化政治意识、大局意识、核心意识、看齐意识，确保在思想上、政治上、行动上始终同党中央保持高度一致。”⑤“坚持党的领导，首先是坚持党中央的集中统一领导。全党必须牢固树立政治意识、大局意识、核心意识、看齐意识，自觉在思想上政治上行动上同党中央保持高度一致。每一个党的组织、每一名党员干部，无论处在哪个领域、哪个层级、哪个部门和单位，都要服

---

① 《当前工作中需要注意的几个问题》（2014年10月23日），《习近平关于全面从严治党论述摘编》，中央文献出版社2016年版，第80页。

② 《在中央军委专题民主生活会上的讲话》（2014年12月16日），《习近平关于全面从严治党论述摘编》，中央文献出版社2016年版，第81页。

③ 《习近平在省部级主要领导干部学习贯彻十八届六中全会精神专题研讨班开班式上发表重要讲话强调 以解决突出问题为突破口和主抓手 推动党的十八届六中全会精神落到实处》，《人民日报》2017年2月14日。

④ 习近平：《在庆祝中国共产党成立九十五周年大会上的讲话》，《人民日报》2016年7月2日。

⑤ 习近平：《在纪念红军长征胜利八十周年大会上的讲话》（2016年10月21日），人民出版社单行本，第20页。

从党中央集中统一领导，确保党中央令行禁止。”①

讲政治，就要站在党和国家大局上想问题、看问题。习近平强调“怎么才能站在党和国家大局上想问题、看问题？首要的就是自觉在思想上、政治上、行动上同党中央保持高度一致，把党中央重大决策部署的精神内涵学深学透、融会贯通，然后自觉贯彻到自己分管方面工作中去。同党中央保持高度一致是具体的，要落实在行动上”②。“要增强大局意识、战略意识，善于算大账、总账、长远账，不能只算地方账、部门账、眼前账，更不能为了局部利益损害全局利益、为了暂时利益损害根本利益和长远利益。”③强调所谓维护大局，增强大局意识，在大局下思考，在大局下行动主要指“四个大局”：一是党和国家工作大局，二是改革发展稳定大局，三是党的领导和社会主义政权安全大局，四是全党全国团结大局。④

讲政治，就要把具有很强的看齐意识作为最最紧要的政治，习近平指出，“各级领导干部要有看齐意识，自觉向党中央看齐，向党的理论和路线方针政策看齐。我们中央政治局的同志必须有很强的看齐意识，必须经常看齐、主动看齐，这样才能真正看齐。这是最最紧要的政治”。“同党中央保持高度一致，是我们党的一贯要求。”⑤习近平强调，经常喊看齐是我们党加强自身建设的规律和经验，“毛主席在党的七大预备会议上讲过一段名言：‘要知道，一个队伍经常是不大整齐的，所以就要常常喊看齐，向左看齐，向右看齐，向中看齐。我们要向中央基准看齐，向大会基准看齐。看齐是原则，有偏差是实际生活，有了偏差，就喊看齐。’毛主席说，看齐是原则，有偏差是实际生活。这是很深刻的道理。就像军队一样，再训练有素的部队也经常要喊看齐，而且要天天喊、时时喊。当然，整队形看齐比较容易，因为那是形体上的，思想上政治上行动上看齐就不那么容易了。经常喊看齐是

① 《习近平在省部级主要领导干部学习贯彻十八届六中全会精神专题研讨班开班式上发表重要讲话强调　以解决突出问题为突破口和主抓手　推动党的十八届六中全会精神落到实处》，《人民日报》2017年2月14日。

② 《在中央政治局“三严三实”专题民主生活会上的讲话》（2015年12月28日、29日），《习近平关于全面从严治党论述摘编》，中央文献出版社2016年版，第85页。

③ 习近平：《在省部级主要领导干部学习贯彻党的十八届五中全会精神专题研讨班上的讲话》（2016年1月18日），人民出版社单行本，第37页。

④ 习近平：《在中央政治局专门会议上的讲话》（2013年6月22—25日），《人民日报》2013年6月26日。

⑤ 《在中央政治局“三严三实”专题民主生活会上的讲话》（2015年12月28日、29日），《习近平关于全面从严治党论述摘编》，中央文献出版社2016年版，第84页。

我们党加强自身建设的规律和经验。只有经常喊看齐，只有各级党组织都经常喊看齐，才能时刻警醒、及时纠偏，使全党始终保持整齐昂扬的奋进状态”[①]。强调军队领导干部增强看齐意识，要做到“四个毫不动摇”：毫不动摇坚持党对军队的绝对领导，毫不动摇从思想上政治上行动上同党中央保持高度一致，毫不动摇维护党中央权威，毫不动摇听从党中央和中央军委指挥。[②]

讲政治，就要“做政治上的明白人”。习近平强调：“政治问题，任何时候都是根本性的大问题。全面从严治党，必须注重政治上的要求，必须严明政治纪律，特别是各级领导干部要时刻绷紧政治纪律这根弦，坚持党的领导不动摇，贯彻党的路线方针政策不含糊，始终做政治上的明白人。”[③]强调军委机关领导干部“必须坚守党性原则，坚定政治信念，增强政治意识，站稳政治立场，严守政治纪律，做政治上的明白人”。要“经常、主动、坚决向党中央和中央军委看齐，把毫不动摇坚持党对军队绝对领导扎根在思想上、落实在行动上，始终同党中央和中央军委保持高度一致，坚决维护党中央和中央军委权威，坚决听从党中央和中央军委指挥”[④]。强调部队各级党委班子和团以上领导干部在政治上要做到：坚持以身作则、以上率下，自觉强化政治意识、看齐意识、带头意识，自觉坚定政治信念、站稳政治立场、严守政治纪律和政治规矩，做政治上的明白人。[⑤]

讲政治，就要在党的各项工作中都有很强的政治意识，特别对新闻舆论工作要坚持党性原则，做到爱党、护党、为党。习近平强调“坚持党性原则，必须自觉在思想上政治上行动上同党中央保持高度一致。报刊、通讯社、电台、电视台、新闻网站的所有工作都必须体现党的意志、反映党的主张，必须维护党中央权威、维护党的团结，做到爱党、护党、为党”。要增强看齐意识，做到“三个看齐”：自觉向党中央看齐，自觉向党的理论和路

---

① 习近平：《在全国党校工作会议上的讲话》（2015年12月11日），人民出版社单行本，第9—10页。

② 《习近平在视察国防大学时强调　围绕实现强军目标推进军队院校改革创新　为实现中国梦强军梦提供人才和智力支持》（2016年3月23日），《人民日报》2016年3月24日。

③ 习近平：《在第十八届中央纪律检查委员会第六次全体会议上的讲话》（2016年1月12日），《人民日报》2016年5月3日。

④ 《习近平在接见军委机关各部门负责同志时强调　讲政治谋打赢搞服务作表率　努力建设“四铁”军委机关》（2016年1月11日），《人民日报》2016年1月12日。

⑤ 《习近平在视察第13集团军时强调　深入推进政治建军　改革强军　依法治军　坚定信心　狠抓落实　开创强军兴军新局面》（2016年1月5日），《人民日报》2016年1月8日。

线方针政策看齐，自觉向党中央决策部署看齐。要增强战略定力、站稳政治立场，做到“两个决不能”：在“乱花渐欲迷人眼”的诱惑干扰面前，保持“乱云飞渡仍从容”的政治定力，决不能发表同党中央不一致的声音，决不能为错误思想言论提供传播渠道。要在大局下行动，找准位、不错位、不缺位：在围绕中心、服务大局中找到坐标、找准定位，做到服从服务于党和国家大局不错位、党和人民需要时不缺位。[①]“要坚定‘四个自信’，用党的理论创新成果指导意识形态工作，坚持以人民为中心，把握正确政治方向、价值取向、舆论导向。加强党的建设，结合推进‘两学一做’学习教育常态化制度化，管好导向、管好阵地、管好队伍，提升主流意识形态领域传播力、引导力、影响力、公信力。”[②]

严格政治纪律

政治纪律，是党的六大纪律中的首要纪律。习近平强调政治纪律和政治规矩“最根本、最重要”、是“第一位”、是“遵守党的全部纪律的重要基础”，他指出：“严明党的纪律，首要的就是严明政治纪律。党的纪律是多方面的，但政治纪律是最重要、最根本、最关键的纪律，遵守党的政治纪律是遵守党的全部纪律的重要基础。”[③]“政治纪律和政治规矩这根弦不能松，腐败问题是腐败问题，政治问题是政治问题，不能只讲腐败问题、不讲政治问题。”“在所有党的纪律和规矩中，第一位的是政治纪律和政治规矩。从近年来查处的高级干部严重违纪违法案件特别是周永康、薄熙来、徐才厚、令计划、苏荣等案件看，破坏党的政治纪律和政治规矩问题非常严重，务必引起重视。这些人权力越大、位置越重要，越不拿党的政治纪律和政治规矩当回事儿，甚至到了肆无忌惮、胆大包天的地步！”[④]“政治问题，任何时候都是根本性的大问题。全面从严治党，必须注重政治上的要求，必须严明政治纪律，特别是各级领导干部要时刻绷紧政治纪律这根弦，坚持党的领导不

① 《在党的新闻舆论工作座谈会上的讲话》（2016年2月19日），《习近平关于全面从严治党论述摘编》，中央文献出版社2016年版，第88页。

② 《中共中央政治局召开会议审议〈关于修改《中国共产党巡视工作条例》的决定〉和〈关于巡视中央意识形态单位情况的专题报告〉》，《人民日报》2017年5月27日。

③ 《严明政治纪律，自觉维护党的团结统一》（2013年1月22日），《十八大以来重要文献选编》（上），中央文献出版社2014年版，第131—132页。

④ 《在第十八届中央纪律检查委员会第五次全体会议上的讲话》（2015年1月13日），《习近平关于严明党的纪律和规矩论述摘编》，中央文献出版社、中国方正出版社2016年版，第28页。

动摇，贯彻党的路线方针政策不含糊，始终做政治上的明白人。”[①]“坚决维护党中央权威、保证全党令行禁止，是党和国家前途命运所系，是全国各族人民根本利益所在。”[②]

对政治纪律的内涵和要求，习近平指出：“政治纪律是各级党组织和全体党员在政治方向、政治立场、政治言论、政治行为方面必须遵守的规矩，是维护党的团结统一的根本保证。”[③]

在遵守党的政治纪律和规矩上，习近平强调，“遵守党的政治纪律，最核心的，就是坚持党的领导，坚持党的基本理论、基本路线、基本纲领、基本经验、基本要求，同党中央保持高度一致，自觉维护中央权威”[④]。守好“四个方面的规矩”，“要严守政治纪律，在政治方向、政治立场、政治言论、政治行为方面守好规矩”。做到“三个自觉”：“自觉坚持党的领导，自觉同党中央保持高度一致，自觉维护党中央权威。”[⑤]强调要从中央政治局高层做起，带头自觉维护中央权威，做到五个方面：“中央政治局的同志要带头自觉维护中央权威，在思想上政治上行动上同党中央保持高度一致，自觉接受党的纪律约束，认真贯彻执行中央政治局作出的决定决策，坚持重大问题按规定请示报告，用实际行动树立中央政治局高度团结统一、步调一致的良好形象。”[⑥]

在遵守政治纪律和政治规矩的重点上，习近平指出，主要是做到“五个必须、五个决不允许”：一是必须维护党中央权威，决不允许背离党中央要求另搞一套，全党同志特别是各级领导干部在任何时候任何情况下都必须在思想上政治上行动上同党中央保持高度一致，听从党中央指挥，不得阳奉阴违、自行其是，不得对党中央的大政方针说三道四，不得公开发表同中央精

---

① 习近平：《在第十八届中央纪律检查委员会第六次全体会议上的讲话》（2016年1月12日），《人民日报》2016年5月3日。

② 《习近平在省部级主要领导干部学习贯彻十八届六中全会精神专题研讨班开班式上发表重要讲话强调　以解决突出问题为突破口和主抓手　推动党的十八届六中全会精神落到实处》，《人民日报》2017年2月14日。

③ 《严明政治纪律，自觉维护党的团结统一》（2013年1月22日），《十八大以来重要文献选编》（上），中央文献出版社2014年版，第132页。

④ 《严明政治纪律，自觉维护党的团结统一》（2013年1月22日），《十八大以来重要文献选编》（上），中央文献出版社2014年版，第132页。

⑤ 《做焦裕禄式的县委书记》（2015年1月12日），《十八大以来重要文献选编》（中），中央文献出版社2016年版，第322页。

⑥ 习近平：《在中央政治局专门会议上的讲话》（2013年6月22—25日），《人民日报》2013年6月26日。

神相违背的言论。二是必须维护党的团结，决不允许在党内培植私人势力，要坚持五湖四海，团结一切忠实于党的同志，团结大多数，不得以人划线，不得搞任何形式的派别活动。三是必须遵循组织程序，决不允许擅作主张、我行我素，重大问题该请示的请示，该汇报的汇报，不允许超越权限办事，不能先斩后奏。四是必须服从组织决定，决不允许搞非组织活动，不得跟组织讨价还价，不得违背组织决定，遇到问题要找组织、依靠组织，不得欺骗组织、对抗组织。五是必须管好亲属和身边工作人员，决不允许他们擅权干政、谋取私利，不得纵容他们影响政策制定和人事安排、干预正常工作运行，不得默许他们利用特殊身份谋取非法利益。[①]

在同党中央保持高度一致上，习近平强调了“三个方面要求”：一是同党中央保持高度一致必须是全面的，在思想上政治上行动上全方位向党中央看齐，做到表里如一、知行合一；二是必须是具体的，不能光口头讲讲，要落实在各个方面、各项工作上；三是必须是坚定的，党中央提倡的坚决响应，党中央决定的坚决照办，党中央禁止的坚决杜绝，任何时候任何情况下都做到政治立场不移、政治方向不偏。[②]强调在指导思想和路线方针政策以及关系全局的重大原则问题上，全党必须在思想上政治上行动上同党中央保持高度一致。[③]对党员干部的忠诚问题，习近平强调：“对党绝对忠诚要害在‘绝对’两个字，就是唯一的、彻底的、无条件的、不掺任何杂质的、没有任何水分的忠诚。党员、干部要用这样的标准要求自己，自觉在思想上政治上行动上同党中央保持高度一致，党叫干什么就坚决干，党不允许干什么就坚决不干。”[④]

在坚决贯彻执行党的路线方针政策上，习近平强调，“要牢固树立大局观念和全局意识，正确处理保证中央政令畅通和立足实际创造性开展工作的关系，任何具有地方特点的工作部署都必须以贯彻中央精神为前提”[⑤]，做到

---

① 《加强纪律建设，把守纪律讲规矩摆在更加重要的位置》（2015年1月13日），《十八大以来重要文献选编》（中），中央文献出版社2016年版，第350—351页。

② 《办公厅工作要做到“五个坚持”》（2014年5月8日），《秘书工作》2014年第6期。

③ 《严明政治纪律，自觉维护党的团结统一》（2013年1月22日），《十八大以来重要文献选编》（上），中央文献出版社2014年版，第132页。

④ 《在全军政治工作会议上的讲话》（2014年10月31日），《习近平关于严明党的纪律和规矩论述摘编》，中央文献出版社、中国方正出版社2016年版，第24页。

⑤ 《严明政治纪律，自觉维护党的团结统一》（2013年1月22日），《十八大以来重要文献选编》（上），中央文献出版社2014年版，第132页。

“三个坚决”“三个决不允许”：党中央提倡的坚决响应，党中央决定的坚决照办，党中央禁止的坚决杜绝，决不允许上有政策、下有对策，决不允许有令不行、有禁不止，决不允许在贯彻执行中央决策部署上打折扣。[①]做到“三个决不能”：决不能在贯彻执行中央决策部署上打折扣、做选择、搞变通，决不能搞“上有政策、下有对策”，也决不能对中央大政方针和重大工作部署口无遮拦、毫无顾忌、评头论足，任何情况下都要严守政治纪律，自觉维护中央权威。[②]

在“不能妄议中央”的政治要求上，习近平强调：“我们要求党员、干部不能妄议中央，不是说不能提意见和建议甚至批评性意见，而是不能在重大政治原则问题上、在大是大非问题上同党中央唱反调、搞政治上的自由主义。”[③]“对党的决议和政策如有不同意见，在坚决执行的前提下，可以声明保留，并且可以把自己的意见向党的上级组织直至中央提出，这是党员的权利。”但是有“五个决不允许”：决不允许散布违背党的理论和路线方针政策的意见，决不允许公开发表违背中央决定的言论，决不允许泄露党和国家秘密，决不允许参与各种非法组织和非法活动，决不允许制造、传播政治谣言及丑化党和国家形象的言论。[④]“在一些干部中，乱评乱议、口无遮拦现象比较突出。如果造谣生事那是违反党纪甚至违反国法，但这些人就是在那儿调侃，传播小道消息，东家长西家短乱发议论，热衷于转发网上不良信息，甚至一些所谓‘铁杆朋友’聚在一起妄议中央大政方针。有的人热衷于打探消息，四处寻问，八方打听，不该问的偏要问，不该知道的特想知道，捉到一些所谓内幕消息就到处私下传播。”“虽然这只是不负责任地传播消息、发表议论，也不是在正式场合说的，但其腐蚀性、涣散性也是非常严重的。”[⑤]

---

① 《做焦裕禄式的县委书记》（2015年1月12日），《十八大以来重要文献选编》（中），中央文献出版社2016年版，第322页。

② 《在河北调研指导党的群众路线教育实践活动时的讲话》（2013年7月11日、12日），《习近平关于全面从严治党论述摘编》，中央文献出版社2016年版，第78页。

③ 习近平：《在第十八届中央纪律检查委员会第六次全体会议上的讲话》（2016年1月12日），《人民日报》2016年5月3日。

④ 《严明政治纪律，自觉维护党的团结统一》（2013年1月22日），《十八大以来重要文献选编》（上），中央文献出版社2014年版，第132页。

⑤ 《在第十八届中央纪律检查委员会第五次全体会议上的讲话》（2015年1月13日），《习近平关于严明党的纪律和规矩论述摘编》，中央文献出版社、中国方正出版社2016年版，第26、27页。

习近平还特别强调要纠正搞团团伙伙、结党营私、拉帮结派等违反政治纪律的问题，他指出：“党内绝不允许搞团团伙伙、结党营私、拉帮结派，搞了就是违反政治纪律。如何防微杜渐？要从规矩抓起，要有这个意识。有些干部聚在一起，搞个同乡会、同学会，一段时间聚一下，黄埔一期二期三期地这么论，看着好像漫无目的，其实醉翁之意不在酒，是要结交情谊，将来好相互提携、互通款曲，这就不符合规矩了。这种聚会最好不要搞，这种饭最好不要吃。”①

在严守政治纪律和政治规矩的态度上，习近平强调：“要十分明确地强调、十分坚定地执行，不要语焉不详、闪烁其词。各级领导干部特别是高级干部要牢固树立纪律和规矩意识，在守纪律、讲规矩上作表率，自觉做政治上的‘明白人’。特别是要加强对年轻干部的教育引导，让他们从进入干部队伍起就知道守纪律、讲规矩的重要性和严肃性，明白在党内不守纪律、不讲规矩，跟组织玩小聪明，权欲膨胀、利欲熏心，不择手段往上爬，为了自己什么事都敢干，总有一天是会自己毁了自己的。”②“党的各级组织要加强对党员、干部遵守政治纪律的教育，党的各级纪律检查机关要把维护党的政治纪律放在首位，确保全党在思想上政治上行动上同党中央保持高度一致。”③

严格组织纪律

强化党的意识、强化组织意识、严格组织纪律，是严明纪律的重要支撑，是习近平全面从严治党的重要内容。他强调，在强化党的意识上，要做到“五个方面”：始终把党放在心中最高位置，牢记自己的第一身份是共产党员，第一职责是为党工作，做到忠诚于组织，任何时候都与党同心同德。在强化组织意识上，要做到“六个方面”：时刻想到自己是党的人，是组织的一员，时刻不忘自己应尽的义务和责任，相信组织、依靠组织、服从组

① 《在第十八届中央纪律检查委员会第五次全体会议上的讲话》（2015年1月13日），《习近平关于严明党的纪律和规矩论述摘编》，中央文献出版社、中国方正出版社2016年版，第25、26页。

② 《在第十八届中央纪律检查委员会第五次全体会议上的讲话》（2015年1月13日），《习近平关于严明党的纪律和规矩论述摘编》，中央文献出版社、中国方正出版社2016年版，第85—86页。

③ 《严明党的组织纪律，增强组织纪律性》（2014年1月14日），《十八大以来重要文献选编》（上），中央文献出版社2014年版，第764页。

织，自觉接受组织安排和纪律约束，自觉维护党的团结统一。[①]在严格组织纪律上，他强调“组织观念、组织程序、组织纪律都要严起来。不严起来，就是一盘散沙”。[②]“执行组织纪律就要明确，哪些事能做、哪些事不能做，哪些事该这样做、哪些事该那样做，哪些事可以个人对组织或组织对个人、哪些事必须组织对组织，哪些事可以简化程序、哪些事只能按程序办，哪些事该发扬民主、哪些事该坚持集中，哪些事由自己决定、哪些事该请示报告，都要规定得明明白白。”[③]

习近平把“四个服从”作为基本组织原则和组织纪律进行强调，“党章规定的‘四个服从’，既是党最基本的组织原则，也是最基本的组织纪律”。[④]他强调，对违反组织纪律和组织原则的“四种情况”要进行批评教育或组织处理：一是对违反民主集中制原则、拒不执行或擅自改变党组织作出的决定、个人或少数人决定重大事项的，二是对在党内搞非组织活动、破坏党的团结统一的，三是对不严格执行请示报告等组织制度的，四是对长期不参加党组织活动、不能履行党员义务的，必须及时批评教育；情节严重的，要给予组织处理或纪律处分。[⑤]

习近平强调，对党组织忠诚老实是组织纪律观念强的一个重要体现，“党员、干部要正确对待组织，对党组织忠诚老实。在党组织面前，党员、干部不能隐瞒自己，不能信口雌黄。党员、干部之间也应该言行一致、表里如一，讲真话，讲实话，讲心里话”“作为共产党人，要敢于坚持真理，不要见风使舵，不能学‘逢人且说三分话，未可全抛一片心’那一套市侩哲学！”同时，也强调组织要保护讲真话、报实情的党员干部，“对向组织讲真话、报实情的党员、干部，各级党组织都要支持和保护。对党组织决定，党员、干部应该不讲任何价钱，不打任何折扣。如果认为组织决定有不妥之

① 《严明党的组织纪律，增强组织纪律性》（2014年1月14日），《十八大以来重要文献选编》（上），中央文献出版社2014年版，第767页。

② 《严明党的组织纪律，增强组织纪律性》（2014年1月14日），《十八大以来重要文献选编》（上），中央文献出版社2014年版，第765页。

③ 《严明党的组织纪律，增强组织纪律性》（2014年1月14日），《十八大以来重要文献选编》（上），中央文献出版社2014年版，第770页。

④ 《严明党的组织纪律，增强组织纪律性》（2014年1月14日），《十八大以来重要文献选编》（上），中央文献出版社2014年版，第766—767页。

⑤ 《严明党的组织纪律，增强组织纪律性》（2014年1月14日），《十八大以来重要文献选编》（上），中央文献出版社2014年版，第770—771页。

处，可以按照组织程序提出意见和建议，但在组织没有改变决定之前，必须毫无保留执行，不允许以任何借口阻挠和拖延组织决定的执行”。[①]

习近平强调领导干部要强化组织观念、程序观念，“领导干部要有组织观念、程序观念，该请示的必须请示，该报告的必须报告，决不能我行我素，决不能遮遮掩掩甚至隐瞒不报。请示报告不是小事，不要满不在乎，这些年来一些干部出事就出在这个上面。该请示报告的不请示报告，或者不如实请示报告，那就是违纪，那就要严肃处理，问题严重的就不能当领导干部”。[②]强调在组织程序上要做到“四该”“两少”“一个担当”，即要强化程序观念，该报告的必须报告，该打招呼的必须打招呼，该履行的职责必须履行，该承担的责任必须承担。少些“迈过锅台上炕”的做法，也少些“事后诸葛亮”的行为。要有担当意识，遇事不推诿、不退避、不说谎，向组织说真话道实情，勇于承担责任。[③]强调遵守党的纪律，很多问题就不会发生，“遵守党的组织纪律，向组织报告，听组织意见，很多问题就不会发生。一个人什么时候容易犯错误？就是以为自己万物皆备、一切顺利的时候，得心应手了就容易随心所欲，随心所欲而又不能做到不逾矩，就要出问题了。月盈则亏，水满则溢。一个人不管当到多大干部都要有组织纪律性，职位越高组织纪律性应该越强，防微杜渐才能不出问题”[④]。

针对一些领导干部请示报告制度不落实的问题，习近平就制度落实多次作出强调：“请示报告制度是我们党的一项重要制度，是执行党的民主集中制的有效工作机制，也是组织纪律的一个重要方面。一九四八年九月，党中央在西柏坡召开政治局扩大会议，会议的一个重要议题是强调要建立请示报告制度。正是这项制度的建立和执行，有力推进了党的作风和纪律建设，保证了政令军令畅通，为解放战争胜利提供了重要保障。”[⑤]“领导干部个人

---

① 《严明党的组织纪律，增强组织纪律性》（2014年1月14日），《十八大以来重要文献选编》（上），中央文献出版社2014年版，第769页。

② 《严明党的组织纪律，增强组织纪律性》（2014年1月14日），《十八大以来重要文献选编》（上），中央文献出版社2014年版，第767—768页。

③ 《严明政治纪律，自觉维护党的团结统一》（2013年1月22日），《十八大以来重要文献选编》（上），中央文献出版社2014年版，第133页。

④ 《严明党的组织纪律，增强组织纪律性》（2014年1月14日），《十八大以来重要文献选编》（上），中央文献出版社2014年版，第766页。

⑤ 《严明党的组织纪律，增强组织纪律性》（2014年1月14日），《十八大以来重要文献选编》（上），中央文献出版社2014年版，第767页。

事项报告制度是请示报告制度的一个重要组成部分，要在一定比例中抽查，如果填的和实际情况不一样，就要说清楚为什么，不能糊弄党组织。”报告个人重大事项，既要报告领导干部本人的，领导干部身边人出现了重大问题也要报告，而且“第一时间就要报告，要报告发生了什么事，报告是什么原因”。“光知道没有报告不行，还要问清楚为什么不报告。到了一定程度就要派纪委去了解情况。”[①]习近平批评有些干部脱岗离岗，“有的干部脱岗离岗了，不向组织汇报，借口说有些是私事，应该有‘自由空间’”，特别强调“当领导干部就要有强烈的责任感，节假日尤其要自觉坚守岗位。没有说不让休息，但关键是如何休息、在哪儿休息，有没有考虑到自己肩负的职责。大部分领导干部在这个问题上做得是好的，节假日都能自觉坚守岗位。这不也是一种规矩吗？”[②]

增强组织纪律观念，还要区分组织意图和领导个人意图的关系，习近平强调：“组织意图是党组织通过民主集中制形成的意见，领导个人意图是领导干部个人的意见。组织意图和领导个人意图可能一致，也可能不一致，或不完全一致。领导干部包括主要负责同志，要准确表达组织意图和个人意图，该以组织名义出面就不要以个人名义出面，该以个人名义出面就不要以组织名义出面，该集体研究就不要擅自表态，该征求意见就不要省略程序，不能把个人意见强加给集体、强加给组织，不能用个人决定代替组织决定。任何时候任何情况下，都要自觉防止个人凌驾于组织之上。”[③]他还举例说明，比如领导干部不能替政法机关拍板定案，“对来自群众反映政法机关执法办案中存在问题的举告，党政领导干部可以依法按程序批转，但不得提出倾向性意见，更不能替政法机关拍板定案。要把能不能依法办事、遵守法律作为考察识别干部的重要标准。要建立健全违反法定程序干预司法的登记备案通报制度和责任追究制度，对违反法定程序干预政法机关执法办案的，一律给予党纪政纪处分；造成冤假错案或者其他严重后果的，一律依法追究刑

---

① 《严明党的组织纪律，增强组织纪律性》（2014年1月14日），《十八大以来重要文献选编》（上），中央文献出版社2014年版，第768页。

② 《加强纪律建设，把守纪律讲规矩摆在更加重要的位置》（2015年1月13日），《十八大以来重要文献选编》（中），中央文献出版社2016年版，第349页。

③ 《严明党的组织纪律，增强组织纪律性》（2014年1月14日），《十八大以来重要文献选编》（上），中央文献出版社2014年版，第768—769页。

事责任”[①]。

严明党内规矩

严明党内规矩，是加强党的纪律建设的重点内容，这是习近平全面从严治党的一个重要特征。党的规矩与党的制度内涵相近，依规治党与制度治党从不同侧面反映了我们党依据党纪国法管党治党。习近平系统论述了党内规矩的基本内涵，它包括党章、党的纪律、国家法律及党的优良传统和工作惯例等，“我们党的党内规矩是党的各级组织和全体党员必须遵守的行为规范和规则。党的规矩总的包括什么呢？其一，党章是全党必须遵循的总章程，也是总规矩。其二，党的纪律是刚性约束，政治纪律更是全党在政治方向、政治立场、政治言论、政治行动方面必须遵守的刚性约束。其三，国家法律是党员、干部必须遵守的规矩，法律是党领导人民制定的，全党必须模范执行。其四，党在长期实践中形成的优良传统和工作惯例”[②]。

从规矩是否成文的角度，习近平强调党的规矩包括“成文的规矩”和“未明文列入纪律的规矩”两类，这些都需要全党长期坚持并自觉遵循。对我们这么一个大党来讲，管党治党不仅要靠党章和纪律，还要靠党的优良传统和工作惯例，他强调“这些规矩看着没有白纸黑字的规定，但都是一种传统、一种范式、一种要求。纪律是成文的规矩，一些未明文列入纪律的规矩是不成文的纪律；纪律是刚性的规矩，一些未明文列入纪律的规矩是自我约束的纪律。党内很多规矩是我们党在长期实践中形成的优良传统和工作惯例，经过实践检验，约定俗成、行之有效，反映了我们党对一些问题的深刻思考和科学总结，需要全党长期坚持并自觉遵循”。[③]

领导干部要懂党的规矩、遵守党的规矩，这是习近平多次强调的重要问题。“领导干部必须懂规矩，懂党的规矩、懂政治规矩，哪些事能做、哪些事不能做，哪些事该这样做、哪些事该那样做，哪些事该发扬民主、哪些事该请示报告，都得按规矩办，不能随心所欲、百无禁忌，更不能明知故犯、

---

① 《严格执法，公正司法》（2014年1月7日），《十八大以来重要文献选编》（上），中央文献出版社2014年版，第721页。

② 《加强纪律建设，把守纪律讲规矩摆在更加重要的位置》（2015年1月13日），《十八大以来重要文献选编》（中），中央文献出版社2016年版，第347页。

③ 《加强纪律建设，把守纪律讲规矩摆在更加重要的位置》（2015年1月13日），《十八大以来重要文献选编》（中），中央文献出版社2016年版，第348页。

肆无忌惮。”[①]他还强调，遵守党的规矩是领导干部的基本素质，“党内规矩有的有明文规定，有的没有，但作为一个党的干部特别是高级干部应该懂的。不懂的话，那就不具备当干部特别是高级干部的觉悟和水平。没有明文规定一定要报的事项，报还是不报，关键看党的观念强不强、党性强不强。领导干部违纪往往是从破坏规矩开始的。规矩不能立起来、严起来，很多问题就会慢慢产生出来。很多事实都证明了这一点。讲规矩是对党员、干部党性的重要考验，是对党员、干部对党忠诚度的重要检验”[②]。指出有的领导干部“犯错误甚至犯罪，并不是因为缺能力、缺经验或者一时糊涂，而是因为不懂规矩、不守规矩”，主要有“三种情况”：一是有的刚当领导还谦虚谨慎，当久了就骄傲自大、忘乎所以；二是有的当小领导时很懂规矩，当大了就唯我独尊、恣意妄为；三是有的是在“吹号抬轿”中忽视规矩，习惯于搞例外、搞特殊、搞特权，热衷于搞潜规则。这样搞下去没有不出事的！[③]习近平还强调领导干部要把培育良好家风作为党的规矩来遵守，“做到廉以修身、廉以持家，培育良好家风，教育督促亲属子女和身边工作人员走正道”[④]。

严明党内规矩就要把纪律规定制定得更周密科学，习近平强调：“有纪可依是严明纪律的前提，党的纪律规定要根据形势和党的建设需要不断完善，确保系统配套、务实管用，防止脱离实际、内容模糊不清、滞后于实践。”[⑤]“要按照准则精神，对现有制度规范进行梳理，该修订的修订，该补充的补充，该新建的新建，让党内政治生活有规可依、有章可循。”[⑥]

---

① 《领导干部要讲诚信、懂规矩、守纪律》（2013年8月31日），《习近平关于全面从严治党论述摘编》，中央文献出版社2016年版，第97—98页。

② 《在第十八届中央纪律检查委员会第五次全体会议上的讲话》（2015年1月13日），《习近平关于严明党的纪律和规矩论述摘编》，中央文献出版社、中国方正出版社2016年版，第8页。

③ 《领导干部要讲诚信、懂规矩、守纪律》（2013年8月31日），《习近平关于全面从严治党论述摘编》，中央文献出版社2016年版，第98页。

④ 《在党的十八届五中全会第二次全体会议上的讲话》（2015年10月29日），《习近平关于全面从严治党论述摘编》，中央文献出版社2016年版，第112页。

⑤ 习近平：《在党的群众路线教育实践活动总结大会上的讲话》（2014年10月8日），人民出版社单行本，第27页。

⑥ 《在党的十八届六中全会第二次全体会议上的讲话》（2016年10月27日），《习近平关于全面从严治党论述摘编》，中央文献出版社2016年版，第117页。

严格执行纪律

严格执行纪律，是严明纪律的关键。习近平指出："全面加强纪律建设，用严明的纪律管全党治全党。……党的十九大把纪律建设摆在更加突出位置，纳入党的建设总体布局，表明了用严明的纪律管党治党的坚定决心。"①习近平特别强调把纪律挺在前面，坚持纪严于法、纪在法前。他指出："无数案例证明，党员'破法'，无不始于'破纪'。只有把纪律挺在前面，坚持纪严于法、纪在法前，才能克服'违纪只是小节、违法才去处理'的不正常状况，用纪律管住全体党员。"②"明制度于前，重威刑于后。各级党组织要把严守纪律、严明规矩放到重要位置来抓，努力在全党营造守纪律、讲规矩的氛围。"③"纪律面前一律平等，党内不允许有不受纪律约束的特殊党员。党的各级组织要积极探索纪律教育经常化、制度化的途径，多做提提领子、扯扯袖子的工作，使党员、干部真正懂得，党的纪律是全党必须遵守的行为准则，严格遵守和坚决维护纪律是做合格党员、干部的基本条件。"④要强化制度执行，加强监督检查，确保出台一个就执行落实好一个。要坚持执行制度没有例外，对违反制度规定踩"红线"、闯"雷区"的，要零容忍，发现一起就坚决查处一起。⑤

在执行党的纪律上，习近平强调："遵守党的纪律是无条件的，要说到做到，有纪必执，有违必查，而不能合意的就执行，不合意的就不执行，不能把纪律作为一个软约束或是束之高阁的一纸空文。"⑥"要提高制度执行力，让制度、纪律成为带电的'高压线'，使查处违纪违法问题制度化、

---

① 《习近平关于全面从严治党论述摘编》（2021年版），中央文献出版社2021年版，第340页。

② 习近平：《在第十八届中央纪律检查委员会第六次全体会议上的讲话》（2016年1月12日），《人民日报》2016年5月3日。

③ 《在第十八届中央纪律检查委员会第五次全体会议上的讲话》（2015年1月13日），《习近平关于严明党的纪律和规矩论述摘编》，中央文献出版社、中国方正出版社2016年版，第85页。

④ 习近平：《在党的群众路线教育实践活动总结大会上的讲话》（2014年10月8日），人民出版社单行本，第26—27页。

⑤ 《在听取兰考县和河南省党的群众路线教育实践活动情况汇报时的讲话》（2014年8月27日），《做焦裕禄式的县委书记》，中央文献出版社2015年版，第59页。

⑥ 《严明党的组织纪律，增强组织纪律性》（2014年1月14日），《十八大以来重要文献选编》（上），中央文献出版社2014年版，第764页。

经常化，使党员、干部心有所畏、言有所戒、行有所止。”[①]“狠抓执纪监督，以纪律为尺子衡量党员、干部的行为，对违纪问题发现一起就查处一起，提高纪律执行力，维护纪律严肃性。”[②]他强调，在党的纪律面前没有免罪的“丹书铁券”和“铁帽子王”，“党纪国法不能成为‘橡皮泥’‘稻草人’，无论是因为‘法盲’导致违纪违法，还是故意违规违法，都要受到追究，否则就会形成‘破窗效应’。……法治之下，任何人都不能心存侥幸，都不能指望法外施恩，没有免罪的‘丹书铁券’，也没有‘铁帽子王’”。[③]“领导干部不论职务多高、资历多深、贡献多大，都要严格按法规制度办事，坚持法规制度面前人人平等、遵守法规制度没有特权、执行法规制度没有例外。越是领导干部，越是主要领导干部，越要自觉增强法规制度意识，以身作则，以上率下，尤其要善于依法规制度谋事、依法规制度管人、依法规制度用权，自觉维护法规制度的严肃性和权威性。”[④]强调执行纪律要把执法和执纪贯通起来，“要坚持依法治国、依规治党，把纪律和规矩挺起来、立起来，严格按照纪律和法律的尺度，把执法和执纪贯通起来，使全面从严治党的任务真正得到落实”[⑤]。

执行纪律还要防止“破窗效应”，“这些年，一些单位包括有的领导机关，讲面子不讲规矩，讲关系不讲原则，遇到矛盾绕道走，问题摆着拖着长期得不到解决，门难进、脸难看、事难办，群众反映很大。在这次活动中，要好好纠一纠这种现象。很多问题，不是没有政策规定，而是有政策规定却不执行。有些政策规定是约束性的，有些明确是刚性要求，却成了‘稻草人’，成了摆设。这样就会形成‘破窗效应’，打碎一块玻璃没人管，最后所有玻璃都会被打碎，因为打了不受惩罚。很多方面都有政策规定，现在也

---

① 《切实加强和改进新形势下我军政治工作》（2014年10月31日），《十八大以来重要文献选编》（中），中央文献出版社2016年版，第195页。

② 习近平：《在第十八届中央纪律检查委员会第六次全体会议上的讲话》（2016年1月12日），《人民日报》2016年5月3日。

③ 《在省部级主要领导干部学习贯彻党的十八届四中全会精神全面推进依法治国专题研讨班上的讲话》（2015年2月2日），《习近平关于严明党的纪律和规矩论述摘编》，中央文献出版社、中国方正出版社2016年版，第86—87页。

④ 《在十八届中央政治局第二十四次集体学习时的讲话》（2015年6月26日），《习近平关于全面从严治党论述摘编》，中央文献出版社2016年版，第111页。

⑤ 《在听取二〇一五年首轮专项巡视汇报时的讲话》（2015年6月4日），《习近平关于严明党的纪律和规矩论述摘编》，中央文献出版社、中国方正出版社2016年版，第87页。

还适用，就是因为讲面子、讲人情，最后都被突破了”。[①]

要使纪律成为带电的高压线，“要坚持有令必行、有禁必止，坚决查处各种违反纪律的行为，使各项纪律规矩真正成为‘带电的高压线’，防止出现‘破窗效应’”[②]。“制定纪律就是要执行的。……党的规矩，党组织和党员、干部必须遵照执行，不能搞特殊、有例外。各级党组织要敢抓敢管，使纪律真正成为带电的高压线。”[③]执行党的纪律不能有任何含糊，“凡是违反党章和党的纪律特别是政治纪律、组织纪律、财经纪律的行为，都不能放过，更不能放纵”[④]。

对纪律不落实要区别情况、严肃处理，“对存在一般性作风问题的，要立足于批评教育、促其改进；对群众意见大、不能认真查摆问题、没有明显改进的，要进行组织调整；对顶风违纪的，要严肃处理。要抓住典型案例开展警示教育，惩处一个，教育一片。对那些软弱涣散、问题比较突出的领导班子，要先进行组织整顿，再开展活动。要在解决党员队伍出口问题上探索出一些经验来，把从严治党要求落到实处”[⑤]。特别对领导干部在资金使用等方面违规违纪问题要严格管理监督，“加强对各项资金使用情况的管理和监督，加强审计工作特别是对重大领域、重大项目、重要资金的审计监督，防止贪污、挪用、截留等问题发生”[⑥]。

要加强纪律意识的教育，把党纪刻印在全体党员心上，“我们现在要强调的是扎紧党规党纪的笼子，把党的纪律刻印在全体党员特别是党员领导干部的心上”[⑦]。“要深入开展纪律教育，加强学习宣传教育，使党员、干部增

---

① 《在河北调研指导党的群众路线教育实践活动时的讲话》（2013年7月11日、12日），《习近平关于严明党的纪律和规矩论述摘编》，中央文献出版社、中国方正出版社2016年版，第73页。

② 《在党的十八届六中全会第二次全体会议上的讲话》（2016年10月27日），《习近平关于全面从严治党论述摘编》，中央文献出版社2016年版，第116—117页。

③ 《严明党的组织纪律，增强组织纪律性》（2014年1月14日），《十八大以来重要文献选编》（上），中央文献出版社2014年版，第770页。

④ 《在党的群众路线教育实践活动第一批总结暨第二批部署会议上的讲话》（2014年1月20日），《习近平关于严明党的纪律和规矩论述摘编》，中央文献出版社、中国方正出版社2016年版，第79页。

⑤ 《在党的群众路线教育实践活动第一批总结暨第二批部署会议上的讲话》（2014年1月20日），《习近平关于严明党的纪律和规矩论述摘编》，中央文献出版社、中国方正出版社2016年版，第79—80页。

⑥ 《严明党的组织纪律，增强组织纪律性》（2014年1月14日），《十八大以来重要文献选编》（上），中央文献出版社2014年版，第771页。

⑦ 《在十八届中央政治局常委会第一百一十九次会议关于审议中国共产党廉政准则、党纪处分条例修订稿时的讲话》（2015年10月8日），《习近平关于全面从严治党论述摘编》，中央文献出版社2016年版，第111—112页。

强纪律意识，把党章党规党纪刻印在心上，形成尊崇党章、遵守党纪的良好习惯。”[①]“养成纪律自觉，教育引导广大党员、干部特别是领导干部严格按党章标准要求自己，知边界、明底线，把他律要求转化为内在追求，自觉以身作则，发挥表率作用。”[②]要在全党开展法规制度宣传教育，引导广大党员、干部牢固树立法治意识、制度意识、纪律意识，懂法纪、明规矩，知敬畏、存戒惧，形成尊崇制度、遵守制度、捍卫制度的良好氛围。[③]强调要使党员干部心存敬畏，主要指“五个敬畏”，“心存对信仰的敬畏、对组织的敬畏、对法纪的敬畏、对群众的敬畏、对责任的敬畏，做到能够知止，始终保持权力光环、地位光环下的清醒”。手握“五把戒尺”：就是要“手握法律的戒尺、纪律的戒尺、制度的戒尺、规矩的戒尺、道德的戒尺，做到克己奉公。我们的内心要始终装着一把党性的尺子，衡量人生得失，把握行为尺度”。[④]警示教育是加强纪律建设的重要途径，习近平强调，“每名党员干部都要坚决抛弃‘看戏’心态，真正从别人身上汲取教训，把未病当作有病防，坚守底线、追求高标准，不断提高自身免疫力”[⑤]。

战略思考

纪律是一个组织得以维持的基本条件。马克思主义政党是由无产阶级中最先进成员组成，是为绝大多数人谋利益的先进政党，这种阶级的先进性和肩负使命的宏大性决定了马克思主义政党必然是一个具有高度组织性纪律性的政治组织。马克思、恩格斯强调：“过去的一切运动都是少数人的，或者为少数人谋利益的运动。无产阶级的运动是绝大多数人的，为绝大多数人谋利益的独立的运动。”[⑥]他们还指出，“共产党人是各国工人政党中最坚决、

---

① 习近平：《在第十八届中央纪律检查委员会第六次全体会议上的讲话》（2016年1月12日），《人民日报》2016年5月3日。

② 习近平：《在第十八届中央纪律检查委员会第六次全体会议上的讲话》（2016年1月12日），《人民日报》2016年5月3日。

③ 《在十八届中央政治局第二十四次集体学习时的讲话》（2015年6月26日），《习近平关于全面从严治党论述摘编》，中央文献出版社2016年版，第111页。

④ 《在中央政治局“三严三实”专题民主生活会上的讲话》（2015年12月28日、29日），《习近平关于全面从严治党论述摘编》，中央文献出版社2016年版，第113页。

⑤ 《习近平关于全面从严治党论述摘编》（2021年版），中央文献出版社2021年版，第341页。

⑥ 《马克思恩格斯选集》（第一卷），人民出版社2012年版，第411页。

始终起推动作用的部分”[①]。为了建设一个与资产阶级性质完全不同的、确保无产阶级取得革命胜利的无产阶级政党，马克思、恩格斯特别重视党的组织原则和纪律规范。

马克思、恩格斯在为共产主义者同盟所制定的章程中就规定了比较严格的纪律，指出，“我们现在必须绝对保持党的纪律，否则将一事无成。”[②]第一国际成立后，党的组织纪律先后受到蒲鲁东和巴枯宁无政府主义思潮的挑战。恩格斯对这些错误观点进行了严厉批判，“没有任何党的纪律，没有任何力量在一点的集中，没有任何斗争的武器！那么未来社会的原型会变成什么呢？简而言之，我们采用这种新的组织会得到什么呢？会得到一个早期基督教徒那样的畏缩胆怯的而又阿谀奉承的组织”[③]。列宁强调，无产阶级政党要成为工人阶级的先进部队，保障党员的质量比数量更加重要，要善于纯洁自己的队伍，党内要实行严格的纪律。他认为党的纪律是铁的纪律，要求通过各种政策措施铲除党内派别活动，反对党内特殊化和各种官僚主义现象。

我们党在长期革命、建设、改革实践中，形成了纪律严明的优良传统和政治优势。毛泽东把纪律作为我们党的第一个重要特征，并强调：“路线是‘王道’，纪律是‘霸道’，这两者都不可少。”[④]“使党铁一样地巩固起来。”[⑤]邓小平指出：“我们这么大一个国家，怎样才能团结起来、组织起来呢？一靠理想，二靠纪律。”[⑥]

党的一大纲领对政治立场、保守秘密、发展党员等政治纪律、组织纪律、廉洁纪律等作了明确规定。井冈山时期，我们党就制定了“三大纪律、六项注意”。延安时期，我们党又把“三大纪律、六项注意”充实规范为“三大纪律、八项注意”，明确提出“四个服从”要求。此后，从党的七届二中全会作出六项规定，为“进京赶考”定规矩，到十一届五中全会通过《关于党内政治生活的若干准则》，到十八大后颁布中央八项规定，再到十八届六中全会通过《关于新形势下党内政治生活的若干准则》和《中国共产党党内监督条例》等，加强纪律建设成为党要管党、从严治党的一条主

---

① 《马克思恩格斯选集》（第一卷），人民出版社2012年版，第413页。
② 《马克思恩格斯全集》（第二十九卷），人民出版社1972年版，第413页。
③ 《马克思恩格斯全集》（第十七卷），人民出版社1963年版，第519页。
④ 《毛泽东文集》第二卷，人民出版社1996年版，第374页。
⑤ 《毛泽东选集》第二卷，人民出版社1991年版，第614页。
⑥ 《邓小平文选》第三卷，人民出版社1993年版，第111页。

线。尤其是党的十八大以后，党中央把整饬纪律作为全面从严治党的重要抓手，严肃查纠违规违纪问题，健全完善纪律规范，坚决维护党的团结统一，取得了明显成效。

坚持全面从严治党，最关键是要把严明纪律毫不懈怠抓下去。可以说，全面从严治党的成效取决于纪律建设的成效。只有把严明党的纪律坚持到底，全面从严治党才能取得最终胜利。从更长期的视角看，严明党的纪律要注重总结实践经验，提高抓纪律建设的科学性；要抓住坚决维护核心这个关键，不断增强党的团结统一；要突出执纪主体这个要害，切实提高纪律执行力。

一、深入总结整饬纪律的实践经验，提高党的纪律建设的科学性。

党的十八大以来，党中央紧紧围绕全面从严治党，整饬党纪、肃正党风，把纪律挺在前面，取得良好效果。整饬纪律是在党的纪律建设出现严重问题的实际情况下进行的，也是在党面临“四大考验”“四种危险”的时代背景下进行的，是在党肩负推进伟大斗争、伟大工程、伟大事业、伟大梦想的历史使命中进行的。严明纪律的实践较好地解决了一段时间以来党纪方面存在的突出问题，创造了新形势下加强党的建设的新思路新办法，反映了新时期党的建设的一般特点和规律，为今后加强党的纪律建设提供了重要经验和宝贵借鉴。

从实践看，有益经验至少包括以下四点：

一是执纪从上层开始。党的十八大以后，全党之所以能迅速形成作风严格、纪律严明的良好氛围，关键是中央政治局首先带头执行纪律，带头落实以八项规定为标志的党的纪律规矩，坚持从领导干部特别是高级干部违纪抓起，立起了执纪权威，明确了执纪导向，令全党上下都很信服。

二是突出政治纪律这个首要。始终着眼维护党的团结统一和巩固，把严肃政治纪律突出出来，通过学习教育、典型案例解剖、政治生活约束等，强化“四个意识”，使全党在维护党中央权威、维护习近平总书记的核心地位，坚决反对个人主义、自由主义、分散主义上取得思想共识。

三是把严肃和“认真”贯彻到执纪上。从开展“六个专项整治”，到狠刹中秋月饼等作风纪律小节，到指名道姓通报违纪问题等，一环紧扣一环，在纠风上抓一事成一事，毫不懈怠。“许多干部从不适应到适应，由不相信到相信，由被动到主动，校准了思想之标，调整了行为之舵，绷紧了作风之弦。”①

四是注重破立并举。既严肃查处违纪现象和问题，又及时健全完善纪律规定，使不该做什么、该做什么的标准和导向很明确，做到了把正气立起来，把歪风邪气压下去。

这些经验抓住了纪律建设的“牛鼻子”，也揭示了纪律运行的深层逻辑。

坚持执纪从上层开始，这符合纪律的权威至上规律，纪律有没有作用，关键看上层是不是按纪律办事，如果上层特别是最高层都按纪律办，纪律就有权威性。

坚持突出政治纪律这个首要，这符合纪律的集体利益至上规律。纪律是为了维护集体利益而制定的要求每个成员遵守的规章和条文，纪律是以实现集体利益为准则，只有把政治纪律作为首要，才能保证全体成员为实现集体利益而奋斗。

坚持把严肃和“认真”贯彻到执纪上，这符合纪律的严格至上规律，严明纪律就是把事无巨细的要求落实到每事每人每时，只有严肃认真才能确保标准到位，严肃认真是纪律的生命力所在。

坚持注重破立并举，符合纪律的正向引导规律，纪律就是要明确行为方向，划定准与不准的边界，使大家向确定的方向和轨道前进。党的十八大以来，以这些经验为主要标志的严明党纪的有益做法，不仅是当前严明党纪的重要遵循，也是更长历史时期内加强党的纪律建设的重要借鉴。只有这样不断积累经验、升华理性认识，才能有效增强新形势下党的纪律建设的科学性。

二、始终突出坚决维护党中央权威、维护党的团结统一这个关键，防止形成组织内“小团体”。

纪律，最根本最重要的功能是维护组织的集体利益、维护组织内部的团结统一，捏成一个拳头，不断增强凝聚力、战斗力。一段时期以来，“在党内和社会上造成恶劣影响，给党的事业造成严重损害”的是违反政治纪律和

① 习近平：《在第十八届中央纪律检查委员会第六次全体会议上的讲话》（2016年1月12日），《人民日报》2016年5月3日。

政治规矩问题。其中，威胁党的巩固和团结统一的最突出表现就是党内的宗派主义、小团体主义、分散主义。共产党内部要搞好，就不能出现宗派主义、小团体主义、分散主义。在延安时期，毛泽东就把反对宗派主义作为整风运动的三大任务之一，他指出："什么是党内宗派主义的残余呢？……首先就是闹独立性……这种人闹什么东西呢？闹名誉，闹地位，闹出风头，在他们掌握一部分事业的时候，就要闹独立性。为了这些，就要拉拢一些人，排挤一些人，在同志中吹吹拍拍，拉拉扯扯，把资产阶级政党的庸俗作风也搬进共产党里来了。"[①]他强调："我们一定要建设一个集中的统一的党，一切无原则的派别斗争，都要清除干净。要使我们党的步调整齐一致，为一个共同目标而奋斗，我们一定要反对个人主义和宗派主义。"[②]1992年，邓小平强调："关键是我们共产党内部要搞好，不出事。"[③]因此，防止和克服宗派主义、小团体主义、分散主义，始终是党的纪律建设的重点内容。

组织学认为，对组织生存威胁比较大的是目标替代问题。目标替代，简单地说，就是由于组织内部纪律松弛等原因，出现了许多小团体，这些小团体为了局部利益，逐渐形成了与组织整体利益或共同目标不一致的小团体目标。随着时间推移，这些小团体目标逐渐取代了组织整体的共同目标，使组织的共同目标和整体利益被架空，从而出现目标替代问题。目标替代问题不解决，组织的共同目标就难以实现，整体利益就会落空，严重的会导致组织生存危机或组织崩溃。

如果党内的宗派主义、小团体主义、分散主义，特别是党中央严厉批评的政治野心不小、搞"独立王国"、搞门客门宦门附那一套，搞同乡会、同学会等问题得不到纠正，党内必然会形成形形色色的利益集团、特权阶层、利益固化的宗派团体等，党的共同目标和历史使命就将被这些小团体的目标所替代，党的凝聚力战斗力就无从谈起，我们党的内部就会出现历任党的领袖所担忧的严重问题。

因此，维护党的纪律，必然要严肃整治作风纪律、财经纪律、生活纪律等问题，防止腐败多发高发，但首先还是要防止在遵守政治纪律和政治规矩上出问题，防止出现影响党中央权威和全党团结统一的严重问题。随着全面

---

① 《毛泽东选集》第三卷，人民出版社1991年版，第821—822页。
② 《毛泽东选集》第三卷，人民出版社1991年版，第822页。
③ 《邓小平文选》第三卷，人民出版社1993年版，第381页。

从严治党的不断推进，要始终把政治纪律和政治规矩放在严明纪律的首位，不断强化全党坚决维护党中央权威、维护习近平总书记在党中央和全党的核心地位，确保全党上下忠诚于党的事业，不断保持党的高度团结统一。

三、突出抓好执纪主体这个关键，防止纪律执行“中梗阻”。

党的十八大以来，党中央在严明党纪上坚持破立并举，一方面严肃纠治违反纪律的突出问题，另一方面结合形势任务和新的实践要求，抓紧修订《中国共产党纪律处分条例》《中国共产党问责条例》《中国共产党党内监督条例》等纪律规矩，使党的纪律规矩越来越严密，为全面从严治党提供了有力制度保障。

从立法与执法的关系，或者制定纪律与执行纪律的关系看，我们党固然存在纪律不健全、不完善问题，但从一段时间以来党的纪律存在的突出问题看，更突出、更关键的是纪律不执行不落实问题。习近平总书记指出：“现有制度都没有执行好，再搞新的制度，可以预言也会是白搭。所以，我说一分部署九分落实。制定制度很重要，更重要的是抓落实，九分气力要花在这上面。”①

纪律为什么执行不下去？“中梗阻”出现在哪里？其中，有少数党员干部纪律观念淡薄，违反纪律，出现“破窗效应”，导致更多的人从众违反纪律。但更关键的问题是执行纪律的主体没有认真履行职责，在打破第一块玻璃后，执行纪律的主体没有叫停、没有严肃落实纪律，出现了有纪不纠、见怪不怪现象。加上有的领导干部带头违反纪律，就形成了遵守纪律是无能的、不守纪律是有本事有能耐的认识误区。

“破窗效应”并不必然会发生，如果发生了，一定是管理和执行的主体缺失缺位才导致的。“破窗效应”导致的结果就是，一边根据出现的问题，不断制定新的纪律规定；另一边纪律越来越多，但执行都不认真，结果上百个文件也管不好一件小事情。从这个意义上说，有了纪律而不执行、对纪律视而不见，使纪律失去权威，远比纪律不完善的危害更大。一旦形成对纪律的存在视而不见，甚至怀疑纪律的权威性、有效性，形成以不执行纪律为能耐的扭曲文化和不良生态，即使纪律再完善、新纪律出台再多，也难

---

① 《在参加河南省兰考县委常委班子专题民主生活会时的讲话》（2014年5月9日），《习近平关于严明党的纪律和规矩论述摘编》，中央文献出版社、中国方正出版社2015年版，第81页。

以发挥纪律的约束作用。

因此，抓好纪律建设，必须把执纪主体作为重点对象来抓，增强纪律的权威性和约束力，制止和减少在纪律执行上的“破窗效应”。

在执纪主体的选拔环节上，对各级党组织和纪委的书记、副书记的选拔，要特别考察其原则性、政策性、纪律性等素质，对从事党的纪律工作的干部要特别注意考察其政治意识、党性意识和纪律意识，确保执纪队伍自身过硬。

在培训环节上，要强化针对执纪负责人的党纪党规执行规定的专题培训，加强执纪案例的解剖和教学，提高执纪的意识和能力。

在政绩导向上，不能仅仅把本单位受处理人数作为履行全面从严治党的主体责任的唯一指标，还要加强对执纪情况的深入分析。切实纠正为了所谓的单位政绩、个人升迁，不愿意暴露违纪问题，害怕承担责任，而在执行纪律上心慈手软、降低标准，以批评代替处分，以处分代替法治等宽恕纪律的行为，防止“保护错误的力量大过伸张正义的力量”[①]。

同时，还要坚决纠正在纪律面前不平等的问题，拒绝说情风、关系网、利益链，查处违纪问题必须“坚持有什么问题查清什么问题、发现什么问题查清什么问题，不能装聋作哑、避重就轻，不能大事化小、小事化了，任何人不得隐瞒、简化、变通”[②]，切实纠正对领导身边的人、对有各种关系的人、对掌管重要资源的人在执行纪律上网开一面的问题，切实纠正领导干部带头不遵守纪律的问题，防止“破窗效应”重现。

---

① 习近平：《在党的群众路线教育实践活动总结大会上的讲话》（2014年10月8日），《人民日报》2014年10月9日。

② 习近平：《在党的群众路线教育实践活动总结大会上的讲话》（2014年10月8日），《人民日报》2014年10月9日。

第十四篇

战略主体：各级党组织及负责人

战略，是主体对客体的一种主动谋划、策略抉择和长远经营。全面从严治党由谁来管？谁来治？习近平强调，党要管党，才能管好党；从严治党，才能治好党。党要管党，最早是邓小平针对我们党的历史上党政不分、以党代政等问题提出来的。党要管党、从严治党，点明了我们党的管理、治理只能依靠我们党自身来解决。从党的工作部门分工看，党委的组织部门分管党的建设，党要管党首先是组织部门要管。但全面从严治党涉及方方面面，既包括理想信念教育，又包括作风纪律建设，还包括惩治腐败、完善党的制度规定等，管党治党不只包括组织部门。党的十八大以来，党中央在全面从严治党的实践中明确强调，管党治党要发挥各级组织的作用，同时把组织建设作为党的建设的重要一极来抓。通过抓好党委的主体责任和纪委的监督责任、着力建强各级组织等，使各级党组织及其负责人在管党治党上的作用得到彰显和强化，党的组织体系更加坚强有力，全面从严治党具有了新气象。

战略定位：政治责任、职责所在、最大政绩、第一责任、可靠保障、力量优势

全面从严治党的责任由谁来承担？全面从严治党的工作由谁来推进？习近平强调，要靠全党、管全党、治全党，同时鲜明强调“各级党组织及其负责人都是责任主体”[①]。其中，各级党组织，包括各级党委（党组）支部和

① 习近平：《在第十八届中央纪律检查委员会第六次全体会议上的讲话》（2016年1月12日），《人民日报》2016年5月3日。

各级纪委及相关党的工作部门。负责人，指党委和纪委的书记、副书记（班子成员或各级领导干部大多是下一级党组织负责人）。从习近平关于全面从严治党的重要论述可以看出，对各级党组织及其负责人在管党治党上的定位主要是：履行好管党治党职责是各级党组织的重大政治责任，是各级党组织的职责所在，是各级党组织的最大政绩，是党委书记第一责任人的职责，是从严治党的可靠保障。

政治责任：履行好管党治党职责是各级党组织的重大政治责任。

全面从严治党是对各级党组织的政治要求，习近平强调："党章总纲明确提出'坚持党要管党、从严治党'，这是党的建设的根本方针。党章第三十九条规定'党组织必须严格执行和维护党的纪律'，这是对主体责任的具体要求。各级党委要在思想认识、方法措施上跟上全面从严治党战略部署，把纪律挺在前面，发现问题就要提提领子、扯扯袖子，使红红脸、出出汗成为常态。对问题严重的，就要打手板、敲警钟，该组织处理的组织处理，该纪律处分的纪律处分。"①"新形势下推进党的建设新的伟大工程，必须强化管党治党责任，深刻认识增强党自我净化、自我完善、自我革新、自我提高能力的重要性和紧迫性，把加强和改进党的建设作为重大政治责任。坚持聚精会神抓党的建设，抓措施配套，抓重点突破，抓制度完善，把从严治党的各项措施落到实处。"②

习近平强调，纪委肩负着沉甸甸的政治责任，各级党委要"认真落实反腐败体制机制改革举措，自觉接受纪委监督，支持和保障纪委履行职责。这种体制机制改革既是党和人民对各级纪委的信任，更是纪委沉甸甸的政治责任。各级纪委要坚持党委统一领导，更好发挥党内监督专门机关作用"③。

职责所在：履行好管党治党责任是各级党组织的职责所在。

管党治党是各级党组织的职责所系。习近平强调："全面从严治党是各

---

① 习近平：《在第十八届中央纪律检查委员会第六次全体会议上的讲话》（2016年1月12日），《人民日报》2016年5月3日。

② 《在党的十八届四中全会第一次全体会议上关于中央政治局工作的报告》（2014年10月20日），《习近平关于全面从严治党论述摘编》，中央文献出版社2016年版，第227页。

③ 《在第十八届中央纪律检查委员会第三次全体会议上的讲话》（2014年1月14日），《习近平关于严明党的纪律和规矩论述摘编》，中央文献出版社、中国方正出版社2016年版，第113页。

级党组织的职责所在。从党风廉政建设主体责任到全面从严治党主体责任，不只是字面上的变化，更是实践的发展、认识的深化。党风廉政建设和反腐败工作是全面从严治党的一部分，党的建设必须全面加强，各级党组织及其负责人都是责任主体。”[①]

习近平明确强调，所有党组织和领导干部都有管党治党责任，“我强调一个问题，就是要全面落实党组织的责任。党的各项工作，所有党组织和领导干部都有责任，要尽心尽力做好。有的干部自己分得很清楚，是党还是政，是管业务的还是管党务的，自己给自己定位了。有的干部在纪委当常委、委员，认为只是挂个名、弄个待遇。其他方面这类情况也不少见。这种认识是不对的。担任职务就要履行责任，这是党交给你的一份责任。”[②]强调监督执纪问责是各级纪委的根本职责，“监督执纪问责是党章赋予纪律检查机关的根本职责。各级纪委要找准在全面从严治党中的职能定位，强化监督执纪，加大问责力度。要以贯彻落实《中国共产党廉洁自律准则》和《中国共产党纪律处分条例》为契机，探索建立不敢腐、不能腐、不想腐的有效机制，为推动全面从严治党、协调推进‘四个全面’战略布局提供坚强纪律保证”[③]。强调各级党的工作部门要发挥好职能作用，“各级党的工作部门要切实履行职责，按照分工狠抓各项工作落实，确保管党治党任务落到实处”[④]。

习近平强调，管人与选人用人一样是党委应该履行的职责，“选人用人和管人不能偏废。现在的一大问题是选人的人不管人、不监督人，有的党委不管监督，干部一出事就把挑子撂给纪委，这是不行的。党委担负党风廉政建设主体责任，要选对用好干部，更要管好干部”[⑤]。强调组织培养、管理和爱护干部，是我们党的一个优良传统，“组织上培养干部不容易，要管理好、监督好，让他们始终有如履薄冰、如临深渊的警觉。对干部经常开展同

---

① 习近平：《在第十八届中央纪律检查委员会第六次全体会议上的讲话》（2016年1月12日），《人民日报》2016年5月3日。

② 《严明党的组织纪律，增强组织纪律性》（2014年1月14日），《十八大以来重要文献选编》（上），中央文献出版社2014年版，第771—772页。

③ 《在十八届中央政治局常委会第一百一十九次会议关于审议中国共产党廉政准则、党纪处分条例修订稿时的讲话》（2015年10月8日），《习近平关于严明党的纪律和规矩论述摘编》，中央文献出版社、中国方正出版社2016年版，第126页。

④ 习近平：《在全国组织工作会议上的讲话》（2013年6月28日），《十八大以来重要文献选编》（上），中央文献出版社2014年版，第354页。

⑤ 《在第十八届中央纪律检查委员会第五次全体会议上的讲话》（2015年1月13日），《习近平关于严明党的纪律和规矩论述摘编》，中央文献出版社、中国方正出版社2016年版，第123页。

志式的谈心谈话，既指出缺点不足，又给予鞭策鼓励，这是个好传统，要注意保持和发扬”[①]。“对干部身上出现的苗头性、倾向性问题，要及时‘咬咬’耳朵、扯扯袖子，早提醒、早纠正，这是爱护干部，而不是苛求干部。不能睁一只眼闭一只眼，更不能哄着、护着，防止小毛病演化成大问题。”[②]

最大政绩：管好党治好党是各级党组织的最大政绩。

各级党组织既肩负着推进党的伟大事业的重要使命，也肩负着推进新的伟大工程的重要使命。习近平强调，抓好党建是各级党组织的最大政绩，“各级各部门党委（党组）必须树立正确政绩观，坚持从巩固党的执政地位的大局看问题，把抓好党建作为最大的政绩。如果我们党弱了、散了、垮了，其他政绩又有什么意义呢？各级党委要把从严治党责任承担好、落实好，坚持党建工作和中心工作一起谋划、一起部署、一起考核，把每条战线、每个领域、每个环节的党建工作抓具体、抓深入，坚决防止‘一手硬、一手软’。对各级各部门党组织负责人特别是党委（党组）书记的考核，首先要看抓党建的实效，考核其他党员领导干部工作也要加大这方面的权重”[③]。

习近平强调，不能为了所谓“政绩”而护着犯错误的干部，“各级党委和政府，各级领导干部，在出现侵害群众利益、违反党纪国法的事情时，一定不要护着掩着，要表明坚决反对的态度。有的干部胡作非为、贪赃枉法、欺压百姓，你去护着他干什么？很多事情，开始很小，结果越闹越大。有的同志可能是怕影响政绩、影响形象。我这里说清楚，如果出了问题，情况清楚并且是明显错误的，有关党委必须第一时间表明态度，对护着掩着的反而要追究责任”[④]。

习近平强调，各级党组织要通过管党治党营造好小气候、促进全党良好大气候的形成，“从严治党是全党的共同任务，需要大气候，也需要小气

① 习近平：《在全国组织工作会议上的讲话》（2013年6月28日），《十八大以来重要文献选编》（上），中央文献出版社2014年版，第342页。

② 习近平：《在全国组织工作会议上的讲话》（2013年6月28日），《十八大以来重要文献选编》（上），中央文献出版社2014年版，第350页。

③ 习近平：《在党的群众路线教育实践活动总结大会上的讲话》（2014年10月8日），人民出版社单行本，第16页。

④ 《在全国宣传思想工作会议上的讲话》（2013年8月19日），《习近平关于严明党的纪律和规矩论述摘编》，中央文献出版社、中国方正出版社2016年版，第111页。

候。各级党组织要主动思考、主动作为，通过营造良好小气候促进大气候进一步形成”①。

第一责任：各级党委书记是管党治党第一责任人。

对管党治党的责任，习近平强调，首先要看各级党委及党委书记，“党要管党，首先是党委要管、党委书记要管。党委书记要在其位、谋其政，履行好第一责任人职责。要注重充分发挥党建工作领导小组的作用，统筹各方力量，加强调查研究，努力破解工作难题”②。“党委书记作为第一责任人，要担负起全面从严治党的政治责任。”③强调党委书记要做管党治党的书记，同时要把责任压下去，“党委书记要做管党治党的书记，当好第一责任人，对党负责，对本地区本单位的政治生态负责，对干部健康成长负责。要把责任传导给所有班子成员，压给下面的书记，确保责任落到实处”④。强调各级党组织要树立不管党治党就是严重失职的观念，“落实主体责任，关键是要把党的领导落到实处。各级党组织要牢固树立不管党治党就是严重失职的观念，在工作的方方面面体现党的领导。要把党的领导体现到日常管理监督中，敢于较真，注重日常，抓早抓小，防微杜渐，体现组织严格要求和关心爱护，决不能坐看自己的同志在错误的道路上越滑越远”⑤。

可靠保障：各级党组织及负责人是管党治党的可靠保障。

全面从严治党依靠的力量是党的各级组织及其负责人。习近平强调：“我们党长期执政，既具有巨大政治优势，也面临严峻挑战，必须依靠党的各级组织和人民的力量，不断加强和改进党的建设、管理、监督。”⑥习近平提出从严治党“四靠”，“从严治党靠什么？靠党中央下决心，靠各级领导

① 习近平：《在江苏调研时的讲话》（2014年12月13日、14日），《人民日报》2014年12月15日。

② 习近平：《在全国组织工作会议上的讲话》（2013年6月28日），《十八大以来重要文献选编》（上），中央文献出版社2014年版，第354页。

③ 习近平：《在第十八届中央纪律检查委员会第六次全体会议上的讲话》（2016年1月12日），《人民日报》2016年5月3日。

④ 习近平：《在第十八届中央纪律检查委员会第六次全体会议上的讲话》（2016年1月12日），《人民日报》2016年5月3日。

⑤ 习近平：《在第十八届中央纪律检查委员会第六次全体会议上的讲话》（2016年1月12日），《人民日报》2016年5月3日。

⑥ 《在十八届中央政治局第二十四次集体学习时的讲话》（2015年6月26日），《习近平关于全面从严治党论述摘编》，中央文献出版社2016年版，第187页。

机关、领导干部来带头，靠全党同志齐努力，靠人民群众支持和监督”[①]，同时强调关键还是各级党组织，“现在，这些条件都是具备的，我们的开端也是良好的，关键是各级党组织要在从严治党上进一步做起来、实起来”[②]。习近平强调，只要各级党组织严格管理，从严治党就有可靠保障，“无论哪一层级、哪一领域的党组织，都应该严肃认真对待党赋予的职责，按要求进行严格的组织管理。只要所有党组织都这样做了，从严治党就有可靠保障”。[③]

力量优势：组织体系是党的力量来源和优势所在。

中国共产党具有严密的组织体系，并在革命、建设和改革的实践中经受了重重考验。习近平强调，严密的组织体系是中国共产党的力量所在、优势所在和建设重点。从党与中国特色社会主义的内在联系看，“中国特色社会主义大厦需要四梁八柱来支撑，党是贯穿其中的总的骨架，党中央是顶梁柱”[④]。从党的力量来源看，“党的力量来自组织。党的全面领导、党的全部工作要靠党的坚强组织体系去实现”[⑤]。从党的性质和优势看，“我们党是按照马克思主义建党原则建立起来的，形成了包括党的中央组织、地方组织、基层组织在内的严密组织体系。这是世界上任何其他政党都不具有的强大优势”[⑥]。“严密的组织体系，是马克思主义政党的优势所在、力量所在。列宁说过，无产阶级‘所以能够成为而且必然会成为不可战胜的力量，就是因为它根据马克思主义原则形成的思想一致是用组织的物质统一来巩固的’。我们党建立了包括党的中央组织、地方组织、基层组织在内的严密组织体系，其中地方党委3200多个，党组、工委14.5万个，基层党组织468.1万个。这是

---

① 《注重发挥各级党组织在管党治党中的作用》（2015年1月21日），《习近平关于全面从严治党论述摘编》，中央文献出版社2016年版，第229—230页。

② 《注重发挥各级党组织在管党治党中的作用》（2015年1月21日），《习近平关于全面从严治党论述摘编》，中央文献出版社2016年版，第230页。

③ 《注重发挥各级党组织在管党治党中的作用》（2015年1月21日），《习近平关于全面从严治党论述摘编》，中央文献出版社2016年版，第230页。

④ 《在参加十三届全国人大一次会议重庆代表团审议时的讲话》，《人民日报》2018年3月12日。

⑤ 《党的全面领导要靠党的坚强组织体系去实现》（2018年7月3日），《论坚持党对一切工作的领导》，中央文献出版社2019年版，第259页。

⑥ 《党的全面领导要靠党的坚强组织体系去实现》（2018年7月3日），《论坚持党对一切工作的领导》，中央文献出版社2019年版，第259页。

世界上任何其他政党都不具有的强大优势。”①

对这个组织体系中不同层级党组织的地位作用，习近平也作了深刻论述，他指出：“党的中央组织、地方组织、基层组织都坚强有力、充分发挥作用，党的组织体系的优势和威力才能充分体现出来。只有党的各级组织都健全、都过硬，形成上下贯通、执行有力的严密组织体系，党的领导才能‘如身使臂，如臂使指’。这就是新时代党的组织路线强调‘以组织体系建设为重点’的道理所在。”②

对党的中央组织，习近平指出，党中央是大脑和中枢，党中央必须有定于一尊、一锤定音的权威，这样才能“如身使臂，如臂使指，叱咤变化，无有留难，则天下之势一矣”③。

对党的地方组织，习近平强调“党的地方组织的根本任务是确保党中央决策部署贯彻落实，有令即行、有禁即止”④。

党组在党的组织体系中具有特殊地位，要贯彻落实党中央和上级党组织决策部署，发挥好把方向、管大局、保落实的重要作用。每个党员特别是领导干部都要强化党的意识和组织观念，自觉做到思想上认同组织、政治上依靠组织、工作上服从组织、感情上信赖组织。⑤

对党的基层组织，习近平强调“基础不牢，地动山摇。只有把基层党组织建设强，把基层政权巩固好，中国特色社会主义的根基才能稳固”⑥。“‘欲筑室者，先治其基。’基层党组织是党执政大厦的地基，地基固则大厦坚，地基松则大厦倾。”⑦“在基层就是党支部，上面千条线、下面一根针，必须夯实基层。要有千千万万优秀基层骨干，结合实际情况落实好各项

---

① 《贯彻落实新时代党的组织路线，不断把党建设得更加坚强有力》（2020年6月29日），《求是》2020年第15期。

② 《贯彻落实新时代党的组织路线，不断把党建设得更加坚强有力》（2020年6月29日），《求是》2020年第15期。

③ 《党的全面领导要靠党的坚强组织体系去实现》（2018年7月3日），《论坚持党对一切工作的领导》，中央文献出版社2019年版，第259页。

④ 《党的全面领导要靠党的坚强组织体系去实现》（2018年7月3日），《论坚持党对一切工作的领导》，中央文献出版社2019年版，第259页。

⑤ 《党的全面领导要靠党的坚强组织体系去实现》（2018年7月3日），《论坚持党对一切工作的领导》，中央文献出版社2019年版，第259—260页。

⑥ 《在基层代表座谈会上的讲话》（2020年9月17日），人民出版社单行本，第7页。

⑦ 《党的全面领导要靠党的坚强组织体系去实现》（2018年7月3日），《论坚持党对一切工作的领导》，中央文献出版社2019年版，第260—261页。

工作。”[①]强调党的基层组织是党的肌体的“神经末梢”，“基层党组织是党在我军的神经末梢，要突出政治功能，着力提升组织力，推动基层建设全面进步、全面过硬。其他党组织都要适应改革后的新体制新职能，做到正其位、司其职、负其责”。[②]

问题分析

新形势下，各级党组织及其负责人在履行管党治党责任上究竟存在哪些问题呢？习近平在党的十八大以来全面从严治党实践中对此作了深刻分析和阐述，指出主要问题体现在四个方面：一是党委主体责任不落实。二是纪委监督责任履行不好。三是抓党的建设不够有力。四是适应新时代组织建设要求的能力本领不够。

第一，在党委主体责任不落实方面，习近平指出，在“三个方面”还没有满意答案，“是不是各级党委、各部门党委（党组）都做到了聚精会神抓党建？是不是各级党委书记、各部门党委（党组）书记都成了从严治党的书记？是不是各级各部门党委（党组）成员都履行了分管领域从严治党责任？一些地方和部门还难以给出令人满意的答案”[③]。

习近平指出党委主体责任不落实有“四种表现”：一是有的党委对主体责任认识不清、落实不力。二是有的没有把党风廉政建设当作分内之事，每年开个会、讲个话，或签个责任书就万事大吉了。三是有的对错误思想和作风放弃了批评和斗争，搞无原则的一团和气，疏于教育，疏于管理和监督，放任一些党员、干部滑向腐败深渊。四是有的领导干部只表态、不行动，说一套、做一套，甚至带头搞腐败，带坏了队伍，带坏了风气。[④]

习近平指出，党委主体责任不落实存在“四个方面问题”：一是有的党组织没有把党要管党、从严治党的政治责任担当起来，党员领导干部党的观

---

① 《在参加十三届全国人大一次会议重庆代表团审议时的讲话》（2018年3月10日），《人民日报》2018年3月1日。

② 《在中央军委党的建设会议上的讲话（节选）》（2018年8月17日），《习近平关于全面从严治党论述摘编》（2021年版），中央文献出版社2021年版，第239页。

③ 习近平：《在党的群众路线教育实践活动总结大会上的讲话》（2014年10月8日），人民出版社单行本，第15页。

④ 《在第十八届中央纪律检查委员会第三次全体会议上的讲话》（2014年1月14日），《习近平关于全面从严治党论述摘编》，中央文献出版社2016年版，第221页。

念淡薄，组织涣散、纪律松弛。二是一些地方长期不查办案件，一查就是窝案串案。三是有的领导干部对党的政策阳奉阴违。四是有的地区一些基层组织处于瘫痪状态。①

一些党委对党员干部的管理执行不力、约束力不强，具体有“五种表现”：一是有的满足于开会、发文件，只有一般性要求而缺乏针对性措施。二是有的奉行好人主义，在管理上不动真碰硬，睁只眼闭只眼，甚至放任自流。三是有的只管有任免权的，凡是上级党组织任命的一概不管，认为他们即使有问题也与本级党组织无关，不要和尚训道士——管得宽。四是有的管工作不管人头、管人头不管思想，不注重咬耳朵、扯袖子。五是有的只管八小时以内不管八小时以外，对党员、干部业余情况的了解一片空白，认为那是个人的“私人生活”“自由空间”，管了吃力不讨好。②

第二，在纪委履行监督责任方面，针对一段时期以来存在的突出问题，习近平作了认真调查研究和深入分析。

2013年11月，他强调：“反腐败问题一直是党内外议论较多的问题。目前的问题主要是，反腐败机构职能分散、形不成合力，有些案件难以坚决查办，腐败案件频发却责任追究不够。”③

2014年1月，他强调，长期以来纪委的双重领导体制，总体上发挥了积极作用，是基本符合党情国情的。同时，实践中也出现了一些不适应、不协调问题，特别是查办腐败案件时受到的牵制比较多。主要是有的地方担心查办案件会损害形象、影响发展，有时存在压案不办、瞒案不报的情况。大家在一口锅里吃饭，很难监督别人。对地方纪委来说，同级监督忌讳也不少，这些年发生的一把手腐败问题，很少有同级纪委主动报告的。有的地方纪委领导甚至对反映同级党委领导干部问题的同志说：“你不要讲了，我什么也没有听见。”这种现象很不正常，必须有所改变。④

2015年1月，他强调，纪检部门要一心一意履行监督职责，不能发现不了

① 《在中央政治局常委会听取中央巡视工作领导小组二〇一四年中央巡视组首轮巡视情况汇报时的讲话》（2014年6月26日），《习近平关于全面从严治党论述摘编》，中央文献出版社2016年版，第224页。

② 《注重发挥各级党组织在管党治党中的作用》（2015年1月21日），《习近平关于全面从严治党论述摘编》，中央文献出版社2016年版，第230—231页。

③ 《关于〈中共中央关于全面深化改革若干重大问题的决定〉的说明》（2013年11月9日），《十八大以来重要文献选编》（上），中央文献出版社2014年版，第505—506页。

④ 《在第十八届中央纪律检查委员会第三次全体会议上的讲话》（2014年1月14日），《习近平关于严明党的纪律和规矩论述摘编》，中央文献出版社、中国方正出版社2016年版，第112页。

问题，更不能发现问题不处理，“要聚焦党风廉政建设和反腐败主业，强化监督执纪问责，瞪大眼睛，发现问题。纪检组长要一心一意履行监督职责，不要分管其他业务，如果都‘打成一片’、混成一锅粥了，还怎么行使监督职责呢？对党风廉政方面的问题，该发现没有发现就是失职，发现问题不报告、不处理就是渎职，那就要严肃问责查处。”①

第三，在抓党的建设不够有力方面，习近平强调：“在一些领导干部眼中，抓党建同抓发展相比要虚一些，不容易出显绩，一年开几次会布置一下就可以了，不必那么上心用劲。也有一些人认为，在发展社会主义市场经济条件下，从严治党面临两难选择：过宽没有威慑力，会导致越来越多人闯‘红线’，最终法不责众；过严会束缚人手脚，影响工作活力，干不成事，甚至还会影响自己的选票。这些认识都是不对的。”②这些错误认识，导致党的建设在实际工作中出现边缘化和务虚化现象，没有充分发挥管党治党的作用，“巡视发现，有的党组织领导不力，缺乏责任担当；有的党员、干部理想信念丧失，在党不为党、在党不信党，讲风水、信迷信！这些问题不碰不管，就会破坏我们的团结统一。现在巡视发现的问题，突出反映了有些干部完全丧失党性、毫无纪律观念，有的党组织形同摆设、疏于管理”③。

第四，在适应新时代组织建设要求的能力本领不够方面，习近平指出，党的队伍和自身状况发生重大而深刻的变化，迫切要求提高党的建设质量、增强党组织的政治功能和组织功能。当前，党员队伍已发生结构性变化，改革开放以后入党的党员占党员总数近百分之八十；新发展的党员中，三十五岁及以下党员占百分之八十点二，学生党员超过三分之一；六〇后、七〇后党员成为领导干部的主体，八〇后、九〇后党员逐步成长起来。这些同志的优势是学历较高、知识广博、朝气蓬勃，但缺乏严格的党内政治生活锻炼和艰苦环境的考验，对党的历史和党的基本理论学习不系统，对党的理想信念宗旨理解不深刻，党性锤炼不足，同人民群众感情不深，做群众工作本领不

---

① 《在第十八届中央纪律检查委员会第五次全体会议上的讲话》（2015年1月13日），《习近平关于全面从严治党论述摘编》，中央文献出版社2016年版，第203页。

② 《在党的群众路线教育实践活动总结大会上的讲话》（2014年10月8日），《十八大以来重要文献选编》（中），中央文献出版社2016年版，第94页。

③ 《在中央政治局常委会听取中央巡视工作领导小组关于二〇一四年中央巡视组第二轮巡视情况汇报时的讲话》（2014年10月16日），《习近平关于严明党的纪律和规矩论述摘编》，中央文献出版社、中国方正出版社2016年版，第120页。

强。基层党组织机构设置和活动方式没有完全跟上时代步伐，“三会一课”走过场，党内组织生活随意化、平淡化、娱乐化、庸俗化问题突出，党组织自身的凝聚力、战斗力和对优秀青年的吸引力、感召力亟待增强。①

基本思路：压实责任、以上率下、分类指导、执纪问责、巡视整改、创新机制、强健体系

面对存在的问题，怎样激活各级党组织及负责人管党治党的责任意识和功能作用呢？党中央一方面狠抓治风反腐，用严重的现实问题警醒教育各级党组织和党员干部；另一方面采取压实责任、以上率下、分类指导、执纪问责、巡视整改、创新机制等举措，引导各级党组织及其负责人把管党治党责任扛起来。

压实责任

能不能真正使各级党组织担当起管党治党责任，从根本上决定了全面从严治党的持久性和实效性。习近平多次强调要把责任压下去，使各级党委担起管党治党的全面领导责任和主体责任，使各级纪委担起管党治党的监督责任，使各级领导干部担起全面从严治党的领导责任。“要用好以党章、准则、条例、规定为主体的管党治党制度利器，推动主体责任和监督责任一贯到底，从基础制度严起、从日常规范抓起，切实解决基层党的领导和监督虚化、弱化问题，把负责、守责、尽责体现在每个党组织、每个岗位上。”②

从责任担当的角度，习近平指出：“抓好党风廉政建设和反腐败斗争，必须全党动手。各级党委对职责范围内的党风廉政建设负有全面领导责任，党委主要负责人是第一责任人。”“权责是统一的，党章赋予了包括党组在内的各级组织纪律处分的权限，各级党委（党组）就要敢抓敢管、严格执纪，把全面从严治党的政治责任担负起来。”③

从爱护干部的角度，习近平强调：“各级党组织必须明白，加强党风廉政建设，加强对干部的监督，是对干部的爱护。放弃了这方面责任，就是对

① 《习近平关于全面从严治党论述摘编》（2021年版），中央文献出版社2021年版，第234页。
② 《习近平关于全面从严治党论述摘编》（2021年版），中央文献出版社2021年版，第475页。
③ 《习近平关于全面从严治党论述摘编》（2021年版），中央文献出版社2021年版，第473页。

党和人民、对干部的极大不负责任。党教育培养一名领导干部不容易，一旦在廉政方面出了问题，党组织多年的培养和本人以前的一切努力就毁于一旦。各级党组织一定要负起责任，敦促教育干部廉洁自律，不能放弃责任。”[①]各级党组织都要按照党内政治生活的要求，坚持党要管党、从严治党，认真贯彻执行党章和党内各项制度规定，努力提高党内政治生活的原则性和战斗性。要强化党组织和党员的角色意识和政治担当意识，使爱党、忧党、兴党、护党成为各级党组织和广大党员的自觉行动。[②]

从党委责任的具体内容角度，习近平强调，党委的主体责任有“五项内容”，即“加强领导，选好用好干部，防止出现选人用人上的不正之风和腐败问题；坚决纠正损害群众利益的行为；强化对权力运行的制约和监督，从源头上防治腐败；领导和支持执纪执法机关查处违纪违法问题；党委主要负责同志要管好班子，带好队伍，管好自己，当好廉洁从政的表率”。“领导班子成员和各级领导干部要履行‘一岗双责’，不能认为自己是搞业务的就对党建工作不使劲，要明责、履责、尽责。”

主体责任包括要把党风廉政建设作为责任田，习近平强调“各级党委特别是主要负责同志必须树立不抓党风廉政建设就是严重失职的意识，常研究、常部署，抓领导、领导抓，抓具体、具体抓，种好自己的责任田”。“党委（党组）书记作为第一责任人，要牢固树立‘抓好党建是本职、不抓党建是失职、抓不好党建是不称职’的观念，推动党建责任层层落实落地，把党建工作抓实、抓细、抓到位。”[③]“各级党委（党组）不能当‘甩手掌柜’，要切实把党风廉政建设当作分内之事、应尽之责，真正把担子担起来，种好自己的‘责任田’。”

主体责任体现为党委书记既挂帅又出征，习近平强调“党委（党组）书记作为第一责任人，既要挂帅又要出征，对重要工作亲自部署、重大问题亲自过问、重要环节亲自协调、重要案件亲自督办”。“增强监督实效，关键是各级党委（党组）特别是书记要强化政治担当，履行主体责任，把每条战

---

① 《依纪依法严惩腐败，着力解决群众反映强烈的突出问题》（2013年1月22日），《十八大以来重要文献选编》（上），中央文献出版社2014年版，第138页。

② 《作风建设要立破并举、扶正祛邪》（2014年5月9日），《习近平关于全面从严治党论述摘编》，中央文献出版社2016年版，第29页。

③ 《习近平关于全面从严治党论述摘编》（2021年版），中央文献出版社2021年版，第474页。

线、每个领域、每个环节的党建工作抓具体、抓深入。”①

主体责任不仅本级要担当起来，还要传导压力、逐层落实，习近平强调“要进一步健全制度、细化责任、以上率下，层层传导压力，级级落实责任。要在巩固省区市、中央和国家机关落实主体责任成果的基础上，把责任落实到地市一级。从严治党，首先是从严教育、从严管理。各级党组织要深入开展理想信念和宗旨教育，筑牢思想上拒腐防变的堤坝”②。“严格执行责任制，分解责任要明确，检查考核要严格，责任追究要到位，让责任制落到实处。”③

主体责任要体现在党的建设全过程，习近平强调“要在思想认识、责任担当、方法措施上贯彻全面从严治党要求，增强管党治党的使命感和紧迫感，担负起主体责任，把加强党的领导体现在党的建设、管理、监督之中，坚持原则、敢抓敢管，切实抓早抓小，运用批评和自我批评的武器，自觉同一切违纪行为做斗争”④。“推动各级党委认真履行全面从严治党主体责任，抓早抓小、防微杜渐，强化日常管理监督，做到真管真严、敢管敢严、长管长严，使全面从严治党成为常态。”⑤

主体责任要体现在整个领导班子身上，习近平强调“抓党风廉政建设，要落到领导干部个人身上，也要落到整个领导班子身上。领导班子主要负责人要增强抓班子、带队伍的意识，带头做到清正廉洁、干净干事。领导班子成员要本着爱护班子、爱护同事的真诚心愿，加强相互监督，努力做到一起干事、共同干净”⑥。

主体责任还体现为支持纪检监察机关开展工作、发挥党风廉政建设的合力，习近平强调“各级党委和政府要支持纪检监察机关开展工作，关心爱护纪检监察干部。特别要注意保护那些党性强、敢于坚持原则的同志，为他们

---

① 《习近平关于全面从严治党论述摘编》（2021年版），中央文献出版社2021年版，第474页。

② 《在第十八届中央纪律检查委员会第五次全体会议上的讲话》（2015年1月13日），《习近平关于严明党的纪律和规矩论述摘编》，中央文献出版社、中国方正出版社2016年版，第122页。

③ 《在第十八届中央纪律检查委员会第二次全体会议上的讲话》（2013年1月22日），《习近平关于党风廉政建设和反腐败斗争论述摘编》，中央文献出版社、中国方正出版社2015年版，第56—57页。

④ 《在党的十八届五中全会第二次全体会议上的讲话》（2015年10月29日），《习近平关于全面从严治党论述摘编》，中央文献出版社2016年版，第232页。

⑤ 《在党的十八届六中全会第一次全体会议上关于中央政治局工作的报告》（2016年10月24日），《习近平关于全面从严治党论述摘编》，中央文献出版社2016年版，第235页。

⑥ 习近平：《在吉林调研时的讲话》（2015年7月16—18日），《人民日报》2015年7月19日。

开展工作创造条件。打铁还需自身硬”①。“要坚持和完善反腐败领导体制和工作机制，发挥好纪检、监察、司法、审计等机关和部门的职能作用，共同推进党风廉政建设和反腐败斗争。”②

从纪委责任的角度，习近平强调各级纪委要担当监督责任，“各级纪委要履行好监督责任，既协助党委加强党风建设和组织协调反腐败工作，又督促检查相关部门落实惩治和预防腐败工作任务，经常进行检查监督，严肃查处腐败问题”③。“各级纪委要履行好监督责任，更好发挥党内监督专门机关作用。”

习近平强调，上级纪委要加强对下级纪委的监督，“强化上级纪委对下级党委和纪委的监督，对下级纪委不向上级纪委报告问题线索和案件查处情况的，必须严肃问责，推动纪委双重领导体制落到实处”④。

习近平指出，监督执纪要适应新的形势任务要求，“新的形势任务对纪检监察干部队伍的思想作风、能力素质、纪律约束提出了新要求。要深化转职能、转方式、转作风，更好履行党章赋予的职责，严明各项纪律，严格管理监督。要教育引导广大纪检监察干部敢于担当、敢于监督、敢于负责，牢固树立忠诚于党、忠诚于纪检监察事业的政治信念，努力成为一支忠诚、干净、担当的纪检监察队伍。纪检监察机关要防止‘灯下黑’，严肃处理以案谋私、串通包庇、跑风漏气等突出问题，清理好门户，做到打铁还需自身硬”⑤。

以上率下

上行下效规律，是社会组织尤其是政治组织内部文化和风气形成的一般规律。坏的文化和风气容易自上而下形成，好的文化和作风也容易自上而下

① 《在第十八届中央纪律检查委员会第二次全体会议上的讲话》（2013年1月22日），《习近平关于党风廉政建设和反腐败斗争论述摘编》，中央文献出版社、中国方正出版社2015年版，第57页。

② 《在第十八届中央纪律检查委员会第二次全体会议上的讲话》（2013年1月22日），《习近平关于党风廉政建设和反腐败斗争论述摘编》，中央文献出版社、中国方正出版社2015年版，第56页。

③ 《在第十八届中央纪律检查委员会第三次全体会议上的讲话》（2014年1月14日），《习近平关于党风廉政建设和反腐败斗争论述摘编》，中央文献出版社、中国方正出版社2015年版，第61—62页。

④ 《在第十八届中央纪律检查委员会第五次全体会议上的讲话》（2015年1月13日），《习近平关于全面从严治党论述摘编》，中央文献出版社2016年版，第202页。

⑤ 《在第十八届中央纪律检查委员会第五次全体会议上的讲话》（2015年1月13日），《习近平关于严明党的纪律和规矩论述摘编》，中央文献出版社、中国方正出版社2016年版，第124页。

形成。在内部建设上，上级组织和上级领导带好头、发挥好作用，就把上行下效规律变成了优势而不是劣势。

习近平强调，发挥党组织管党治党职能作用，要特别注重发挥以上率下的带动作用。在十八届中央政治局第十六次集体学习时，他强调："营造良好从政环境，要从人抓起，从人做起，也就是要从各级领导干部首先是高级干部做起。"[①]在十八届中央纪委第三次全会上，他强调："党要管党、从严治党怎么抓？就从中央政治局抓起，正所谓'子帅以正，孰敢不正'？上面没有先做到，要求下边就没有说服力和号召力。"[②]在全国组织工作会议上，他强调："从严管理的要求能不能落到实处，领导机关和领导干部带头非常重要。领导机关和领导干部作出样子，下面就会跟着来、照着做。各级领导机关和领导干部，尤其是中央机关和中央国家机关、高级领导干部要强化带头意识，时时处处严要求、作表率。"[③]在中央军委扩大会议上，他强调："作风建设要从领导干部做起，领导干部首先要从中央领导做起。从军队来说，就要从军委做起""上有所好，下必甚焉。上有不好，下必效焉。各级都要带好这个头"。[④]

分类指导

各级党组织抓管党治党既有一般性要求，也有各自的特殊性。习近平在强调发挥各级党组织管党治党职能作用时，指出既要注重坚持贯彻全面从严治党的普遍性要求，也要坚持科学统筹、分类指导原则。

首先，对不同类型党组织及党的领导干部分别提出相应要求，更具有针对性和可操作性。比如，对军队党组织及党委班子，强调抓好"四项重点工作""毫不动摇坚持党对军队的绝对领导，抓好党的科学理论武装，严格政治纪律和政治规矩，强化官兵政治意识、大局意识、核心意识、看齐意识，

① 《在十八届中央政治局第十六次集体学习时的讲话》（2014年6月30日），《习近平关于全面从严治党论述摘编》，中央文献出版社2016年版，第29—30页。

② 《在第十八届中央纪律检查委员会第三次全体会议上的讲话》（2014年1月14日），《习近平关于严明党的纪律和规矩论述摘编》，中央文献出版社、中国方正出版社2016年版，第98页。

③ 习近平：《在全国组织工作会议上的讲话》（2013年6月28日），《十八大以来重要文献选编》（上），中央文献出版社2014年版，第351页。

④ 《在中央军委扩大会议上的讲话》（2012年12月26日），《习近平关于党风廉政建设和反腐败斗争论述摘编》，中央文献出版社、中国方正出版社2015年版，第68页。

确保部队始终同党中央保持高度一致，坚决听从党中央和中央军委指挥”。[①]对国有企业领导人强调，“国有企业领导人要坚定信念、任事担当，牢记自己的第一职责是为党工作，牢固树立政治意识、大局意识、核心意识、看齐意识，把爱党、忧党、兴党、护党落实到经营管理各项工作中”。对农村基层党组织强调抓住健全乡村组织体系这个关键，“加强农村基层党组织带头人队伍和党员队伍建设，整顿软弱涣散农村基层党组织，解决弱化、虚化、边缘化问题，平稳有序开展不合格党员处置工作，着力引导农村党员发挥先锋模范作用。全面向贫困村、软弱涣散村、集体经济薄弱村党组织派出第一书记，是实施乡村振兴战略和培养锻炼干部的重要举措，要建立长效工作机制，切实发挥作用”[②]。强调要加强企业党组织规范化建设，发挥党组织在服务企业决策、开拓市场、革新技术、提高效益等方面的作用，把党的政治优势、组织优势转化为企业发展优势。要注重在非公有制经济组织中发展党员，做好党员教育管理工作，引导他们发挥先锋模范作用。[③]

其次，习近平对不同层级党组织分别提出有针对性要求。比如，特别重视县级党委班子和县委书记，强调县委书记要做到“四有”，“县委书记官不大，责任不小、压力不小，要当好县委书记是不容易的。焦裕禄、杨善洲、谷文昌等同志是县委书记的好榜样，县委书记要以他们为榜样，始终做到心中有党、心中有民、心中有责、心中有戒，努力成为党和人民信赖的好干部”。[④]强调县委书记要做班子的带头人，做到“七个带头”，“带头人关键是‘带头’二字。希望大家带头讲党性、重品行、做表率，带头搞好‘三严三实’专题教育，带头抓班子带队伍，带头依法办事，带头廉洁自律，带头接受党和人民监督，带头清清白白做人、干干净净做事、堂堂正正做官，真正做到事事带头、时时带头、处处带头，真正做到率先垂范、以

① 《习近平在火箭军机关视察时强调　牢记历史使命　提升战略能力　努力建设一支强大的现代化火箭军》（2016年9月26日），《人民日报》2016年9月27日。

② 《走中国特色社会主义乡村振兴道路》（2017年12月28日），《十九大以来重要文献选编》（上），中央文献出版社2019年版，第152页。

③ 《在扎实推进长三角一体化发展座谈会上的讲话》（2020年8月20日），《人民日报》2020年8月23日。

④ 《在会见全国优秀县委书记时的讲话》（2015年6月30日），《做焦裕禄式的县委书记》，中央文献出版社2015年版，第67页。

上率下”。[①]

习近平强调县一级阵地，必须由心中有党、对党忠诚的人坚守；县委书记要记住自己是中国共产党的县委书记，是党派你在这里当县委书记的，做到“把牢政治方向，强化组织意识，时刻想到自己是党的人，时刻不忘自己对党应尽的义务和责任，相信组织、依靠组织、服从组织，自觉维护党的团结统一”。

习近平特别重视把抓基层打基础作为长远之计和固本之策，强调党的力量支撑在基层、突出矛盾问题在基层，“要重点加强基层党组织建设，全面提高基层党组织凝聚力和战斗力。要高度关注基层政权组织、经济组织、自治组织、群团组织、社会组织发展变化的特点，加强指导和管理，使各类基层组织按需设置、按职履责、有人办事、有章理事，既种好自留地、管好责任田，又唱好群英会、打好合力牌”[②]。

执纪问责

各级党组织管好党治好党的关键在于，敢于从严管理、敢于执纪问责。习近平强调党组织要严格管理干部，“认真履行管党治党责任，在加强和规范党内政治生活、加强党内监督各个环节敢抓敢管，做到职责范围内的问题能及时发现，发现的问题能及时有效解决”[③]。“根本在于严格管理标准、延伸管理链条、落实管理责任，使每个党员、干部都及时纳入组织管理，使党组织对每个党员、干部都做到情况明、问题清、措施实。”[④]“各级党组织要按党章办事，把对党组织的管理和监督、对党员干部特别是领导干部的管理和监督、对党内政治生活的管理和监督在标准上严格起来，在内容上系统起来，在措施上完善起来，在环节上衔接起来，做到不漏人、不缺项、不掉链，使存在的问题能及时发现，发现的问题能及时解决，解决一个问题能举一反三、触类旁通。特别是要以严的标准要求干部、以严的措施管理干部、

① 《在会见全国优秀县委书记时的讲话》（2015年6月30日），《做焦裕禄式的县委书记》，中央文献出版社2015年版，第68页。

② 《习近平在贵州调研时强调　看清形势适应趋势发挥优势　善于运用辩证思维谋划发展》（2015年6月16—18日），《人民日报》2015年6月19日。

③ 《在党的十八届六中全会第二次全体会议上的讲话》（2016年10月27日），《习近平关于全面从严治党论述摘编》，中央文献出版社2016年版，第51页。

④ 《注重发挥各级党组织在管党治党中的作用》（2015年1月21日），《习近平关于全面从严治党论述摘编》，中央文献出版社2016年版，第231页。

以严的纪律约束干部，防止失之于宽、失之于软，使干部心有所畏、言有所戒、行有所止。”①

习近平强调，党组织要担起执行和维护政治纪律的责任，“党的各级组织要自觉担负起执行和维护政治纪律的责任，加强对党员遵守政治纪律的教育。对大是大非问题要有坚定立场，对背离党性的言行要有鲜明态度，不能听之任之、置身事外。发现违反政治纪律的苗头性倾向性问题要及时提醒和纠正，对违反政治纪律的行为要坚决制止。党的各级纪律检查机关要把维护党的政治纪律放在首位，加强对政治纪律执行情况的监督检查”②。

对领导干部的监督管理，习近平强调要敢抓敢管，特别是盯住一把手，“要建立有利于干部敢抓敢管、有利于党委担负主体责任的制度。有权必有责，有责要担当。各级党委要加强干部日常管理，及时了解所管干部的思想、工作、生活状况，抓早抓小，敦促领导干部按本色做人、按角色办事。中央纪委、中央组织部要加强对地市党政一把手的关注和了解，督促省委加强管理和监督。巡视工作要向地市县一级延伸，盯住一把手，使他们自进入主要领导干部行列起就受到严格管理监督”。③“要加强对一把手教育的针对性、管理的经常性、监督的有效性，促使各级一把手带头遵守党章党规和宪法法律，认真贯彻执行民主集中制，不断增强党性修养，做到位高不擅权、权重不谋私。”④“对高级干部，要严格教育、严格管理、严格监督，发现问题及时提醒、批评、纠正、处理，切不可一任了之、不管不问，切不可掩盖问题、护短遮丑，切不可大事化小、小事化了。”⑤

党组织和领导干部要切实履行监督执纪职责，习近平强调，“各级党组织和领导干部要切实履行执纪职责，拒绝说情风、关系网、利益链，采取管用的措施提高组织管理的有效性，使违纪问题能及时发现、及时查处。

---

①　《切实把从严治党落到实处》（2014年11月2日），《习近平关于全面从严治党论述摘编》，中央文献出版社2016年版，第228页。

②　《严明政治纪律，自觉维护党的团结统一》（2013年1月22日），《十八大以来重要文献选编》（上），中央文献出版社2014年版，第134页。

③　《在第十八届中央纪律检查委员会第五次全体会议上的讲话》（2015年1月13日），《习近平关于严明党的纪律和规矩论述摘编》，中央文献出版社、中国方正出版社2016年版，第123—124页。

④　《在党的十八届六中全会第二次全体会议上的讲话》（2016年10月27日），《习近平关于全面从严治党论述摘编》，中央文献出版社2016年版，第52页。

⑤　《在党的十八届六中全会第二次全体会议上的讲话》（2016年10月27日），《习近平关于全面从严治党论述摘编》，中央文献出版社2016年版，第51—52页。

查处违纪问题必须坚持有什么问题查清什么问题、发现什么问题查清什么问题”[①]。

高级干部要履行管党治党责任，“要认真履行管党治党责任，在加强和规范党内政治生活、加强党内监督各个环节敢抓敢管，做到职责范围内的问题能及时发现，发现的问题能及时有效解决”[②]。“中央纪委、监察部和各级纪检监察机关要加大检查监督力度，执好纪、问好责、把好关。要加大责任追究力度，严格执行有关纪律处分规定，以严明的纪律督促各级领导机关和领导干部改进作风。”[③]“对每一个具体问题都要分清党委负什么责任、有关部门负什么责任、纪委负什么责任，健全责任分解、检查监督、倒查追究的完整链条，有错必究，有责必问。对那些领导不力、不抓不管而导致不正之风长期滋长蔓延，或者屡屡出现重大腐败问题而不制止、不查处、不报告的，无论是党委还是纪委，不管是谁，只要有责任，都要追究责任。”[④]“反腐败体制机制改革，一个很重要的方面是理清责任、落实责任。不讲责任，不追究责任，再好的制度也会成为纸老虎、稻草人。”[⑤]

坚持追责问责是把管党治党责任压下去的关键，习近平强调，“坚持有责必问、问责必严，把监督检查、目标考核、责任追究有机结合起来，形成法规制度执行强大推动力。问责的内容、对象、事项、主体、程序、方式都要制度化、程序化。问责既要对事、也要对人，要问到具体人头上。要把法规制度执行情况纳入党风廉政建设责任制检查考核和党政领导干部述职述廉范围，通过严肃追究主体责任、监督责任、领导责任，让法规制度的力量在反腐倡廉建设中得到充分释放。纪律检查机关要加大监督检查力度，对有令不行、有禁不止的，不仅要严肃查处直接责任人，而且要严肃追究相关领导

---

① 习近平：《在党的群众路线教育实践活动总结大会上的讲话》（2014年10月8日），人民出版社单行本，第27页。

② 《在党的十八届六中全会第二次全体会议上的讲话》（2016年10月27日），《习近平关于全面从严治党论述摘编》，中央文献出版社2016年版，第51页。

③ 《在第十八届中央纪律检查委员会第二次全体会议上的讲话》（2013年1月22日），《习近平关于党风廉政建设和反腐败斗争论述摘编》，中央文献出版社、中国方正出版社2015年版，第55—56页。

④ 《在第十八届中央纪律检查委员会第三次全体会议上的讲话》（2014年1月14日），《习近平关于全面从严治党论述摘编》，中央文献出版社2016年版，第223页。

⑤ 《在第十八届中央纪律检查委员会第三次全体会议上的讲话》（2014年1月14日），《习近平关于严明党的纪律和规矩论述摘编》，中央文献出版社、中国方正出版社2016年版，第113页。

人员的责任”[①]。“有权就有责，权责要对等。无论是党委还是纪委或其他相关职能部门，都要对承担的党风廉政建设责任进行签字背书，做到守土有责。”“如果一个地方腐败问题严重，有关责任人装糊涂、当好人，那就不是党和人民需要的好人！你在消极腐败现象面前当好人，在党和人民面前就当不成好人，二者不可兼得。”[②]

巡视整改

通过巡视发现党组织在管党治党方面存在的不足和问题，通过抓好整改推进管党治党责任的落实，是党的十八大以来全面从严治党的一个有效做法。习近平强调，要通过抓巡视促进问题的整改，提高党组织履行主体责任的成效，“整改工作必须要跟上。一些地方发生窝案串案，有的地方成为腐败重灾区，主要负责人的责任是怎么履行的？不能‘新官不理旧账’。出了事，要追责。我们有的地方、单位管理失之于宽、无能为力，主要负责人是干什么的？要履责，要抓党风廉政建设！凡是整改不力的，都要严肃追责。巡视整改落实的情况都要‘回头看’，要揪住不放”[③]。

习近平强调，抓好整改的重点是要落实主体责任、使其种好责任田，“对巡视发现的普遍性、倾向性问题，要及时反馈给地方、部门、企事业单位党委党组，督促落实主体责任，抓早抓小，堵塞制度漏洞。主要负责同志要种好自己的责任田，不抓党风廉政建设就是严重失职，对巡视整改不到位的地方、部门和单位，要抓住典型，严肃问责。对整改情况要通过适当方式接受党内和社会的监督，增强群众信心，提高巡视实效”[④]。

要强化整改不力是失职、不抓整改是渎职的观念，习近平强调：“各级党组织整改不力是失职，不抓整改是渎职。中央巡视组是代表中央去反馈情

---

① 《在十八届中央政治局第二十四次集体学习时的讲话》（2015年6月26日），《习近平关于全面从严治党论述摘编》，中央文献出版社2016年版，第231页。

② 《在第十八届中央纪律检查委员会第三次全体会议上的讲话》（2014年1月14日），《习近平关于党风廉政建设和反腐败斗争论述摘编》，中央文献出版社、中国方正出版社2015年版，第62页。

③ 《在中央政治局常委会听取中央巡视工作领导小组二〇一四年中央巡视组首轮巡视情况汇报时的讲话》（2014年6月26日），《习近平关于党风廉政建设和反腐败斗争论述摘编》，中央文献出版社、中国方正出版社2015年版，第63页。

④ 《在中央政治局常委会听取二〇一三年下半年中央巡视组巡视情况汇报时的讲话》（2014年1月23日），《习近平关于严明党的纪律和规矩论述摘编》，中央文献出版社、中国方正出版社2016年版，第116—117页。

况的，要找党委（党组）书记直接说事，坚决把责任压下去。细化整改问责制度，建立问题清单、任务清单、责任清单。对敷衍整改、整改不力、拒不整改的，抓住典型严肃追责。”[①]

对发生“六类问题”的，习近平强调，要抓住典型严肃问责，“任何地方、部门、单位，发生了党的领导作用不发挥、贯彻党的路线方针政策走样、管党治党不严不实、选人用人失察、发生严重‘四风’和腐败现象、巡视整改不力等问题，就要抓住典型严肃追责”[②]。强调问责要上查一级，“既追究主体责任、监督责任，又上查一级追究领导责任、党组织责任”[③]。

习近平强调，问责要进一步完善、规范和改进，“完善和规范责任追究工作，建立健全责任追究典型问题通报制度，把问责同其他监督方式结合起来，以问责常态化促进履职到位，促进党的纪律执行到位”[④]。问责要解决好“三个问题”，即“抓安全事故等行政问责多，抓管党治党不力问责少，问责规定零散、内容不聚焦”问题。问责还要实现制度化、程序化，“要整合问责制度，健全问责机制，坚持有责必问、问责必严，把监督检查、目标考核、责任追究有机结合起来，实现问责内容、对象、事项、主体、程序、方式的制度化、程序化”。[⑤]

创新机制

一些党组织对管党治党的责任担当不够有力，既有主观方面原因，也有客观上制度不够完善等原因。习近平强调，各级党组织加强对党员干部管理监督，既要严格按照党章办事，又要适应新时期党内外的复杂环境，注重改革创新。他强调：“各级党组织要认真按党章办事，把对党组织的管理和监督、对党员干部特别是领导干部的管理和监督、对党内政治生活的管理和监

---

① 《在听取二〇一五年中央第二轮专项巡视情况汇报时的讲话》（2015年10月15日），《习近平关于严明党的纪律和规矩论述摘编》，中央文献出版社、中国方正出版社2016年版，第126页。

② 习近平：《在第十八届中央纪律检查委员会第六次全体会议上的讲话》（2016年1月12日），《人民日报》2016年5月3日。

③ 习近平：《在第十八届中央纪律检查委员会第六次全体会议上的讲话》（2016年1月12日），《人民日报》2016年5月3日。

④ 习近平：《在第十八届中央纪律检查委员会第六次全体会议上的讲话》（2016年1月12日），《人民日报》2016年5月3日。

⑤ 习近平：《在第十八届中央纪律检查委员会第六次全体会议上的讲话》（2016年1月12日），《人民日报》2016年5月3日。

督在标准上严格起来，在内容上系统起来，在措施上完善起来，在环节上衔接起来。”同时，“面对新时期复杂的党内外环境，从严治党要把继承传统和改革创新结合起来、制定目标和狠抓落实结合起来、分类指导和统筹协调结合起来、典型引导和全面提高结合起来、当前工作和长治长效结合起来，增强系统性、预见性、创造性、实效性”①。

注重顶层设计是党的十八大以来党的制度改革创新的重要特点，习近平强调，“建立健全惩治和预防腐败体系是国家战略和顶层设计”，中央印发的《建立健全惩治和预防腐败体系2013—2017年工作规划》“是开展党风廉政建设和反腐败工作的指导性文件，各级党委要认真执行，把这项重大政治任务贯穿到改革发展稳定各项工作之中”。②

保证各级纪委监督权的相对独立性和权威性，是党的十八大以来党的制度改革的一个重要内容，习近平强调：“增强权力制约和监督效果，必须保证各级纪委监督权的相对独立性和权威性”，党的十八届三中全会提出，“推动党的纪律检查工作双重领导体制具体化、程序化、制度化，强化上级纪委对下级纪委的领导；明确规定查办腐败案件以上级纪委领导为主，各级纪委书记、副书记的提名和考察以上级纪委会同组织部门为主。这既坚持了党对反腐败工作的领导，坚持了党管干部原则，又保证了纪委监督权的行使，有利于加大反腐败工作力度”。③

加强反腐败体制机制创新和制度保障，是确保各级党组织履行主体责任的重要条件，习近平强调这种创新主要有“四个方面”：一是加强党对党风廉政建设和反腐败工作统一领导，明确党委负主体责任、纪委负监督责任，制定实施切实可行的责任追究制度；二是健全反腐败领导体制和工作机制，改革和完善各级反腐败协调小组职能，规定查办腐败案件以上级纪委领导为主；三是体现强化上级纪委对下级纪委的领导，规定线索处置和案件查办在向同级党委报告的同时必须向上级纪委报告；四是全面落实中央纪委向中央一级党和国家机关派驻纪检机构，改进中央和省区市巡视制度，做到对地

---

① 《习近平在福建调研时强调　全面深化改革全面推进依法治国　为全面建成小康社会提供动力和保障》（2014年11月1日、2日），《人民日报》2014年11月3日。

② 《在第十八届中央纪律检查委员会第三次全体会议上的讲话》（2014年1月14日），《习近平关于党风廉政建设和反腐败斗争论述摘编》，中央文献出版社、中国方正出版社2015年版，第58页。

③ 《在第十八届中央纪律检查委员会第三次全体会议上的讲话》（2014年1月14日），《习近平关于全面从严治党论述摘编》，中央文献出版社2016年版，第201页。

方、部门、企事业单位全覆盖。[①]

强健体系

新时代以来，习近平特别强调要更加注重党的组织体系建设，从分类施建、政治引领、创新方法、制度建设等方面对新形势下的组织体系建设进行战略部署，并在实践中取得了历史性成就。

习近平把党的组织体系比作大厦，强调“要建立健全坚持和加强党的领导的组织体系、制度体系、工作机制，形成落实党的领导纵到底、横到边、全覆盖的工作格局”，建成上下贯通、执行有力的严密组织体系，增强党组织政治功能和组织功能[②]，并对组织体系的不同层级提出相应部署要求。

对中央组织，习近平强调“党的十八大以来，我们抓党的建设，首先就抓中央委员会、中央政治局及其常委会的建设，制定的各项党内法规都对中央领导同志提出更高标准，要求中央领导同志在守纪律讲规矩、履行管党治党政治责任等方面为全党同志立标杆、作表率。中央和国家机关是贯彻落实党中央决策部署的‘最初一公里’，不能出现‘拦路虎’，要认真贯彻执行党组工作条例和党的工作机关条例，把中央和国家机关建设成为讲政治、守纪律、负责任、有效率的模范机关”。

对地方组织，习近平强调“地方党委是贯彻落实党中央决策部署的‘中间段’，不能出现‘中梗阻’，要认真贯彻执行地方党委工作条例，把地方党委建设成为坚决听从党中央指挥、管理严格、监督有力、班子团结、风气纯正的坚强组织”。习近平还强调高层党委要旗帜鲜明讲政治，“军级以上高层党委在我军党的组织体系中地位重要、责任重大。从实际情况看，高层党委班子建设还存在不少薄弱环节，很多问题往往出在这个环节。高层党委要旗帜鲜明讲政治，站稳政治立场，把准政治方向，坚定政治信念，提升政治能力，确保政治过硬”[③]。

对基层组织，习近平强调“基层党组织是贯彻落实党中央决策部署的

---

① 《关于〈中共中央关于全面深化改革若干重大问题的决定〉的说明》（2013年11月9日），《十八大以来重要文献选编》（上），中央文献出版社2014年版，第505—506页。

② 《加强党对教育工作的全面领导是办好教育的根本保证》（2018年9月10日），《论坚持党对一切工作的领导》，中央文献出版社2019年版，第278页。

③ 《在中央军委党的建设会议上的讲话（节选）》（2018年8月17日），《习近平关于全面从严治党论述摘编》（2021年版），中央文献出版社2021年版，第239页。

‘最后一公里’，不能出现‘断头路’，要坚持大抓基层的鲜明导向，持续整顿软弱涣散基层党组织，有效实现党的组织和党的工作全覆盖，抓紧补齐基层党组织领导基层治理的各种短板，把各领域基层党组织建设成为实现党的领导的坚强战斗堡垒。……各级党组织要提高政治领导力、思想引领力、群众组织力、社会号召力，把广大人民群众紧紧团结在党的周围”①。

习近平十分关注和强调党的基层组织，结合工作调研和会议指导，多次就基层组织建设作出专门论述，他指出组织的工作重心要移到基层，“党建工作的难点在基层，亮点也在基层。随着经济成分和就业方式越来越多样化，在新经济组织、新社会组织就业的党员越来越多，要做好其中的党员教育管理工作，引导他们积极发挥作用。基层党建既要发扬优良传统，又要与时俱进，不断适应新形势，拓宽基层党建的领域，做到党员工作生活在哪里、党组织就覆盖到哪里，让党员无论在哪里都能找到组织找到家。”②要加强党的基层组织建设，把资源、服务、管理下沉基层、做实基层，把每个基层党组织建设成为坚强战斗堡垒。③要落实党支部工作条例，按照“增加先进支部、提升中间支部、整顿后进支部”的思路，抓两头带中间，推动后进赶先进、中间争先进、先进更前进。……要重视建强党小组，发挥党小组作用。要发挥支部管到人头的特点，严格党员教育管理监督，落实好“三会一课”等制度，把党员管住管好，使每名党员都成为一面鲜红的旗帜，每个支部都成为党旗高高飘扬的战斗堡垒。④

指出基层组织建设的重点是提升组织力，“加强基层党组织建设，要以提升组织力为重点，突出政治功能。要健全基层组织，优化组织设置，理顺隶属关系，创新活动方式，扩大基层党的组织覆盖和工作覆盖。要加强企业、农村、机关、事业单位、社区等各领域党建工作，推动基层党组织全面进步、全面过硬。要加强社会组织党的建设，全面增强党对各类各级社会组织的领导。要探索加强新兴业态和互联网党建工作，扩大党在新兴领域的号

---

① 《贯彻落实新时代党的组织路线，不断把党建设得更加坚强有力》（2020年6月29日），《求是》2020年第15期。

② 《在上海考察时的讲话》（2018年11月6日、7日），《人民日报》2018年11月8日。

③ 《在上海考察时的讲话》（2018年11月6日、7日），《人民日报》2018年11月8日。

④ 《在中央和国家机关党的建设工作会议上的讲话》（2019年7月9日），《求是》2019年第21期。

召力和凝聚力。要加强支部标准化、规范化建设”①。

习近平强调要解决基层组织建设中的“中梗阻”问题，“党的领导落实到基层还有不少‘中梗阻’。在一些国有企业，党的领导融入公司治理在总部一级做得比较好，再往下延伸则存在层层递减问题。在高校，党委领导下的校长负责制是明确的，但把党的领导贯穿办学治校、教书育人全过程则存在较大差距。在中小学、医院、科研院所，党组织领导的校长（院长、所长）负责制还没有建立起来。至于社会组织特别是各种学会、协会的党建工作，大多没有真正破题。对这些问题，各级党委和组织部门要进行系统梳理，理顺体制，完善机制，把党的领导贯彻落实到位，把党的建设落到实处”②。

习近平还强调要坚持把基层组织建设作为“十四五”时期的重点工作，“‘十四五’时期，要在加强基层基础工作、提高基层治理能力上下更大功夫。要加强和改进党对农村基层工作的全面领导，提高农村基层组织建设质量，为乡村全面振兴提供坚强政治和组织保证”。③

习近平明确强调，强健组织体系必须增强党的“四力”，“必须更加注重党的组织体系建设，不断增强党的政治领导力、思想引领力、群众组织力、社会号召力，把党员组织起来，把人才凝聚起来，把群众动员起来，为实现党的十九大提出的宏伟目标团结奋斗”。④

党的组织路线是为党的政治路线服务的。习近平强调组织建设必须坚持政治引领，“党中央制定了一系列重大战略、部署了一系列重大工作，基层党组织就要在贯彻落实中发挥领导作用。要强化政治引领，发挥党的群众工作优势和党员先锋模范作用，引领基层各类组织自觉贯彻党的主张，确保基层治理正确方向。要构建党组织统一领导、各类组织积极协同、广大群众广泛参与的基层治理体系。要把服务群众、造福群众作为基层治理的出发点和落脚点，通过不断增强人民群众的获得感、幸福感、安全感，赢得群众对党的信任和拥护。要深入开展整治村霸、‘蝇贪’、宗族恶势力、基层黑恶势

---

① 《党的全面领导要靠党的坚强组织体系去实现》（2018年7月3日），《论坚持党对一切工作的领导》，中央文献出版社2019年版，第260—261页。

② 《党的全面领导要靠党的坚强组织体系去实现》（2018年7月3日），《论坚持党对一切工作的领导》，中央文献出版社2019年版，第260页。

③ 《在基层代表座谈会上的讲话》（2020年9月17日），人民出版社单行本，第7页。

④ 《党的全面领导要靠党的坚强组织体系去实现》（2018年7月3日），《论坚持党对一切工作的领导》，中央文献出版社2019年版，第259页。

力等专项斗争，着力解决一些基层政权被干扰侵蚀问题，净化修复农村基层政治生态”①。“正确政治路线决定正确组织路线，正确组织路线服务保证正确政治路线。党政军民学，东西南北中，党是领导一切的，这是党领导人民进行革命、建设、改革最宝贵的经验。加强党的组织建设，根本目的是坚持和加强党的全面领导，为推进中国特色社会主义事业提供坚强保证。”②“要坚持组织路线服务政治路线，聚焦备战打仗主责主业，加强我军党的组织体系建设，增强各级党组织的领导力、组织力、执行力，把党的政治优势和组织优势转化为制胜优势。”③“要坚持军委管总、战区主战、军种主建总原则，找准各级各类党组织职能定位，优化组织设置，健全制度机制，改进领导方式，把组织功能充分发挥出来。”④

创新方法手段是提高党的组织力的重要途径，习近平强调，我们要积极适应形势发展变化、党员结构深刻变化，强化党组织的政治功能和组织功能，在严肃的党内生活中锤打，提高适应新时代新要求的新本领新能力。⑤要严把发展党员入口关，把政治标准放在首位，对那些政治上不合格、想混入党内捞好处的人一个都不能要。要严格党员教育管理，严格组织生活，加强理论教育、形势教育和革命传统教育。⑥要提高党员发展质量，加强党员教育管理，使广大党员在改革发展稳定中充分发挥先锋模范作用。各级党组织要提高政治领导力、思想引领力、群众组织力、社会号召力，把广大人民群众紧紧团结在党的周围。⑦

组织制度建设是组织建设的根本环节，习近平强调，“抓好党的组织制度建设。民主集中制是我们党的根本组织制度和领导制度。党的十八大以

① 《党的全面领导要靠党的坚强组织体系去实现》（2018年7月3日），《论坚持党对一切工作的领导》，中央文献出版社2019年版，第261页。

② 《贯彻落实新时代党的组织路线，不断把党建设得更加坚强有力》（2020年6月29日），《求是》2020年第15期。

③ 《在中央军委党的建设会议上的讲话（节选）》（2018年8月17日），《习近平关于全面从严治党论述摘编》（2021年版），中央文献出版社2021年版，第238页。

④ 《在中央军委党的建设会议上的讲话（节选）》（2018年8月17日），《习近平关于全面从严治党论述摘编》（2021年版），中央文献出版社2021年版，第238—239页。

⑤ 《在第十九届中央纪律检查委员会第二次全体会议上的讲话》（2018年1月11日），《习近平关于全面从严治党论述摘编》（2021年版），中央文献出版社2021年版，第234页。

⑥ 《党的全面领导要靠党的坚强组织体系去实现》（2018年7月3日），《论坚持党对一切工作的领导》，中央文献出版社2019年版，第260—261页。

⑦ 《贯彻落实新时代党的组织路线，不断把党建设得更加坚强有力》（2020年6月29日），《求是》2020年第15期。

来，党中央先后制定和修订了新形势下党内政治生活的若干准则、党组工作条例、地方党委工作条例、党的工作机关条例、支部工作条例以及农村、国企、机关基层党组织工作条例等一系列组织建设方面的党内法规。党的十九届四中全会把健全维护党的集中统一的组织制度作为坚持和完善党的领导制度体系的重要内容，纳入国家制度和国家治理体系之中。中央相关部门、各级党委（党组）要结合实际，把党的组织法规和党中央提出的要求具体化，建立健全包括组织设置、组织生活、组织运行、组织管理、组织监督等在内的完整组织制度体系，完善党委（党组）落实全面从严治党主体责任的制度并严格抓好执行，不断提高党的组织建设的制度化、规范化、科学化水平”①。

战略思考

费正清曾说过，中国共产党“滚雪球式的迅猛发展，是一个巨大的组织奇迹”②。从历史上看，中国共产党在组织建设上有比较成熟的经验，保证了中国在革命和建设年代始终具有坚强的组织支撑和人才支持。近年来，由于受各种复杂因素的影响，管党治党失之于宽、失之于松、失之于软的问题比较突出，导致党内“四风”问题突出，腐败现象和问题比较严重。

中国共产党在全面从严治党实践中，突出强调落实党委的主体责任、纪委的监督责任，注重严肃督导各级党组织管党治党，加大对落实“两个责任”的监督检查和责任追究力度。仅2020年，全国纪检监察机关就问责党组织7292个，问责党员领导干部和监察对象8.6万余人。通过一案双查、强化问责，倒逼各级党组织和纪检机构切实履行管党治党责任，取得了比较好的效果。

各级党组织及负责人作为管党治党的责任主体，在全面从严治党中肩负重要使命。邓小平强调：“有了中央正确的领导，还必须有忠实执行中央指示的各级党的组织和干部。”③各级党组织及负责人既要坚决把中央关于全

---

① 《贯彻落实新时代党的组织路线，不断把党建设得更加坚强有力》（2020年6月29日），《求是》2020年第15期。

② 任仲平：《筑牢从严治党的政治根基》，《人民日报》2016年10月24日。

③ 《邓小平文选》第一卷，人民出版社1994年版，第88页。

面从严治党的决策部署落实下去，又要在管党治党的实践中不断强化主体意识、履行主要职责、担起主要责任。

强化抓好党建是“第一政绩”的价值理念

追求什么样的政绩，反映了党组织的价值追求。党章规定：“党的中央、地方和基层组织，都必须重视党的建设，经常讨论和检查党的宣传工作、教育工作、组织工作、纪律检查工作、群众工作、统一战线工作等，注重研究党内外的思想政治状况。”各级党组织是管党治党的“统帅部”，是党的建设各项工作的领导者、决策者，抓好管党治党是职责所系。

一段时间以来，为什么一些党组织在管党治党上不重视、不认真、不履职呢？一是认为党建是虚功，不如抓发展政绩显著。在抓中心工作和抓党建工作上“一手硬一手软”，把主要心思和精力用在抓发展上，用在追求轰轰烈烈的发展政绩上，不愿在抓党建上下慢功夫、细功夫，使党建责任缺位。二是把维护班子一团和气作为党建标准。奉行好人主义，搞无原则的一团和气，不愿意得罪人，对错误思想和作风放弃了批评和斗争，使管党治党失于宽松软。三是担心抓得过严会影响选票影响晋升。有的担心查办案件会损害单位形象、影响个人发展，存在压案不办、瞒案不报等情况。因此，就出现为了保荣誉不愿意暴露问题，为了保平安不愿意较真碰硬，为了保典型、保干部不愿意严肃执行纪律等问题。这些问题的根子在于价值追求出现偏差，要显绩不要潜绩，讲庸俗不讲原则，顾个人利益不顾党的利益。

要真正使各级党组织担起管党治党的责任，必须确立抓好党建是“第一政绩”的价值理念。抓好党建是“第一政绩”，这是一个大政绩，只有站到事关党的生死存亡、站到事关党的事业兴衰成败的高度才能看得清。中国共产党是伟大斗争、伟大工程、伟大事业、伟大梦想的领导核心，只有党自身坚强有力、“打铁自身得过硬”才能担起历史使命，如果党的建设搞不好、自身建设搞垮了，伟大斗争、伟大事业、伟大梦想就不可能实现，即使其他方面搞好了而党自身搞垮了，实际上也没有意义了。如果只站在本单位的局部看，就感受不到抓党建的重大意义所在，看不清党建抓不好的严重危害。

要真正落实管党治党责任，就要不断强化各级党组织负责人的“四个意识”，善于从党的建设大局上看问题。各级党组织的负责人是党派到各个单位管党治党的，要把抓好党建作为对全党作出的“第一政绩”，真正解决好只抓中心不抓党建、只管开会发文件不管党建的具体问题、只管日常工作不管组织建设等问题，使各级党组织负责人分兵把好管党治党的各个关口，切实形成管党治党的严密网络。

切实把管党治党“第一责任”压下去

所谓“第一责任”就是把管党治党排在责任的第一位，没有比这更优先的责任。习近平强调，“是不是各级党委、各部门党委（党组）都做到了聚精会神抓党建？是不是各级党委书记、各部门（党组）书记都成了从严治党的书记？是不是各级党委书记、各部门党委（党组）成员都履行了分管领域从严治党责任？一些地方和部门还难以给出令人满意的答案”。[①]各级党组织的负责人都是各级组织“一班人”中的“班长”，担负着保方向、统全局、抓班子的使命，能不能把“第一责任”压下去，决定着党建工作的方向和力度。

把“第一责任”压下去，就要选好管党治党的书记，把“抓好党建是本职、不抓党建是失职、抓不好党建是不称职”从口号性要求变成履职的从政箴言和行动警戒，在繁重复杂的使命任务中，统筹部署好、推进落实好党的建设各项工作，既挂帅又出征。

把“第一责任”压下去，就要真正把抓好党的建设作为自己的主责主业，不能用党的工作部门替代自己履行主体责任，对重要工作亲自部署、重大问题亲自过问、重点环节亲自协调、重要案件亲自督办，真正把主要精力用在党建上，把党建工作抓实抓到位。

把“第一责任”压下去，就要增强党的建设的政治性、政策性、原则性，把加强党的领导体现在党的建设、管理、监督之中，坚持原则、敢于较真、敢抓敢管，坚决纠正作风建设等各方面存在的突出问题，不怕暴露问题，敢于纠正错误，善于抓早抓小，长于抓细抓常，切实把从严要求贯彻到党的建设各个方面。

把“第一责任”压下去，还要对党的建设负责，勇于承担管党治党责任，下大力净化本单位的政治生态，对干部的健康成长负责，同时把管党治党责任横向传导给所有班子成员，督促班子成员履行“一岗双责”，纵向压给下面的书记，确保管党治党责任全面落地。

---

① 《在党的群众路线教育实践活动总结大会上的讲话》（2014年10月8日），《十八大以来重要文献选编》（中），中央文献出版社2016年版，第93—94页。

第十五篇

战略保障：构建完善制度体系

战略保障是战略实施的必要条件，决定战略成败。制度治党，就是在治国理政格局下，运用法律、法规、纪律等手段维护党的肌体健康运行的一种治理方式。制度带有根本性、全局性、稳定性和长期性。党的十一届三中全会后，邓小平强调，要吸取20世纪50年代后期以来党内政治生活出现严重问题的教训，改革党和国家的领导制度和干部制度，完善党规党纪，使党内生活制度化，“使这种制度和法律不因领导人的改变而改变，不因领导人的看法和注意力的改变而改变”[①]。加强党的制度建设，坚持依规治党、制度治党，这是中国共产党总结长期自身建设实践得出的宝贵经验，也是全面提高党的建设科学化水平的重要支撑。我们党把制度治党作为全面从严治党的战略保障来抓，认真贯彻长期以来为实践所证明的成熟的制度、规矩和传统，结合管党治党发现的问题及时修改完善相关制度规定，结合全面从严治党实践制定新的制度规矩，不断扎紧制度笼子，为提高全面从严治党的科学化、法治化、规范化水平提供有力保证。

战略定位：重大作用、重大课题、制度保障

制度是一套基于既有的规则、程序来调节个人和（或）群体的行为的持久而稳定的安排。[②]制度建设是一个长期演进的过程，是历史性与时代性的统一。全面从严治党中的制度建设，既是对中国共产党长期制度建设传统的

① 《邓小平文选》第二卷，人民出版社1994年版，第146页。
② ［英］安德鲁·海伍德：《政治学核心概念》，吴勇译，中国人民大学出版社2014年版，第60页。

传承，又是对新时代制度建设思想的创新。从习近平关于全面从严治党的重要论述看，制度治党在全面从严治党中的战略定位主要是，强调坚持制度治党对全面推进依法治国具有重大作用，依靠制度防治腐败仍然是一个重大课题，构建健全完善的制度体系是全面从严治党的重要保障。

重大作用：对全面推进依法治国具有重大作用。

习近平把构建一套更加成熟、更加定型的制度体系作为当前我们党面临的重大历史任务。他强调："今天，摆在我们面前的一项重大历史任务，就是推动中国特色社会主义制度更加成熟更加定型，为党和国家事业发展、为人民幸福安康、为国家长治久安提供一整套更完备、更稳定、更管用的制度体系。"[①]从推进全面依法治国看，党的执政地位决定了我们党必须带头贯彻依法治国基本方略。习近平强调："我们党是执政党，能不能坚持依法执政，能不能正确领导立法、带头守法、保证执法，对全面推进依法治国具有重大作用。"[②]

构建全面从严治党的制度体系，是推进国家治理体系和治理能力现代化、推进全面依法治国的重要内容。习近平强调："法律是治国理政最大最重要的规矩。推进国家治理体系和治理能力现代化，必须坚持依法治国，为党和国家事业发展提供根本性、全局性、长期性的制度保障。"[③]"要在全党同志特别是高级干部中进一步重申，必须坚持依法治国、依法执政、依法行政，任何人都不得违背党中央的大政方针、搞'独立王国'、自行其是，任何人都不得把党的政治纪律和政治规矩当儿戏、胡作非为，任何人都不得凌驾于国家法律之上、徇私枉法，任何人都不得把司法权力作为私器谋取私利、满足私欲。党纪国法的红线不能逾越。"[④]

从推进全面深化改革看，构建全面从严治党的制度体系，是全面深化改革的重要内容。习近平强调："党的十八届三中、四中全会的两个决定是姊

① 《习近平谈治国理政》，外文出版社2014年版，第104—105页。

② 《在十八届中央政治局第四次集体学习时的讲话》（2013年2月23日），《习近平关于党风廉政建设和反腐败斗争论述摘编》，中央文献出版社、中国方正出版社2015年版，第122—123页。

③ 《在中共十八届四中全会第二次全体会议上的讲话》（2014年10月23日），《习近平关于严明党的纪律和规矩论述摘编》，中央文献出版社、中国方正出版社2016年版，第6页。

④ 《在省部级主要领导干部学习贯彻党的十八届四中全会精神全面推进依法治国专题研讨班上的讲话》（2015年2月2日），《习近平关于严明党的纪律和规矩论述摘编》，中央文献出版社、中国方正出版社2016年版，第86页。

妹篇。一手抓改革，一手抓制度建设、法治建设，把改革成果固化为法规制度。依法执政，既包括党依据国家法律治国理政，也包括依据党内法规管党治党。”①

制度建设是党的“七大建设”之一，为党的长治久安提供制度保障。习近平强调：“要把制度建设摆在党的建设的重要位置，以制度建设巩固思想建设、组织建设、作风建设、反腐倡廉建设成果，加强制度执行力建设，为党的长治久安提供坚强制度保障。”②

重大课题：依靠制度有效防治腐败仍是我们面临的一个重大课题。

构建全面从严治党的制度体系，是依靠制度防治腐败、保持党的先进性纯洁性的重大课题。习近平强调：“制度问题更带有根本性、全局性、稳定性、长期性”，从“揭露出来的一些涉及领导干部的大案要案看，其犯罪情节之恶劣、涉案金额之巨大，都是触目惊心的，搞权钱交易、权色交易简直到了利令智昏、胆大包天的地步！之所以会弄到这个地步，其中一个重要原因就是我们一些领域的体制机制还不健全。如何靠制度更有效地防治腐败，仍然是我们面临的一个重大课题”。③强调制度对防治腐败具有关键作用，指出“没有健全的制度，权力没有关进制度的笼子里，腐败现象就控制不住”“建章立制非常重要，要把笼子扎紧一点，牛栏关猫是关不住的，空隙太大，猫可以来去自如”。要“把增强对公权力和公职人员的监督全覆盖、有效性作为着力点，推进公权力运行法治化，消除权力监督的真空地带，压缩权力行使的任性空间，建立完善的监督管理机制、有效的权力制约机制、严肃的责任追究机制。”④

从实践经验看，只有制度健全，预防腐败才能有效果。习近平强调：“中外经验告诉我们，只有坚持依法严厉惩治、形成不敢腐的惩戒机制和威慑力，坚持完善法规制度、形成不能腐的防范机制和预防作用，坚持加强思

① 《在中央政治局常委会听取中央巡视工作领导小组关于二〇一四年中央巡视组第二轮巡视情况汇报时的讲话》（2014年10月16日），《习近平关于党风廉政建设和反腐败斗争论述摘编》，中央文献出版社、中国方正出版社2015年版，第117页。

② 《在中共十八届五中全会第二次全体会议上的讲话》（2015年10月29日），《习近平关于严明党的纪律和规矩论述摘编》，中央文献出版社、中国方正出版社2016年版，第127—128页。

③ 《在十八届中央政治局第五次集体学习时的讲话》（2013年4月19日），《习近平关于党风廉政建设和反腐败斗争论述摘编》，中央文献出版社、中国方正出版社2015年版，第124页。

④ 《习近平关于全面从严治党论述摘编》（2021年版），中央文献出版社2021年版，第417页。

想教育、形成不想腐的自律意识和思想道德防线，才能有效铲除腐败现象的生存空间和滋生土壤。”“为什么党内这么多高级干部走上犯罪的道路？根本原因在于理想信念动摇了，但对党纪国法没有敬畏之心也是一个重要原因。”①

从导致腐败的制度成因看，主要是权力不受约束，因此，用制度治权是防治腐败的关键。习近平强调：“反腐倡廉法规制度建设，关键是制约和监督权力。腐败的本质是权力出轨、越轨，许多腐败问题都与权力配置不科学、使用不规范、监督不到位有关。”②“要从源头上有效防治腐败，加强对典型案例的剖析，从中找出规律性的东西，深化腐败问题多发领域和环节的改革，最大限度减少体制障碍和制度漏洞。”③

制度保障：全面从严治党的重要制度保障。

构建完善的制度体系是全面从严治党的重要保障。习近平强调：“邓小平同志说：‘要解决思想问题，也要解决制度问题。’‘这种制度问题，关系到党和国家是否改变颜色，必须引起全党的高度重视。’反腐倡廉法规制度既‘禁于未然之前’，又‘禁于已然之后’，为党员、干部拉起了高压线、划出了警戒线，在党风廉政建设中具有规范引导、控制约束、警戒告诫、惩罚威慑的作用。”“加强党内法规制度建设是全面从严治党的长远之策、根本之策。我们党要履行好执政兴国的重大历史使命、赢得具有许多新的历史特点的伟大斗争胜利、实现党和国家的长治久安，必须坚持依法治国与制度治党、依规治党统筹推进、一体建设。”④“从严管理干部，要坚持思想建党和制度治党紧密结合，既从思想教育上严起来，又从制度上严起来。”⑤

全面从严治党的实践说明，坚持制度治党是解决新形势下党内作风顽症的治本之策。习近平强调，党的十八大以来，党中央抓了政治纪律和政治规矩、组织纪律，抓了落实中央八项规定精神，加大反腐惩恶力度，强化巡视

---

① 《习近平关于全面从严治党论述摘编》（2021年版），中央文献出版社2021年版，第451页。

② 《在十八届中央政治局第二十四次集体学习时的讲话》（2015年6月26日），《习近平关于全面从严治党论述摘编》，中央文献出版社2016年版，第189页。

③ 《依纪依法严惩腐败，着力解决群众反映强烈的突出问题》（2013年1月22日），《十八大以来重要文献选编》（上），中央文献出版社2014年版，第136页。

④ 《习近平关于全面从严治党论述摘编》（2021年版），中央文献出版社2021年版，第450页。

⑤ 《在参加十二届全国人大三次会议上海代表团审议时的讲话》（2015年3月5日），《习近平关于全面从严治党论述摘编》，中央文献出版社2016年版，第138页。

监督，集中清理裸官、档案造假等问题，围绕着解决管党治党、执行纪律失之于宽、失之于松、失之于软这样的问题探索了经验，这些丰富的实践为党内法规制度创新奠定了坚实基础。因此，构建全面从严治党的制度体系，是新形势下党内法规建设与时俱进的需要。[①]在党的二十大报告中，习近平进一步对“健全全面从严治党体系”作出战略部署，明确了新征程管党治党的大思路。2024年6月27日，习近平在中央政治局第十五次集体学习时，就贯彻落实新时代党的建设总要求、进一步健全全面从严治党体系作出重要论述，强调要健全上下贯通、执行有力的组织体系，固本培元、凝心铸魂的教育体系，精准发力、标本兼治的监管体系，科学完善、有效管用的制度体系，主体明确、要求清晰的责任体系。

主要问题

党内法规制度是管党治党的重要依据。党内法规制度不健全、不完善、不配套，党的建设就会出现很多矛盾和问题，管党治党就会出现宽松软现象。党的十八大以来，习近平在全面从严治党的实践中，从党内监督、纠正作风偏差、惩治腐败、从严治吏等各个方面对管党治党中的制度欠缺和不足等问题作了深刻分析和阐述。就制度治党本身存在的问题而言，强调比较多的有以下八个方面：

一是有些制度过于原则，难以操作和落实。“这些年来，从中央到地方搞了不少制度性规范，但有的过于原则、缺乏具体的量化标准，形同摆设。”[②]

二是有些制度规定条目众多，不容易记住和执行。强调“要着手修订党员领导干部廉洁从政若干准则。目前的准则条目众多，八个方面五十二个不准。‘三大纪律、八项注意’就那么几条，很容易记，更容易执行”[③]。

---

① 《在十八届中央政治局常委会第一百一十九次会议关于审议中国共产党廉政准则、党纪处分条例修订稿时的讲话》（2015年10月8日），《习近平关于严明党的纪律和规矩论述摘编》，中央文献出版社、中国方正出版社2016年版，第67页。

② 《在十八届中央政治局第二十四次集体学习时的讲话》（2015年6月26日），《习近平关于严明党的纪律和规矩论述摘编》，中央文献出版社、中国方正出版社2016年版，第64页。

③ 《在第十八届中央纪律检查委员会第五次全体会议上的讲话》（2015年1月13日），《习近平关于严明党的纪律和规矩论述摘编》，中央文献出版社、中国方正出版社2016年版，第57页。

三是有些制度不衔接配套，形不成制度链条。“有的相互脱节、彼此缺乏衔接和协调配合，形不成系统化的制度链条，产生不了综合效应。”①

四是有些制度规矩对一把手的监督是薄弱环节。“我们查处的腐败分子中，方方面面的一把手比例不低。这说明，对一把手的监督仍然是一个薄弱环节。由于监督缺位、监督乏力，少数一把手习惯了凌驾于组织之上、凌驾于班子集体之上。”②

五是有些制度过于宽松，漏洞比较多。“有的过于笼统、弹性空间大，牛栏关猫，很多腐败问题不仅没有遏制住，反而愈演愈烈。”③

六是有些体制机制还不够健全。“产生腐败问题的一个重要原因，是一些体制机制存在漏洞。”④

七是有些制度的落实责任不明确，奖惩不严明。“有些法规制度为什么执行不了、落实不下去？就是因为责任不明确、奖惩不严格，违反了法规制度怎么惩罚无章可循。”⑤

八是对一些制度的落实和检查力度不够。“巡视对领导干部报告个人有关事项也进行了抽查核实。以前报告了，核查不够；核查了，处理不够，发现问题也不纠正。对这个事情要有紧迫感，群众对此有期望、有要求，不抓紧研究，就与群众要求不适应。从这次抽查情况看，多数填报不完整，那填报还有什么用？出台的制度要可行，抽查要有一定比例，查出的问题要纠正，必须有个严肃的说法。”⑥

---

① 《在十八届中央政治局第二十四次集体学习时的讲话》（2015年6月26日），《习近平关于严明党的纪律和规矩论述摘编》，中央文献出版社、中国方正出版社2016年版，第64页。

② 《依纪依法严惩腐败，着力解决群众反映强烈的突出问题》（2013年1月22日），《十八大以来重要文献选编》（上），中央文献出版社2014年版，第136页。

③ 《在十八届中央政治局第二十四次集体学习时的讲话》（2015年6月26日），《习近平关于严明党的纪律和规矩论述摘编》，中央文献出版社、中国方正出版社2016年版，第64页。

④ 《在第十八届中央纪律检查委员会第五次全体会议上的讲话》（2015年1月13日），《习近平关于严明党的纪律和规矩论述摘编》，中央文献出版社、中国方正出版社2016年版，第57页。

⑤ 《在十八届中央政治局第二十四次集体学习时的讲话》（2015年6月26日），《习近平关于严明党的纪律和规矩论述摘编》，中央文献出版社、中国方正出版社2016年版，第64页。

⑥ 《在中央政治局常委会审议〈关于二〇一三年上半年中央巡视组巡视情况的综合报告〉时的讲话》（2013年9月26日），《习近平关于党风廉政建设和反腐败斗争论述摘编》，中央文献出版社、中国方正出版社2015年版，第111页。

思路办法：把握原则、顶层设计、系统配套、突出治权、加强监督、强化执行

我们党全面从严治党的实践，既是严肃整治作风、惩治腐败的攻坚期，也是抓紧推进党内法规制度建设的加速期。以党的十八届六中全会通过的《关于新形势下党内政治生活的若干准则》和《中国共产党党内监督条例》为标志，制度治党、依规治党站在了一个新的历史起点上。党的二十届三中全会进一步作出“深化党的建设制度改革”的重大部署，开启了改革完善党的制度的新征程。从习近平关于推进制度治党的有关论述看，形成了把握原则、顶层设计、系统配套、突出治权、加强监督、强化执行等加强制度治党的一系列新思路新举措。

把握原则

构建完善的制度体系，是治国治党的重器。习近平多次强调，坚持制度治党要把握正确的原则方法，具体是：

坚持“三个有机统一”的原则，即“坚持党的领导、人民当家做主、依法治国有机统一，把党的领导贯彻到依法治国全过程。各级党组织必须坚持在宪法和法律范围内活动”。[①]

坚持以党章为基本标准完善制度，“要坚持以党章为根本遵循，用严明的纪律维护党章权威。党章是党的根本大法，全面从严治党首先要尊崇党章”[②]。“建立健全党内制度体系，要以党章为根本依据。”[③]

坚持围绕为民务实清廉建立健全工作制度，为民务实清廉是党的建设的总方针，“要把围绕为民务实清廉建立健全工作制度、管理制度、考核制度作为重要内容”[④]。

---

① 《在十八届中央政治局第四次集体学习时的讲话》（2013年2月23日），《习近平关于党风廉政建设和反腐败斗争论述摘编》，中央文献出版社、中国方正出版社2015年版，第123页。

② 《在十八届中央政治局常委会第一百一十九次会议关于审议中国共产党廉政准则、党纪处分条例修订稿时的讲话》（2015年10月8日），《习近平关于严明党的纪律和规矩论述摘编》，中央文献出版社、中国方正出版社2016年版，第66页。

③ 习近平：《认真学习党章　严格遵守党章》（2012年11月16日），《人民日报》2012年11月20日。

④ 《在河北调研指导党的群众路线教育实践活动时的讲话》（2013年7月11日、12日），《习近平关于党风廉政建设和反腐败斗争论述摘编》，中央文献出版社、中国方正出版社2015年版，第125页。

坚持务实管用的原则，“制度不在多，而在于精，在于务实管用，突出针对性和指导性。如果空洞乏力，起不到应有的作用，再多的制度也会流于形式。牛栏关猫是不行的！要搞好配套衔接，做到彼此呼应，增强整体功能”①。

坚持于法周延、于事简便的原则，“要本着于法周延、于事简便的原则，体现改革精神和法治思维，把中央要求、群众期盼、实际需要、新鲜经验结合起来，努力形成系统完备的制度体系，以刚性的制度规定和严格的制度执行，确保改进作风规范化、常态化、长效化，切实防止‘四风’问题反弹”②。

坚持制度面前人人平等的原则，“要坚持制度面前人人平等、执行制度没有例外，不留‘暗门’、不开‘天窗’，坚决维护制度的严肃性和权威性，坚决纠正有令不行、有禁不止的行为，使制度成为硬约束而不是‘橡皮筋’”③。

坚持制度创新的原则，“深化纪律检查体制改革，强化党内监督。产生腐败问题的一个重要原因，是一些体制机制存在漏洞，必须坚持以改革思路推进工作，加强制度创新”④“要从制度上查找原因。亡羊补牢，犹未为晚。制度好可以使坏人无法任意横行，制度不好可以使好人无法充分做好事，甚至会走向反面。各级党委要紧密结合这些年发生的腐败案例，寻找漏洞，吸取教训，全面深化改革，全面加强制度建设”⑤。“抓好工作创新，在总结经验的基础上，适应形势发展，推动巡视内容、方式方法、制度建设等方面与时俱进，完善工作机制，增强巡视工作的针对性、实效性。”⑥

---

① 习近平：《在党的群众路线教育实践活动总结大会上的讲话》（2014年10月8日），《人民日报》2014年10月9日。

② 《在十八届中央政治局第十六次集体学习时的讲话》（2014年6月30日），《习近平关于党风廉政建设和反腐败斗争论述摘编》，中央文献出版社、中国方正出版社2015年版，第88页。

③ 习近平：《在党的群众路线教育实践活动总结大会上的讲话》（2014年10月8日），《人民日报》2014年10月9日。

④ 《在第十八届中央纪律检查委员会第五次全体会议上的讲话》（2015年1月13日），《习近平关于全面从严治党论述摘编》，中央文献出版社2016年版，第202页。

⑤ 《在第十八届中央纪律检查委员会第五次全体会议上的讲话》（2015年1月13日），《习近平关于严明党的纪律和规矩论述摘编》，中央文献出版社、中国方正出版社2016年版，第57页。

⑥ 《在中央政治局常委会审议〈关于中央巡视工作领导小组第一次会议研究部署巡视工作情况的报告〉时的讲话》（2013年4月25日），《习近平关于严明党的纪律和规矩论述摘编》，中央文献出版社、中国方正出版社2016年版，第52页。

坚持纪严于法、纪在法前的原则，“要坚持纪严于法、纪在法前，实现纪法分开。过去就存在纪法不分问题，把公民不能违反的法律底线作为党组织和党员的纪律底线，降低了对党员要求，最后造成的结果就是‘违纪只是小节、违法才去处理’‘要么是好同志、要么是阶下囚’的不良后果”“纪律就是纪律，纪在法前，这应该说是党的十八大以来制度创新的又一成果”①。“修订党纪处分条例，要体现党规党纪严于国家法律的要求，突出党纪特色，重点对违反党的政治纪律、组织纪律、财经纪律、工作纪律和生活纪律的行为作出处分规定。”党的十九届六中全会《决议》进一步强调执纪执法贯通思想：“党坚持纪严于法、执纪执法贯通，用好监督执纪‘四种形态’，强化政治纪律和组织纪律，带动各项纪律全面严起来。”②

坚持标本兼治的原则，“在反腐倡廉工作中，我们一直强调标本兼治。治标，对腐败分子能够起到惩治、震慑、遏制作用，突出‘惩’的功能。治本，对权力进行制约和监督，对腐败现象能够起到预防、阻拦作用，重在‘防’的功能。在腐败存量比较大的情况下，只有以治标为先，才能遏制腐败现象滋生蔓延的势头。同时，这也倒逼我们加强反腐倡廉法规制度建设”③。

坚持高标准与守底线相结合的原则，“全面从严治党，必然要求依规治党与以德治党紧密结合。道德使人向善，是纪律的必要前提和基础；纪律用来惩恶，是道德的坚强后盾和保障。新修订的准则，扣紧‘廉洁自律’这个主题，坚持正面倡导、重在立德，重申党的理想信念宗旨、优良传统作风，这是党员和党员领导干部能够看得见、摸得着、够得着的一个标准，要树这么一个标准，这是高标准，展现了共产党人高尚的道德追求；而新修订的条例，围绕着党纪戒尺要求，开列‘负面清单’、重在立规，划出了我们党组织和党员不可触碰的底线，这都是很清晰的”④。

---

① 《在十八届中央政治局常委会第一百一十九次会议关于审议中国共产党廉政准则、党纪处分条例修订稿时的讲话》（2015年10月8日），《习近平关于严明党的纪律和规矩论述摘编》，中央文献出版社、中国方正出版社2016年版，第65页。

② 《中共中央关于党的百年奋斗重大成就和历史经验的决议》，人民出版社2021年版，第32页。

③ 《在十八届中央政治局第二十四次集体学习时的讲话》（2015年6月26日），《习近平关于严明党的纪律和规矩论述摘编》，中央文献出版社、中国方正出版社2016年版，第62页。

④ 《在十八届中央政治局常委会第一百一十九次会议关于审议中国共产党廉政准则、党纪处分条例修订稿时的讲话》（2015年10月8日），《习近平关于严明党的纪律和规矩论述摘编》，中央文献出版社、中国方正出版社2016年版，第65—66页。

在思想方法上强调，“坚持思想建党和制度治党紧密结合。从严治党靠教育，也靠制度，二者一柔一刚，要同向发力、同时发力”①。

坚持用制度管权管事管人，“要坚持用制度管权管事管人，抓紧形成不想腐、不能腐、不敢腐的有效机制，让人民监督权力，让权力在阳光下运行，把权力关进制度的笼子里”②。

坚持用明规则破潜规则，“破除潜规则，根本之策是强化明规则，以正压邪，让潜规则在党内以及社会上失去土壤、失去通道、失去市场。全党上下，任何一级组织、任何一名党员和干部都要严格遵守党的组织制度和党的法规纪律，对党忠诚，光明磊落，公道正派”③。“立明规则，破潜规则，必须在党内形成弘扬正气的大气候。大气候不形成，小气候自然就会成气候。”④

坚持继承与创新的统一，“我们党抓党的建设，很重要的一条经验就是要不断总结我们党长期以来形成的历史经验和成功做法，并结合新的形势任务和实践要求加以创新”“对近年来特别是党的十八大以来从严治党的理论和实践进行总结，看哪些经过实践检验是好的，必须长期坚持；哪些可以进一步完善并上升为制度规定，以党内法规的形式固化下来；哪些需要结合新的情况继续深化”。⑤“要认真总结党的建设实践经验，及时把比较成熟、普遍适用的经验提炼上升为制度，同时要加强党内法规制度建设理论研究和宏观设计，形成定期评估、清理、修订机制，该填充的填充，该链接的链接，该替换的替换，使党内各项法规制度便利管用，在全面从严治党中发挥更大作用。”⑥

坚持实事求是、废旧立新，“对已有相关制度进行梳理，经实践检验行

① 《在党的群众路线教育实践活动总结大会上的讲话》（2014年10月8日），《十八大以来重要文献选编》（中），中央文献出版社2016年版，第94页。

② 习近平：《在庆祝全国人民代表大会成立六十周年大会上的讲话》（2014年9月5日），《人民日报》2014年9月6日。

③ 《在参加河南省兰考县委常委班子专题民主生活会时的讲话》（2014年5月9日），《习近平关于全面从严治党论述摘编》，中央文献出版社2016年版，第28页。

④ 《在参加河南省兰考县委常委班子专题民主生活会时的讲话》（2014年5月9日），《习近平关于全面从严治党论述摘编》，中央文献出版社2016年版，第29页。

⑤ 习近平：《关于〈关于新形势下党内政治生活的若干准则〉和〈中国共产党党内监督条例〉的说明》（2016年10月24日），《人民日报》2016年11月3日。

⑥ 《从严治党必须从严管理干部》（2014年12月14日），《习近平关于全面从严治党论述摘编》，中央文献出版社2016年版，第107页。

之有效、群众认可的，要予以重申，继续坚持、抓好落实，严肃纪律，形成刚性约束；不适应新形势新任务要求的，该修改完善的就修改完善，该废止的就废止，该制定新的就制定新的。要总结新的实践经验，建立新的制度”①。

顶层设计

全面从严治党的制度体系内容很多、涉及关系复杂，必须加强顶层设计、总体规划。习近平强调，“全党必须健全党的领导制度体系，深化党的建设制度改革，健全党领导各类组织、各项事业的制度，完善全面从严治党制度”②。强调，构建完善制度体系要注重党内法规与国家法律的衔接和协调，“完善党内法规制定体制机制，注重党内法规同国家法律的衔接和协调，构建以党章为根本、若干配套党内法规为支撑的党内法规制度体系”。“要继续推进党内法规制度体系建设，注重党内法规同国家宪法法律的衔接和协调，加强党内法规备案审查工作。”③

要注重搞好总体规划、衔接配套，“党的十八届四中全会把形成完善的党内法规体系纳入全面推进依法治国的总目标，对增强党内法规制度的系统性和有效性提出了新的要求”④。“要坚持宏观思考、总体规划。要抓紧完善反腐倡廉的基本法规制度，修订廉政准则、党内监督条例、纪律处分条例、巡视工作条例、行政监察法，研究制定派驻纪检机构工作条例、纪律审查工作条例等。既要注意体现党章的基本原则和精神，符合国家法律法规，也要同其他方面法规制度相衔接，使实体性法规制度和程序性法规制度、综合性规定和专门性规定、下位法规制度和上位法规制度相互协调、相辅相成，提升法规制度整体效应。”⑤

要注重先把纪律和规矩立起来，“依规治党，首先是把纪律和规矩立起来、严起来、执行起来。党的性质、宗旨都决定了纪严于法、纪在法前。要

① 《在河北调研指导党的群众路线教育实践活动时的讲话》（2013年7月11日、12日），《习近平关于党风廉政建设和反腐败斗争论述摘编》，中央文献出版社、中国方正出版社2015年版，第125页。

② 《习近平关于全面从严治党论述摘编》（2021年版），中央文献出版社2021年版，第454页。

③ 《习近平关于全面从严治党论述摘编》（2021年版），中央文献出版社2021年版，第451页。

④ 《从严治党必须从严管理干部》（2014年12月14日），《习近平关于全面从严治党论述摘编》，中央文献出版社2016年版，第107页。

⑤ 《在十八届中央政治局第二十四次集体学习时的讲话》（2015年6月26日），《习近平关于严明党的纪律和规矩论述摘编》，中央文献出版社、中国方正出版社2016年版，第63页。

把党的纪律和规矩挺在前面，用纪律和规矩管住大多数，使所有党员干部严格执行党规党纪、模范遵守法律法规”[①]。“党的十八大后，党中央从立规矩开始，首先制定了八项规定，随后陆续出台一系列制度。各级根据中央八项规定精神，在联系服务群众、规范权力运行等方面制定和修订了一批工作制度和管理制度。制度的笼子越扎越紧，针对干部工作生活的监督制度已基本建立健全，下一步就是要严格执行。”[②]“有纪可依是严明纪律的前提，党的纪律规定要根据形势和党的建设需要不断完善，确保系统配套、务实管用，防止脱离实际、内容模糊不清、滞后于实践。”[③]

要注重增强依法执政意识，“坚持以法治的理念、法治的体制、法治的程序开展工作，改进党的领导方式和执政方式，推进依法执政制度化、规范化、程序化。执法是行政机关履行政府职能、管理经济社会事务的主要方式，各级政府必须依法全面履行职能，坚持法定职责必须为、法无授权不可为，健全依法决策机制，完善执法程序，严格执法责任，做到严格规范公正文明执法”[④]。

系统配套

制度的系统性、配套性，很大程度上决定了制度的有效性和生命力。习近平强调，“建章立制，要坚持系统思维、辩证思维、底线思维，体现指导性、针对性、操作性。既坚持解决问题又坚持简便易行，采取务实管用的措施切中问题要害；既坚持目标导向又坚持立足实际，力求把落实党中央要求、满足实践需要、符合基层期盼统一起来；既坚持创新发展又坚持有机衔接，同党内法规制度融会贯通，该坚持的坚持、该完善的完善、该建立的建立、该落实的落实。建立制度，不能大而全也不能小而碎，不能‘牛栏关猫’也不能过于繁琐”[⑤]。建立完善制度要系统完备、衔接配套，“要贯彻

---

① 《在中央政治局常委会议审议巡视工作条例修订稿时的讲话》（2015年6月11日），《习近平关于严明党的纪律和规矩论述摘编》，中央文献出版社、中国方正出版社2016年版，第60页。

② 《在第十八届中央纪律检查委员会第五次全体会议上的讲话》（2015年1月13日），《习近平关于严明党的纪律和规矩论述摘编》，中央文献出版社、中国方正出版社2016年版，第56页。

③ 习近平：《在党的群众路线教育实践活动总结大会上的讲话》（2014年10月8日），人民出版社单行本，第27页。

④ 《在中共十八届四中全会第二次全体会议上的讲话》（2014年10月23日），《习近平关于党风廉政建设和反腐败斗争论述摘编》，中央文献出版社、中国方正出版社2015年版，第133页。

⑤ 《习近平关于全面从严治党论述摘编》（2021年版），中央文献出版社2021年版，第453页。

全面深化改革、全面依法治国的要求，加大反腐倡廉法规制度建设力度，把中央要求、群众期盼、实际需要、新鲜经验结合起来，本着于法周延、于事有效的原则制定新的法规制度、完善已有的法规制度、废止不适应的法规制度，努力形成系统完备的反腐倡廉法规制度体系”[①]。“要立治有体、施治有序，零打碎敲不行，碎片化修补也不行。……要把反腐倡廉法规制度的笼子扎细扎密扎牢，必须做到前后衔接、左右联动、上下配套、系统集成。”[②]习近平强调，构建全面从严治党体系的动态系统，更加突出党的各方面建设有机衔接、联动集成、协同协调，更加突出体制机制的健全完善和法规制度的科学有效，更加突出治理的理念、系统的观念、辩证的思维管党治党建设党。

建立完善制度要注重科学规范，“建立科学规范的干部考核评价体系，形成激励干部求真务实的有效机制，使那些重实际、说实话、务实事、求实效的干部，不仅不吃亏，而且受到鼓励、褒奖、重用；使那些做表面文章、搞劳民伤财的‘形象工程’和‘政绩工程’、跑官要官的干部，不仅捞不到好处，而且受到批评和惩处”[③]。“铲除不良作风和腐败现象滋生蔓延的土壤，根本上要靠法规制度。”[④]

建立完善制度要贯穿反腐倡廉全过程，“只有建好制度、立好规矩，把法规制度建设贯穿到反腐倡廉各个领域、落实到制约和监督权力各个方面，发挥法规制度的激励约束作用，才能筑起遏制腐败现象滋生蔓延的‘堤坝’，才能推动形成不敢腐、不能腐、不想腐的有效机制”[⑤]。

建立完善制度要注重明确责任、严明奖惩，“反腐倡廉法规制度建设必须做到要素齐全，既有激励性，又有惩戒性，使遵守者得到表彰奖励，违反者受到严厉惩处。……要明确责任主体，确保可执行、可监督、可检查、可

① 《在十八届中央政治局第二十四次集体学习时的讲话》（2015年6月26日），《习近平关于全面从严治党论述摘编》，中央文献出版社2016年版，第188—189页。

② 《在十八届中央政治局第二十四次集体学习时的讲话》（2015年6月26日），《习近平关于严明党的纪律和规矩论述摘编》，中央文献出版社、中国方正出版社2016年版，第64页。

③ 《在参加河北省委常委班子专题民主生活会时的讲话》（2013年9月23—25日），《习近平关于严明党的纪律和规矩论述摘编》，中央文献出版社、中国方正出版社2016年版，第52页。

④ 《在十八届中央政治局第二十四次集体学习时的讲话》（2015年6月26日），《习近平关于全面从严治党论述摘编》，中央文献出版社2016年版，第187页。

⑤ 《在十八届中央政治局第二十四次集体学习时的讲话》（2015年6月26日），《习近平关于全面从严治党论述摘编》，中央文献出版社2016年版，第187—188页。

问责”[①]。

突出治权

健全完善制度体系的核心指向，是制约和监督权力。习近平强调，“反腐倡廉的核心是制约和监督权力”[②]。“反腐倡廉法规制度建设要围绕授权、用权、制权等环节，合理确定权力归属，划清权力边界，厘清权力清单，明确什么权能用、什么权不能用，强化权力流程控制，压缩自由裁量空间，杜绝各种暗箱操作。”[③]“要健全权力运行制约和监督体系，让人民监督权力，让权力在阳光下运行，确保国家机关按照法定权限和程序行使权力。”[④]

把权力关进制度笼子里，是习近平多次强调的重要思想，“要突出重点，重在管用有效，全方位扎紧制度笼子，更多用制度治党、管权、治吏”[⑤]。构建制度笼子的基本要求，是要关好门、上好锁，栅栏不能太宽，栅栏不能用麻秆做。“我们的制度不少，可以说基本形成，但不要让它们形同虚设，成为‘稻草人’，形成‘破窗效应’。很多情况没有监督，违反了也没有任何处理。这样搞，谁会把制度当回事呢？我们党的制度是从党章开始的，学习党章学了半天，最后还是视而不见、听而不闻，这不行！我们的制度有些还不够健全，已经有的铁笼子门没关上，没上锁，或者栅栏太宽了，或者栅栏是用麻秆做的，那也不行。”[⑥]

用制度治权，关键是管好领导干部和一把手的权力。习近平强调，“我们必须用刚性制度把一把手管住，保证一把手正确用权、廉洁用权。这不是对干部要求苛刻，而是爱护和保护干部”。[⑦]“事实证明，领导干部对法治

① 《在十八届中央政治局第二十四次集体学习时的讲话》（2015年6月26日），《习近平关于严明党的纪律和规矩论述摘编》，中央文献出版社、中国方正出版社2016年版，第64页。

② 《在十八届中央政治局第五次集体学习时的讲话》（2013年4月19日），《习近平关于党风廉政建设和反腐败斗争论述摘编》，中央文献出版社、中国方正出版社2015年版，第124页。

③ 《在十八届中央政治局第二十四次集体学习时的讲话》（2015年6月26日），《习近平关于全面从严治党论述摘编》，中央文献出版社2016年版，第189页。

④ 《依纪依法严惩腐败，着力解决群众反映强烈的突出问题》（2013年1月22日），《十八大以来重要文献选编》（上），中央文献出版社2014年版，第135页。

⑤ 《在参加十二届全国人大三次会议上海代表团审议时的讲话》（2015年3月5日），《习近平关于全面从严治党论述摘编》，中央文献出版社2016年版，第110页。

⑥ 《在第十八届中央纪律检查委员会第五次全体会议上的讲话》（2015年1月13日），《习近平关于严明党的纪律和规矩论述摘编》，中央文献出版社、中国方正出版社2016年版，第81页。

⑦ 《在第十八届中央纪律检查委员会第五次全体会议上的讲话》（2015年1月13日），《习近平关于严明党的纪律和规矩论述摘编》，中央文献出版社、中国方正出版社2016年版，第100页。

建设既可以起到关键推动作用，也可能起到致命破坏作用。如果我们的领导干部不能尊法学法守法用法，不要说全面推进依法治国，不要说实现‘两个一百年’奋斗目标、实现中华民族伟大复兴的中国梦，就连我们党的领导、我国社会主义制度都可能受到严重冲击和损害。”①“领导干部要自觉接受组织和群众监督，这对自己有好处，可以警醒自己始终秉公用权，避免跌入腐败的陷阱。”②各级领导干部要带头依法办事、带头遵守法律，在法律面前做到“一个确立”，即牢固确立法律红线不能触碰、法律底线不能逾越的观念；做到“两个不要”“一个不能”，即不要去行使依法不该由自己行使的权力，也不要去干预依法自己不能干预的事情，更不能以言代法、以权压法、徇私枉法；做到“四不”，即法律面前不为私心所扰、不为人情所困、不为关系所累、不为利益所惑。③

制度治权，就要克服特权思想特别是司法特权，习近平强调：“做到严格执法、公正司法，还要着力解决领导机关和领导干部违法违规干预的问题。”“对来自群众反映政法机关执法办案中存在问题的举告，党政领导干部可以依法按程序批转，但不得提出倾向性意见，更不能替政法机关拍板定案。要把能不能依法办事、遵守法律作为考察识别干部的重要标准。”“要健全政法部门分工负责、互相配合、互相制约机制，通过完善的监督管理机制、有效的权力制衡机制、严肃的责任追究机制，加强对执法司法权的监督制约，最大限度减少权力出轨、个人寻租的机会。”④

领导干部提高法治思维和依法办事能力，关键是要做到四点：一是要守法律、重程序，这是法治的第一位要求。二是要牢记职权法定，明白权力来自哪里、界线划在哪里，做到法定职责必须为、法无授权不可为。三是要保护人民权益，这是法治的根本目的。四是要受监督，这既是对领导干部行使

---

① 《在省部级主要领导干部学习贯彻党的十八届四中全会精神全面推进依法治国专题研讨班上的讲话》（2015年2月2日），《习近平关于严明党的纪律和规矩论述摘编》，中央文献出版社、中国方正出版社2016年版，第100、101页。

② 《在第十八届中央纪律检查委员会第五次全体会议上的讲话》（2015年1月13日），《习近平关于严明党的纪律和规矩论述摘编》，中央文献出版社、中国方正出版社2016年版，第100页。

③ 《在十八届中央政治局第四次集体学习时的讲话》（2013年2月23日），《习近平关于严明党的纪律和规矩论述摘编》，中央文献出版社、中国方正出版社2016年版，第93—94页。

④ 《在中央政法工作会议上的讲话》（2014年1月7日），《习近平关于党风廉政建设和反腐败斗争论述摘编》，中央文献出版社、中国方正出版社2015年版，第127页。

权力的监督，也是对领导干部正确行使权力的制度保护。[①]防止特权，还要建立健全相关制度规定，“党的十八届四中全会就此提出了一系列制度安排，包括建立法律顾问制度、设立公职律师，完善党政部门依法决策机制，建立行政机关内部重大决策合法性审查机制，建立重大决策终身责任追究制度及责任倒查机制，建立领导干部干预司法活动、插手具体案件处理的记录、通报和责任追究制度，建立法治建设成效考核制度，等等。这些制度要抓紧建立健全，早日形成，早日发挥作用”[②]。

加强监督

构建完善的监督制度体系，是防止滥用权力、防治腐败问题的重要内容。习近平强调，任何人都没有法律之外的绝对权力，“各级领导干部都要牢记，任何人都没有法律之外的绝对权力，任何人行使权力都必须为人民服务、对人民负责并自觉接受人民监督”。“依规治党，就要进一步完善党内监督制度，尤其要完善全党一体遵循的准则。”[③]

在监督方式上，习近平强调以公开求监督，“涉及老百姓利益的案件，有多少需要保密的？除法律规定的情形外，一般都要公开。要坚持以公开促公正、以透明保廉洁”[④]。强调以强化制约促进监督，“要强化制约，合理分解权力，科学配置权力，不同性质的权力由不同部门、单位、个人行使，形成科学的权力结构和运行机制”[⑤]。在监督渠道上，习近平强调构建多种形式的纪律监督，“要加强党纪监督、行政监察、审计监督、司法监督和国家机关内部各种形式的纪律监督”[⑥]。在监督形式上，需要多种监督形式

① 《在省部级主要领导干部学习贯彻党的十八届四中全会精神全面推进依法治国专题研讨班上的讲话》（2015年2月2日），《习近平关于严明党的纪律和规矩论述摘编》，中央文献出版社、中国方正出版社2016年版，第102页。

② 《在省部级主要领导干部学习贯彻党的十八届四中全会精神全面推进依法治国专题研讨班上的讲话》（2015年2月2日），《习近平关于严明党的纪律和规矩论述摘编》，中央文献出版社、中国方正出版社2016年版，第58—59页。

③ 《在第十八届中央纪律检查委员会第五次全体会议上的讲话》（2015年1月13日），《习近平关于严明党的纪律和规矩论述摘编》，中央文献出版社、中国方正出版社2016年版，第57页。

④ 《严格执法，公正司法》（2014年1月7日），《十八大以来重要文献选编》（上），中央文献出版社2014年版，第720页。

⑤ 《在第十八届中央纪律检查委员会第三次全体会议上的讲话》（2014年1月14日），《习近平关于全面从严治党论述摘编》，中央文献出版社2016年版，第201页。

⑥ 《在庆祝全国人民代表大会成立六十周年大会上的讲话》（2014年9月5日），《人民日报》2014年9月6日。

并用，习近平强调："各方面监督要严起来、实起来。无论党内监督，还是群众监督、社会监督、舆论监督，加强和改进的空间都还很大，有大量工作要做。要总结经验，健全体制机制，使各种监督更加规范、更加有力、更加有效。"①

强化执行

制度的生命力、强制力在于执行。习近平强调："法规制度的生命力在于执行。'盖天下之事，不难于立法，而难于法之必行。'现在，我们有法规制度不够健全、不够完善的问题，但更值得注意的是已有的法规制度并没有得到严格执行。"②"要狠抓制度执行，扎牢制度篱笆，真正让铁规发力、让禁令生威。"③"要增强制度执行力，制度执行到人到事，做到用制度管权管事管人。"④"现有制度都没执行好，再搞新的制度，可以预言也会是白搭。所以，我说一分部署还要九分落实。制定制度很重要，更重要的是抓落实，九分气力要花在这上面。"⑤

执行制度要坚持制度面前人人平等，"制度一经形成，就要严格遵守，坚持制度面前人人平等、执行制度没有例外，坚决维护制度的严肃性和权威性，坚决纠正有令不行、有禁不止的各种行为，使制度真正成为党员、干部联系和服务群众的硬约束，使贯彻党的群众路线真正成为党员、干部的自觉行动"⑥。

执行制度要通过落实传递压力，"抓好法规制度落实，必须落实监督制度，加强日常督察和专项检查。要用监督传递压力，用压力推动落实。对违规违纪、破坏法规制度踩'红线'、越'底线'、闯'雷区'的，要坚决严

---

① 《在十八届中央政治局第二十六次集体学习时的讲话》（2015年9月11日），《习近平关于全面从严治党论述摘编》，中央文献出版社2016年版，第206页。

② 《在十八届中央政治局第二十四次集体学习时的讲话》（2015年6月26日），《习近平关于严明党的纪律和规矩论述摘编》，中央文献出版社、中国方正出版社2016年版，第88—89页。

③ 《在中央政法工作会议上的讲话》（2014年1月7日），《习近平关于党风廉政建设和反腐败斗争论述摘编》，中央文献出版社、中国方正出版社2015年版，第127页。

④ 习近平：《在党的群众路线教育实践活动总结大会上的讲话》（2014年10月8日），《人民日报》2014年10月9日。

⑤ 《在参加河南省兰考县委常委班子专题民主生活会时的讲话》（2014年5月9日），《习近平关于严明党的纪律和规矩论述摘编》，中央文献出版社、中国方正出版社2016年版，第81页。

⑥ 《在党的群众路线教育实践活动工作会议上的讲话》（2013年6月18日），《十八大以来重要文献选编》（上），中央文献出版社2014年版，第318—319页。

肃查处，不以权势大而破规，不以问题小而姑息，不以违者众而放任，不留‘暗门’、不开‘天窗’，坚决防止‘破窗效应’”。“要构建全覆盖的制度执行监督机制，把制度执行和监督贯穿区域治理、部门治理、行业治理、基层治理、单位治理的全过程，坚决杜绝制度执行上做选择、搞变通、打折扣的现象，严肃查处有令不行、有禁不止、阳奉阴违的行为，确保制度时时生威、处处有效。”①

执行制度要解决有规不依的问题，“我们总体上已进入有规可依的阶段，目前的主要问题是有规不依、落实不力。一些部门执行制度先紧后松、上紧下松、外紧内松，制度成了‘橡皮筋’、‘稻草人’，产生‘破窗效应’。要带头学习、遵守、执行党章党规，从基本制度严起、从日常规范抓起”②。

各级党委和领导干部要带头落实制度，“各级党委和政府以及各级领导干部要切实强化制度意识，带头维护制度权威，做制度执行的表率，确保党和国家重大决策部署、重大工作安排都按照制度要求落到实处，切实防止各自为政、标准不一、宽严失度等问题的发生，充分发挥制度指引方向、规范行为、提高效率、维护稳定、防范化解风险的重要作用”③。

战略思考

中国特色社会主义是集实践、理论、制度于一体的，既注重把成功的实践上升为理论，又以正确的理论指导新的实践，还把实践中已见成效的方针政策及时上升为党和国家的制度，这是当代中国发展取得巨大成就、自身步入良性发展轨道的重要经验。中国特色社会主义事业不断发展，中国特色社会主义制度也需要不断完善。1992年邓小平在视察南方重要讲话中指出：“恐怕再有三十年的时间，我们才会在各方面形成一整套更加成熟、更加定型的制度。”④党的制度建设是中国特色社会主义制度的重要组成部分，是在党的长期建设实践中逐步形成和完善的。从建党之初的一大党纲开始，中国共

① 《习近平关于全面从严治党论述摘编》（2021年版），中央文献出版社2021年版，第452页。
② 《习近平关于全面从严治党论述摘编》（2021年版），中央文献出版社2021年版，第452页。
③ 《习近平关于全面从严治党论述摘编》（2021年版），中央文献出版社2021年版，第452页。
④ 《邓小平文选》第三卷，人民出版社1993年版，第372页。

产党就十分注重通过构建以党章为根本、以民主集中制为核心的党内法规，加强和完善党的各方面建设。拥有一套完整的党内法规，成为我们党的一大政治优势。中国稳定的核心是政治稳定；政治稳定的核心是领导集体的稳定；领导集体的稳定，核心是领导体制制度化、民主化、规范化和程序化。[①]

改革开放以来，中国共产党把制度建设作为一项重要的基础性建设贯穿于党和国家政治生活的各个方面，制定了如党的各级代表大会、党内选举、党的组织生活、集体领导和个人分工负责相结合、干部选举、招考、任免、考核、轮换、职务任期以及离休、退休、党的纪律、党内监督等制度，对巩固党的建设各项成果起了重大作用。[②]党的十二大制定了新党章，之后经过历次党代会不断充实、丰富和完善，使党的制度和规矩不断完善。党的十八大强调，要把制度建设摆在突出位置，充分发挥我国社会主义政治制度优越性。党的十八大以来，在运用制度治党、依规治党上，力度空前、覆盖全面、节奏加快。2013年5月，发布《中国共产党党内法规制定条例》和《中国共产党党内法规和规范性文件备案规定》，为制定党规党纪明确了规矩。2014年10月召开的党的十八届四中全会提出加强党内法规制度建设，指出："完善党内法规制定体制机制，加大党内法规备案审查和解释力度，形成配套完备党内法规制度体系。"[③]2016年10月，党的十八届六中全会专题研究加强和规范党内政治生活、加强党内监督问题，通过了两部党内的重要党规。随着全面从严治党深入推进，党规党纪的不断完善，党的建设科学化、制度化、规范化水平进一步提高，为确保建党100周年时建成内容科学、程序严密、配套完备、运行有效的党内制度体系打下良好基础。从全面从严治党的长期任务看，制度治党是新形势下管党治党的基本方式和主要依托，为全面从严治党提供管党依据、治党遵循、规范标准。

历史是至关重要的。它的重要性不仅在于我们可以向过去取经，而且还因为现在和未来是通过一个社会制度的连续性与过去连接起来的。[④]在更长时期内坚持制度治党、依规治党，需要进一步总结借鉴改革开放以来特别是党的十八大以来管党治党的制度成果和经验举措，"以新的认识指导新的实

① 胡鞍钢：《中国集体领导体制》，中国人民大学出版社2013年版，第186页。
② 张荣臣：《马克思主义党的学说史》，中共中央党校出版社2016年版，第293页。
③ 《中共中央关于全面推进依法治国若干重大问题的决定》，人民出版社2014年版，第35页。
④ ［美］道格拉斯·C. 诺思：《制度、制度变迁与经济绩效》，上海三联书店1994年版，第1页。

践，继续在常和长、严和实、深和细上下功夫”[1]，不断把制度笼子扎牢，把制度利器用好。

要强化法治意识、制度意识、纪律意识，形成尊崇制度、遵守制度、捍卫制度的良好氛围。

按照新制度经济学的定义，制度就是规则的集合。制度治党，就是在治国理政的格局下，运用法律、纪律、法规等制度手段维护党的肌体运行的一种治理方式。制度、法律、纪律、规矩，是管党治党中常用的四个概念，四者有着紧密的联系。制度，是指在一定历史条件下形成的法令、礼俗等规范。法律，是由立法机关制定，国家政权保证执行的行为规则。纪律，是组织团体等为了维护集体利益并保证工作的正常进行而制定的，要求每个成员遵守的规章、条文。规矩，通常指一定的标准、法则或习惯。从这四个概念看，规矩与制度涵盖面最广，内涵最相近。根据2015年1月13日习近平的讲话[2]，强调党内规矩包括：党章、党的纪律、国家法律、优良传统和工作惯例。因此，党内规矩与党的制度内涵相似，依规治党与制度治党的含义基本相同。

制度有效运行的前提，是规则意识的彰显和制度权威的确立。习近平强调，要在全党开展法规制度宣传教育，引导广大党员、干部牢固树立法治意识、制度意识、纪律意识，懂法纪、明规矩，知敬畏、存戒惧，形成尊崇制度、遵守制度、捍卫制度的良好氛围。制度意识是指党员对党的制度的知识把握、心理状态、思想观点的总和，包括党员对制度的内涵、特点、地位、作用等正确认识和理解，对制度的敬畏感，自觉学习和执行制度的观念，以及对遵守和违反制度的正确评价，等等。制度意识强不强决定了制度能不能得到尊崇，能不能得到应有的权威，能不能得到顺畅运作。增强制度的权威性，必须克服长期存在的“条子至上、批示至上”的不良倾向，一些问题本来依靠制度规矩本身就可以解决，但有的还习惯于等领导的批示、条子或口头交代后才去落实，造成领导个人的权威胜过制度规矩的权威，一个条子胜过一打制度的问题。这实质是对领导个人负责，是“跟人不跟法”，而不是

---

① 《习近平在十八届中央纪委七次全会上发表重要讲话强调　全面贯彻落实党的十八届六中全会精神　增强全面从严治党系统性创造性实效性》，《人民日报》2017年1月7日。

② 《加强纪律建设，把守纪律讲规矩摆在更加重要的位置》（2015年1月13日），《十八大以来重要文献选编》（中），中央文献出版社2016年版，第347页。

对党的制度规矩负责。

当前影响制度意识形成的有“三种不良心态”。第一种是“人治”习惯的心态。长期以来，以“人治”为核心的政治心理，以权力主导的工作模式，使许多人不习惯于按制度办事，遇到问题首先想到的不是制度，而是制度之外的领导想法及权力逻辑、关系逻辑、人情逻辑。因此，制度权威弱化。第二种是“法不责众”的心态。一些人对制度规定很清楚，但是心存侥幸，特别是觉得一些新制度虽然建立了，未必就真正落实。觉得可能法不责众，仍然不遵守。这种情况往往让制度执行者陷入“两难”。严格执行，涉及面太广、打击面太大，而听之任之，就会形成“破窗效应”，会有更多的人去破坏规则。第三种是“制度黑锅”的心态。过去很长一段时间，制度成了挡箭牌，将出现的矛盾和问题最后都归结为体制制度问题，其实有的是有制度但不执行的问题，有的是执行了但执行不到位的问题，但都习惯于从制度上找原因，最终让制度背上黑锅。

强化法治意识、制度意识、纪律意识，最需要的是真学、真抓、真用。所谓真学，就是现在全面从严治党制度这么丰富，新的要求、新的举措这么多，治党抓得这么紧，必须下功夫去学。每一条都要去了解，每个文件都要学到，而不能满足于在文件中有，在讲话中有，在汇报中有，而要切实学到头脑中。所谓真抓，就是领导干部特别是一把手应担起政治责任和领导责任，亲自抓、亲自管制度落实，各级党组织应加强检查和考核，及时发现和解决问题，严格落实执纪问责。不能满足于知名称、知大概、大概知，不能满足于武装嘴巴、粉饰材料、标识政绩，而要切实当好落实制度的实干家和推动者。真用，就是高级干部应以身作则、率先垂范按制度规矩办事，把新要求、新纪律用在抓班子带队伍当中，用在党委决策、科学用人、严肃党内政治生活上，而不能用文件名称代替文件内容，用逻辑推理应然状态替代实际工作落实的实然状态，用对上表态代替对下的真正落实。

切实增强制度的执行力，防止制度成为“稻草人”“纸老虎”。

“我们是共产党执政。很多规矩是共产党立的，执行也是共产党去执行。”[①]习近平多次强调，一分部署九分落实。制度的生命力在于执行，不被

① 《在参加河南省兰考县委常委班子专题民主生活会时的讲话》（2014年5月9日），《习近平关于严明党的纪律和规矩论述摘编》，中央文献出版社、中国方正出版社2016年版，第53页。

执行的制度是无效的制度、僵死的制度。制度不落实、执行不到位，是制度建设中的突出难点问题，是制度治党的软肋所在。面对越来越完善的制度规定，最紧迫的任务是把制度真正落实下去，防止过去因为制度不落实造成制度权威性下降的问题重演。

解决制度不落实的问题，一是要克服遇事忘法，事后补规定、补程序、补手续的问题。二是要克服把制度当成出政绩的捷径，作为创新的看点、应对考核的“加分点”问题。三是要克服把制度当成橡皮泥，合意就遵守、不合意就规避；容易就执行、有难度就拖着办；有利的用好用足，对己不利的千方百计规避躲避的问题。四是要克服在制度落实上不按规定办，层层减压和“放水”，擅自降低执行标准的问题，使一些制度始终“走在路上”。五是要克服在制度执行中留“天窗”“暗门”，执行制度“对人不对己”，追究责任“追下不追上”，查处问题“对下不对上”的问题。六是要克服对制度缺乏完整准确把握，盲人摸象，抓住一点、不及其余；不顾实际、层层加码，“上面害病，基层吃药”，“领导腐败，群众倒霉”的问题。七是要克服明规矩不灵，非正式制度和潜规则仍有市场，潜规则遮蔽明规则的问题。

增强制度执行力，对于党组织和领导干部来说，首先，体现为对制度内容的透彻把握与理解，要严守制度中“应该”与“不能”的行为边界，减少制度的弹性空间，使模糊的边界清晰化，同时提高违反制度的成本。从某种意义上说，制度不执行比制度不完善危害更大。从博弈心理学分析，制度不落实到位，受到问责和追究的风险系数不高，就会滋长甘愿冒违反制度的风险以谋取实惠的动机。高昂的违规成本是制度威慑力的保证，也是制度得以有效落实的重要条件。如果处理违反制度的行为尺度过松，搞“下不为例”，特别是对严重违规的经济、政治代价较小，客观上会促使一些人面对制度“铤而走险”，甚至诱发从众效应。

其次，体现为有效的工作方法和实际操作能力，善于抓住主要矛盾，善于抓住执行中的关键节点。我们党有517.6万个基层组织、9918.5万名党员，是一个以各级党组织和领导干部为关键节点，逐步延伸扩展、纵贯到底的组织网络。在这个网络中，正向传递执行力，就会层层加压，做到快速覆盖、全面落实，这是我们的最大优势和优越性。但如果在关键节点出问题，就会左右影响一片，上下影响一串，容易出现塌方式问题，这时组织优势就成为劣势和弱点。因此，增强制度的执行力，必须要把每个关键点即各级党组织自身和领导干部这个关键少数抓好，形成正向的执行能量。

最后，还体现为较强的创新解难能力，需要紧跟时代发展步伐，学习运用现代信息技术和科技手段，建立制度执行的考核评价与责任追究机制，避免制度执行中“弹性”操作、双重标准和选择性执行问题，破解党建新难题，促进制度更好落实。

坚持制度治党与思想建党、文化强党相结合，把制度内化为思想自觉、外化为政治文化。

全面从严治党，要害在“治”，“治”既包含惩治、惩腐，解决好宽松软的问题，也包含调治、治理，解决好党的建设系统性调理、整体性升级的问题。管党治党是一项系统工程，要真正取得长远实效，提高党的建设科学化水平，必须要标本兼治、综合治理，把“惩戒”“立制”等结合起来。

从思想上建党，是我们党把马克思列宁主义建党学说与中国革命、建设和改革相结合的伟大创造，为党的建设赋予了政治灵魂和科学导向，也是党的建设的优良传统和自身优势。思想建党在党建系统中处于核心层面，决定着党的建设的性质和方向，同时也为制度治党提供方向引领。制度治党是国家和政党治理现代化的必然要求，是现代政治发展的大势所趋。思想教育并不能解决所有问题，需要运用制度来系统化和规范化。同时，思想建党的经验和成果也需要运用制度来凝练和巩固。政治文化渗透于党内生活和党的建设的方方面面，党建总格局中的思想建设、组织建设、作风建设、制度建设和反腐倡廉建设，每一种建设都蕴含着党内政治文化因素，都受到党内政治文化的影响和制约。

国学大师钱穆先生认为：“政治制度，必然得自根自生。纵使有些可以从国外移来，也必然先与其本国传统，有一番融合媾通，才能真实发生相当的作用。否则，无生命的政治，无配合的制度，决然无法长成。换言之，制度必须与人事相配合。”①无论是否有意识，党在制定自己的路线方针政策、确定赖以遵循的制度纪律时，每个党员和领导干部在从事党内外的公务活动时都受到政治文化观念的支配，体现着一定的文化思想和文化风格。

坚持文化强党，就要注重革除那些玩弄特权的官僚习性、个人独裁的家

---

① 钱穆：《中国历代政治得失》，九州出版社2011年版，第1页。

长制作风、唯上不唯下的扭曲人格等人治传统、集权倾向和特权思想。培育规则至上、主体平等、机会公平、权责相当等为主要内容的新型制度文化，做到制度面前人人平等，没有特权，没有例外，没有变通，不管级别多高、权力多大都不能践踏制度。否则，违者必惩、惩者必严，这样才能形成尊崇制度、遵守制度、维护制度的良好氛围，制度才能真正落地落实并发挥作用。

制度形塑政党的“体格”，思想道德成就政党的“质地”，文化传统造就政党的“强大”。思想建党在管党治党中居于首位，是制度治党、文化强党的前提和基础，决定着党的建设的性质和方向。只有加强思想建党才能保证制度治党、文化强党的正确方向，为制度治党、文化强党奠定思想前提和认识基础。制度治党是思想建党、文化强党的有力保障，思想教育需要相应制度来系统化和规范化，文化强党要靠制度治党提供规范内容和规则引导。只有注重加强以党章为根本的党的制度体系建设，不断强化制度的执行力，才能使思想建党、文化强党有坚强保障。文化强党是思想建党、制度治党的目的和落点。

思想建党最终要构建一种以先进理论为主体的政党思想文化，制度治党目的是要培育现代条件下管党治党必需的法治文化和规则文化。只有坚持文化强党，培育积极健康的党内政治文化，才能形成良好的思想理论基础，形成尊重和落实制度的良好整体环境。因此，要注重思想建党、制度治党、文化强党的良性互动、相互配合。习近平强调：“思想教育要结合落实制度规定来进行……要使加强制度治党的过程成为加强思想建党的过程，也要使加强思想建党的过程成为加强制度治党的过程”①。同时要把文化强党贯穿于思想建党、制度治党的全过程，使思想建党、制度治党、文化强党紧密结合、互为促进、相辅相成，不断构建管党治党新局面、新生态，提高全面从严治党的整体质量和效果。

① 习近平：《在党的群众路线教育实践活动总结大会上的讲话》，人民出版社2014年单行本，第18页。

参考文献

《十七大以来重要文献选编》（上），人民出版社2009年版。

《十七大以来重要文献选编》（中），人民出版社2011年版。

《十七大以来重要文献选编》（下），人民出版社2013年版。

《十八大以来重要文献选编》（上），中央文献出版社2014年版。

《十八大以来重要文献选编》（中），中央文献出版社2016年版。

《十八大以来重要文献选编》（下），中央文献出版社2018年版。

《十九大以来重要文献选编》（上），中央文献出版社2019年版。

《十九大以来重要文献选编》（中），中央文献出版社2021年版。

《十九大以来重要文献选编》（下），中央文献出版社2023年版。

《习近平谈治国理政》，外文出版社2014年版。

《习近平谈治国理政》第二卷，外文出版社2018年版。

《习近平谈治国理政》第三卷，外文出版社2020年版。

《习近平谈治国理政》第四卷，外文出版社2022年版。

《习近平著作选读》第一卷、第二卷，人民出版社2023年版。

习近平：《论党的宣传思想工作》，中央文献出版社2020年版。

习近平：《论中国共产党历史》，中央文献出版社2021年版。

习近平：《论坚持党对一切工作的领导》，中央文献出版社2019年版。

习近平：《论党的自我革命》，党建读物出版社、中国方正出版社、中央文献出版社2023年版。

《习近平总书记系列重要讲话读本》，学习出版社、人民出版社2016年版。

《习近平总书记重要讲话文章选编》，中央文献出版社、党建读物出版社2016年版。

《习近平关于全面从严治党论述摘编》，中央文献出版社2016年版。

《习近平关于党风廉政建设和反腐败斗争论述摘编》，中央文献出版社、中国方正出版社2015年版。

《习近平关于严明党的纪律和规矩论述摘编》，中央文献出版社、中国方正出版社2016年版。

《习近平关于全面从严治党论述摘编》（2021年版），中央文献出版社2021年版。

《习近平新时代中国特色社会主义思想专题摘编》，党建读物出版社、中央文献出版社2023年版。

《习近平新时代中国特色社会主义思想学习问答》，学习出版社、人民出版社2021年版。

《马克思恩格斯选集》第一至四卷，人民出版社2012年版。

《列宁选集》第一至四卷，人民出版社2012年版。

《毛泽东选集》第一至四卷，人民出版社1991年版。

《邓小平文选》第一卷，人民出版社1994年版。

《邓小平文选》第二卷，人民出版社1994年版。

《邓小平文选》第三卷，人民出版社1993年版。

《中国共产党历史》第一卷（1921—1949）上、下册，中共党史出版社2011年版。

《中国共产党历史》第二卷（1949—1976）上、下册，中共党史出版社2011年版。

《全面从严治党面对面》，学习出版社、人民出版社2017年版。

《全面从严治党》，党建读物出版社2016年版。

《监督执纪问责核心法规》，中国方正出版社2016年版。

张荣臣：《马克思主义党的学说史》，中共中央党校出版社2016年版。

王沪宁等编：《政治的逻辑——马克思主义政治学原理》，上海人民出版社1993年版。

叶笃初、卢先福：《新世纪新阶段新概念新语汇——党的建设辞典》，中共中央党校出版社2009年版。

雷厚礼、武国辉：《中国共产党执政60年》（上、下册），人民出版社2010年版。

柴尚金：《变革中政党：国内外政党建设的经验与教训》，经济科学出版社2013年版。

夏利彪：《中国共产党党章及历次修正案文本汇编》，法律出版社2016年版。

［英］安德鲁·海伍德：《政治学核心概念》，吴勇译，中国人民大学出版社2014年版。

周淑真：《政党政治学》，人民出版社2011年版。

谢春涛主编：《中国共产党如何治理国家？》，新世界出版社2012年版。

夏春涛：《中国共产党怎样解决作风建设问题》，江西人民出版社2014年版。

毕京京、张彬：《中国特色社会主义发展战略研究》，国防大学出版社2015年版。

杨英杰等：《中共反腐为什么能》，中共中央党校出版社2015年版。

后 记

全面从严治党是一部大书，是新的历史条件下中国共产党的一场自我革命。丰富的实践既印证了这场自我革命的复杂性、艰巨性、长期性，又彰显了以习近平同志为核心的党中央决绝坚定、大义凛然、勇毅担当的革命风范，以及高瞻远瞩、浪遏飞舟、深谋远虑的战略运筹。全面从严治党步步深入、环环紧扣、招招见效，成为一幕幕波澜壮阔、惊心动魄、精彩纷呈的时代画卷。

从战略层面系统研究全面从严治党，是新尝试，也是新挑战。书中以习近平关于全面从严治党的一系列重要论述为指导，以党的十八大以来全面从严治党实践为依据，以全面从严治党战略的演进为线索，分为战略目标、战略环境、战略指向、战略布局、战略重心、战略抓手、战略主体、战略保障等进行研究，力图勾画全面从严治党战略的价值定位、基本轮廓、要素构成、逻辑思路。本书在《自我革命——全面从严治党战略研究》的基础上，补充了党的十九大后全面从严治党的理论创新和实践创新成果，对全面从严治党战略的相关内容进行了丰富和完善。因水平有限，书中定有肤浅、疏漏和偏颇之处，敬请读者批评指正。

本书在写作和出版过程中，吸收了学术界相关成果，得到了有关领导专家的帮助，在此一并致以诚挚的谢意。

汤俊峰

于百望山麓

2025年1月